Eigene Apps programmieren

Ohne Vorkenntnisse einsteigen

Hauke Fehr

Eigene Apps programmieren

Ohne Vorkenntnisse einsteigen

Rheinwerk
Computing

Liebe Leserin, lieber Leser,

herzlich willkommen zu diesem Programmierkurs für Einsteiger. Wechseln Sie die Seite und werden Sie vom Anwender zum Entwickler! Mit LiveCode legen Sie ohne den üblichen technischen Ballast und ohne langwierige Einarbeitung los. LiveCode-Befehle lehnen sich an die natürliche Sprache an und sind leicht zu erlernen.

Bei der App-Entwicklung beschäftigen Sie sich außerdem mit dem Aufbau der App, füllen sie mit Texten, Bildern und Co. und gestalten die Bedienoberfläche. LiveCode bietet für all dies praktische Werkzeuge, so dass Sie sich auf das Wesentliche konzentrieren können.

Dieses Buch eignet sich für Jugendliche nicht weniger als für Erwachsene. Wir geben keine direkte Altersempfehlung. Was der eine mit elf lernt, mag für andere ein paar Jahre später gerade richtig sein. Wenn Jugendliche einen Einstieg in die Programmierung suchen und sich für Apps interessieren, sind sie hier richtig. Die klare Sprache unseres Autors und seine Art, die Projekte Schritt für Schritt aufzubauen, kommen jungen Lesern entgegen. Das gleiche gilt für die Themen der Apps: Ob es um den Rechentrainer geht, grafische Spiele, ein Quiz oder wie man Multimedia-Inhalte präsentiert – vertrautes Terrain für Schüler. Für LiveCode brauchen Sie kein Geld auszugeben, und nach der Installation der Software kann offline gearbeitet werden.

Wir freuen uns übrigens über Feedback – auch, falls Ihnen etwas auffällt, was trotz aller Sorgfalt nicht so funktioniert wie erwartet.

Viel Spaß beim Entwickeln!

Ihre Almut Poll
Lektorat Rheinwerk Computing

almut.poll@rheinwerk-verlag.de
www.rheinwerk-verlag.de
Rheinwerk Verlag · Rheinwerkallee 4 · 53227 Bonn

Auf einen Blick

Wir hoffen, dass Sie Freude an diesem Buch haben und sich Ihre Erwartungen erfüllen. Bitte teilen Sie uns doch Ihre Meinung mit. Eine E-Mail mit Ihrem Lob oder Tadel senden Sie direkt an den Lektor des Buches: *almut.poll@rheinwerk-verlag.de*. Im Falle einer Reklamation steht Ihnen gerne unser Leserservice zur Verfügung: *service@rheinwerk-verlag.de*. Informationen über Rezensions- und Schulungsexemplare erhalten Sie von: *hendrik.wevers@rheinwerk-verlag.de*.

Informationen zum Verlag und weitere Kontaktmöglichkeiten finden Sie auf unserer Verlagswebsite *www.rheinwerk-verlag.de*. Dort können Sie sich auch umfassend und aus erster Hand über unser aktuelles Verlagsprogramm informieren und alle unsere Bücher versandkostenfrei bestellen.

An diesem Buch haben viele mitgewirkt, insbesondere:

Lektorat Almut Poll
Korrektorat Annette Lennartz, Bonn
Herstellung Kamelia Brendel
Typografie und Layout Vera Brauner
Einbandgestaltung Julia Schuster
Coverfoto Shutterstock: 242174266 © A Aleksii
Satz Typographie & Computer, Krefeld
Druck und Bindung Beltz Bad Langensalza GmbH, Bad Langensalza

Dieses Buch wurde gesetzt aus der TheAntiquaB (9,35/13,7 pt) in FrameMaker.
Gedruckt wurde es auf chlorfrei gebleichtem Offsetpapier (90 g/m²).

Bibliografische Information der Deutschen Nationalbibliothek:
Die Deutsche Nationalbibliothek verzeichnet diese Publikation in der Deutschen Nationalbibliografie; detaillierte bibliografische Daten sind im Internet über *http://dnb.d-nb.de* abrufbar.

ISBN 978-3-8362-4380-3

1. Auflage 2017

Inhalt

Kapitel 1
Apps programmieren – wie geht das?

Eigene Apps programmieren, ohne IT-Profi zu sein – um loszulegen, brauchen Sie grundlegende Computerkenntnisse, Kreativität, etwas Geduld und vor allem Interesse.

»Gibt's dafür 'ne App?« Wir reden heute wie selbstverständlich von Apps, wenn es um digitale Anwendungen in unseren Geräten geht. Alles läuft über Apps. Auf meinem Handy habe ich zahlreiche Apps vorinstalliert, und über den AppStore oder den Google Play Store kann ich mir jede Menge neue Apps dazuladen. Jede kleine oder große Firma möchte heutzutage gern neben einer coolen Website auch eine eigene App anbieten können.

Apps können alles Mögliche: Sie geben uns die Informationen, die wir benötigen, sie zeigen uns, wo wir gerade sind, sie verwalten unser halbes Leben. Wir schlagen mal eben was bei Wikipedia nach, checken das Wetter von morgen, machen Fotos und verschicken sie sofort, tragen Termine ein und werden an sie erinnert, prüfen unseren Kontostand und spielen kleine oder größere Spielchen. Alles geht über Apps.

Apps laufen auf dem Android-Handy oder dem Android-Tablet, Apps laufen auf dem iPhone, dem iPad, dem iPod – heutzutage laufen Apps auch auf zahlreichen Fernsehern, Konsolen und sonstigen Geräten unseres Alltags. Nicht zu vergessen: Auch auf unserem klassischen Laptop oder dem Desktop-Computer, sei es nun ein Mac oder ein Windows-Gerät, ja sogar auf Linux-Maschinen laufen massenweise Apps, wenn wir sie so nennen wollen.

App ist eigentlich eine von der Firma Apple mit dem iPhone eingeführte Abkürzung und steht für »Application«, was wiederum so viel wie »Anwendung« bedeutet. Früher nannte man so etwas einfach Computerprogramm – aber das Wort App drückt viel mehr von dem aus, was wir heute von Programmen erwarten: kleine bunte Icons, hinter denen sich praktische, unkomplizierte Helfer für den Alltag oder Spiele verbergen.

1.1 Kann jeder Apps programmieren?

Das Benutzen von Apps ist einfach und macht Spaß – aber wie sieht es mit dem Herstellen von Apps aus? Da halten sich bis heute zahlreiche Mythen: »Eine eigene App herzustellen ist unglaublich kompliziert.«
»Man sollte schon 10 oder mehr Jahre Programmiererfahrung haben.«
»Allein schon das Einarbeiten in die zur App-Programmierung notwendigen Entwicklungssysteme Xcode oder Java ist sehr schwierig und dauert Jahre.«

Alle diese Aussagen haben natürlich einen wahren Kern: Wer ohne Erfahrung und tiefere Programmierkenntnisse an Apples Xcode geht und sich in die App-Programmierung für iOS mit Objective-C einlesen möchte, wird wohl schnell verzweifeln. Das ist nämlich wirklich nicht ohne! Und es dauert, bis man damit auch nur ein kleines Mini-Demoprogramm hinbekommt, geschweige denn kompliziertere Ideen umsetzen kann.

Für Android müsste man sich entsprechend in die Entwicklungsumgebung Android Studio und in das Programmieren mit Java einarbeiten, eine schöne Sache, aber lange, zähe, harte Arbeit – eine umfangreiche und langjährige Programmiererfahrung ist da schon sehr von Vorteil. Und es stimmt, dass viele unterwegs verzweifeln und aufgeben.

Kann man also überhaupt eigene Apps programmieren, wenn man kein Profi-Programmierer ist und keine Zeit für langwierige, komplizierte Einarbeitung hat? *Yes, we can!*

In diesem Buch möchte ich zeigen, dass es auch einen einfachen Weg gibt, der zum viel schnelleren Erfolg führt und bei dem Kreativität und Spaß am Programmieren im Vordergrund stehen und nicht nur technische Spezifikationen, einen Weg, mit dem jeder, der Spaß und Lust dazu hat, seine eigenen funktionierenden Apps bauen kann. Richtige Apps, wohlgemerkt, nach individuellen Ideen, beliebig frei gestaltet, mit der Möglichkeit, sie später auch auf alle mobilen Geräte zu bringen, seien sie von Apple oder mit Android-System. Dazu lassen sich mit demselben Code gleichzeitig spielend einfach Programme für Windows, Mac und sogar Linux erstellen – alles aus einem einzigen Projekt!

LiveCode heißt das System, mit dem Sie in diesem Buch arbeiten werden. Es ist in der Open-Source-Version kostenlos (Community Edition), liegt dem Buch als CD-ROM bei (die neueste Version kann jederzeit auch heruntergeladen werden), ist in wenigen Minuten installiert und einsatzbereit – und nach maximal einer halben Stunde Kennenlernen der wichtigsten Elemente bauen Sie Ihre erste App nach eigenen Vorstellungen in wenigen Minuten zusammen. Unmöglich? Sie werden es sehen.

Meine Voraussetzungen: Was muss ich können?

Das Wichtigste, das Sie mitbringen müssen, wenn Sie Ihre eigenen Apps schreiben wollen, ist die Lust dazu. Die Lust, etwas Eigenes zu bauen und daraus folgend die Vorstellung und die Ideen, wie Ihre eigene App aussehen könnte, was sie können soll und wie sie bedient werden soll. Kreativität also, das ist die allerwichtigste Voraussetzung für jemanden, der Apps programmieren möchte.

Wenn Sie sich mit Grafik auf dem Computer ein wenig auskennen (oder gar ein Grafikdesigner sind, der souverän mit Screendesign umgehen kann), ist das von Vorteil, weil Sie dann schnell und einfach Ihre eigenen Layouts, Icons und Bildschirmelemente bauen können. Wenn nicht, dann macht es auch nichts, denn ein wenig Gefühl dafür, wie Ihre eigene App aussehen soll, reicht erst einmal, und Sie können sowohl mit den LiveCode-Bordmitteln als auch mit unzähligen vorgefertigten Grafiken, die Sie sich online auch kostenlos besorgen können, zu Ihrem Ziel kommen. *Learning by doing* heißt schließlich, dass man sich alles, was man braucht, zu gegebener Zeit noch Stück für Stück aneignen kann.

Und: Nein, Sie brauchen nicht Informatik studiert zu haben oder ein großes Mathegenie zu sein, um damit zu beginnen, den Programmcode für Ihre eigene App zu schreiben. Sicher hilft es ein wenig, wenn einem logisches Denken nicht ganz fernliegt und man sich Zahlen, Reihen und Größenordnungen auch im Kopf vorstellen kann – aber das Wichtigste beim Programmieren ist, dass man nach und nach lernt und versteht, mit welchen zum Teil einfachen Mitteln immer wiederkehrende, typische Aufgaben angegangen werden, die Muster kann man sich Schritt für Schritt aneignen. Später wird es dann immer leichter, sich eigene Strategien beim Programmieren auszudenken – auch das ist ein Teil der Kreativität, die den Spaß beim Programmieren ausmacht. In diesem Buch werden Sie zahlreiche grundlegende Rezepte kennenlernen, mit denen Sie eine Menge an Problemstellungen einfach und solide lösen können – zum Ausprobieren, Nachschlagen und um sie am Ende selbst für eigene Zwecke anzuwenden.

Wenn Sie die grundlegenden Computerkenntnisse haben, mit denen Sie zum Beispiel ein Office-Dokument erstellen können, vielleicht eine kleine PowerPoint-Präsentation, wenn Sie wissen, was Dateien sind, wie man sie in Verzeichnissen finden, kopieren und verschieben kann und was sich in ihnen befindet, wenn Sie den Unterschied zwischen einer Text-, einer Grafik- und einer Videodatei kennen, dann haben Sie schon genügend technisches Grundverständnis, um sich an die Anfänge der App-Programmierung zu wagen.

Ein wichtiger Vorteil noch sind Englischkenntnisse. Auch da müssen Sie nicht Shakespeare lesen oder auf Englisch Vorträge halten können. Einfache Grundkenntnisse reichen völlig aus, und je mehr Sie mit LiveCode und den Mechanismen darin zu tun haben, desto leichter wird es Ihnen fallen, auch Diskussionen und Forenbeiträge zum Programmieren in LiveCode auf Englisch zu lesen. Für den Anfang reichen wenige Wörter, die Sie hier auch nach und nach kennenlernen werden.

Technische Voraussetzungen: Was brauche ich?

Um Apps mit LiveCode zu erstellen, brauchen Sie natürlich einen Computer. Das kann ein klassischer Desktop-PC mit Windows XP, Vista, 7, 8 oder 10 sein, es kann ebenso natürlich ein praktischer kleiner Laptop sein. Der Computer muss nicht brandneu sein, ein Modell, das ein paar Jahre alt ist, tut es vollkommen.

Wer statt auf dem PC lieber am Mac arbeitet, kann dies selbstverständlich ebenso tun. Für das spätere Verbreiten von Apps für Apple-Geräte (macOS oder iOS) ist das sogar notwendig, denn Apple-Programme lassen sich prinzipiell nur auf Apple-Geräten erstellen. Auch der Mac darf schon ein paar Jahre auf dem Buckel haben. OS X wird benötigt, aber nicht unbedingt die allerneueste Version.

Beachten Sie: Sie können mit der kostenlosen Fassung von LiveCode iOS-Apps erstellen und auch auf Ihrem eigenen mobilen Gerät oder Desktop installieren und verwenden. Apps für iPhone und iPad, die in Apples AppStore verbreitet werden sollen, dürfen aber gemäß der aktuellen Apple-Politik nicht mit Open-Source-Software erstellt worden sein oder selbst Open Source sein – das heißt, wenn Sie später Apps für Apple-Geräte im Store anbieten wollen und vielleicht damit Ihr Geld verdienen möchten, brauchen Sie irgendwann definitiv eine kommerzielle Version von LiveCode. Für Android gelten diese Beschränkungen so nicht. Und für Windows und macOS dürfen Sie Open-Source-Programme unter Einhaltung der Bestimmungen jederzeit weitergeben.

Prinzipiell können Apps auch unter Linux (und für Linux) gebaut werden. Wer also nur einen Linux-Rechner besitzt, kann sich die Linux-Version von LiveCode besorgen und damit ebenso die meisten der hier im Buch vorgestellten Projekte genauso wie unter Windows oder Mac umsetzen. Wir gehen hier im Buch zwar nicht detailliert auf die Besonderheiten unter Linux ein, weil das den Rahmen sprengen würde. Aber es gibt bei Bedarf Hinweise auf weiterführende Texte im Web – und das Allermeiste funktioniert ohnehin genauso wie bei Windows und Mac.

Auf Ihrem Computer oder Laptop werden Sie Ihr LiveCode-Projekt bauen und programmieren. Wenn es fertig ist, machen Sie daraus am Ende eine App für Ihre bevorzugte Plattform, also für Ihr Android-Handy, Ihr Tablet (und für Ihr iPhone oder iPad) oder auch, das geht am schnellsten und einfachsten, eine vollwertige App für Ihren Mac oder PC, meinetwegen auch alles nacheinander – aus ein und demselben LiveCode Projekt. (Es ist mit LiveCode sogar möglich, HTML5-Versionen einer App herzustellen, die direkt in aktuellen Webbrowsern gestartet und benutzt werden können. Da diese Funktion aber noch in der Entwicklung und derzeit experimentell ist, werden wir hierauf in diesem Buch nicht weiter eingehen.)

Spezielle weitere Software brauchen Sie für das Programmieren ansonsten noch nicht. LiveCode ist in der Community Edition bereits diesem Buch beigefügt, und die grundlegenden Bildbetrachter, Texteditoren, Audioprogramme, die Sie für die kreative Arbeit an eigenen Projekten gebrauchen können, sind schon in der Grundausstattung von Windows oder macOS enthalten. Natürlich sind weitere kreative Tools nie von Nachteil, wenn Sie mit ihnen umgehen können. Im Verlauf des Buches werde ich einige Softwarewerkzeuge empfehlen, mit denen Sie Ihre Möglichkeiten erweitern können, darunter in jedem Bereich auch immer gute kostenlose Programme.

Materialien zum Buch

Zu diesem Buch finden Sie Zusatzmaterialien auf der Website des Verlags. Hier gibt es Dokumente mit aktuellen Ergänzungen zum Buch (falls sich technisch etwas geändert hat oder zusätzliche Software empfohlen wird) sowie alle Projektdateien, die im Buch erstellt werden, damit Sie die Grafiken und Klänge nutzen können sowie Ihre eigene App mit der aus dem Buch vergleichen können. Die Webseite zum Buch finden Sie hier:

www.rheinwerk-verlag.de/4258.

Scrollen Sie etwas herunter bis zu den MATERIALIEN ZUM BUCH.

1.2 Was ist denn Programmieren eigentlich?

Wissen Sie, was Programmieren eigentlich ist? Natürlich, oder? Wenn Sie bereits Programmierer sind und sich nur aus Neugier für LiveCode interessieren, dann wird Ihnen dieser Abschnitt nichts Neues sagen, und Sie können ihn gern überspringen. Wenn Sie aber noch kein Programmierer sind, sondern gerade einer werden wollen, dann kann es nicht schaden, wenn wir vor dem Sprung in die Praxis noch einmal kurz innehalten und überlegen, was Programmieren bedeutet.

Wer damit beginnen möchte, sieht viele verwirrende Möglichkeiten. Die einen sagen, man soll »mit Python anfangen«. Ist das nicht eine Schlange? Die anderen meinen, C wäre immer perfekt. Und dann noch die Steigerung C++. Warum den zweimal Plus? Auch beliebt: »Lern doch erstmal JavaScript und dann weiter, am besten gleich richtig Java.« Ist das nicht eine Insel? Früher hat man BASIC gelernt, das gibt es auch noch und heißt jetzt Visual Basic. Oder Pascal? Das heißt heute Delphi, zumindest das System, oder gibt es das überhaupt noch? Aber wo fange ich an? Wie komme ich überhaupt rein?

Warum wirkt alles so kryptisch und unverständlich? Ist das überhaupt zu beherrschen – und wie viele Jahre braucht man dafür? Was ist denn nun eigentlich Programmieren?

Programmieren – wie kann man das am besten beschreiben oder definieren? In einem meiner Kurse sagte ein Teilnehmer, er kenne sich schon aus, er »habe bereits HTML programmiert«. Nein, das ist kein wirkliches Programmieren. HTML ist nur ein präzise definiertes Format für Inhalte, das von Webbrowsern anschließend in lesbare Seiten umgesetzt wird. Auch beim Programmieren müssen natürlich genaue Formate und Formen eingehalten werden, aber es ist trotzdem inhaltlich noch etwas anderes. »Programmieren heißt, dem Computer Befehle zu geben, die er dann ausführt«, sagte ein anderer Teilnehmer. Da kommen wir der Sache langsam näher. Klar, wenn wir programmieren, geben wir dem Computer Befehle.

Wir nehmen als Beispiel einen kleinen Spielzeugroboter. Angenommen, dieser Roboter hat Beine, die sich bewegen können, und Greifarme, mit denen er etwas greifen kann. Hübsch. Nun gibt es dazu eine Bedienkonsole, die hat zahlreiche Knöpfe, mit denen kann man ihn einen Schritt nach vorne machen lassen, kann den Roboter drehen oder er kann etwas vor sich aufheben und loslassen. Der Roboter ist an sich »dumm«. Er verhält sich nur angemessen, wenn man ihn sinnvoll steuert, ihm Kommandos gibt wie »gehe einen Schritt nach vorne«, »drehe dich nach rechts«, »hebe einen Klotz auf«, »gehe einen Schritt weiter« usw.

Habe ich den Roboter aber jetzt schon programmiert?

Nein, dem Roboter lediglich *Kommandos* zu geben bedeutet eben noch nicht, ihn zu programmieren. Das ist eher ein Fernsteuern. Der Roboter bleibt vollkommen dumm und folgt lediglich meinen einzelnen Befehlen.

Er muss also wirklich programmiert werden. Der erste Schritt dazu wäre, ihm eine *ganze Liste von Kommandos* zu geben, die er in seinem Speicher ablegt und dann nacheinander abarbeitet, ohne dass ich dabei eingreife. Ein einfaches Programm für den Roboter wäre dieses hier:

```
GEHE 3 SCHRITTE VOR
DREHE DICH NACH LINKS
GEHE 4 SCHRITTE VOR
HEBE DEN KLOTZ VOR DIR AUF
DREHE DICH EINMAL GANZ UM
GEHE 7 SCHRITTE VOR
LASSE DEN KLOTZ FALLEN
```

Wenn der Roboter nun beim Start des Programms an der richtigen Stelle steht, wird er loslaufen, sich drehen, einen Klotz aufheben, sich umdrehen und den Klotz an der richtigen Stelle wieder fallenlassen – ohne dass währenddessen jemand von außen eingreift. Vielleicht könnte man anschließend das Programm noch einmal starten, und er würde den nächsten Klotz holen. Auch simple frühe Roboter in Fabriken hatten solche Listen von Kommandos gespeichert, um mit einer festgelegten Abfolge von Aktionen die nacheinander vorgegebenen Ziele zu erreichen.

Was aber, wenn der Roboter beispielsweise vor einer Wand steht und dann das Programm ausführt? Klar, er stellt sich dann ziemlich dumm an. Er läuft dreimal gegen die Wand, fällt dabei möglicherweise um, zappelt eine Weile herum, aber er trägt keinen Klotz von A nach B.

Eine reine Liste von ausführbaren Kommandos ist zwar schon ein Programm, aber es ist noch nicht sonderlich clever. Ein gutes Programm wird nicht nur *agieren* (also Befehle ausführen), sondern auch *reagieren*, also abhängig davon, in welcher Situation er sich befindet, entsprechend handeln. Nehmen wir an, er hat kleine Sensoren vorne (eine Art »Augen«), mit denen er prüfen kann, ob vor ihm eine Wand ist. Jetzt könnte man das Programm schon sehr schön verfeinern:

```
WENN SENSOR WAND SIEHT DANN:
    DREHE DICH NACH RECHTS
    STARTE DAS PROGRAMM ERNEUT

GEHE EINEN SCH1RITT VOR
WENN SENSOR KLOTZ SIEHT DANN:
    HEBE KLOTZ AUF
SONST:
    STARTE DAS PROGRAMM ERNEUT
WENN KLOTZ IN DER HAND IST
    GEHE 3 SCHRITTE VOR
    LASSE KLOTZ FALLEN
SONST: STARTE DAS PROGRAMM ERNEUT
```

Zugegeben, das Programm ist noch nicht wirklich genial, aber es enthält schon alles, was ein richtiges Programm enthalten muss: nämlich neben den *Kommandos* auch *Bedingungen* und *Verzweigungen*. Der Roboter wird mit diesem Programm eine Weile herumlaufen, wird nicht gleich gegen die Wand rennen, und im besten Fall ist das Programm erst dann beendet, wenn der Roboter einen Klotz drei Schritte weit transportiert hat. Der Roboter hat eine ganz kleine eigene Intelligenz erhalten.

Sehr weit reicht diese Intelligenz noch nicht. Der Roboter könnte, sobald er den Klotz in der Hand trägt, noch immer gegen die Wand laufen, und er könnte auch unendlich lange in eine Richtung gehen, ohne jemals einen Klotz zu finden (das ist sogar sehr gut möglich, wenn die Fläche groß ist und nicht überall Klötze herumliegen). Aber das gehört zum Programmieren dazu: Man überlegt sich eine Vorgehensweise, schreibt ein simples Programm mit den wichtigsten Strukturen, prüft, wie der Roboter sich verhält, was schon funktioniert, wie es soll, und was nicht, und verfeinert und verbessert es dann. Selten ist ein Programm vom ersten Moment an perfekt und fehlerfrei. Es entsteht meistens durch *Trial and Error*: probieren, irren, korrigieren.

Stellen Sie sich nun vor, dass Sie auf Ihrem Bildschirm mehrere solcher kleinen Roboter haben, manche von ihnen kreisrund oder quadratisch, andere mit Texttafeln in der Hand, wieder andere mit kleinen Lautsprechern ausgestattet – und jeder dieser Roboter hat von Ihnen sein eigenes Programm bekommen, dem er folgt, das heißt seine eigene Liste mit Befehlen, dem Prüfen von Bedingungen, dem Reagieren und Verzweigen. Die Programme der einzelnen Roboter sind dabei ziemlich ausgeklügelt, so dass sie sich zum Beispiel über den ganzen Bildschirm bewegen können, ohne miteinander zu kollidieren, oder Texte hochhalten, auf denen steht, was gerade los ist, oder passende Klänge zum Geschehen abspielen. Sie können sich dazu auch gegenseitig Signale geben, auf die sie dann passend reagieren, und sie können auch auf Signale von höheren Wesen hören und reagieren, wie zum Beispiel von einem Oberroboter, der »Alle anhalten!« oder »Jetzt geht es los!« sagt. Wenn Sie sich das vorstellen können, dann sind Sie schon ganz nah dran am Wesen der *objektorientierten Programmierung*.

Das Programmieren mit LiveCode, das Sie in diesem Buch erlernen werden, geht ganz genau in diese Richtung: Sie platzieren Elemente, Objekte, auf Ihrem Bildschirm. Sie machen jedes dieser Objekte in irgendeiner Weise lebendig und intelligent, indem Sie ihm genaue Anweisungen mitgeben, mit denen es auf Eingaben, auf Ereignisse oder auch nur auf Signale reagiert. Sie selbst sind und bleiben der Dirigent, denn Sie gestalten, wie klug die einzelnen Darsteller Ihrer App sich benehmen und was sie dürfen und was nicht, und Sie geben alle entscheidenden Kommandos und lassen die Objekte dann aufeinander los. Am Ende bestaunen Sie Ihre eigene lebendige Schöpfung, die sich unabhängig von Ihnen verhält, genau nach den Regeln, die Sie sich kreativ ausgedacht haben und die Sie ihr mitgegeben haben, und doch immer ein bisschen unberechenbar und immer wieder überraschend, zumindest am Anfang. Da beginnt die Faszination des Programmierens.

Kapitel 2
Das App-Werkzeug: LiveCode

2

LiveCode ist die Umgebung, in der Sie sich bald ganz zu Hause fühlen werden. Hier erstellen Sie Ihre Projekte, zunächst ganz einfach per Klick und Drag & Drop, dann machen Sie sie mit eigenen Skripten lebendig. Später erstellen Sie aus ihnen Apps für Ihre bevorzugte Plattform.

LiveCode ist im Vergleich zu vielen anderen großen Entwicklungsumgebungen, die mit gigabytegroßen Paketen und zahlreichen Betriebssystemeingriffen stundenlange Installationssessions durchziehen, ein ganz kleines Programm, das mal eben schnell und einfach installiert werden kann. Das sollten Sie als Erstes auch tun! Auf der Buch-CD finden Sie die stabile Version 8.1.1 der Community Edition von LiveCode. Wir empfehlen, dass Sie diese Version installieren, um die Beispiele in diesem Buch nachzubauen.

LiveCode befindet sich in stetiger Entwicklung. Es ist also gut möglich, dass zu dem Zeitpunkt, an dem Sie dieses Buch lesen, bereits eine neuere stabile Version von LiveCode erhältlich ist – das ist aber nicht weiter schlimm, denn Version 8.1.1 macht all das, was wir hier machen wollen, fehlerfrei und genau wie beschrieben. Außerdem beziehen sich alle Beispiele und Anleitungen auf diese Fassung.Wenn Sie dennoch bereits jetzt eine neuere Version laden und ausprobieren wollen, können Sie das hier tun:

http://downloads.livecode.com/livecode/

Hier finden Sie absolut alle bislang erschienenen Versionen von LiveCode. Die kostenlose ist immer die Community Edition, und die Abkürzungen davor besagen, wie stabil oder experimentell die Version ist. Normalerweise sollten Sie für die Entwicklung und das ernsthafte Arbeiten immer eine Version wählen, die den Zusatz *STABLE* trägt, das heißt stabil. RC bedeutet *Release Candidate*, also kurz vor Erscheinen bzw. fast ganz stabil. Damit kann man in der Regel auch schon gut arbeiten, und manchmal sind in diesen Versionen erweiterte und neue Funktionen enthalten bzw. Anpassungen für die neuesten mobilen Systeme. DP steht für *Developer Preview* – »Entwickler-Vorschau-Version«. Diese ist vor allem für Entwickler gedacht, die testen wollen, inwieweit neue Funktionen von LiveCode bereits funktionieren. Für die Entwicklung endgültiger Apps empfehlen wir sie nicht. Dafür sind die stabileren Fassungen gedacht.

Was bedeutet Community Edition?

Die Community Edition von LiveCode ist Open Source und kostenlos. Sie enthält alle Elemente von LiveCode, und man kann damit auch technisch alles machen. Was man damit nicht machen darf, ist es, kommerzielle Programme zu erstellen, zu verbreiten und zu verkaufen. Die Lizenz erlaubt nur die Verbreitung kostenloser Programme, die keinem kommerziellen Zweck dienen, und erfordert auch das Offenlegen, das heißt Bereitstellen des Quellcodes des Programms für jeden Interessierten. Zudem erlaubt Apple nicht die Verbreitung von Open-Source-Software im AppStore. Das bedeutet: Natürlich können Sie mit der Community Edition entwickeln, was immer Sie wollen, und es auf Ihrem Gerät testen. Und wenn ein Programm so gut wird, dass Sie es gern über Apples Store verbreiten möchten, dann müssen Sie noch die Indie-Lizenz für LiveCode erwerben. Für eine entsprechende Jahresgebühr können Sie die mit LiveCode erstellten Apps dann auch auf allen Plattformen vermarkten und zu Geld machen. Aber immer eines nach dem anderen!

2.1 Installation in Windows

Starten Sie die Datei *LiveCode_Community_Installer_Windows.exe* von der CD, und es öffnet sich das in Abbildung 2.1 dargestellte Fenster.

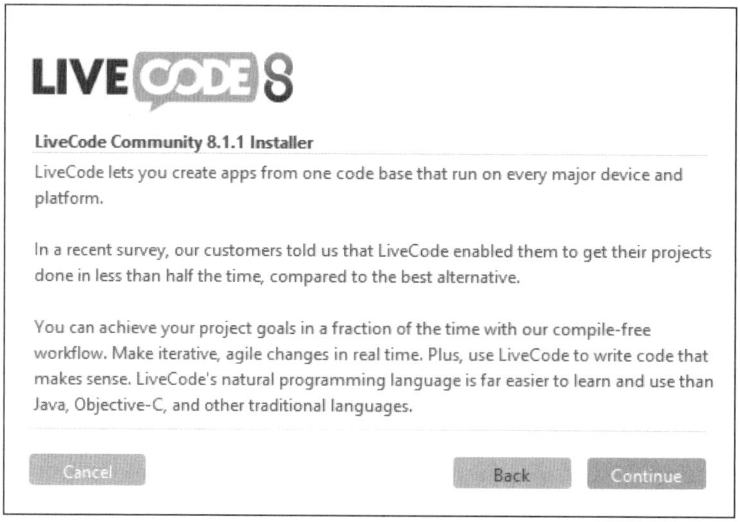

Abbildung 2.1 Der Windows-Installer

Nach dem Klick auf CONTINUE muss noch das Open-Source-Lizenzabkommen bestätigt werden (Haken klicken), dann geht es weiter.

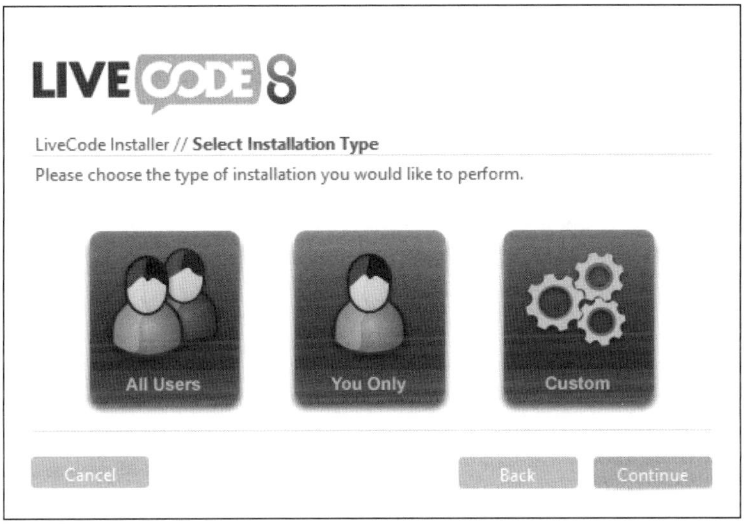

Abbildung 2.2 Installationstyp auswählen

Im nächsten Bildschirm können Sie ALL USERS oder YOU ONLY wählen, je nachdem, ob das Programm von mehreren angemeldeten Benutzern in Windows verwendet werden soll oder nicht (Abbildung 2.2). Ich empfehle YOU ONLY.

Im nächsten Fenster klicken Sie einfach INSTALL – und nach wenigen Sekunden haben Sie LiveCode auf Ihrem PC installiert. Ja, das war's schon. Nicht einmal ein Neustart ist erforderlich. Auf dem Desktop finden Sie das Icon, mit dem Sie LiveCode starten können, und Sie sind komplett bereit, loszulegen!

2.2 Installation auf dem Mac

Ähnlich einfach wie unter Windows lässt sich LiveCode auch auf dem Mac installieren. Öffnen Sie die Image-Datei *LiveCode_Community _8_1_1_Mac.dmg* von unserer CD durch Doppelklick. Darin finden Sie bereits die LiveCode-App, die Sie einfach nur nach unten in den dort angezeigten Ordner *Applications* (bzw. *Anwendungen*) ziehen müssen (Abbildung 2.3).

Abbildung 2.3 Installationsprozess auf dem Mac – einfacher geht es nicht!

Das System kopiert jetzt die Dateistruktur von der CD auf die Festplatte des Mac, was ein paar Sekunden, vielleicht auch eine Minute dauern kann. Danach befindet die App sich dort, wo sie hingehört – nämlich im Ordner *Anwendungen*, und von dort können Sie sich eine Verknüpfung in Ihr Dock ziehen, damit Sie LiveCode jederzeit schnell und einfach starten können.

Beim ersten Start müssen Sie dem Mac eventuell noch erlauben, LiveCode auszuführen, danach geht es dann immer sofort.Auch beim Mac gilt: Nach wenigen Minuten sind Sie startklar und bereit für das Erstellen Ihrer eigenen Apps. Jetzt kann es also losgehen!

Wie kommen meine Apps dann auf Handy und Tablet?

Nur damit keine Missverständnisse entstehen: Unsere Entwicklungsumgebung befindet sich immer auf dem Mac oder PC. Wir erstellen und programmieren unsere Apps grundsätzlich als Projekte auf dem klassischen Computer mit Maus und Tastatur. Jedes unserer LiveCode-Projekte wird zunächst hier erstellt.

Wenn das Projekt dann fertig ist, können wir daraus anschließend verschiedene Arten von Apps machen. Wir können zum Beispiel Apps für Windows oder Mac erstellen. Das geht am schnellsten und einfachsten. Anschließend verhält sich unsere fertige App ganz genau so wie das Projekt in LiveCode, das wir erstellt haben, nur dass es kein LiveCode mehr braucht, sondern ein »richtiges Programm« wie alle anderen Programme auf unserem Computer ist und wir diese App dann an unsere Freunde, an die Community oder unsere Kunden weitergeben können.

Die App soll jetzt aber auf das Android-Handy oder auf das iPhone, Tablet oder iPad? Auch diese Apps erstellen Sie erst einmal auf Ihrem Computer. Sie achten nur von Anfang an darauf, dass sich das Bildformat für das mobile Gerät eignet (hochkant oder quer, passendes Breiten-/Höhenverhältnis usw.) und dass die Bedienelemente groß genug und geeignet für die Touch-Bedienung sind. Wenn das LiveCode-Projekt am Computer fertiggestellt wurde und funktioniert, können Sie es in eine APK-Datei (für Android) oder eine IPA-Datei (für iOS) umwandeln lassen. Das sind die Dateiformate einer lauffähigen App für Android- bzw. iOS-Geräte. Das macht LiveCode für Sie – vorausgesetzt, Sie haben Ihr System entsprechend konfiguriert und zusätzliche Werkzeuge von Google bzw. Apple eingerichtet. Diese Datei kann dann anschließend im Smartphone- oder Tablet-Simulator ausprobiert werden, sie kann zum Testen auf dem eigenen mobilen Gerät installiert werden bzw. später sogar unter bestimmten Bedingungen in den AppStore oder in den Google Play Store eingereicht werden. Wie das genau geht und was man dabei alles beachten muss, wird in Kapitel 16, »Apps auf mobile Geräte bringen«, und aktualisiert im Webanhang des Buches erklärt und besprochen.

Dieses Buch handelt aber in erster Linie davon, wie Sie mit Spaß und kreativen Ideen Apps programmieren lernen und in kurzer Zeit schon Ihre eigenen Vorstellungen in funktionierende Programme umsetzen können. In den folgenden Kapiteln werden wir uns intensiv damit beschäftigen, wie man LiveCode-Projekte erstellt und wie man grundlegende und durchdachte Programme baut, die dann später prinzipiell als App auf jeder Plattform laufen können.

2.3 Erster Start – es geht sofort los

Genug vorbereitet. Jetzt soll es endlich losgehen! Starten Sie LiveCode mit dem grünen Lc-Icon, und nach wenigen Sekunden sind Sie »drin« (die Aufforderung, sich zu registrieren, können Sie gerne mit SKIP THIS STEP überspringen).

Abbildungen zeigen Windows-Version von LiveCode

Nahezu alle Abbildungen in diesem Buch zeigen die Elemente der Windows-Version von LiveCode. Funktional sind sie aber völlig identisch mit der Mac-Version. Außer dass die Fenster am oberen Rand etwas anders aussehen und die Buttons und Felder verschiedene Ränder und Rundungen haben, verhalten sie sich genau gleich. Das ist übrigens auch das Praktische an LiveCode: Ein Projekt, das in Windows gebaut wurde, kann ebenso auf dem Mac geöffnet werden und funktioniert auch da sofort, nur dass manche Elemente ein klein wenig anders aussehen – angepasst an das jeweilige Betriebssystem.

Das Start-Center, das sich öffnet, können Sie gern erst einmal schließen, vielleicht haben Sie später Lust, ein paar der vorgeschlagenen Hilfsfunktionen auszuprobieren, aber jetzt verzichten wir erst einmal darauf. Sie können es mit der Checkbox rechts unten auch permanent abstellen, denn an die Funktionen kommen Sie später auch auf anderen Wegen.

Abbildung 2.4 Die Hauptleiste des LiveCode-Systems

Im Hauptprogrammfenster der LiveCode-Entwicklungsumgebung finden Sie das Menü mit allen wichtigen Funktionen des Entwicklungssystems sowie darunter zahlreiche Icons, mit denen sich häufig benutzte Elemente direkt aufrufen lassen (Abbildung 2.4). Beim Mac ist das Menü wie üblich ganz oben am Bildschirmrand ausgelagert, und die Leiste enthält nur die Symbole.

Das zweite sehr wichtige Element ist die senkrechte *Werkzeugpalette* (Tools Palette), die immer automatisch mit erscheint und stets verfügbar sein sollte. Falls diese aus irgendeinem Grund nicht zu sehen ist, wählen Sie bitte aus dem Menü der Hauptleiste Tools • Tools Palette, dann erscheint sie auf jeden Fall. In der Werkzeugpalette finden Sie alle Elemente, die Sie später in Ihr Projekt ziehen können und in Ihrer App zum Leben erwecken. Hier gibt es Buttons, Textfelder, Listenelemente, Dialoge, Bedienknöpfe, Grafik- und Bildfelder, Player, Widgets und vieles mehr, das Sie noch ausgiebig verwenden werden.

Wo aber spielt sich nun das eigentliche Projekt, die App, ab? Noch gar nicht, denn Sie haben ja noch gar kein Projekt gestartet. Das sollten Sie jetzt also machen. Wählen Sie in der Hauptleiste den ersten Menüpunkt File, dort den ersten Eintrag New Stack und dann rechts DEFAULT SIZE. Warum es »New Stack« heißt und was das alles soll, werde ich später noch genau erläutern. Erst einmal reicht es, wenn Sie es genauso machen, wie beschrieben.

Es öffnet sich ein leeres Fenster mit der Beschriftung UNTITLED 1 * (Abbildung 2.5). Das ist Ihr Projekt, die Basis für Ihre erste App!

Abbildung 2.5 Das erste Projekt – noch völlig leer, aber voller Möglichkeiten!

Großartig! Das erste Projekt ist da, quasi die erste App. Ein echtes Programmfenster. Das ist doch mal ein Anfang!

Grundwerkzeuge und Menüs

Bevor Sie beginnen, damit herumzuspielen, Elemente hinzuzufügen und dieses erste Projekt ganz nach eigenem Geschmack zu gestalten, müssen Sie eine ganz wichtige Sache wissen: In LiveCode gibt es zwei Modi, den *Bearbeitungsmodus* und den *Laufzeitmodus*. Im Bearbeitungsmodus können Sie Elemente auf dem Programmfenster auswählen, platzieren, hin und her bewegen, vergrößern, verkleinern und Attribute aller Art setzen. Es ist eine Art Werkzeugkastenmodus, in dem Sie Ihre App zusammenklicken und gestalten. Wechseln Sie in den Laufzeitmodus, dann können Sie die Elemente nicht mehr herumschieben oder verändern, sondern dann *läuft die App bereits*, und Sie können sie testen, die Buttons klicken, die Textfelder ausfüllen usw.

Wie schaltet man zwischen den Modi um?

Ganz oben in der Werkzeugpalette gibt es zwei nebeneinanderliegende Mauspfeile (Abbildung 2.6). Der linke ist ein normaler Pfeilcursor, der rechte ist ein Cursor mit Größenkreuz.

Abbildung 2.6 Die beiden Bearbeitungsmodi werden hier ausgewählt.

Klicken Sie auf den linken Cursor (der auch Browse Tool heißt), dann sind Sie im Laufzeitmodus und können Ihr Programm im realen Betrieb testen. Hier verhalten sich alle Elemente so, wie Sie sie programmiert haben, es werden Buttons geklickt und Skripte ausgeführt – das Programm »läuft«. Klicken Sie auf den rechten Pfeil (Pointer Tool), dann kommen Sie in den Bearbeitungsmodus. In diesem Modus werden Sie immer beginnen, wenn Sie die Elemente Ihres Projekts zusammenstellen. Hier legen Sie Elemente an, gestalten sie, schieben sie hin und her, ändern ihre Größe, Form und Farbe usw., legen die Skripte an. Später werden Sie ständig zwischen den beiden Modi hin- und herwechseln, bauen – testen – bauen – testen. Jetzt probieren wir es einfach mal aus!

Elemente auf das Hauptfenster ziehen

Achten Sie darauf, dass Sie sich im Bearbeitungsmodus befinden. Wenn nicht, dann klicken Sie das Pointer-Tool so, dass es grau unterlegt ist.

Nun gehen Sie mit der Maus auf eines der Button-Symbole auf der Werkzeugpalette, drücken die linke Maustaste und ziehen das Symbol mit gedrückter Maustaste in Ihr leeres Programmfenster. Dort lassen Sie die Maustaste los.

Weil Sie im Bearbeitungsmodus sind, erscheint der Button jetzt bearbeitbar, ist angewählt und hat Anfasser an den Ecken und Kanten (Abbildung 2.7). Sie können mit der Maus jetzt seine Größe ändern, indem Sie auf die Anfasser gehen, die linke Maustaste drücken und mit gehaltener Maustaste die Ecken und Kanten verschieben. Wenn Sie mit dem Mauscursor in die Mitte des Buttons gehen und die linke Maustaste drücken und halten, können Sie den Button beliebig innerhalb des Programmfensters verschieben. Probieren Sie das alles einmal ausgiebig aus!

Jetzt probieren Sie einmal aus, was passiert, wenn Sie in den Laufzeitmodus wechseln. Klicken Sie mit der Maus in der Tool Palette ganz oben auf das Pfeilsymbol Browse-Tool, so dass es grau unterlegt ist. Anschließend verhält sich Ihr Programmfenster schon wie ein richtiges eigenes Programm. Es gibt einen Button, der aktiv wird, wenn man mit der Maus darauf zeigt. Wenn man ihn klickt, lässt er sich herunterdrücken und kommt wieder hoch, wenn man ihn loslässt. Ein echtes Programmfenster mit einem lebendigen Button. Wenn man so will, ist das schon Ihr erstes Programm, Ihre erste App!

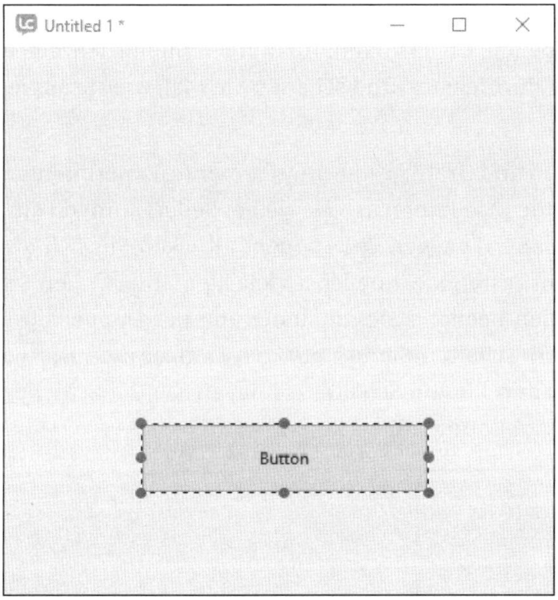

Abbildung 2.7 Button-Größe und -Position lassen sich beliebig anpassen.

Klar, es passiert ansonsten nichts, wenn Sie den Button klicken. Kann ja auch nicht, denn Sie haben dem Programm noch keinerlei Anweisungen gegeben, was es machen soll. Also macht es auch nichts weiter. Alles ist, wie es sein soll. Mit Leben füllen wir das Programm später.

Probieren geht über Studieren

Nun steht es Ihnen erst einmal völlig frei, zu probieren, was es da noch alles für schöne Elemente gibt, die Sie in Ihr Programmfenster ziehen können. Zurück in den Bearbeitungsmodus!

Es gibt in der Werkzeugpalette mehrere Sektionen. Die oberste enthält den Umschalter zwischen den beiden Modi. Darunter folgt die *Widget*-Sektion. Das sind ziemlich komplexe Elemente wie eine Uhr, ein Webbrowser, verschiedene gestylte Leisten, Schalter, Anzeiger für mobile Geräte usw. Widgets sind wie kleine Programmmodule in sich, die schon eine Menge können, ohne dass man sie programmieren muss. Erfahrene Programmierer können selber Widgets schreiben und hinzufügen. Sie brauchen sich aber darum jetzt keine Gedanken zu machen, sondern können einfach mal ausprobieren, wie sie auf Ihrem Programmfenster aussehen, indem Sie sie hineinziehen.

Unter den Widgets kommen die *Standardobjekte*, die man in vielen normalen Apps benötigt, wie Buttons, Textfelder, Tabellen, Checkboxen, Auswahlelemente, Anzeiger, Player usw. Ziehen Sie sie in Ihr Programmfenster, und schauen Sie mal, wie sie aussehen und sich dort einfügen.

Darunter finden Sie auch noch Grafiken und Grafikgestaltungselemente. Experimentieren Sie auch damit herum! Später werden Sie lernen, wo Sie sie bei Bedarf sinnvoll einsetzen können. Jetzt geht es erstmal ans »Draggen & Droppen«! Klicken Sie sich ein schönes Programmfenster zusammen! Testen Sie möglichst viele Elemente, ziehen Sie Grafiken auf (bei Linien und Polygonen beenden Sie die Erstellung per Doppelklick). Verändern Sie Größen und Positionen, schalten Sie um auf den Laufzeitmodus, und probieren Sie die Elemente aus: Schalten Sie die Schalter, schieben Sie die Schieber, schreiben Sie Texte in die Textfelder (Abbildung 2.8).

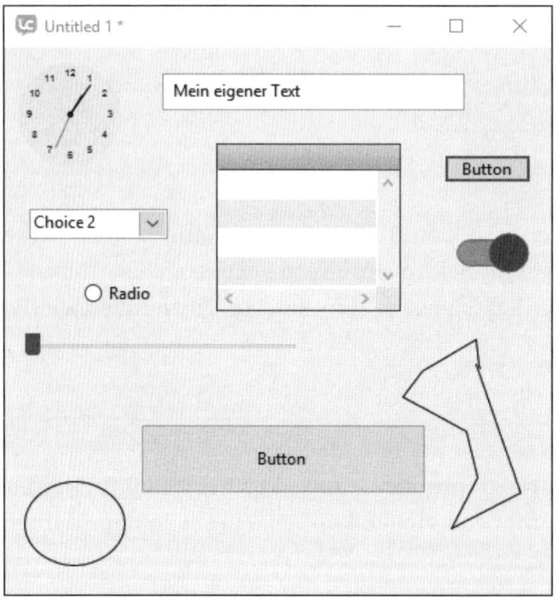

Abbildung 2.8 Im Nu kann man eine Menge Objekte ins Programmfenster ziehen und auch gleich bedienen.

Toll, was man da in kürzester Zeit zustande bekommt. Und alles ist gleich voll »benutzbar«, wenn auch noch nichts weiter passiert.

Schriften, Farben und sonstige Eigenschaften

Was Sie da jetzt auf dem Programmfenster platziert haben, sind *Objekte*. Das heißt, es sind Elemente Ihres Programms, die bestimmte Eigenschaften haben (wie zum Beispiel Größe und Position) und die auf Eingaben und Ausgaben reagieren können – womit Sie sich bald mehr beschäftigen werden.

Jetzt schauen wir uns noch einmal genauer die vielen Eigenschaften der einzelnen Objekte an. Es gibt natürlich nicht nur *Größe* und *Position*, die wir mit der Maus verändern können. Jede Art von Objekt kann ganz unterschiedliche weitere Typen von Eigenschaften haben.

Gehen Sie in den Bearbeitungsmodus, und wählen Sie mit der Maus einen der Buttons an, die Sie erstellt haben. Wenn der Rahmen mit den Anfassern erscheint, ist der Button ausgewählt. Jetzt schauen Sie sich eine Auflistung aller Eigenschaften dieses Buttons an. Das machen Sie mit dem sogenannten *Property Inspector*. Properties sind Eigenschaften eines Objekts, und mit dem Property Inspector können Sie die Eigenschaften jedes Objekts betrachten und auch verändern.

Property Inspector

Es gibt drei Wege, um den Property Inspector für ein ausgewähltes Objekt aufzurufen:

- Klicken Sie oben im Hauptmenüfenster auf das erste Symbol INSPECTOR.
- Klicken Sie mit der rechten Maustaste (`Ctrl` + Mausklick beim Mac) auf das ausgewählte Objekt, und wählen Sie im Kontextmenü PROPERTY INSPECTOR aus.
- Führen Sie einen Doppelklick mit der Maus auf das ausgewählte Objekt aus.

Egal, wie Sie es machen, am Ende geht auf jeden Fall immer der PROPERTY INSPECTOR auf und sieht bei Ihrem Button etwa so aus wie in Abbildung 2.9.

Der Inspector zeigt Ihnen eine Menge Informationen über den Button an. Er öffnet sich mit der Hauptseite, hat aber noch acht weitere Seiten, die sich über die kleinen Symbole oben im Inspector umschalten lassen.

Zu den wichtigsten Eigenschaften (*Properties*) des Buttons gehört zum einen sein *Objektname*, zum anderen seine Aufschrift (*Label*). Der Name ist wichtig, damit Sie den Button später eindeutig identifizieren und ihn mit Ihrem Skript auch ansprechen können. Jedes Objekt sollte stets einen eindeutigen Namen erhalten.

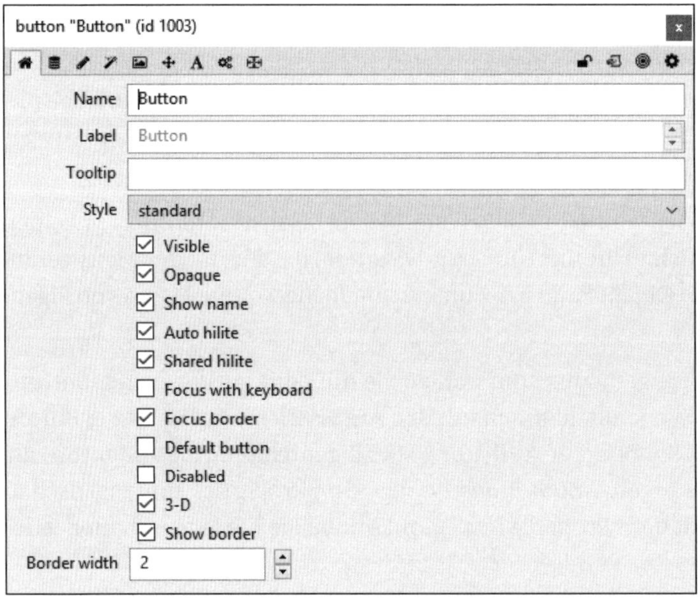

Abbildung 2.9 Der Eigenschafteninspektor (Property Inspector) für einen Button

> **Jedem Objekt seinen Namen**
>
> Es ist prinzipiell möglich, unterschiedlichen Objekten denselben Namen zu geben, da LiveCode die Objekte intern immer nur anhand ihrer ID unterscheidet. Sie sollten das aber unbedingt vermeiden und sich angewöhnen, die Objekte immer eindeutig zu benennen und mit ihrem Namen zu verwenden.

Schreiben Sie also zum Beispiel »meinButton« in die oberste Namenzeile. Am besten – das ist meine Empfehlung, um sauber zu arbeiten – vergeben Sie Namen immer ohne Leerzeichen. In die nächste Zeile schreiben Sie dann zum Beispiel »Klick mich!« (Abbildung 2.10). Das wird die Aufschrift des Buttons, sein LABEL.

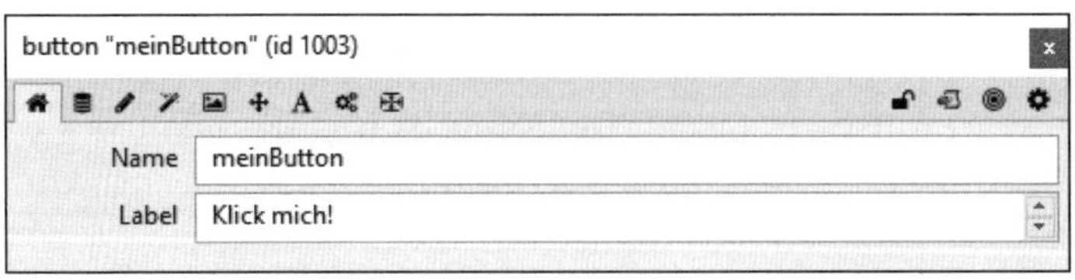

Abbildung 2.10 Änderung des Namens und der Aufschrift des Buttons

Sobald Sie mit dem Cursor in eine andere Zeile wechseln, ist die Änderung des Buttons bereits im Programmfenster zu sehen (Abbildung 2.11).

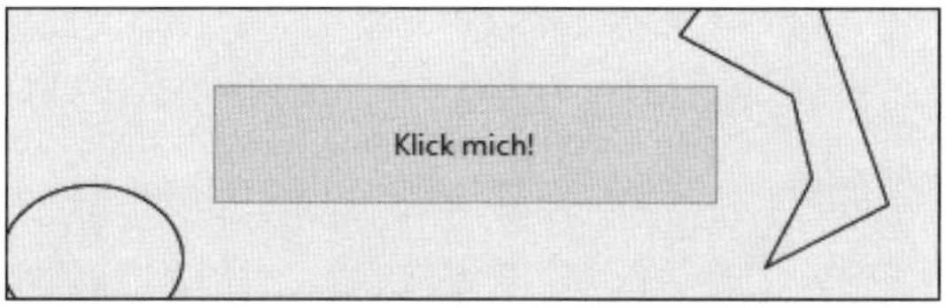

Abbildung 2.11 Button mit eigener Aufschrift

Jetzt haben Sie einen Button mit Ihrer individuellen Aufschrift (Sie können selbstverständlich auch etwas anderes als »Klick mich!« hineinschreiben). Es gibt aber noch weit mehr Eigenschaften des Buttons, die Sie selbst verändern können. Werfen Sie noch einmal einen Blick auf die erste Seite des PROPERTY INSPECTOR. Achten Sie dabei immer darauf, dass der gewünschte Button wirklich ausgewählt ist und Sie im Bearbeitungsmodus sind.

Die dritte Textzeile im Inspector heißt TOOLTIP. Wenn Sie dort etwas hineinschreiben, erscheint dies beim Überfahren des Buttons mit der Maus in einem kleinen gelben Fenster (also eine eingebaute Erklärung für den Button, wie wir sie in vielen Programmen vorfinden).

Danach kommen zahlreiche Checkboxen, die man an- oder abwählen kann. Wählen Sie zum Beispiel die Eigenschaft VISIBLE (sichtbar) ab, dann ist der Button nicht mehr auf dem Programmfenster zu sehen. Er ist noch da, aber ausgeblendet. Das ist jetzt nicht sinnvoll, aber es kann später in Ihrer App durchaus Sinn machen, wenn ein Button nur unter bestimmten Bedingungen erscheint und sonst ausgeblendet ist. Schalten Sie den Button bitte anschließend gleich wieder sichtbar, denn sonst können Sie ihn später nicht mehr anwählen (das ginge dann nur noch mit dem PROJECT BROWSER, über den Sie bald auch mehr erfahren werden). OPAQUE bedeutet undurchsichtig – hiermit wählen Sie, ob der Button eine solide oder eine durchsichtige Oberfläche hat. Die Eigenschaft DISABLED (deaktiviert) legt fest, ob der Button überhaupt aktiv ist oder nicht klickbar.

Die weiteren Eigenschaften auf der Hauptseite des Buttons wirken sich auf den Rand des Buttons und seine Eigenschaften beim Fokussieren aus. Sie können sie gern schon einmal ausprobieren, auch wenn nicht immer sofort sichtbar ist, was da passiert – diese Eigenschaften werden teilweise später noch aktuell und genauer erläutert.

Der PROPERTY INSPECTOR hat wie gesagt noch weitere Seiten, und als nächstes schauen wir auf die Seite *Colors* (Farben). Sie gelangen auf sie, indem Sie im PROPERTY INSPECTOR das dritte Symbol von links, den Stift, klicken.

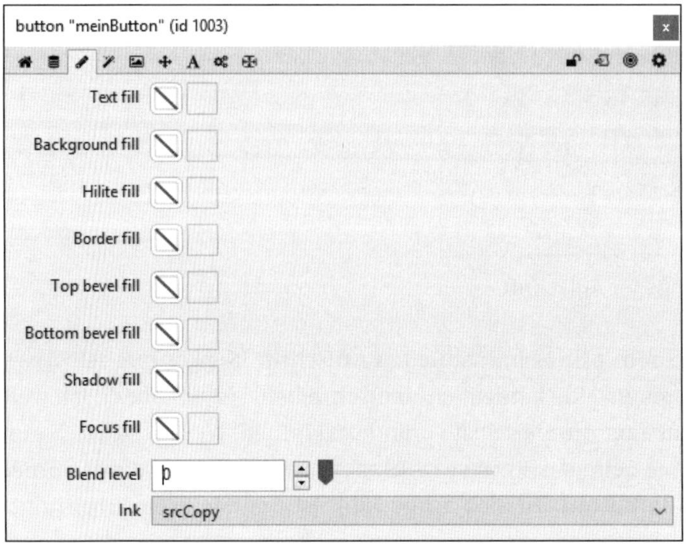

Abbildung 2.12 Farben und Muster – Eigenschaften des Buttons

In der ersten Zeile Text Fill können Sie die Textfarbe des Buttons einstellen (Abbildung 2.12). Klicken Sie dazu auf das linke Quadrat mit dem roten diagonalen Balken (das bedeutet »keine Farbe gewählt«). Im Farbwähler, der sich nun öffnet, können Sie jede beliebige Farbe für den Text auswählen. Nach Klick auf OK können Sie die geänderte Textfarbe sofort im Button auf dem Programmfenster sehen.

Mit der Eigenschaft Background Fill können Sie dasselbe für die Hintergrundfarbe, also die Hauptfläche des Buttons machen. Damit können Sie dem Button ein ganz individuelles farbliches Aussehen geben.

Mit dem Regler Blend Level ganz unten ist es übrigens möglich, den Button mehr oder weniger durchscheinend zu machen. Wer weiß – vielleicht können Sie das ja mal gebrauchen.

Die anderen Properties im Farbmenü können Sie gern ausprobieren. Sie setzen Farben für Details im Rahmen, Schatten oder Auswahlrahmen des Buttons. Statt Farben lassen sich mit dem rechten Viereck neben jeder Eigenschaft auch Muster als Füllung verwenden. Kann man machen, muss man nicht.

Die nächste Seite im Property Inspector, erreichbar über das Zauberstabsymbol, heißt Graphics Effects (Grafikeffekte), und wie der Name schon sagt, können Sie damit das gewünschte Objekt grafisch ein wenig aufpeppen. Es lassen sich Schlagschatten setzen, äußeres und inneres Glühen einstellen und eine Überlagerungsfarbe wählen (Abbildung 2.13). Wer kreativ ist und fleißig herumexperimentiert, kann das Aussehen eines Objekts damit schon richtig professionell gestalten und braucht möglicherweise gar keine externen Grafiken mehr. Später mehr dazu!

Mit der Seite ICONS, erreichbar über das Bildsymbol in der Menüleiste, lassen sich beliebige Grafiken als Bilder auf dem Button platzieren, auch verschiedene für verschiedene Zustände (inaktiv, aktiv, gedrückt). Es können auch Bilder den Button vollständig ersetzen. Dazu ebenfalls später mehr. Aber Ausprobieren ist natürlich jederzeit erlaubt!

Abbildung 2.13 Button mit Grafikeffekten und Icon

Wichtig sind jetzt erst einmal noch zwei Property-Seiten, zunächst die Seite POSITION, in der Sie die Größen- und Positionsdaten des Buttons in exakten Zahlen erhalten und entsprechend auch anpassen können (Abbildung 2.14).

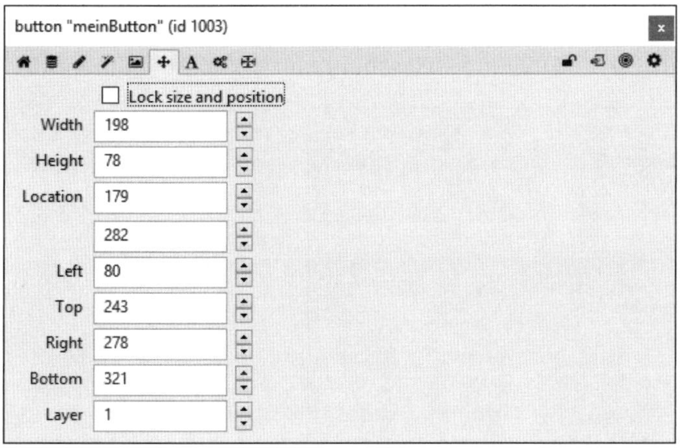

Abbildung 2.14 Weitere Eigenschaften des Buttons: Maße und Position

Neben den Werten für Breite und Höhe sowie dem Abstand von linkem, rechtem, oberem und unterem Rand des Programmfensters können Sie hier auch den LAYER für den Button festlegen. Das ist gewissermaßen die Ebene für die Darstellung des Objekts. Wenn es mehrere Buttons oder andere Objekte gibt, die übereinanderliegen, dann liegt das mit der höheren Layer-Zahl oben.

Zu guter Letzt schauen wir uns noch die Seite für die Texteigenschaften des Buttons an, die Seite TEXT.

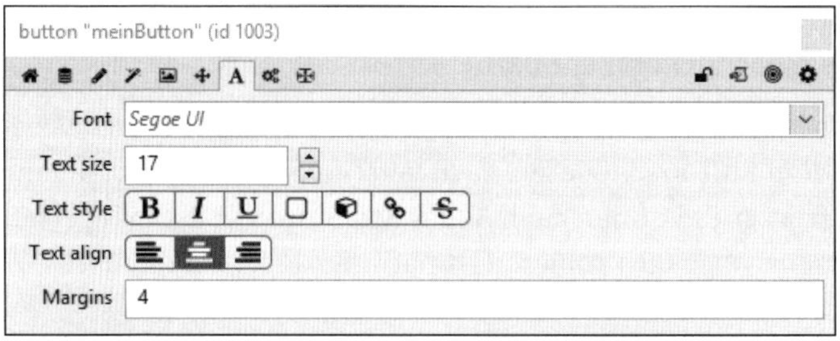

Abbildung 2.15 Texteigenschaften – Größe und Schriftart

Hier können Sie die Schriftart (FONT) und die Schriftgröße für den Button wählen (Abbildung 2.15), außerdem den Textstil wie Fett oder Kursiv. Nur die Textfarbe wird hier nicht gesetzt – das geschieht ja, wie schon gesehen, auf der Seite COLOR.

Anhand des Buttons haben Sie jetzt eine Menge Möglichkeiten ausprobiert, die Eigenschaften eines Objekts nach Belieben zu verändern.Das geht natürlich nicht nur mit Buttons, sondern mit allen Objekten, sogar mit dem Programmfenster (dem STACK) selbst. Wenn Sie bei offenem PROPERTY INSPECTOR auf eine leere Stelle des Programmfensters klicken, dann sehen Sie den PROPERTY INSPECTOR für den STACK und können hier auch Hintergrundfarben, Fenstertitel und vieles mehr einstellen (Abbildung 2.16).

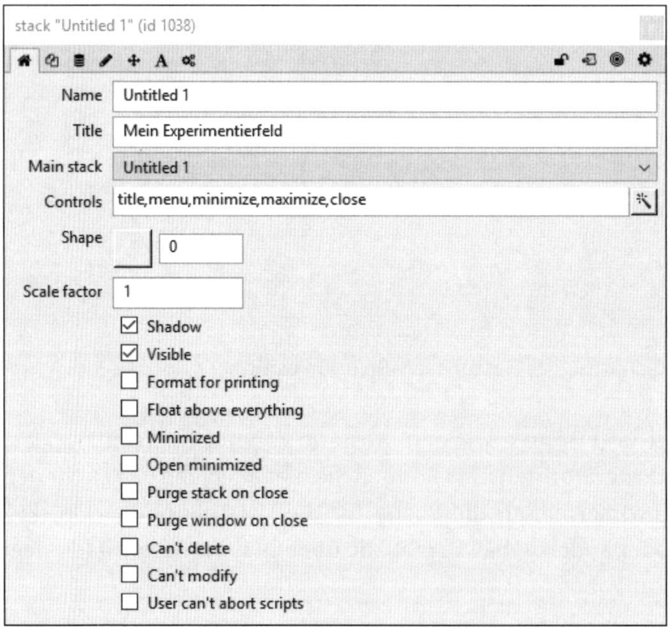

Abbildung 2.16 Eigenschaften des Programmfensters (Stack)

Wenn Sie hier »Mein Experimentierfeld« oder irgendetwas anderes in die Zeile TITLE schreiben, zeigt das Hauptprogrammfenster automatisch diesen Namen in der Titelzeile. Der Name des Stacks ist der Name Ihres Programms.

Übrigens: Eigenschaften wie Schriftgrößen und Hintergrundfarben, die Sie hier im Programmfenster vornehmen, wirken sich automatisch auf alle Objekte aus, die sich in diesem Fenster befinden – außer es sind für sie explizit andere Werte gesetzt. Warum das so ist, wird noch genauer erläutert. Es hat mit der Hierarchie der Objekte zu tun.

Jetzt ist die Manege wieder frei für Sie: Probieren Sie, so viele Eigenschaften wie möglich in Ihren Objekten zu verändern. Machen Sie Textfelder farbig, schreiben Sie einen anderen Text rein, machen Sie die Rahmen fett, geben Sie den Grafiken Schatten, gestalten Sie ein chaotisches oder ein geordnetes Fenster mit möglichst vielen Elementen. Das gibt Ihnen ein Gefühl dafür, wie Sie Ihre eigene App später gestalten können und was es für Möglichkeiten gibt. Wenn noch nicht alles klappt, was Sie sich vorstellen, dann ist das nicht weiter schlimm. Anhand der Beispiele, die in diesem Buch noch folgen, werden Sie eine Menge nützliche Rezepte erhalten, wie Sie ganz individuelle Ideen präzise umsetzen konnen. Alles kommt nach und nach – jetzt ist erstmal Freestyle angesagt!

Wenn Sie zufrieden sind und das Gefühl haben, ein wenig Kontrolle darüber zu haben, wie man die Objekte auf dem Programmfenster anordnen und schön anpassen kann, können Sie ja auch schon einfach mal Ihre erste App erstellen. Jawohl, eine App ohne Programmierung, nur durch Zusammenklicken und Setzen von Eigenschaften! Sie ist in wenigen Minuten erstellt.

Weltzeituhr mit Webnachrichten: Klicken Sie sich eine App zusammen!

Beginnen Sie mit einem ganz frischen Projekt. Wenn Sie noch das Fenster und die Objekte vom Ausprobieren vor sich haben, dann wählen Sie aus dem Hauptmenü von LiveCode FILE • CLOSE AND REMOVE FROM MEMORY. Damit schließen Sie das aktuelle Projekt und entfernen es aus dem Speicher. Oder was auch immer klappt: Beenden Sie LiveCode, indem Sie das Hauptmenüfenster schließen, und starten Sie es neu. Meist geht auch das in wenigen Sekunden. Nun starten Sie ein neues Projekt über FILE • NEWS STACK • IPHONE 6, um eine passende Größe für eine typische Smartphone-App zu haben (das passt auch sehr gut für die meisten Android-Phones).

Es kann losgehen: Ziehen Sie zwei Uhr-Widgets aus der Werkzeugpalette auf das Programmfenster. Platzieren Sie sie nebeneinander in der oberen Hälfte des Fensters. Vergrößern Sie sie etwas, und zwar 100 × 100 Pixel groß.Dazu wählen Sie die erste Uhr aus (Bearbeitungsmodus), und wechseln Sie in den PROPERTY INSPECTOR. Hier wählen Sie die Seite POSITION und stellen als WIDTH (Breite) »100« ein und als HEIGHT (Höhe) ebenso »100«. Das Gleiche wiederholen Sie mit der zweiten Uhr. Jetzt können Sie beide Uhren schön sauber mit der Maus nebeneinander positionieren (Abbildung 2.17).

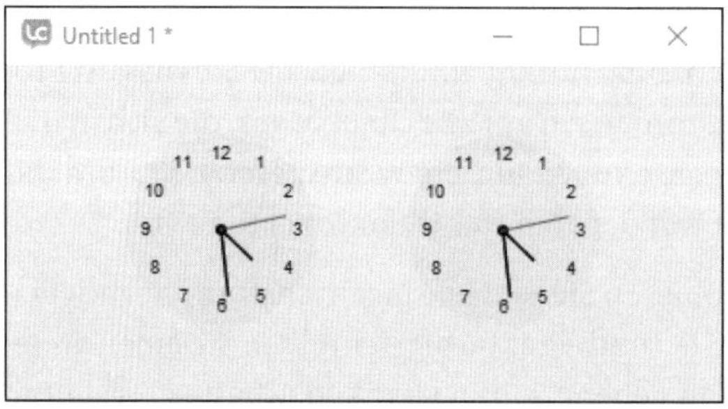

Abbildung 2.17 Beide Uhren nebeneinander in der oberen Fensterhälfte

Als Nächstes brauchen Sie zwei Beschriftungen. Ziehen Sie ein Label aus der Werkzeugpalette auf das Fenster, und platzieren Sie es unter der ersten Uhr. Gehen Sie auf die Eigenschaften des Labels, und schreiben Sie »Deutsche Zeit« in das Feld CONTENTS (der zweite Reiter im PROPERTY INSPECTOR, siehe Abbildung 2.18).

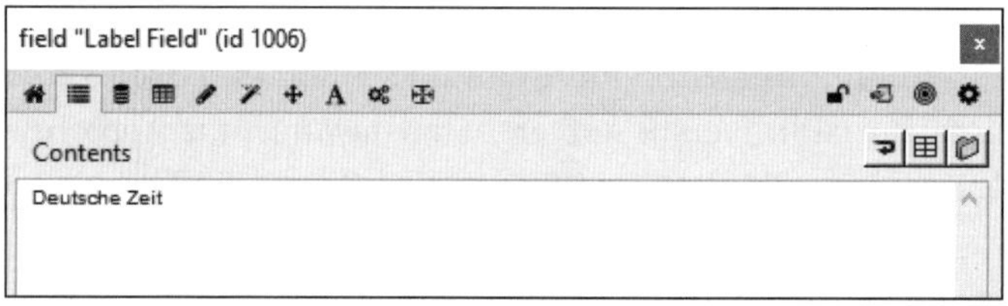

Abbildung 2.18 Der Text eines Labels wird auf der Seite »Contents« eingegeben.

Wechseln Sie nun auf die TEXT-Seite der Label-Eigenschaften, und wählen Sie dort als TEXT-ALIGN (Ausrichtung) das Symbol für »zentriert« an (Abbildung 2.19).

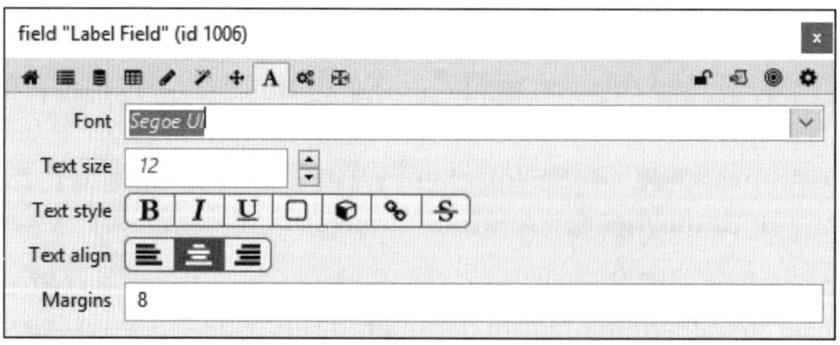

Abbildung 2.19 Zentrierung des Labeltextes

Nun ziehen Sie ein weiteres Label in das Programmfenster und machen mit ihm dasselbe, nur dass Sie in den CONTENT diesmal »New York Zeit« hineinschreiben. Platzieren Sie die beiden Labels jeweils unter den beiden Uhren.

Jetzt müssen noch die Uhren entsprechend gestellt werden. Dazu wählen Sie die Eigenschaften der ersten Uhr an. Wählen Sie dort auf der ersten Seite als TIMEZONE (Zeitzone) UTC+1 ATHENS BERLIN ... aus. Das sollte die aktuelle Zeit in Deutschland sein (falls nicht, wegen Sommerzeit oder so, wählen Sie eine andere Zeitzone, bis die Uhr stimmt). Die Zeitzone der zweiten Uhr stellen Sie auf die aktuelle Zeit von New York ein, normalerweise 6 Stunden vor der deutschen Zeit. Je nach Tag oder Nacht passt das Uhr-Widget sich automatisch farblich an (Abbildung 2.20).

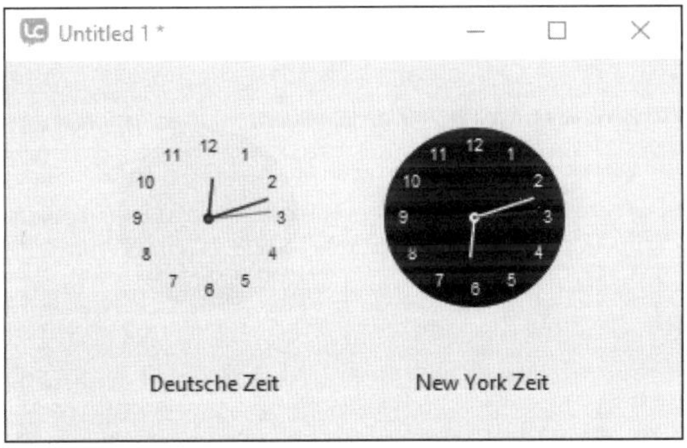

Abbildung 2.20 Beide Zeiten nebeneinander

Wie wäre es mit einer schöneren *Hintergrundfarbe* für das Programm? Klicken Sie mit der rechten Maustaste (`Ctrl` + Mausklick beim Mac) in das Fenster, und wählen Sie PROPERTY INSPECTOR. Jetzt können Sie in den Eigenschaften der Seite (CARD) die Hintergrundfarbe (BACKGROUND FILL) setzen – zum Beispiel auf ein leichtes Hellblau. Die Uhren passen sich farblich entsprechend an.

Als Letztes fügen wir noch ein Extra hinzu: aktuelle Nachrichten der Tagesschau auf unserer Zeit-App. Ziehen Sie dafür das *Browser-Widget* (Erdkugelsymbol) in den unteren Teil des Programmfensters, und platzieren Sie es so, dass es die ganze Breite und Höhe, die unter den Uhren zur Verfügung steht, ausfüllt (Abbildung 2.21).

Jetzt brauchen Sie nur noch die anzuzeigende URL im Browser festzulegen. Wählen Sie dazu das Browser-Widget im Bearbeitungsmodus aus, und wechseln Sie in den Inspector (Doppelklick oder INSPECTOR-Symbol aus dem Hauptmenü).

Auf der HOME-Seite des Browsers können Sie die URL eingeben. Geben Sie hier ein: »http://www.tagesschau.de«.

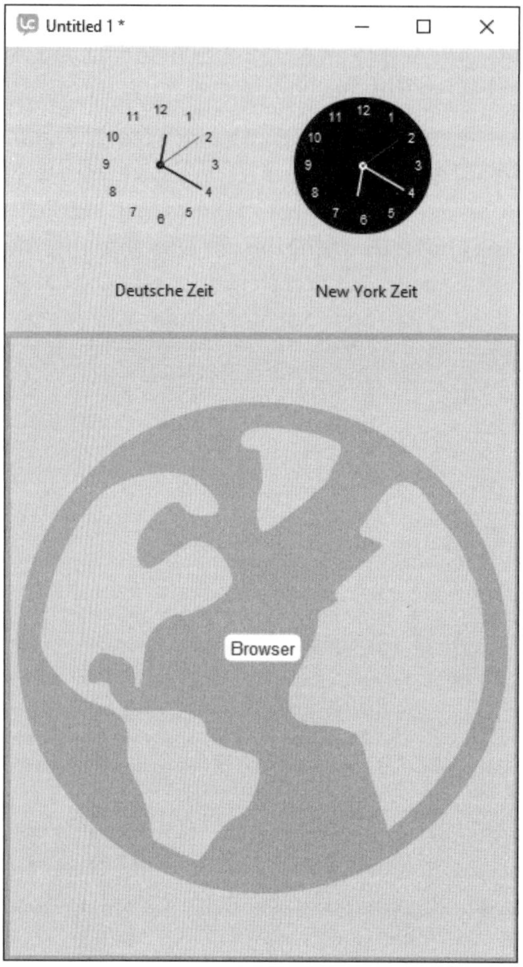

Abbildung 2.21 Zeitanzeige mit Browserfenster

Das reicht. Wenn Sie jetzt in den Laufzeitmodus wechseln, haben Sie ein fertiges, lauffähiges Projekt: eine aktuelle Weltzeituhr, die die genaue Zeit in Deutschland und New York anzeigt, darunter die Nachrichtenübersicht der Tagesschau mit den aktuellen News (Abbildung 2.22). Ein komplettes Programm – und das sogar, bevor wir mit dem eigentlichen Programmieren begonnen haben! Sie haben nur vorhandene Bestandteile von LiveCode kombiniert und mit selbst angepassten Eigenschaften versehen. Diese App könnte man bereits zu einem eigenständigen Programm für Mac oder Windows machen oder zu einer App für Android-Geräte.

Abbildung 2.22 »Hallo Welt« mal anders – eine komplette App in wenigen Minuten zusammengeklickt

Das Einzige, das vielleicht noch stört, ist der Titel oben in der Programmfensterleiste, UNTITLED 1 *. Den können Sie leicht ändern: Wechseln Sie in den Bearbeitungsmodus, klicken Sie mit der rechten Maustaste in einen leeren Bereich, wählen Sie STACK • PROPERTY INSPECTOR, und setzen Sie den TITLE auf »Weltzeituhr«. Damit haben Sie den Titel für den Hauptstack benannt – und so heißt damit die ganze App.

Am Schluss bleibt nur noch eine wichtige Sache, nämlich das Projekt zu speichern. Dazu wählen Sie im Hauptmenü FILE • SAVE AS, geben einen aussagekräftigen Namen an und speichern das Projekt an einer sinnvollen Stelle, zum Beispiel in Ihrem eigens dazu erstellten Ordner *LiveCode-Projekte*.

Obwohl LiveCode ein stabiles System ist, kann es beim Bauen von Apps schon mal dazu kommen, dass das Programm an einer Stelle festhängt oder nicht mehr reagiert. Ärgerlich, wenn man das Projekt dann nicht gespeichert hat. Daher meine Empfehlung für alle zukünftigen Projekte:

Speichern nicht vergessen!

Speichern Sie das Projekt bereits nach der Erstellung des ersten Stacks mit SAVE AS unter dem richtigen Namen an der richtigen Stelle. Während des Arbeitens sollten Sie sich angewöhnen, vor jedem Test mit `Strg` + `S` (`Cmd` + `S` beim Mac) die aktuelle Fassung zu speichern. LiveCode macht es Ihnen leicht, denn dieses Speichern lässt sich sehr gut in den Workflow integrieren, wie Sie ab Kapitel 4, »Skripte: Programmieren macht Spaß!«, sehen werden.

Kapitel 3
Grundbausteine einer App

Nach dem erfolgreichen Ausprobieren ein wenig Hintergrundwissen: Womit arbeiten wir hier eigentlich, und wie kriegen wir das alles in den Griff?

3

Wenn Sie ein neues Projekt anlegen, dann erstellen Sie einen NEW STACK. Wenn Sie die Hintergrundfarbe im aktuellen Programmfenster ändern wollen, dann ändern Sie dies in den Eigenschaften der aktuellen CARD. *Stack* und *Card* – das sind die beiden wichtigen Begriffe.

Was ist das denn nun eigentlich genau?

Stack heißt übersetzt »Stapel«, Card bedeutet »Karte«. Stapel und Karten – warum sind die so wichtig für Ihre App? Dass die Begriffe so heißen, hat historische Gründe. LiveCode stammt ursprünglich von einem ganz frühen System namens HyperCard, und aus der Zeit noch stammendie Bezeichnungen. Wichtiger ist aber, was sie genau bedeuten.

3.1 Stacks – Stapel

Ein Stack ist in LiveCode ein Programmfenster. Er hat eine Größe und Breite, und auf dem Desktop hat er auch eine Titelzeile und Bedienknöpfe, um ihn zu verschieben, zu verkleinern und zu vergrößern. Wenn dieses Programmfenster jetzt ein Kartenstapel wäre (wie ein Stapel Spielkarten), dann wären die einzelnen Karten davon die Cards. Die erste Karte liegt ganz oben und bildet den aktuellen Inhalt des Programmfensters ab. Am Anfang hat jeder Stapel auch nur eine Karte. Wenn man will, kann man aber mehr Karten hinzufügen. Dann kann man in einem Programmfenster auch neue Inhaltsseiten anlegen, die ganz andere Elemente und ein anderes Layout haben. Muss man aber nicht.

Damit gar nicht erst Verwirrung aufkommt: Merken Sie sich einfach, dass ein Stack ein Fenster ist, in dem ein Programm läuft. Also denken Sie bei Livecode-Stacks einfach

Fenster. Kleine und einfache Desktop-Programme sowie die meisten mobilen Apps bestehen in der Regel nur aus einem einzigen Fenster, also einem Stack. Umfangreichere Desktop-Programme können natürlich auch mehrere Fenster haben (Info-Fenster, die aufgehen, Optionen-Fenster, Mitteilungsfenster, Editorfenster usw.).

In LiveCode hat eine Anwendung immer genau einen *Mainstack* (das Hauptfenster der Anwendung). Wird dieser geschlossen, so wird das Programm beendet. Zusätzliche Fenster können in sogenannten *Substacks* (Unterfenstern) definiert werden. Diese zusätzlichen Fenster sind beim Start der Anwendung in der Regel nicht sichtbar, sie können aber von einem Skript jederzeit sichtbar gemacht und geöffnet werden.

3.2 Cards – Karten

Was sind nun die Cards? Dies sind im Gebrauch von LiveCode einfach die inhaltlich verschiedenen *Seiten* eines Fensters. Wie ein Buch, in dem man blättern kann, so kann auch ein Fenster theoretisch beliebig viele eigenständige Seiten haben, und jede Seite kann ganz eigene Objekte und Inhalte enthalten. Wenn Sie also die Card wechseln (was in der Regel durch ein Skript geschieht), dann zeigt Ihr Fenster die Inhalte der neuen Seite an. Die Größe des Fensters bleibt dabei immer gleich, nur das, was in ihm zu sehen ist, ist der Inhalt der neuen Card.

Ein Stack braucht allerdings keineswegs mehrere Seiten zu haben. Für manche Anwendungen mag das praktisch sein (wenn man zum Beispiel durch mehrere Einstellungsseiten wechseln möchte oder wenn eine Anwendung mit einer Startseite beginnt und dann zur eigentlichen Hauptseite wechselt). Es ist aber für die meisten Anwendungen ebenso gut möglich, mit nur einer einzigen Seite zu arbeiten und eventuelle neue Inhalte entweder dynamisch auf derselben Seite neu zu erstellen oder dafür einen separaten zweiten Stack zu benutzen. Außerdem ist es auch möglich (und manchmal praktisch), Seiten eines Stacks dafür zu verwenden, um dort Grafiken, Daten usw. aufzubewahren und bei Bedarf jeweils auf die aktuelle Seite oder auf die Hauptseite herüberzukopieren. Die eigentliche Seite bleibt dabei still im Hintergrund und wird nie angezeigt. Die Elemente darauf stehen dem Programm aber immer zur Verfügung.

Stacks und Cards

Jede Anwendung, die Sie in LiveCode erstellen, besteht aus mindestens einem Stack, das ist das Fenster, in dem die Anwendung läuft. Jeder Stack enthält mindestens eine Card, das ist die Seite, die in diesem Fenster angezeigt wird. Eine Anwendung kann nur einen Stack mit einer Card haben – oder sie hat mehrere Stacks. Und diese Stacks können jeweils eine oder mehrere Cards enthalten.

3.3 Alles sind Objekte

Jetzt noch ein paar wichtige Grundlagen für die Arbeit mit LiveCode und das Programmieren überhaupt: Es war schon des Öfteren die Rede von *Objekten*. LiveCode ist, wie die meisten modernen Entwicklungssysteme, *objektorientiert* ausgerichtet.

Aber was sind denn nun genau Objekte in LiveCode?

Genau genommen sind alle festen Elemente, aus denen ein LiveCode-Projekt besteht, Objekte. Ein Stack ist ebenso ein Objekt wie eine Card. Ein Button ist ein Objekt, ein Label ist ein Objekt, eine Grafik ist ein Objekt, eine Gruppe von Checkboxen ist ein Objekt, und eine einzelne Checkbox ist auch ein Objekt. Alle Elemente, aus denen eine Anwendung besteht, die Sie anlegen und anpassen, sind Objekte (Abbildung 3.1).

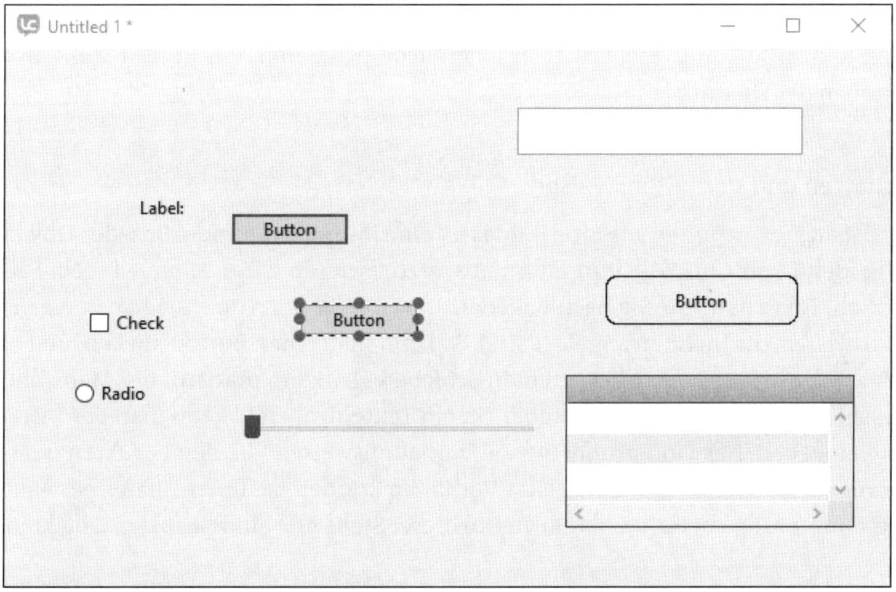

Abbildung 3.1 Sowohl das Fenster selbst als auch jedes Element darin ist ein Objekt.

Objekte haben Eigenschaften, das haben Sie ja bereits festgestellt und genutzt, und sie stehen in einem bestimmten Verhältnis zueinander. Man kann auch sagen, es gibt Abhängigkeiten zwischen Objekten.

Hierarchien zwischen Objekten

So ist ein Stack ein Hauptobjekt, das in der Hierarchie ganz oben steht. Darunter sind die jeweiligen Cards des Stacks angesiedelt, und unter jeder Card die einzelnen Elemente, die sich auf jeder Card befinden. Die Eigenschaften eines Stacks betreffen automatisch auch alle Objekte, die sich hierarchisch unter dem Stack befinden. Wenn Sie die Hintergrundfarbe Ihres Stacks auf Rot setzen, dann sind auch alle Cards, die sich in diesem Stack befinden, automatisch rot – sofern ihnen keine individuelle Farbe zugewiesen wurde. Jede Card »erbt« zunächst einmal die Eigenschaften des übergeordneten Stacks.

Wenn Sie den Stack (das Programmfenster) auf dem Bildschirm verschieben, dann verschieben sich selbstverständlich die Cards (die Seiten) dieses Stacks mit. Ist ja logisch – die Seite ist ja fest in dem Stack verankert. Und wenn sich die Card verschiebt, dann verschieben sich auch die Buttons, Textfelder und Grafiken auf dieser Card. Klar, die bleiben ja nicht allein an der alten Position zurück. Umgekehrt können Sie einen Button auf der Card verschieben, ohne dass sich irgendetwas anderes mit verschiebt, denn anders könnten Sie den Button ja nicht auf der Oberfläche platzieren. Ein Button steht also ganz unten in der Hierarchie.

Eigenschaften und Verhaltensweisen

Objekte haben *Eigenschaften* wie eine ID (das ist eine interne Nummer, die jedes Objekt eindeutig identifiziert und die ihm automatisch zugewiesen wird), einen Namen, Farben, Größen, Texte usw., die Sie nach Belieben anpassen können, und sie haben eigene *Verhaltensweisen*, die in ihnen angelegt sind. So kann man einen Button klicken, und er wechselt auf die Anzeige »gedrückt«. Einen Schieberegler kann man mit der Maus hin- und herschieben, und er bleibt dort stehen. In ein Texteingabefeld kann man per Tastatur Texte eingeben. Das sind grundlegende Verhaltensweisen, die den Objekten quasi »angeboren« sind. Weiteres individuelles Verhalten können Sie ihnen später per eigener Programmierung »beibringen«. So viel an dieser Stelle erst einmal zu den Objekten.

Aller guten Dinge sind drei

Jede gute App besteht am Ende aus drei grundlegenden Typen von Elementen: aus Objekten (den festen Elementen wie Fenstern, Buttons, Feldern usw., die Sie in LiveCode anlegen, samt ihren Eigenschaften), Skripten (dem Programmcode, der etwas mit den Objekten macht und den Sie bald lernen werden) und Variablen (veränderlichen Zahlen und Zeichen, mit denen das Programm arbeitet und rechnet).

3.4 Die wichtigsten Werkzeuge

Die Hauptleiste von LiveCode enthält zahlreiche Icons und Menüeinträge. Damit Sie sinnvoll und produktiv mit LiveCode arbeiten können, sollten Sie sich jetzt auf jeden Fall noch mit den wichtigsten Werkzeugen in LiveCode vertraut machen. Wenn Sie das Weltzeituhr-Projekt noch offen haben, dann lassen Sie es offen, ansonsten empfehle ich Ihnen, es jetzt noch einmal in LiveCode zu laden.

Der Project Browser

Ein Werkzeug, das Sie sehr häufig brauchen werden, lässt sich derzeit nur über das Menü öffnen. Gehen Sie auf den Menüeintrag TOOLS, und wählen Sie dort den PROJECT BROWSER. Es öffnet sich ein Fenster, das alle Objekte des aktuellen Projekts in einer hierarchischen Listenübersicht zeigt.

Wenn Sie auf das Pluszeichen klicken, öffnet sich die jeweilige Ebene der Objekte. Wie in Abbildung 3.2 sieht es aus, wenn Sie alle Ebenen ausklappen.

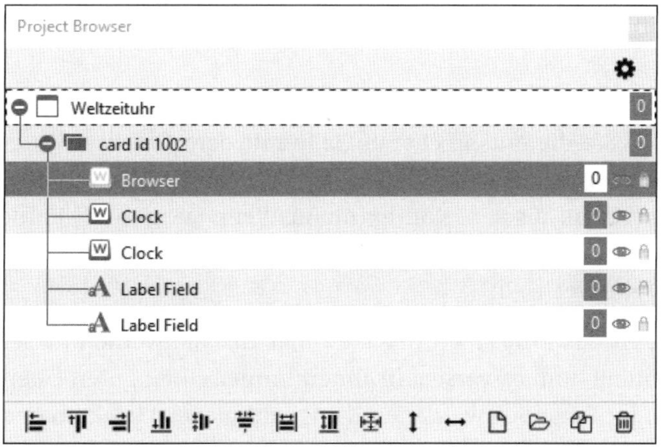

Abbildung 3.2 Der »Project Browser« für die Weltzeituhr

Auf oberster Ebene sehen Sie den Stack WELTZEITUHR, also unser Programmfenster. Darunter liegt die Card mit dem Namen CARD ID 1002 (der Name wurde automatisch vergeben), und wieder eine Ebene darunter finden Sie alle Objekte, die sich auf der Card befinden, also einen Browser, zwei Uhren-Widgets und zwei Labelfelder.

Default-Ansicht einstellen

Sollten sich im PROJECT BROWSER noch mehr Einträge auf der obersten Ebene befinden, als zu Ihrem Projekt gehören (zahlreiche unverständliche interne Objekte, die mit com oder rev beginnen), dann sollten Sie die Darstellung auf *Default* (Standard) setzen, um den Überblick zu behalten. Wählen Sie dazu im Menü EDIT • PREFERENCES, dann links PROJECT BROWSER, und klicken Sie ganz unten den Button RESET ALL PREFERENCES TO DEFAULTS.

Der PROJECT BROWSER ist sehr hilfreich, weil er übersichtlich zeigt, welche Objekte sich im aktuellen Projekt wo befinden. Hinter jedem Objekt gibt es weitere Informationen. Die »0« zum Beispiel, die blau hinterlegt ist, zeigt an, wie viele Zeilen Programmcode sich im zugehörigen Skript befinden. Die Weltzeituhr kommt ohne Skripte aus, also steht überall 0, aber für spätere Projekte wird diese Angabe wichtig und informativ sein. Das Augensymbol zeigt, ob das Objekt sichtbar oder unsichtbar ist. Mit einem Klick darauf können Sie den Zustand jederzeit umkehren. Und mit dem Bügelschloss ganz rechts können Sie per Klick einstellen, ob Position und Größe des Objekts festgestellt werden sollen, so dass Sie es nicht versehentlich mit der Maus verschieben oder skalieren können.

Über den PROJECT BROWSER können Sie auch an den Property Inspector für jedes einzelne Objekt kommen. Wählen Sie die entsprechende Zeile mit dem Objekt mit der Maus aus, klicken Sie dann mit der rechten Maustaste (`Ctrl` + Mausklick beim Mac), und wählen Sie PROPERTY INSPECTOR aus dem Kontextmenü. Wenn Sie mehrere Cards in einem Projekt haben, können Sie dort durch Doppelklick auf den Namen der Card in Ihrem Stack auf die jeweilige Seite wechseln.

Probieren Sie die Möglichkeiten des Project Browsers einmal aus. Sie werden dieses Werkzeug noch häufig verwenden, und es verschafft Ihnen immer einen guten Überblick, wenn Projekte groß und umfangreich werden und aus zahlreichen Objekten und Unterobjekten bestehen. Auch Objekte, die auf dem Programmfenster aus irgendeinem Grund nicht mehr sichtbar sind – zum Beispiel, weil sie ausgeblendet wurden oder außerhalb des Fensterbereichs liegen –, lassen sich hier immer finden, anwählen und vollständig bearbeiten.

Die Message Box

Durch Klick auf das Symbol der MESSAGE BOX (oder `Strg` + `M` bzw. `Cmd` + `M`) öffnet sich die MESSAGE BOX (Abbildung 3.3).

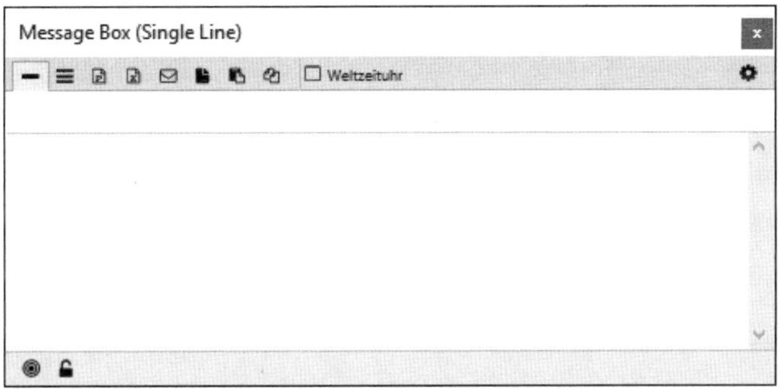

Abbildung 3.3 Die »Message Box« – ein hilfreiches Tool

Die MESSAGE BOX dient dazu, direkt von außen und nach außen mit Ihrer App zu kommunizieren. Sie können von Ihrer App Werte und Informationen in die MESSAGE BOX ausgeben lassen und sie dort betrachten, und Sie können durch die Kommandozeile oben in der MESSAGE BOX auch direkt Befehle und Auswertungskommandos an Ihre App schicken und dann sehen, was passiert.

Warum dieses Werkzeug so wichtig und nützlich ist, werden Sie in den nächsten Kapiteln, insbesondere bei der Fehlersuche, noch ausführlich kennenlernen.

Dictionary – das Nachschlagewerk

Ein weiteres sehr wichtiges Hilfsmittel, das Sie bald regelmäßig verwenden werden, ist das Nachschlagewerk DICTIONARY. Sie öffnen es ganz einfach durch einen Klick auf das DICTIONARY-Symbol in der Hauptmenüleiste von LiveCode.

In diesem Fenster können Sie oben rechts jeden Befehl und jede Funktion von LiveCode eingeben (Abbildung 3.4) und erhalten umfangreiche und präzise Informationen darüber, wie dieser Befehl korrekt verwendet wird, meist auch mit Codebeispielen, die sehr hilfreich sein können. Sobald Sie begonnen haben, Ihre eigenen Skripte und Befehle in LiveCode zu verwenden, werden Sie das DICTIONARY nicht mehr missen wollen.

Es gibt noch mehr Icons in der Menüleiste – so können Sie mit SAMPLE STACKS die Projekte anderer Benutzer anschauen und daraus lernen, wie Sie ähnliche Aufgaben selbst lösen können. Dazu gibt es TUTORIALS – das sind englischsprachige Anleitungen, die beschreiben, wie ganz bestimmte Aufgaben in LiveCode am besten umgesetzt werden. Alles sehr hilfreich, wenn Sie erst einmal die wichtigsten Grundkenntnisse besitzen und danach mehr und umfangreicher lernen möchten. Wir kommen darauf noch zurück.

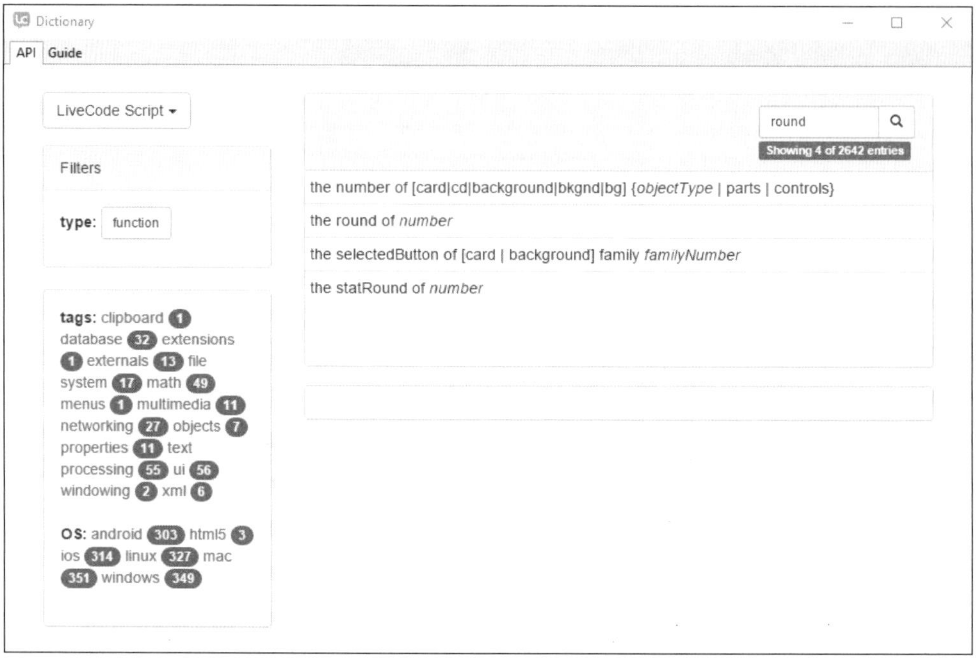

Abbildung 3.4 Das Nachschlagewerk »Dictionary«

Widgets – nützliche große Bausteine

Zu guter Letzt noch ein paar Worte über die *Widgets*. Das sind die Elemente, die Sie in der Werkzeugpalette gleich unter den beiden Pfeilen für die Moduswahl finden.

Abbildung 3.5 Einige Widgets, die in LiveCode enthalten sind

Sie haben die beiden oberen Widgets aus Abbildung 3.5 bereits verwendet: den Webbrowser und die Uhr. Einige mehr sind noch enthalten, wie eine dynamische Titelzeile für mobile Apps, eine Grafik, die statistische Daten anzeigen kann, Symbolleisten, Textformatierungsleisten, SVG-Vektorgrafikmodule (damit können Sie sehr schnell und einfach Standardsymbole in Ihre App einfügen), ein Schalter, der gut als Touch-Schalter funktioniert, und ein Listenbaumelement. Mehr Widgets und auch die Möglichkeit, Widgets mit anderen Benutzern auszutauschen, sind für zukünftige Versionen von LiveCode geplant.

> Was unterscheidet Widgets von »normalen« Objekten wie Buttons, Textfeldern usw., die darunter verfügbar sind?

Widgets sind komplexere Elemente, die bereits einiges mehr an Programmierung und vorgearbeiteten Verhaltensweisen in sich tragen als normale Grundelemente. So passen sie sich zum Beispiel automatisch der jeweiligen Umgebung an, etwa Desktop, mobil, Windows, Android, iOS, und verhalten sich überall letztendlich gleich zuverlässig. Widgets werden aus grundlegenden Elementen und Programmcode zusammengebaut und verhalten sich dann wie ein in sich geschlossenes Objekt. Erfahrene Programmierer können sich auch eigene Widgets bauen und diese dann immer wieder in Apps verwenden oder sie anderen Programmierern zur Verfügung stellen.

Mit Widgets erweitern sich die Möglichkeiten der einfachen Programmierung von Apps noch einmal erheblich. Das, was die Widgets können, könnte man in der Regel auch selbst mit entsprechenden Einzelelementen, Grafik und Code zusammenbauen, aber durch den Einsatz eines Widgets erspart man sich viel Zeit und Aufwand. Das Konzept der Widgets ist noch relativ jung in LiveCode – aber in der nächsten Zukunft ist zu erwarten, dass eine Menge zusätzlicher Widgets angeboten werden, die teils kommerziell und kostenpflichtig, teils auch kostenlos sind und die in allen möglichen Einsatzbereichen viel mühsame Arbeit ersparen.

Die Widgets, die Sie mit LiveCode mitgeliefert bekommen, dürfen und sollen Sie auch gern einsetzen. Sie sind zuverlässig und brauchbar. Dennoch wird es in diesem Buch erst einmal darum gehen, mit den Grundelementen zu arbeiten und allein damit eine Menge guter App-Ideen umzusetzen. Denn das geht wunderbar, und dadurch werden Sie alle wichtigen Grundlagen lernen – und vielleicht später selbst Widgets bauen.

3.5 Die erste programmierte App: Eine interaktive Präsentation

Nach der ersten App, die einfach nur »zusammengeklickt« war, folgt nun die erste »richtige App« mit Skript und Programmierung, und doch ist alles noch ganz einfach! Wieder beginnen wir mit einem leeren Projekt. Öffnen Sie LiveCode, und beginnen Sie mit FILE • NEW STACK • IPHONE6. Wenn Sie wollen, können Sie auch ein anderes Format wählen, aber die App soll gerne hochkant und für Smartphones geeignet sein.

Aufbau des Stacks

Öffnen Sie den Project Browser (TOOLS • PROJECT BROWSER). Hier können Sie dem Hauptfenster (also dem Stack) mit dem Namen UNTITLED 1 * gleich mal einen Titel geben. Doppelklicken Sie mit der Maus im PROJECT BROWSER auf den Namen, und schon können Sie ihn bearbeiten. Nennen Sie ihn zum Beispiel »MeineApp«. Später, wenn Sie wissen, wozu die App gut sein soll, können Sie den Namen und den angezeigten Titel noch jederzeit ändern.

Jetzt ist auch bereits Zeit, das Projekt zum ersten Mal abzuspeichern. Dann geht es in Zukunft fast automatisch. Klicken Sie auf FILE • SAVE AS, und speichern Sie das LiveCode-Projekt unter einem schönen Namen, wie zum Beispiel *MeineZweite-App.livecode*, in einem Ordner ab, den Sie leicht wiederfinden.

Gut, dann kann es ja losgehen. Ziehen Sie zwei Buttons auf das Hauptfenster. Machen Sie sie ein wenig größer, und platzieren Sie einen vertikal in der Mitte des Fensters, den anderen am unteren Rand (Abbildung 3.6).

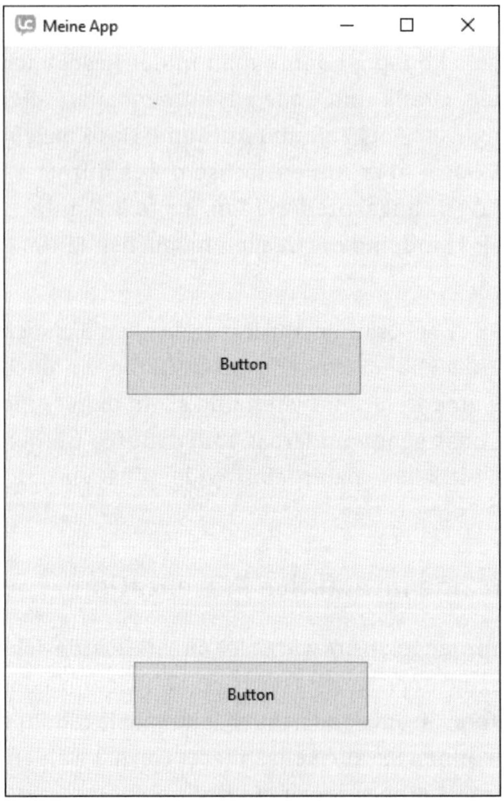

Abbildung 3.6 Zwei Buttons auf der ersten interaktiven App

Nun fügen Sie den Buttons noch zwei erklärende Texte hinzu. Sie können dazu jeweils ein Labelfeld über den beiden Buttons hineinziehen. Es gibt aber noch eine andere Methode: Ziehen Sie einfach zwei Textfelder hinein, schalten Sie um in den Laufzeitmodus, und schreiben Sie den gewünschten Text in die Textfelder. Danach schalten Sie wieder in den Bearbeitungsmodus, machen einen Doppelklick auf das jeweilige Textfeld und setzen es auf LOCK TEXT (Abbildung 3.7), damit es so bleibt, wie es ist, und der Text vom Benutzer nicht verändert werden kann.

Wenn Sie bei der Gelegenheit auch noch OPAQUE und SHOW BORDER abwählen, haben Sie so etwas wie ein Labelfeld – nur anders erstellt, was nach einiger Einarbeitung manchmal die schnellere Alternative sein kann.

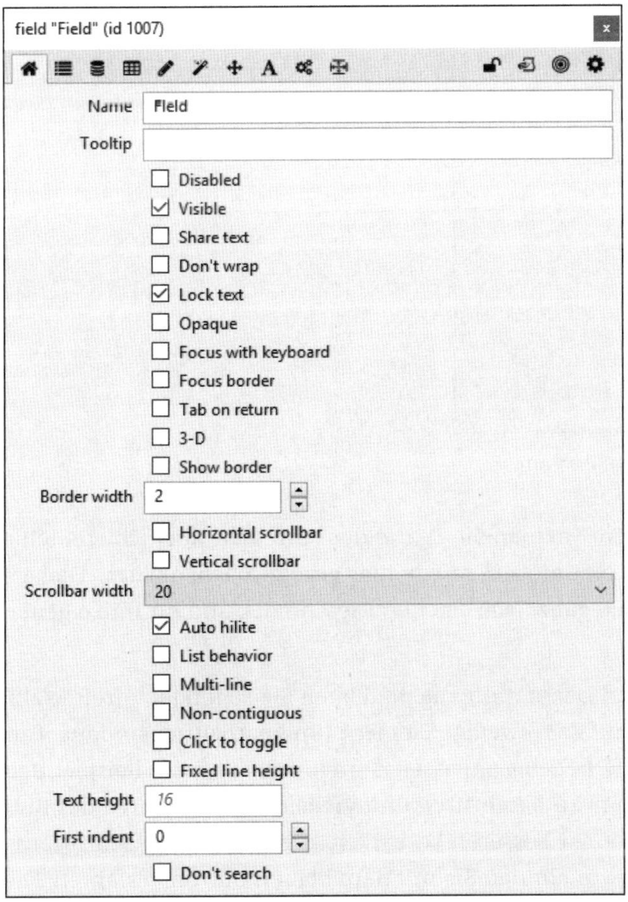

Abbildung 3.7 So können Sie ein Textfeld wie ein Label einstellen.

Jetzt sieht das Programmfenster in etwa so aus wie in Abbildung 3.8.

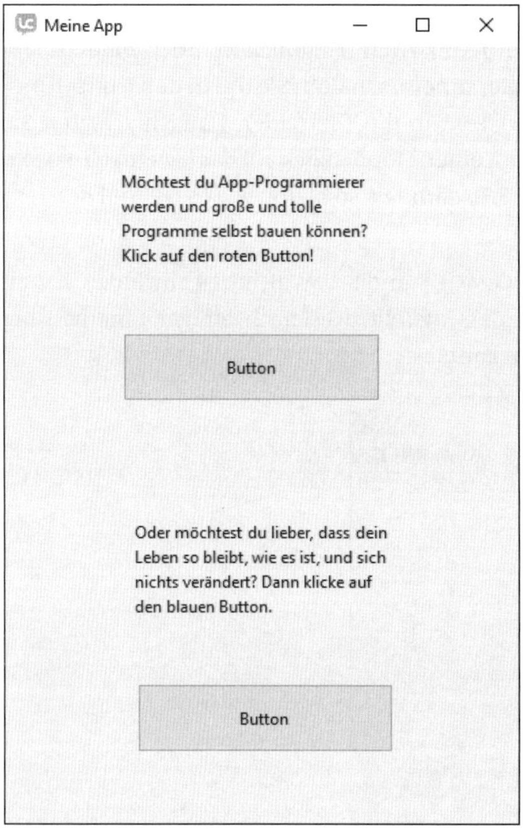

Abbildung 3.8 Zwei Texte und zwei Buttons

Natürlich können Sie auch andere Texte in die Textfelder schreiben, aber ich empfehle Ihnen an dieser Stelle, die App erst einmal so wie hier gezeigt nachzubauen. Danach sind Sie dran und können sie sich ganz nach eigenem Geschmack und für Ihre eigenen Zwecke umbauen.

Was die optische Gestaltung und Dekoration angeht, haben Sie schon jetzt freie Wahl. Sie können durch Doppelklick auf das jeweilige Element (im Bearbeitungsmodus) Farben, Beschriftungen, Größen usw. beliebig anpassen. Sinnvoll wäre es zum Beispiel, den ersten Button mit »Roter Button« zu beschriften und vielleicht die Füllfarbe des Buttons auf einen Rotton zu setzen. Zur besseren Lesbarkeit könnten Sie die Schriftfarbe dann auf Weiß setzen. Analog dazu können Sie mit dem blauen Button verfahren. Die Hintergrundfarbe des Programmfensters (der Card) kann zum Beispiel Weiß sein oder ein leichtes Gelb (Abbildung 3.9). Sie können noch eine Gesamtüberschrift über das

Ganze setzen und vielleicht Dekorationslinien und Formen hinzufügen. Das bleibt Ihnen überlassen. Jede App ist individuell.

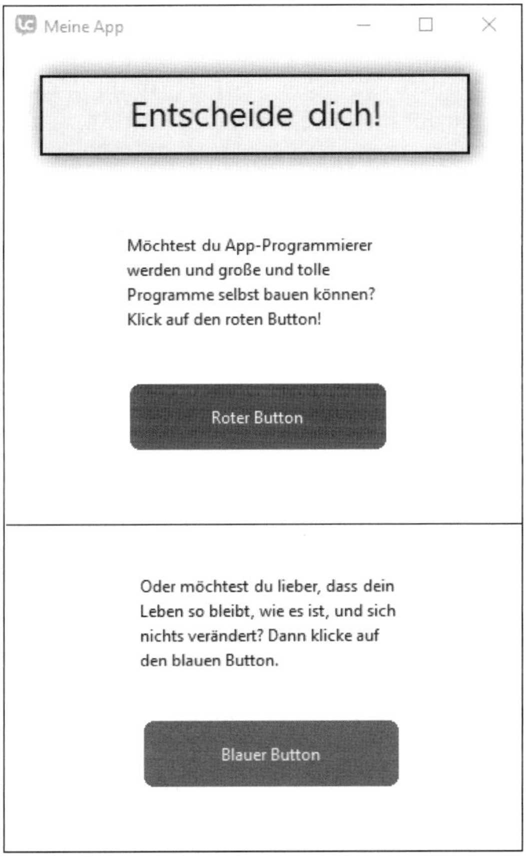

Abbildung 3.9 Eine mögliche Gestaltung der Startseite

Sind Sie zufrieden? Gut, dann werden wir diese App jetzt gleich mit Leben füllen. Wenn Sie in den Laufzeitmodus wechseln, können Sie die beiden Buttons schon klicken. So weit, so gut. Aber nur das Klicken der Buttons an sich kann uns jetzt natürlich nicht mehr zufriedenstellen. Es soll jetzt auch etwas passieren, wenn Sie den Button klicken. Und was passiert – das müssen Sie jetzt festlegen.

Die Idee ist folgende: Wenn einer der beiden Buttons geklickt wird, wechselt unsere App auf eine neue Card in unserem Stack, also auf eine neue Seite. Diese müssen Sie natürlich vorher anlegen.

Wie lege ich eine neue Seite an?

Ganz einfach. Klicken Sie mit der rechten Maustaste in das Programmfenster (`Ctrl` + Mausklick beim Mac). Dann wählen Sie aus dem Kontextmenü New Card. Tada! Eine neue Seite ist jetzt da, und sie ist leer und frei – Sie können sie gestalten wie ein unbeschriebenes Blatt.

Als Erstes geben Sie der neuen Seite einen Namen, damit Sie sie später unter diesem Namen ansprechen können. Doppelklicken Sie auf die leere Seite, und die Card Properties erscheinen (achten Sie im Property Inspector darauf, dass Sie wirklich die Eigenschaften der Card ändern und nicht die des Stacks). Tragen Sie als Namen der Karte »roteSeite« ein (ohne Leerzeichen, siehe Abbildung 3.10).

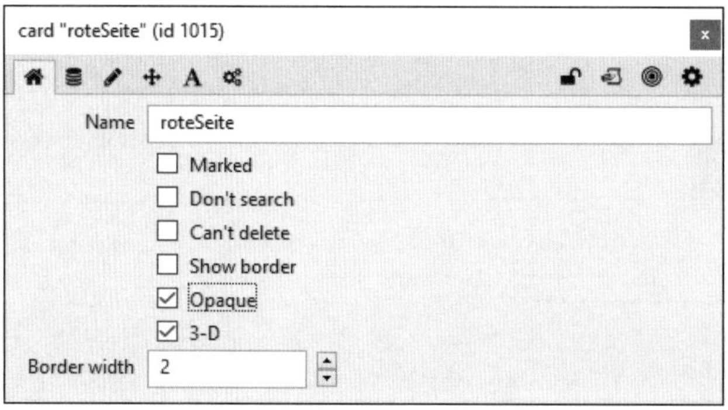

Abbildung 3.10 Geben Sie der Card einen Namen, dann können Sie sie damit später aufrufen.

Nun können Sie die Karte selbst gestalten. Was passiert, wenn jemand auf den roten Button geklickt hat? Er wird diese Karte zu sehen bekommen. Also ziehen Sie ein Textfeld (Label oder Field) in die Card und schreiben etwas Cooles darauf, zum Beispiel den Text: *»Eine sehr gute Wahl! Lesen Sie weiter im Buch, und vervollständigen Sie diese App, dann hat Ihre Karriere als Programmierer soeben begonnen. Und das ist erst der Anfang eines sehr aufregenden Weges …«*

Sie können den Hintergrund der Seite jetzt auch noch rot einfärben, dann wird es ganz deutlich (Card Properties • Colors • backgroundFill). Der Text sollte dann am besten weiß oder hellgelb sein.

Und noch eine neue Card erstellen Sie jetzt, auf die dann der blaue Button führen wird. Das heißt wieder ein Rechtsklick auf die Seite, wieder New Card aus dem Kontextmenü wählen. Doppelklicken Sie diese neue Seite, und nennen Sie sie diesmal »blaueSeite«. Hier steht ein anderer Text als auf der roten Seite, zum Beispiel: *»Schade – aber es ist Ihre Entscheidung. Sie können das Buch zuklappen und das Programm beenden. Dann bleibt alles so, wie es jetzt ist.«*

Wie gelange ich wieder auf die erste Seite zurück?

Da gibt es mehrere Wege. Der einfachste und klarste: Doppelklick im PROJECT BROWSER auf die erste Card mit dem Titel CARD ID 1002. Schon sind Sie wieder auf der Startseite, und diese sollten Sie jetzt auch noch benennen, also Rechtsklick, PROPERTY INSPECTOR und den Namen der Card ändern in »startSeite«.

Fertig. Alle Vorbereitungen sind abgeschlossen.

Jetzt kommt Leben rein – das erste Skript

Sie werden jetzt Ihr erstes *Skript* verfassen. Dazu klicken Sie mit der rechten Maustaste (`Ctrl` + Mausklick beim Mac) auf den oberen der beiden Buttons im Programmfenster – denn Sie möchten ein Skript für genau diesen Button schreiben – und wählen im Kontextmenü EDIT SCRIPT. Daraufhin öffnet sich der CODE EDITOR – ein neues Element von LiveCode, mit dem Sie noch sehr viel Zeit verbringen werden (Abbildung 3.11). In diesem Editor schreiben Sie das eigentliche Programmskript, das unsere Anwendung lebendig machen soll.

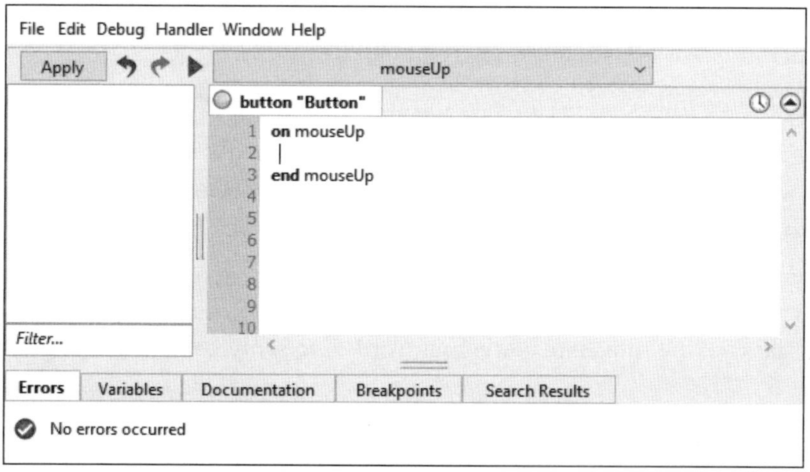

Abbildung 3.11 Der »Skripteditor« – hier wird programmiert.

Sie sehen oben den Karteireiter BUTTON »BUTTON«. Das Skript, das wir im Fenster schreiben, gehört somit zu diesem Button (der noch keinen individuellen Namen erhalten hat und daher einfach nur »Button« heißt). Außerdem steht möglicherweise schon etwas drin, nämlich:

```
on mouseUp

end mouseUp
```

(Sollten Sie Ihren Button in der Form verändert haben, so dass er kein Standard-Button mehr ist, dann stehen diese Zeilen eventuell noch nicht da, und Sie müssen sie selbst hineinschreiben.)

Sie könnten diese Zeilen jederzeit auch einfach löschen, wenn Sie sie nicht brauchen und dann etwas anderes hineinschreiben, aber wir wollen sie in diesem Fall verwenden. Sie stehen nämlich schon da, um uns die Tipparbeit zu erleichtern, weil ein Skript eines Standard-Buttons fast immer diesen Code verwendet. Zwischen die beiden Zeilen wird dann unser eigenes Skript geschrieben.

Was bedeutet `on mouseUp`?

`on` bedeutet bei LiveCode immer »im Fall von« oder »wenn folgendes Ereignis eintritt«. `mouseUp` steht für »Maustaste hoch« oder auch »gedrückte Maustaste wurde wieder losgelassen«, also »ein Mausklick ist erfolgt«. Insofern bedeutet `on mouseUp` so viel wie »falls mit der Maus geklickt wurde«. Und da das Skript dem Button zugeordnet ist, bezieht es sich auch nur auf ihn. `on mouseUp` im Button-Skript heißt dann also:

»Wenn auf diesen Button mit der Maus geklickt wurde, dann mache Folgendes.«

Danach folgt Ihr eigenes Skript, also das, was passieren soll, wenn mit der Maus auf den Button geklickt wurde. Und am Ende steht `end mouseUp`, das kennzeichnet, dass hier die Anweisungen für den Fall des Mausklicks beendet sind.

Ihre Anweisungen müssen Sie also zwischen `on mouseUp` und `end mouseUp` schreiben. Was schreiben Sie da rein? Nur einen einzigen Befehl. Wir wollen ja, dass das Klicken auf den Button bewirkt, dass auf die rote Seite gewechselt wird. Also schreiben Sie den folgenden Befehl hinein:

```
go to card "roteSeite"
```

(inklusive der Anführungsstriche)

`go to card` ist ein Befehl bei LiveCode, der bewirkt (wie Sie sich vielleicht schon denken können), dass im Programmfenster (Stack) auf eine neue Seite gewechselt wird, danach folgt in Anführungszeichen der Name der Card.

So sieht unser Skript dann aus:

```
on mouseUp
  go to card "roteSeite"
end mouseUp
```


Übersetzt ins Deutsche bedeutet das also so viel wie: *Wenn auf diesem Button die Maustaste gedrückt worden ist, wechsle zur Card mit dem Namen »roteSeite«.*

Damit das Skript wirksam wird, müssen Sie im CODE EDITOR noch links oben auf APPLY klicken. Der kleine gelbe Kreis wird jetzt grün, wenn alles okay ist. Das heißt, Ihr Skript hat keine formalen Fehler und ist aktiv.

Speichern und Aktivschalten in einem Schritt

Wenn Sie Ihr Projekt speichern, was Sie ohnehin zwischendurch regelmäßig machen sollten, werden alle Skripte automatisch aktiv geschaltet. Also ist es sinnvoll, dass Sie sich angewöhnen, wenn ein Skript fertig eingegeben ist, mit [Strg] + [S] ([Cmd] + [S] beim Mac) das gesamte Projekt zu speichern und so gleichzeitig das Skript aktiv zu schalten. Das geht normalerweise so schnell, dass es den Workflow nicht unterbricht. Und damit speichern Sie das Projekt von selbst, ohne großes Nachdenken, bei jeder Codeänderung.

Sie können sofort ausprobieren, ob es funktioniert. Dazu wechseln Sie wieder in den Laufzeitmodus (linken Pfeil oben in der Tool-Leiste klicken), und dann geht es los. Klicken Sie auf den oberen Button. Und siehe da: Es funktioniert! Nach dem Klick erscheint die rote Seite. Super! Sie haben einen interaktiven Button programmiert – und es läuft!

Jetzt aber gleich weitermachen: Sie sind auf der roten Seite angekommen, und von hier aus geht erstmal nichts mehr. Wie wäre es mit einem Zurück-Button? Also wechseln Sie wieder in den Bearbeitungsmodus, ziehen einen neuen Button auf die Seite, gestalten ihn ganz nach Wunsch in Größe, Farbe usw. und beschriften ihn mit »Zurück zum Start«. Und dann klicken Sie wieder mit der rechten Maustaste auf den neuen Button, wählen EDIT SCRIPT im Kontextmenü aus, und es öffnet sich das zu diesem Button gehörende Skript im CODE EDITOR.

Auch hier steht jetzt schon automatisch `on mouseUp` und `end mouseUp`. Und genauso wie beim ersten Button schreiben Sie den Code zwischen die beiden Zeilen, auch hier wieder den gleichen Befehl: `go to card`. Allerdings wollen wir ja diesmal wieder zurück zur Startseite, also `go to card "startSeite"`.

So sieht also das zweite Skript aus:

```
on mouseUp
  go to card "startSeite"
end mouseUp
```

Wieder aktivieren Sie das Skript mit Klick auf APPLY (oder am besten durch Speichern des Projekts), und schon ist es wirksam. Zurück in den Laufzeitmodus, und Klick ... Sie sind wieder auf der Startseite!

Was fehlt jetzt noch? Richtig, der blaue Button, der auf die blaue Seite führen soll. Also schnell wieder in den Bearbeitungsmodus, Rechtsklick auf den blauen Button, EDIT SCRIPT im Kontextmenü.

Wer aufgepasst hat, weiß schon, wie das Skript für den blauen Button aussehen muss:

```
on mouseUp
  go to card "blaueSeite"
end mouseUp
```

Skript aktivieren und ausprobieren. Im Laufzeitmodus kommen Sie jetzt durch Klick auf den blauen Button zur blauen Seite – und auch da können Sie einen Button hineinziehen. Wie wäre es mit einem Button, der das Programm beendet? Denn wer sich für die blaue Seite entscheidet, will nicht weitermachen. Also beschriften Sie den Button mit »Programm beenden«, führen dann einen Rechtsklick auf ihn aus, wählen EDIT SCRIPT im Kontextmenü, und diesmal fügen Sie ein anderes Kommando für das Ereignis Mausklick ein, nämlich `quit` – das bedeutet »Programm beenden.«

```
on mouseUp
  quit
end mouseUp
```

Achtung: Speichern!

Das war's. Bevor Sie diesen Button ausprobieren, müssen Sie das Projekt aber unbedingt speichern, denn ein Klick auf den Button beendet das Programm und LiveCode ohne jede Vorwarnung – was nicht gespeichert wurde, ist dann weg.«

Vielleicht möchten Sie erst noch einen zusätzlichen Button einbauen, mit dem man zurückkehren kann, falls man es sich doch noch anders überlegt? Dazu ziehen Sie noch einen Button hinein, beschriften ihn mit »Zurück zum Start« und geben ihm folgendes Skript:

```
on mouseUp
  go to card "startSeite"
end mouseUp
```


Den Button können Sie im Laufzeitmodus wieder gefahrlos testen – er bringt Sie auf die Startseite zurück.

Das Programm ist fertig! Eine interaktive App, die es dem Benutzer mittels verschiedener Buttons ermöglicht, eine Entscheidung zu treffen, auf die eine entsprechende Reaktion folgt. Das ist das, was Apps machen – und was Sie gemacht haben, das ist richtiges Programmieren!

Das ist zwar immer noch ein recht einfaches Programm, aber wer etwas Fantasie hat, kann bereits mit diesen wenigen Mitteln, die Sie soeben kennengelernt haben, eine umfangreichere Anwendung erstellen.

Kreativ werden – jetzt sind Sie dran!

Programmierer haben im Idealfall Kunden, und diese Kunden geben ihnen einen Auftrag. Sie beschreiben das Programm, und der Programmierer baut ihnen eine App, die das Gewünschte kann.

Also, Ihr erster Job: Ein Programmierauftrag für Sie selbst. Der Kunde bin ich, Ihr Lehrer. Sie brauchen für diesen Job nicht mehr Kenntnisse als Sie auf den vorherigen Seiten erworben haben. Starten Sie ein neues LiveCode-Projekt. Bauen Sie aus Cards, Texten und Buttons (plus Deko nach Wahl) eine App, die mindestens fünf oder mehr Seiten hat.

Sie haben die Wahl zwischen

- einer Beratungs-App zu einem beliebigen Thema, die Fragen stellt und dann den Benutzer abhängig von seiner Antwort berät. Zum Beispiel zur Frage: Was soll ich heute unternehmen? Oder zur Frage: Welche Krankheit habe ich? Oder: Welcher Typ bin ich? Wohin soll ich verreisen? Oder etwas ganz anderes. Die App soll auf der ersten Seite eine Frage stellen und dann zwei oder auch gern mehr Antwortalternativen geben. Je nach gewählter Antwort soll es auf die nächste Karte gehen, wo möglicherweise eine zweite Frage gestellt wird. Am Schluss gelangt man auf eine Ergebnisseite, die einem den passenden Rat zu den gewählten Antworten gibt.
- einer interaktiven Geschichte: Schreiben Sie eine App, die auf der ersten Seite eine Geschichte beginnt. Danach kann der Benutzer mindestens zwei (gern mehr) Alternativen auswählen, was der Held der Geschichte als Nächstes machen soll. Dementsprechend geht die Geschichte dann auf der nächsten Seite weiter. Auch auf der

nächsten Seite kann nochmal eine Verzweigung erfolgen, dann führt die Geschichte zu einem Schluss – einem von mehreren oder einem gemeinsamen, ganz wie Sie möchten.

Sie haben hier also freie Gestaltungsmöglichkeiten, was Ihre App inhaltlich machen soll. Technisch sollen Sie genauso vorgehen, wie gelernt. Sie erstellen einen neuen Stack und darin eine Anzahl von Cards, die Sie passend benennen. Sie verwenden auf den Cards Texte und dazu Buttons. Sie geben den Buttons Skripte, die angeben, zu welcher Seite beim Klick gesprungen werden soll. Sie speichern und testen regelmäßig – und am Ende entsteht Ihre ganz eigene erste App nach eigenen Ideen!

Viel Spaß beim Bauen!

Optik und Haptik sind wichtig

Das Wichtigste an einem Programm ist, dass es funktioniert, wie es soll, oder nicht? Nun ja, das ist in der Tat die Voraussetzung, damit ein Programm überhaupt zu gebrauchen ist, logisch. Aber um von einer guten App zu sprechen, die man einem Kunden auch verkaufen kann und die man unter die Leute bringen kann, muss noch mehr stimmen als die bloße Funktion. Eine gute App muss klar, angenehm und ansprechend aussehen, passend zum Inhalt, und sie muss einfach und unproblematisch bedienbar sein.

Es gibt leider in der Tat Programmierer, die das völlig außer Acht lassen und Apps abliefern, die zwar korrekt funktionieren, aber ansonsten niemandem Freude machen, weil nichts darin richtig kohärent ist. Weil die App nicht schön aussieht, weil die Bedienung nicht klar und eindeutig ist, weil Elemente nicht zueinander passen oder viel zu klein oder auch mal zu groß geraten sind, weil man das Wesentliche nicht gleich erkennen kann, weil Farben zu grell sind oder zu matt, weil man Schriften nicht gut lesen kann, weil der Benutzer nicht gleich versteht, was er machen soll, usw.

Eine gute App muss ähnlich wie eine gute Website ein stimmiges Gesamtkonzept von Aussehen und Bedienung abgeben. Sie sollten sich überlegen, welche Gestaltungselemente Sie prinzipiell einsetzen, so dass sie zum Inhalt passen und klar und sauber bleiben. Sie müssen darauf achten, dass Sie die Elemente groß genug für mobile Anwendungen machen, damit sie leicht und ohne Verrenkungen mit dem Finger zu bedienen sind. Die verschiedenen Elemente sollten zueinander passen und nicht zig verschiedene Schriftarten, Schriftgrößen, Farben und Formen durcheinander verwenden. Weniger ist hier oft mehr. Wenn Sie runde Ecken verwenden, dann überall, wenn Schatten, dann auch konsequent, wenn verschiedene Schrifttypen, -größen und -farben zum Einsatz kommen, dann beschränken Sie sie bitte nach Möglichkeit auf zwei bis maximal drei zueinander passende Varianten.

Sie haben in LiveCode mit den Grafik-Properties und den freien Formelementen bereits sehr viele unterschiedliche Gestaltungsmöglichkeiten. Wer aber gern mit externen Grafiken oder auch mit Fotos arbeiten möchte und sich damit ein wenig auskennt, kann dies selbstverständlich tun – es macht ja auch Spaß. Für alle, die also jetzt schon das Bedürfnis verspüren, ihre App grafisch aufzupeppen oder mit eigenen Grafiken und Fotos anzureichern, folgt hier eine kurze Erklärung, wie das geht. Es ist nämlich ganz einfach.

Einfügen von Grafiken und Fotos

Wählen Sie die Card an, auf der das Bild erscheinen soll. Wählen Sie jetzt im Hauptmenü von LiveCode folgenden Eintrag: FILE • IMPORT AS CONTROL • IMAGE FILE. Nun können Sie eine eigene Bilddatei auswählen, die in Ihr Projekt importiert wird. Akzeptierte Formate sind dabei die gängigen Bitmap-Formate JPG, GIF, BMP, PNG, PICT, VGA. Meine Empfehlung ist, nach Möglichkeit das Format PNG zu verwenden. PNG-Grafiken haben keine Kompressionsartefakte und können transparente Bereiche enthalten, sogenannte Alpha-Kanäle. Nach der Auswahl der Grafikdatei erscheint das Bild auf der aktuellen Card im Programm. Es kann im Bearbeitungsmodus beliebig verschoben und sogar skaliert werden (Originalgröße sieht am besten aus), und es ist selbstverständlich auch möglich, Skripte auf Grafikobjekte zu legen. Das werden wir in späteren Projekten auch noch ausgiebig nutzen.

Überarbeiten Sie Ihre App jetzt noch einmal nach den vorangegangenen Überlegungen. Versuchen Sie, sie klar, ästhetisch und gut bedienbar zu gestalten. Achten Sie besonders auf Schriftgrößen, Farben, Abstände, Rahmen, Schatten, Hintergründe, Gestaltungselemente. Verwenden Sie eigene (oder irgendwo gratis heruntergeladene) Grafiken oder Fotos, wenn Sie möchten. Denn obwohl Ihre erste App nur ganz wenige Zeilen Programmcode mit nur einem einzigen Befehl enthält, kommt es immer darauf an, was Sie draus machen. Mit guter Gestaltung und gelungener Optik und Haptik macht eine App einfach viel mehr her. So machen es natürlich auch die Profi-Programmierer. Es gibt genügend Apps im AppStore, die richtig erfolgreich sind, obwohl sie nur eine sehr simple Funktionalität haben. Auf Aussehen, Darstellung und Spaß bei der Bedienung kommt es eben sehr oft auch an!

So – ich hoffe, das hat richtig Spaß gemacht. Im nächsten Kapitel soll es wieder um mehr Hintergrundwissen gehen. Denn obwohl man ansprechende Apps auch mit simpler Funktionalität bauen kann, ist es natürlich unser Ziel, auch komplexere Aufgaben zu programmieren. Um das zu lernen, müssen wir uns mit zahlreichen Grundbegriffen des Programmierens vertraut machen – und natürlich alles gleich ausprobieren!

Kapitel 4
Skripte: Programmieren macht Spaß!

Nach dem Gestalten und Zusammenklicken von Apps soll es jetzt vor allem darum gehen, wie eine App durch Skripte mit »intelligentem Leben« erfüllt werden kann. Jetzt geht es richtig an die Grundlagen des Programmierens.

4

Früher bestanden Computerprogramme aus einer langen Liste von Kommandos mit allerlei komplizierten Strukturen darin. Wurde das Programm gestartet, begann es ganz am Anfang und arbeitete die Befehle dann nacheinander ab, Zeile für Zeile. Innerhalb der Liste konnte bei Bedarf hin und her gesprungen werden, und so wurden mit allerlei Aufwand Benutzereingaben verarbeitet und Ergebnisse ausgegeben. Solche Programme konnten schon mal ziemlich umfangreich werden und aus zigtausend Zeilen bestehen, je nach Verwendungszweck.

4.1 Was heißt objektorientiert?

Heutzutage wird so gut wie nur noch *objektorientiert* programmiert. Dabei hat jedes Objekt seine eigenen überschaubaren Programmskripte, die immer dann ausgeführt werden, wenn ein *bestimmtes definiertes Ereignis im Zusammenhang mit dem Objekt* eintritt. Das ist wesentlich bequemer und ermöglicht es, die Skripte viel effizienter, zielgerichteter und den heutigen Anforderungen entsprechend einzusetzen. Deshalb folgt hier eine Einführung, mit der Sie Schritt für Schritt verstehen, was es mit dem objektorientierten Programmieren auf sich hat.

Objekte und Eigenschaften

Bisher haben Sie die Eigenschaften eines Objekts immer dadurch verändert, dass Sie in den Bearbeitungsmodus gegangen sind und dann im PROPERTY INSPECTOR die jeweiligen Werte für das Objekt eingetragen haben – und schon war das Objekt Ihren Wünschen entsprechend verändert.

Zur Erinnerung: Objekte

Objekte sind zum Beispiel alle Elemente, die wir in unserem Projekt anlegen und positionieren: Stacks, Cards, Buttons, Textfelder, Labels, Grafiken, Checkboxen, Slider usw. In jedes dieser Objekte ist ein bestimmtes Grundverhalten bereits eingebaut (Buttons können geklickt werden, Slider gezogen usw.), und die Eigenschaften der Objekte, etwa ihre Größe, Position, Farbe oder Beschriftung, können wir in LiveCode verändern.

Oder Sie haben das Objekt mit der Maus hin und her gezogen oder vergrößert und verkleinert. Das ist ja auch praktisch und sinnvoll, wenn wir die Ausgangseigenschaften für unsere Objekte setzen wollen, also die Eigenschaften, mit denen die Objekte an den Start gehen, und wie sie dann beim Aufruf des Programms erscheinen.

Wenn Sie das Programm aber später als App verbreiten, dann gibt es keinen Bearbeitungsmodus mehr – er ist dann ja auch nicht mehr sinnvoll, denn die Benutzer des Programms wollen ja schließlich nicht irgendwas im Property Inspector einstellen. Wenn sich bei der Benutzung einer App etwas ändert (Seite, Farbe, Position, Text), soll dies natürlich automatisch geschehen.

Das geht, weil die Eigenschaften von Objekten jederzeit durch Skripte, also durch Programme, gesetzt und verändert werden können.

Dazu können Sie jederzeit einen *Änderungsbefehl* an ein Objekt schicken, und dann wird die Eigenschaft entsprechend der Daten im Befehl verändert.

Der Befehl, um eine Eigenschaft zu ändern, lautet:

```
set (the) EIGENSCHAFT of OBJEKT to WERT
```

Wenn ich zum Beispiel die Breite von einem Button namens »meinButton« auf 200 Pixel setzen will, dann lautet der Befehl:

```
set the width of button "meinButton" to 200
```

Das ist wie simples korrektes Englisch. Ins Deutsche übersetzt also:

Setze die Breite von Button »meinButton« auf 200.

Der Befehl funktioniert einwandfrei, vorausgesetzt, es gibt einen Button, der »meinButton« heißt in Ihrem Stack.

Am besten probieren Sie das gleich mal aus. Erstellen Sie einen komplett neuen Stack DEFAULT SIZE, ziehen Sie einen Button in die Mitte des Programmfensters, ohne Größen oder andere Eigenschaften zu verändern. Gehen Sie in den PROPERTY INSPECTOR, und nennen Sie den Button »meinButton« (Abbildung 4.1).

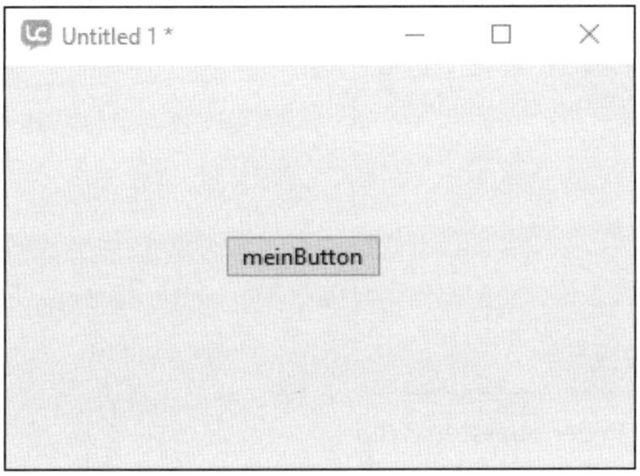

Abbildung 4.1 Ein ganz einfacher Button

Nun öffnen Sie ein Werkzeug, das Sie bisher noch nicht benutzt haben. Es dient vor allem zu Testzwecken und ist oft sehr nützlich beim Entwickeln: die MESSAGE BOX. Sie öffnen sie mit `Ctrl` + `M` (`Cmd` + `M` auf dem Mac) oder durch Klick auf das dritte Symbol von links im Hauptmenü von LiveCode (Abbildung 4.2).

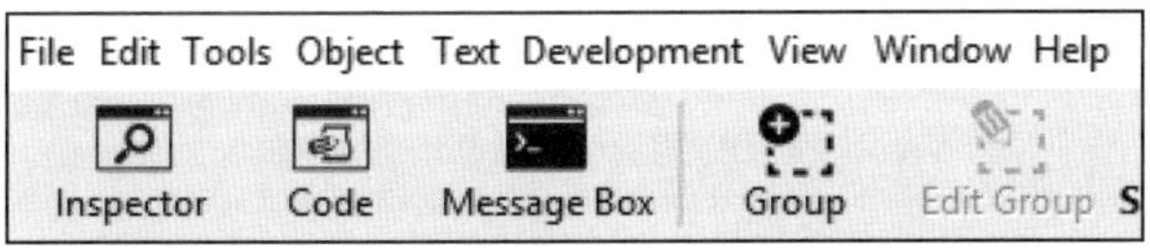

Abbildung 4.2 Das dritte Symbol öffnet die »Message Box«.

Die MESSAGE BOX (zu Deutsch *Nachrichtenbox*) ist ein Fenster, das Mitteilungen an die aktuelle App senden und welche von ihr empfangen kann. Sie können mit ihr Befehle testen und sehen, was passiert. Sie können sich übrigens auch Ausgaben Ihrer App in ihr anzeigen lassen, was beim Test größerer Projekte noch eine Rolle spielen wird.

Schreiben Sie jetzt den vorher genannten Befehl in die obere Zeile der MESSAGE BOX (Abbildung 4.3):

```
set the width of button "meinButton" to 200
```

Schließen Sie den Befehl mit der Eingabetaste (`↵`-Taste) ab. Und voila! Der Button in unserem Programmfenster hat sich vergrößert. Er ist jetzt 200 Pixel breit.

Geben Sie jetzt folgenden Befehl in die MESSAGE BOX ein (löschen Sie den vorherigen):

```
set the height of button "meinButton" to 120
```

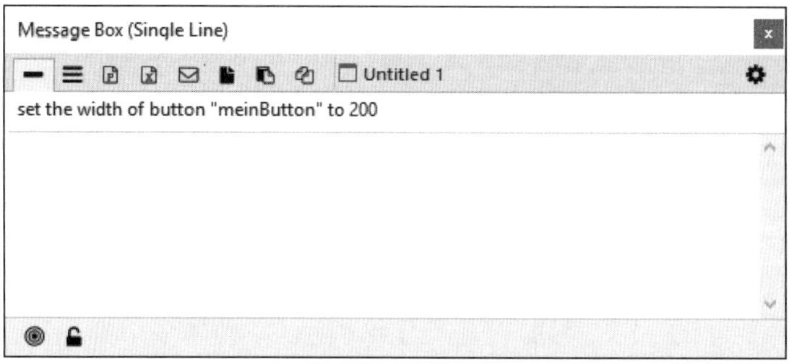

Abbildung 4.3 Die »Message Box« mit Befehl in der obersten Zeile

Nach Drücken der Eingabetaste sehen Sie, dass der Button jetzt deutlich höher geworden ist. Und wo wir schon dabei sind, probieren Sie gleich noch weitere Befehle aus:

```
set the top of button "meinButton" to 10
```

Damit stellen Sie die Position des Buttons ein, von oberen Rand aus gesehen, und so wandert der Button weiter nach oben. Auch die horizontale Position können Sie natürlich per Skriptbefehl verändern:

```
set the left of button "meinButton" to 10
```

Jetzt ist der Button näher am linken Rand. Und wie wäre es damit?

```
set the backgroundColor of button "meinButton" to "red"
```

Das verändert die Hintergrundfarbe des Buttons und macht ihn rot.

> Und wenn er dunkelrot oder hellrot oder ganz anders sein soll?

Statt der Farbnamen in Anführungsstrichen können Sie auch einen RGB-Wert einsetzen, der die Farbe mit Rot-, Grün- und Blauanteil genau definiert, zum Beispiel 123,32,55:

```
set the backgroundColor of button "meinButton" to 123,32,55
```

Die erste Zahl steht für den Rotanteil der Farbe, die zweite für den Grünanteil und die dritte für den Blauanteil. Die Werte gehen dabei jeweils von 0 bis 255. Auf diese Weise lassen sich 16 Millionen verschiedene Farbtöne definieren. Wenn Sie im PROPERTY INSPECTOR für irgendein Objekt den Farbwähler öffnen und dort auf exakte Farbauswahl gehen (FARBEN DEFINIEREN), dann wird Ihnen zu jeder gewählten Farbe auch ein

Rot-, Grün- und Blauwert angezeigt. Experimentieren Sie gern damitherum., um Ihren ganz eigenen Farbton zu finden.

Natürlich können Sie per Skriptbefehl auch die Beschriftung des Buttons verändern:

```
set the label of button "meinButton" to "Klick mich!"
```

Übrigens: Werte, die Texte sind, werden dabei, so wie der Name des Objekts, immer in Anführungszeichen gesetzt.

Es lassen sich alle Eigenschaften (Properties) unseres Buttons auf diese Weise per Befehl verändern, und Sie können gern noch mehr Befehle ausprobieren.

Woher weiß ich, wie die Eigenschaften im Befehl richtig angesprochen werden?

Ganz einfach: Öffnen Sie den PROPERTY INSPECTOR auf der Seite, wo die Eigenschaft verzeichnet ist, die Sie ändern möchten. Fahren Sie dann mit der Maus über die Beschriftung der Eigenschaft, und dann leuchtet die genaue Bezeichnung der Eigenschaft auf, wie Sie sie im Skript verwenden müssen (Abbildung 4.4).

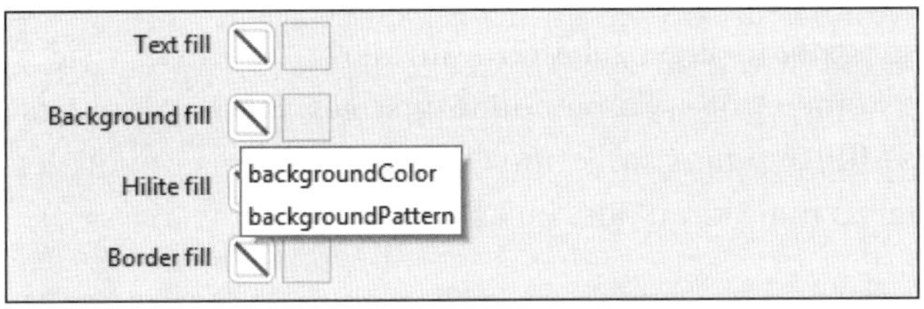

Abbildung 4.4 Die Bezeichnung von Properties, wie sie in Skriptbefehlen verwendet werden muss, erscheint beim Überfahren mit der Maus.

Manche Properties können auch nur auf *Ein* oder *Aus* gestellt werden, zum Beispiel die Sichtbarkeit. Diese wird auf `true` (wahr) oder `false` (falsch) gesetzt. So können Sie den Button unsichtbar oder sichtbar machen, der Befehl dazu ist folgender:

```
set the visible of button "meinButton" to false
```

Damit wird der Button unsichtbar (aber es gibt ihn noch!).

```
set the visible of button "meinButton" to true
```

Und damit wird er wieder sichtbar.

Selbst erstellte Eigenschaften

Und noch etwas: Sie können sogar Eigenschaften setzen, die es noch gar nicht gibt. Sie werden dann dem entsprechenden Objekt zugewiesen und können fortan jederzeit ausgelesen oder neu beschrieben werden. Diese selbst erstellten Eigenschaften heißen bei LiveCode *Custom Properties*. Sie können sie sowohl im PROPERTY INSPECTOR anlegen als auch durch einen Skriptbefehl:

```
set the meinWert of button "meinButton" to 37
```

Damit wird die Eigenschaft `meinWert` des Buttons auf die Zahl 37 gesetzt. `meinWert` ist also eine Eigenschaft, die es im Button eigentlich nicht gibt, die aber automatisch erzeugt wird, wenn Sie etwas hineinschreiben. Danach gibt es die Eigenschaft in diesem Button, und Sie können diesen Wert (`meinWert`) auch wieder auslesen.

```
set the meinText of button "meinButton" to "Dieser Text ist jetzt im ⤸
Button gespeichert"
```

Nicht nur Zahlen, sondern auch Zeichen, Wörter und Texte lassen sich den selbst erstellten Eigenschaften zuweisen.

Wozu braucht man denn selbst erstellte Eigenschaften? Immerhin bewirken sie ja nichts im Button, sie verändern keine Größe, Farbe oder Sonstiges. Sie werden diese eigenen Properties in Kapitel 8, »Multimedia, Grafik und Online-Inhalte«, sinnvoll verwenden, um Objekte zum Beispiel zu markieren oder zu kategorisieren.

> **Zusammenfassung: Eigenschaften setzen**
>
> Alle Properties (Eigenschaften) eines Objekts lassen sich jederzeit mit dem Skriptbefehl `SET` auf beliebige Werte setzen. Die Form dazu lautet:
>
> ```
> set (the) EIGENSCHAFT of OBJEKT to WERT
> ```
>
> Das Setzen von Standard-Properties in einem Objekt verändert in der Regel Aussehen oder Verhalten des Objekts. Darüber hinaus kann ein Objekt auch selbst definierte Properties erhalten, in denen ein Wert oder Text gespeichert werden kann.

Was wir jetzt gemacht haben, ist aber noch nicht Programmieren, sondern wir haben die Eigenschaften der Objekte mittels Befehlen verändert. Das ist vergleichbar mit »Fernsteuern«. Programmieren bedeutet hingegen, dass zahlreiche Befehle miteinander in einem längeren Skript kombiniert und strukturiert werden. Erst so wird unsere App mit eigenständigem »Leben« erfüllt.

Programmieren

Die Kombination mehrerer Befehle (samt Berechnungen und Strukturen) nennt man ein *Programm*, bei LiveCode heißt das ein *Skript*. Skripte schreiben ist Programmieren.

Wohin aber schreiben Sie die Skripte? Und wie, wann, warum werden sie ausgeführt? Wir müssen jetzt noch etwas sehr Wichtiges unserer Definition von Objekten hinzufügen, das wir bereits im vorigen Kapitel ausprobiert haben.

Objekte programmieren: Skripte

Objekte können neben ihren Eigenschaften auch Skripte enthalten, die bei Eintreffen bestimmter Ereignisse ausgeführt werden.

Skripte stehen also nicht irgendwo separat oder im »Freien Raum«, sondern sie sind stets einem Objekt zugeordnet, oft dem Objekt, das sie auslösen soll. Wie zum Beispiel das Skript, das Sie bereits im vorigen Kapitel angelegt haben. Es war einem Button zugeordnet und begann mit der Einleitung `on mouseUp` – »falls Maustaste geklickt wurde«.

Skripte werden in LiveCode immer von einem Ereignis ausgelöst. Sie starten nicht »von selbst«, sondern es wird vorher definiert, welches innere oder äußere Ereignis dazu führt, dass das Skript gestartet wird.

Messages

Diese Ereignisse, die Skripte auslösen können, werden auch *Messages* (Nachrichten) genannt. Wenn Sie zum Beispiel im Laufzeitmodus eine Maustaste drücken, wird erst die Message `mouseDown` im System ausgelöst, sobald Sie den Button wieder loslassen, wird die Message `mouseUp` ausgelöst.

Was passiert nun mit diesen Messages? Sie schwirren nicht irgendwo frei im System herum, sondern sie werden immer an das nächstliegende Objekt gesendet – wenn der Mauszeiger also gerade über einem Button ist, während Sie die Maustaste drücken, dann wird `mouseDown` an diesen Button gesendet. Und wenn diesem Button ein Skript zugeordnet ist, das für `mouseDown` vorgesehen ist, dann wird das Skript gestartet, und die Message wird im System wieder gelöscht. Klicken Sie hingegen auf eine Grafik, dann wird die Message an die Grafik gesendet, und wenn Sie in einen leeren Bereich Ihres Programmfensters klicken, dann geht die `mouseDown`-Message an die aktuell angezeigte Card.

Was ist, wenn es kein Skript für `mouseDown` im Objekt unter dem Mauszeiger gibt?

Dann wandert die Message weiter, eine Ebene höher, zum Beispiel zur aktuellen Card, falls es da ein `mouseDown`-Skript gibt. Wenn nicht, dann versucht sie es noch eine Ebene höher und prüft, ob der Stack ein Skript für `mouseDown` bereithält. Wenn auch das nicht der Fall ist, dann verhallt die Message ohne Wirkung und wird einfach wieder gelöscht.

Messages sind Ereignisse im System, die von Objekten »abgefangen« werden können. Sie können

- durch eine Aktion des Benutzers ausgelöst werden, wie den Klick mit der Maus, den Touch mit dem Finger oder das Drücken einer Taste,
- von Skripten selbst gesendet oder
- durch externe andere Vorgänge ausgelöst werden, zum Beispiel durch das Ablaufen eines Timers oder durch das Beenden eines Prozesses (Datei fertig geladen, Bild verschoben, Stack geöffnet usw.).

Aktion und Reaktion

Probieren Sie jetzt einmal die Messages `mouseDown` und `mouseUp` in der Kombination aus. Erstellen Sie ein neues leeres Projekt mit einem Stack (Größe egal). Klicken Sie jetzt rechts in das leere Programmfenster und wählen Sie EDIT SCRIPT.

Sie sind jetzt im Skripteditor und erstellen ein Skript für die aktuelle Card. Schreiben Sie Folgendes hinein:

```
on mouseDown
```

Nach der Eingabetaste wird gleich automatisch ein **end** `mouseDown` hinzugefügt. Das erleichtert die Tipparbeit.

```
on mouseDown

end mouseDown
```

Zwischen diese beiden Zeilen kommt das Skript, das bei Herunterdrücken der Maustaste (über der Card) ausgeführt werden soll. Setzen Sie den Hintergrund der Karte auf Rot. Das können Sie zum Beispiel folgendermaßen machen:

```
set the backgroundColor of this card to "red"
```

Warum `this card`?

Das `this` steht immer für die aktuelle und gerade angezeigte Karte. Sie hätten stattdessen auch den konkreten Namen der Karte einsetzen können (dazu sollten Sie ihr erst einmal einen sinnvollen Namen geben), wie `card "meineKarte"` – Sie hätten aber statt `this card` auch `me` schreiben können. Warum? Weil das Skript ja mit der Card verknüpft ist und weil `me` ein Wort ist, das LiveCode für diesen Zweck bereithält. Sie schreiben das Skript quasi in diese Karte hinein. Dadurch »weiß« das System genau, was Sie meinen, wenn Sie `me` (»mir/mich/ich«) schreiben.

Also sieht das gesamte Skript jetzt so aus:

```
on mouseDown
  set the backgroundColor of this card to "red"
end mouseDown
```

Probieren Sie es sofort aus: Laufzeitmodus, und ab geht's. Klicken Sie irgendwo in das Fenster. Die Fläche wird rot, sobald die Maustaste gedrückt ist. So weit, so gut. Aber sie bleibt rot. Das soll sich ändern. Fügen Sie deshalb jetzt noch folgenden Befehl im Skripteditor hinzu (hinter das erste Skript, also auch verknüpft mit derselben Card, siehe Abbildung 4.5):

```
on mouseUp
  set the backgroundColor of this card to "white"
end mouseUp
```

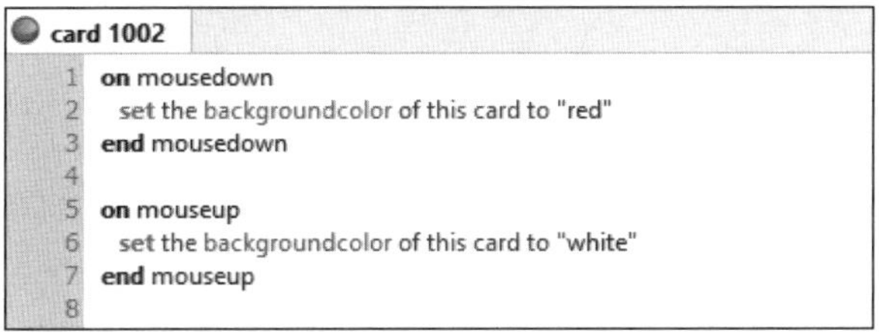

Abbildung 4.5 So sieht das gesamte Skript für die Card jetzt aus.

Wenn Sie das jetzt im Laufzeitmodus testen, passiert Folgendes: Sie drücken die Maustaste, und solange Sie sie gedrückt halten, ist die Fläche der Card rot. Lassen Sie die Maustaste wieder los, wird die Fläche weiß. Das Drücken der Maustaste sendet die Message `mouseDown` an die Card. Weil es dafür ein Skript gibt, das mit `on mouseDown` beginnt, wird es ausgeführt, und die Hintergrundfarbe der Card wird auf Rot gesetzt. Lassen Sie die Maustaste wieder los, wird eine neue Message an die Card gesendet, nämlich `mouseUp`. Auch dafür gibt es in der Card ein Skript, und das wird ebenfalls ausgeführt und setzt die Hintergrundfarbe wieder auf Weiß. Cool!

Jetzt ändern wir das Skript einmal etwas, um zu sehen, was dann passiert: Ersetzen Sie im Skript die Wörter mouseUp und mouseDown mit keyUp und keyDown, sowohl in der ersten als auch in der Abschlusszeile der beiden Skripte. Das Skript sieht danach folgendermaßen aus:

```
on keyDown
  set the backgroundcolor of this card to "red"
end keyDown
on keyUp
   set the backgroundcolor of this card to "white"
end keyUp
```

Schalten Sie das Skript per APPLY aktiv, und klicken Sie einmal mit der Maustaste in das Fenster. Nichts passiert. Klar – es gibt ja für mouseDown und mouseUp jetzt keine Skripte mehr. Drücken Sie stattdessen eine beliebige Taste auf der Tastatur: Das Fenster wird rot. Lassen Sie sie los. Es wird weiß.

Was ist passiert? Wenn Sie eine Taste auf der Tastatur drücken, wird die Message keyDown gesendet – und zwar an das jeweils aktive Element in LiveCode, das ist in diesem Fall die Card. Dort befindet sich jetzt auch ein passendes Skript zu keyDown, das also sogleich ausgeführt wird. Lassen Sie die Taste wieder los, wird die Message keyUp gesendet, und das dazu passende Skript in der Card setzt den Hintergrund wieder auf Weiß.

Jetzt haben Sie schon vier wichtige Messages kennengelernt, die Sie häufig nutzen werden. Es gibt natürlich noch viele mehr – manche davon sind sehr speziell und auf ganz besondere Objekte beschränkt, aber andere werden relativ oft verwendet. In Tabelle 4.1 finden Sie einige häufige Messages.

Message	Bedeutung
mouseDown	Maustaste gedrückt
mouseUp	gedrückte Maustaste losgelassen
mouseEnter	Mauszeiger fährt über ein Objekt
mouseLeave	Mauszeiger verlässt ein Objekt
keyDown	Taste (Zeichen auf Tastatur) gedrückt
keyUp	Taste (Zeichen auf Tastatur) losgelassen
rawKeyDown	beliebige Taste gedrückt
rawKeyUp	beliebige Taste losgelassen

Tabelle 4.1 Einige Messages und ihre Bedeutung

Der Unterschied zwischen keyDown und rawKeyDown ist, dass Letzteres auch dann ausgelöst wird, wenn Tasten auf der Tastatur gedrückt werden, die keinem Zeichen zugeordnet sind, wie [⇧], [Ctrl], [Alt], [F1] usw. Möchte man auf alle diese Tasten reagieren, dann verwendet man rawKeyDown, wenn man nur auf konkrete Zeicheneingaben reagieren will, dann verwendet man keyDown.

Zum Schluss noch ein Beispiel für mouseEnter und mouseLeave. Wer bereits mit Webseiten und JavaScript gearbeitet hat, kennt vielleicht Ähnliches – wer nicht, der lernt es jetzt kennen.

Beispiel: Ein Button, der Angst vor Mäusen hat

Ziehen Sie einen Button auf Ihr Fenster. Schreiben Sie folgendes Skript in den Button:

```
on mouseEnter
  set the backgroundColor of me to "red"
  set the label of me to "MAUS!"
end mouseEnter

on mouseLeave
  set the backgroundColor of me to "white"
  set the label of me to empty
end mouseLeave
```

Hier haben wir jetzt die beiden Messages mouseEnter und mouseLeave abgefangen und mit Skripten versehen. mouseEnter wird ausgelöst, wenn der Mauszeiger über ein Objekt fährt; mouseLeave wird ausgelöst, wenn der Mauszeiger ein Objekt verlässt. Diesmal sind die Skripte ein bisschen länger. Sie bestehen aus zwei Befehlen, die nacheinander stehen. Beide werden dann in dieser Reihenfolge unmittelbar nacheinander ausgeführt. (Das geht so schnell, dass es aussieht wie gleichzeitig.)

Aktivieren Sie das Skript mit APPLY, und testen Sie. Fahren Sie mit der Maus über den Button, steht dort plötzlich »MAUS!«, und der Button färbt sich rot (Abbildung 4.6). Verlassen Sie den Button wieder mit dem Mauszeiger, dann wird der Button weiß, und es steht wieder nichts drin bzw. das Wort »Button«, denn so heißt der Button. Seinen Namen zeigt er dann an, wenn er keinen Wert im Label stehen hat.

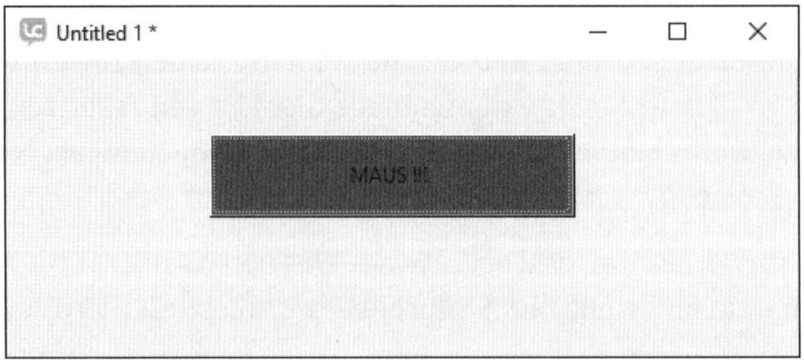

Abbildung 4.6 Der Button hat Angst vor dem Mauszeiger.

Fassen wir das Gelernte also kompakt zusammen.

Zusammenfassung: Objekte, Eigenschaften, Skripte und Messages

Ein Objekt hat nicht nur Eigenschaften, sondern es kann auch *Skripte* enthalten, die wir dem Objekt hinzufügen. Diese Skripte sind kleine Programme, die mit dem Objekt verknüpft sind. Sie werden automatisch ausgeführt, wenn das Ereignis eintritt, auf das sich das Skript bezieht.

Bestimmte eintreffende Ereignisse wie Mausklicks, das Drücken von Tasten, interne Vorgänge usw. werden vom LiveCode-System in *Messages* umgewandelt, die an das nächstliegende Objekt gesendet werden. Wenn dieses Objekt ein Skript enthält, das diese Message behandelt, wird das Skript ausgeführt.

Eine Sache noch: Viele Objekte enthalten schon ein paar eingebaute Skripte, die man *Methoden* nennt. Methoden erleichtern manche Standardvorgänge. Sie können mit einem Befehl aufgerufen werden. So kann man zum Beispiel die Methode `hide` (= verstecken) auf alle sichtbaren Objekte anwenden. Anstatt die Sichtbarkeit des Objekts auf `false` zu setzen, können Sie mit dem Befehl

```
hide button "meinButton"
```

den Button direkt unsichtbar machen.

Mit dem Befehl `show` (= zeigen) wird er dementsprechend wieder sichtbar, also:

```
show button "meinButton"
```

Schon ist er wieder da. Das nur als Beispiel. Es gibt noch zahlreiche weitere Methoden, die bestimmte eingebaute Funktionen für bestimmte Objekte ausführen.

4.2 Aufbau von Skripten

Sie haben jetzt bereits mehrere Skripte geschrieben. Sie waren alle leicht unterschiedlich, aber sie hatten auch alle etwas gemeinsam: Sie bezogen sich alle auf ein eingetretenes Ereignis (eine Message, die an das Skriptobjekt gesendet wird) und sie hatten einen oder mehrere Befehle, die in dem Fall ausgeführt werden sollen. Sie hatten auch einen Abschluss mit »end«.

Die meisten Skripte, die wir am Anfang schreiben, beziehen sich direkt auf ein Ereignis, das von außen kommt und vom System als *Message* gesendet wird. Eben zum Beispiel ein Mausklick, ein Tastendruck, eine Touch-Geste usw. Schließlich ist das auch die Art und Weise, wie ein Benutzer mit einer App interagiert. Er drückt oder tippt auf eine Taste oder ein Bild und erwartet, dass die App dann etwas macht.

Später schreiben wir auch Skripte, die nicht direkt von einem Systemereignis gestartet werden, sondern die bewusst an dieser oder jener Stelle von einem anderen Skript aus gestartet werden. Aber auch diese werden durch eine Message gestartet, nur dass diese Message von einem Skript selbst gesendet wurde und nicht vom System.

Alle normalen Skripte in LiveCode sind kürzere oder längere Programme, die auf eine Message reagieren, sei es eine Message vom System oder von einem anderen Skript.

Das Gerüst eines Skripts

Grundsätzlich hat jedes Skript den folgenden Aufbau:

Element	Inhalt
on MESSAGE	Einleitung: Für welches Ereignis ist das Skript gedacht?
Anweisungen, Befehle	Hier stehen alle Befehle, die ausgeführt werden sollen, wenn das Ereignis eintritt. Das kann eine Zeile sein, es können aber auch viele sein.
end MESSAGE	Ereignisskript endet hier.

Tabelle 4.2 Grundaufbau eines Skripts

Typische Systemereignis-Skripte haben Sie bereits kennengelernt:

```
on mouseDown
   set the textColor of the field  "text1" to "green"
end mouseDown
```

Ins Deutsche übersetzt:

Wenn die Nachricht »Maustaste gedrückt« hier ankommt,

setze die Textfarbe vom Feld »text1« auf »Grün«.

Ende des Maustaste-gedrückt-Skripts

Was machen wir aber, wenn wir möchten, dass unsere App gleich nach dem Start etwas tut – zum Beispiel einen Film starten oder auf eine Startseite wechseln oder eine Datei laden oder Werte auf Grundeinstellungen setzen oder was auch immer? Wir möchten also nicht, dass der Benutzer erst etwas machen muss oder klicken muss, sondern es soll sofort nach dem Start der App losgehen.

Dafür gibt es auch eine Message, die automatisch beim Öffnen und Starten einer App ausgelöst und an den Stack geschickt wird. Sie heißt `openStack` (Stack wird geöffnet). Diese Message werden Sie sehr häufig verwenden. Fast jede App muss irgendetwas machen, wenn sie gestartet wird.

Sie schreiben also das Skript zum Start des Programms in den Stack:

```
on openStack
   go to card "Startseite"
end openStack
```

Sobald die App gestartet wird, öffnet sich von selbst der Hauptstack Ihrer App (sehr viele Apps haben sowieso nur einen Stack), und das Öffnen des Stacks löst automatisch die Message `openStack` aus – diese wird vom Skript im Stack abgefangen, und das Skript wird ausgeführt. In diesem Fall wird also automatisch die Card mit dem Namen »Startseite« angezeigt, wenn die App startet.

Zusätzlich zu den vielen System-Messages, die Sie abfangen können, können Sie aber auch selbst definierte Messages verwenden, zum Beispiel das folgende Skript, das Sie einfach mal in den Stack oder auch in die Card schreiben könnten:

```
on labelLoeschen
    hide field "meinText"
end labelLoeschen
```

Dieses Skript macht Folgendes: Es versteckt das Label »meinText«. Das Skript ist kein Systemskript, sondern ein Skript, das auf eine eigene, selbst ausgedachte Message reagiert. Die Message `labelLoeschen` gibt es natürlich nicht im System.

Wie wird dieses Skript dann gestartet?

Ganz einfach. Indem ein anderes Skript, das zum Beispiel vom System gestartet wird, die Message `labelLoeschen` sendet.

Wenn Sie jetzt noch einen Button dazunehmen würden und in diesen folgendes Skript schreiben

```
on mouseUp
  labelLoeschen
end mouseUp
```

dann würde das Klicken des Buttons dazu führen, dass das Label »meinText« unsichtbar wird. Warum? Weil das Loslassen der Maustaste eine `mouseUp`-Message an den Button schickt. Das zugehörige Skript im Button wird ausgeführt und schickt eine neue Message los, nämlich `labelLoeschen`.

Für `labelLoeschen` findet das System kein Skript im Button, sucht dann eine Ebene höher in der Card und findet dort das passende Skript. Es wird ausgeführt, und das Label wird unsichtbar. Fertig.

Das ist bereits ein Mini-Beispiel für ineinander verschachtelte Skriptaufrufe. Spätere, größere Projekte werden möglicherweise aus Hunderten kleiner Skripte bestehen, die jeweils miteinander kommunizieren und sich teilweise gegenseitig aufrufen. Aber keine Sorge: Die Projekte werden stets Schritt für Schritt aufgebaut, und sie bleiben, wenn man sauber arbeitet, immer übersichtlich. Je klarer und bewusster das Projekt von Anfang an aufgebaut wird, desto einfacher wird die spätere Ausarbeitung.

Die LiveCode-Sprache: Sounds like English

LiveCode ist nicht nur ein Entwicklungssystem, LiveCode heißt auch die Sprache, die für die Befehle im System verwendet wird. Sie haben bereits einige Befehle kennengelernt und sie angewandt. Wenn Sie ein bisschen Englisch können, fällt Ihnen natürlich auf, dass *LiveCode* im Grunde wie simples Englisch klingt und weniger wie eine mathematische Gleichungs- und Beschreibungssprache anderer Programmiersysteme.

Das ist gewollt und ist das Prinzip von LiveCode. Befehle sollen so nah wie möglich an der natürlichen Sprache sein, damit immer intuitiv deutlich bleibt, was sie bewirken sollen. Selbstverständlich ist das für englische Muttersprachler noch einen Tick einfacher und natürlicher, aber auch mit Deutsch als Muttersprache können Sie viel einfacher in LiveCode einsteigen als in eine abstraktere Programmiersprache, selbst wenn Sie kein Englisch-As sind. Das, was Sie brauchen, ist so einfach, dass es Ihnen schnell in Fleisch und Blut übergehen wird.

Es gibt in LiveCode, wie in praktisch allen anderen höheren Programmiersprachen auch, verschiedene Sorten von Anweisungen. Es gibt Befehle, die direkt etwas bewirken. Zum Beispiel der `set`-Befehl, den Sie bereits verwendet haben. Damit können Sie eine Eigenschaft eines Objekts auf einen Wert setzen. *Set* ist Englisch und bedeutet: setzen, einstellen. Und genau das macht man damit auch. Ebenfalls sehr viel verwendet wird in LiveCode der `put`-Befehl. Damit weisen Sie einer Variablen einen Wert zu oder tun sie in einen (virtuellen) Container. *Put* bedeutet: (hinein-)legen, hineintun – auch das passt. Und analog gibt es auch noch den `get`-Befehl. *Get* bedeutet: bekommen, nehmen.

Neben den Befehlen gibt es in LiveCode auch noch *Funktionen*. Damit kann man Werte berechnen, umwandeln oder bearbeiten. `round` ist zum Beispiel so eine Funktion. `round` heißt runden. `round (1.997)` ergibt 2. Die Funktion `round` rundet also eine Zahl auf die nächste ganze Zahl auf oder ab. Und so gibt es noch viel, viel mehr Funktionen, nicht nur mathematische. Sie werden viele davon in den nächsten Kapiteln bei der praktischen Arbeit kennenlernen und auch lernen, eigene Funktionen zu erstellen.

Und – für das ernsthafte Programmieren besonders wichtig – neben den Befehlen und den Funktionen gibt es in LiveCode natürlich auch noch *Strukturanweisungen*. Zum Beispiel kann man Bedingungen definieren: Bei Bedingung A wird die nächste Zeile ausgeführt, bei Bedingung B wird sie übersprungen usw. Und es gibt sogenannte Schleifen: Führe die folgenden drei Zeilen 100-mal aus oder so lange, bis alle Eingaben umgerechnet sind. Strukturen werden ausführlich in Kapitel 6, »Programmieren mit Struktur«, behandelt.

Was muss ich als Programmierer also wissen, wenn ich LiveCode lernen will?

LiveCode

LiveCode ist eine einfache, aber leistungsfähige Programmiersprache, die im Aufbau und in der Begrifflichkeit an simples Englisch angelehnt ist. Sie besteht wie die meisten klassischen Programmiersprachen aus Befehlen, Funktionen und Strukturelementen. Mit den Befehlen wird direkt etwas bewirkt: Es werden Ein- und Ausgaben gemacht, das Programm agiert. Mit Funktionen werden Berechnungen, Umwandlungen usw. angestellt. Mit Strukturanweisungen wird ein Skript in seiner Ausführung strukturiert – hauptsächlich durch Bedingungen und Schleifen.

Füllwörter

In LiveCode klingt fast jede Anweisung wie eine Art Alltags-Englisch. Das geht so weit, dass auch bestimmte Füllwörter wie »the« und »to« erlaubt sind, die eigentlich für die Funktion nicht nötig sind. Sie haben es selbst schon kennengelernt:

```
set the color of button "mein Button" to "red"
```

Setze die Farbe des Buttons »meinButton« auf »Rot«.

Der Artikel the (= der, die das) ist eigentlich nicht nötig. Er macht nur zusätzlich deutlich, dass es sich um eine festgelegte und bekannte Eigenschaft oder ein bekanntes Objekt handelt. Das Wörtchen the darf nur vor Properties oder Objekten stehen. Es würde meist aber auch ohne the funktionieren, solange die Anweisung eindeutig bleibt:

```
set color of button "mein Button" to "red"
```

Das geht auch und funktioniert in LiveCode – aber mit dem Wörtchen the fühlt sich die Sprache noch etwas natürlicher an. So würde man es eben auf Englisch sagen. Außerdem hebt der Artikel hervor, dass es sich um eine Eigenschaft des Objekts handelt.

Auch andere Befehle klingen sehr natürlich:

```
put "Hallo" into the field "Begruessung"
```

Tu »Hallo« in das Feld »Begruessung«.

Da muss man gar nicht erklären, was der Befehl bewirkt. Er erklärt sich schon recht gut selbst.

Ein anderes Beispiel, das wir schon verwendet haben, ist Folgendes:

```
hide the button "meinButton"
```

Verstecke den Button »meinButton«.

Manchmal muss man ein Objekt genauer spezifizieren, damit das System weiß, welches man meint. Zum Beispiel wenn man auf einen Button zugreifen will, der sich auf einer anderen Karte befindet als der gerade sichtbaren.

```
hide the button "mein Button" of the card "Hauptseite"
```

Verstecke den Button »meinButton« der Card »Hauptseite«.

Und man kann da beliebig verschachteln, zum Beispiel:

```
put the label of the button "meinButton" into the text of the field ⊋
"meinTextfeld"
```

Ins Deutsche übersetzt:

Tu die Beschriftung des Buttons »meinButton« in den Text des Feldes »meinTextfeld«.

Ja, auch so etwas funktioniert. Mit `put` kann man Inhalte in dafür geeignete Objekte (oder in Variablen) »hineinstecken«. Das funktioniert zum Beispiel mit Text und Feldern. Man kann Text einfach per `put` in ein Textfeld »reintun«. Das ist eine Vereinfachung – man muss also nicht unbedingt die Eigenschaft `text` per `set`-Befehl setzen, sondern man steckt den Text einfach in das Feld. Damit werden wir häufig arbeiten, so dass es viele Beispiele dafür geben wird.

In der Kürze liegt die Würze

Programmierer sind faul. Oder anders gesagt: Sie lieben effiziente Ressourcennutzung. Warum also unbedingt mehr tippen als nötig? Wenn LiveCode auch die Möglichkeit bietet, in ganzen englischen Sätzen zu schreiben, so werden Sie später immer die kürzeste Form verwenden wollen. Das funktioniert auch, ist im Grunde genauso übersichtlich und erspart Ihnen einiges an Tipparbeit. Es empfiehlt sich also, den Artikel `the`, wo er nicht unbedingt zum Verständnis erforderlich ist, wegzulassen.

Auch die Namen der am häufigsten benutzen Objekte darf man abkürzen, in der Regel mit drei Buchstaben.

So kann man `btn` statt `button` schreiben, ebenso `fld` für `field`, `grc` für `graphic` oder `img` für `image`.

Zum Beispiel können Sie statt

```
hide the button "meinButton"
```

einfach schreiben:

```
hide btn "meinButton"
```

Das geht schneller, ist kürzer und dennoch sofort zu verstehen.

Oder statt

```
set the backgroundColor of the field "meinFeld" to "red"
```

könnte man auch schreiben:

```
set backgroundColor of fld "meinFeld" to "red"
```

Manche Programmierer behalten das the zumindest immer vor Properties (Eigenschaftsnamen) bei – was ich auch in diesem Buch so halten werde. Das hat den Vorteil, dass das System dann immer weiß, dass es sich hier um eine Eigenschaft des Objekts handelt (und es kann zur Unterscheidung wichtig werden, falls es einmal Variablen gibt, die den gleichen Namen haben). Also:

```
set the backgroundColor of fld "meinFeld" to "red"
```

Immer noch kürzer, immer noch gut lesbar. Sie werden sich sehr schnell an diese verkürzte Schreibweise gewöhnen.

Der Editor: Schön sauber und farbig

Der *Editor* in LiveCode ist übrigens mehr als nur ein simples Eingabefenster. Sie können im Editor oft bereits sehen, ob Sie sich vertippt haben und wo möglicherweise Fehler sind. Dafür zeigt der Editor ein farbiges sogenanntes Syntax-Highlighting – das heißt, er markiert Strukturen, Schlüsselwörter usw. mit unterschiedlichen Farben, Schriftgraden und Einrückungen. So werden der Anfang und das Ende eine Ereignisskripts zum Beispiel immer mit den fett wiedergegebenen Ausdrücken **on** und **end** markiert. Standardkommandos wie put, get, go, open, show, hide usw. werden immer fett und olivgrün markiert. Wenn ein Kommando mal dünn und schwarz bleibt, sollte Sie das gleich misstrauisch machen, dann sollten Sie überprüfen, ob es richtig geschrieben wurde. Sonst sind die Probleme beim Ausführen des Skripts im wahrsten Sinne des Wortes »vorprogrammiert«.

Objektbezeichnungen wie card, button, field, stack usw. erscheinen in dünner Schrift mit der Farbe Lila. Wenn alles in Ordnung ist jedenfalls. Und Texte dürfen niemals leuchtend rot angezeigt werden. Ist das doch der Fall, dann zeigt uns der Editor unmissverständlich, dass da vermutlich irgendwo Anführungszeichen fehlen – meist am Ende des Textes. Mit richtigen Anführungszeichen erscheint Text blau – Objektnamen, Messages, Variablen usw. erscheinen in seriösem Schwarz und nicht fett. Wer eine Weile mit diesem Editor gearbeitet hat, gewöhnt sich irgendwann an Farbe und Formatierung, so dass es wirklich gleich intuitiv auffällt, wenn da etwas nicht stimmt.

Auch die Strukturen des Skripts werden durch Einrückungen im Editor gekennzeichnet. Wir haben zwar noch keine komplexeren Strukturen behandelt, aber zumindest haben wir eine Einleitungszeile, das eingerückte eigentliche Aktionsskript und dann wieder die ausgerückte Endzeile.

»Moment mal«, werden Sie vielleicht erwidern, »bei mir sieht das aber gar nicht so schön sauber strukturiert aus, nur wenn ich es selbst mache, wird es eingerückt.« Das stimmt – es gibt einen Trick, den man kennen muss.

Tipp: Skripte formatieren auf Knopfdruck

Klicken Sie mit der Maus in irgendein Skript, und drücken Sie dann auf der Tastatur einmal die Tabulatortaste (↹). Und schwupp! Schon ist das gesamte Skript sauber formatiert.

Diesen regelmäßigen Klick auf die Tabulatortaste werden Sie sich fest angewöhnen. Allein schon weil es immer so schön aussieht. Einmal Tab drücken – und alles ist schön und übersichtlich (Abbildung 4.7).

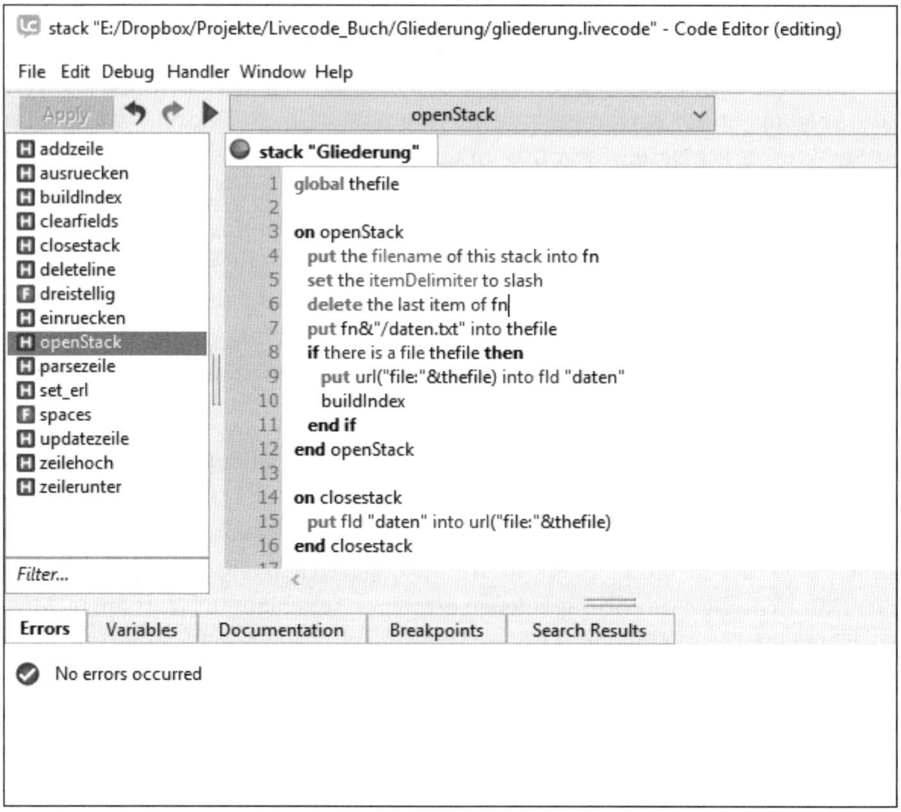

Abbildung 4.7 Der Editor in Aktion mit schönen Strukturierungen

Kommentare

Sie können im Programmcode auch jederzeit eigene Kommentare unterbringen. Die werden vom Editor dann schön sauber in Grün markiert. Einzeilige Kommentare kennzeichnet man, indem man entweder zwei Minuszeichen voranstellt, oder zwei Schrägstriche:


```
-- Das ist ein Kommentar

// Das ist auch ein Kommentar
```

Und wenn ein Kommentar mehrere Zeilen umfasst, dann wird er mit /* eingeleitet und mit */ wieder beendet:

```
/* Hier beginnt ein Kommentarbereich

Immer noch Kommentar.

Hier endet er. */
```

Damit lassen sich beim Testen auch Skriptteile »auskommentieren«, wenn man sie vorübergehend weglassen möchte. Aber der Editor kann noch mehr als nur Skripttext markieren und farbig hervorheben. Er verschafft uns auch einen Überblick über die verschiedenen Ereignisskripte, die es zu einem Objekt gibt. Durch Anwahl des entsprechenden Ereignisses in der linken Spalte springen wir direkt zum passenden Skript.

Links oben hat der Editor die APPLY-Taste, mit der Sie Ihre Skripte »scharf schalten«. Und wenn da etwas schon von der Syntax her nicht stimmt, also etwas formal falsch ist oder falsch geschrieben wurde, »meckert« der Editor sofort – mit Recht. Denn dann würde es schlicht und einfach nicht funktionieren. Der Editor gibt in seiner unteren Zeile unter dem Reiter ERRORS auch Hinweise, wo der Fehler zu suchen ist (Abbildung 4.8).

Wenn das Skript wegen eines Fehlers stoppt, können Sie es mit der grünen Play-Taste oben im Editorfenster übrigens wieder weiterlaufen lassen – oder mit dem Stopp-Symbol ganz beenden.

Neben den ERRORS gibt es auch den sehr praktischen Reiter DOCUMENTATION unter dem Skriptfenster. Dieser zeigt Ihnen immer die Dokumentation, also die Definition und Anleitung zu dem Schlüsselwort, auf dem sich der Cursor im Editorfenster gerade befindet. Wenn Sie nochmal wissen wollen, wie man einen Befehl verwendet oder wie man ein Objekt anspricht, dann klicken Sie mit der Maus auf das entsprechende Wort, und wählen Sie DOCUMENTATION darunter aus (Abbildung 4.9).

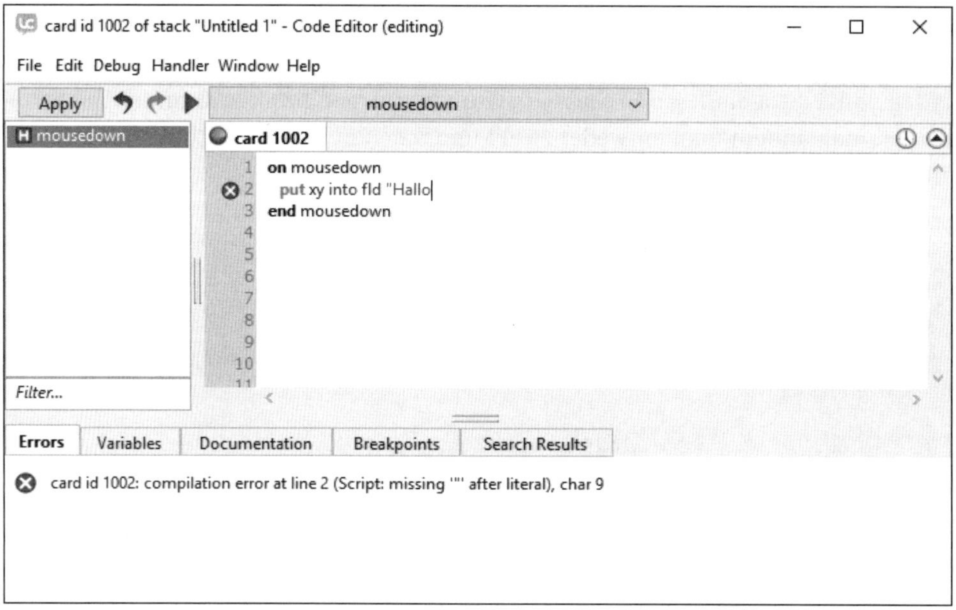

Abbildung 4.8 Der Editor »meckert« und wird rot, wenn Sie ein fehlerhaftes Skript aktivieren möchten. Hier fehlen Anführungszeichen.

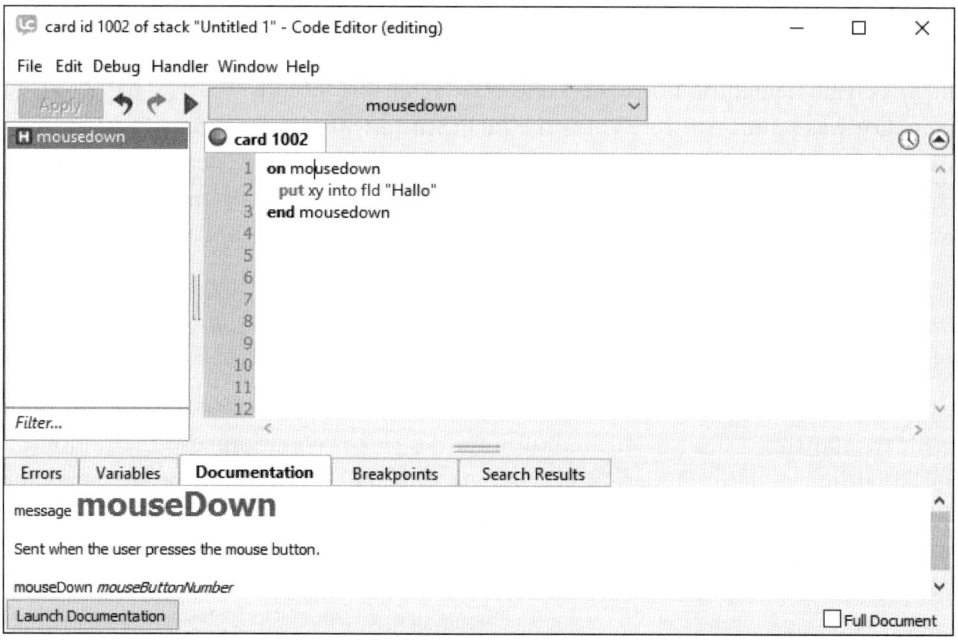

Abbildung 4.9 Dokumentation zu »mousedown«

Weitere Möglichkeiten, den Editor bei der Optimierung der Skripte und bei der Fehlersuche einzusetzen, werden Sie in Kapitel 7, »Ereignisse, Methoden, Hierarchien«, kennenlernen.

4.3 Variablen – Aufbewahrungsboxen für den internen Gebrauch

Nun kommen wir zum vielleicht wichtigsten Grundbaustein aller Programmierung, zu den *Variablen*. Ohne Variablen läuft fast gar nichts. Variablen sind der Zwischenspeicher für alle Werte, mit denen ein Programm arbeitet. Im Gegensatz zu den Objekten sind Variablen nicht sichtbar, sie haben kein Aussehen, keine Fähigkeiten, keine weiteren Eigenschaften, sondern nur einen Namen, und sie werden nicht vorher eingerichtet, sondern erst von unseren Skripten erzeugt.

Zahlen, Zeichen, Eigenschaften speichern

Wie werden Variablen konkret in LiveCode verwendet?

Wir benutzen Variablen als *Platzhalter* für eine Zahl, ein Wort, eine Liste von Zahlen oder Zeichen, ein Bild, einen Einstellungswert – was auch immer. Alle Elemente und Werte, die wir beim Programmieren verwenden wollen, lassen sich in Variablen speichern und dann verwenden.

Variablen, die Aufbewahrungsboxen

Eine Variable ist wie eine interne Box, in die wir etwas hineinlegen, um damit zu einem anderen Zeitpunkt zu arbeiten. Es liegt je nach Situation und Benutzereingabe vielleicht immer etwas anderes in dieser Box, aber weil die Box eine eindeutige Beschriftung hat, können wir immer darauf zugreifen und mit dem Wert, der darin liegt, arbeiten.

Um zum Beispiel die Zahl 27 in die Box mit den Namen "meineZahl" zu legen, müssen wir LiveCode folgenden Befehl geben:

```
put 27 into meineZahl
```

Auf Deutsch:

Lege (den Wert) 27 in (die Box) meineZahl.

(Für erfahrene Programmierer: In anderen Sprachen würde man mit mathematischer Zuweisung arbeiten, also: `meineZahl = 27;`. LiveCode akzeptiert das so nicht, sondern möchte alle Anweisungen immer in »einfachem Englisch«. Das ist gewöhnungsbedürftig, wenn man von klassischen Programmiersprachen kommt, aber es hat auch Vorteile, ist anschaulicher, und man findet sich schnell hinein.)

Variablen können Sie prinzipiell benennen, wie Sie wollen, allerdings müssen sie mit einem Buchstaben beginnen und dürfen keine Sonderzeichen (zum Beispiel Umlaute) oder Leerzeichen enthalten (der Unterstrich _ ist allerdings ausdrücklich erlaubt). Es hat sich daher in LiveCode (wie auch in einigen anderen Programmiersprachen) die Konvention entwickelt, dass man Variablennamen, die aus mehreren Wörtern bestehen, gern durch Großbuchstaben im Wortinneren besser lesbar macht, ohne Leerzeichen zu verwenden. Diese im Englischen *CamelCase* genannte Schreibweise haben wir ja auch bereits bei Objektnamen verwendet. Das muss nicht sein, erleichtert aber die Lesbarkeit. Wichtig auch: Variablen dürfen nicht so heißen wie feste Bezeichnungen und Begriffe, die in LiveCode eingebaut sind. Sonst gibt es Verwirrung und mögliche Programmfehler. Was geht und was nicht, zeigt Tabelle 4.3.

Geeignete Namen für Variablen	Nicht erlaubte Namen für Variablen
meinName	3zeichen (Zahl am Anfang ist nicht erlaubt)
rahmenGroesse	mein text (Leerzeichen ist nicht erlaubt)
text1	color (reservierte Begriffe sind nicht erlaubt)
blaue_farbe	größe (Sonderzeichen sind nicht erlaubt)

Tabelle 4.3 Namenskonventionen für Variablen

Überall, wo wir Variablen verwenden, werden diese so behandelt, als stünde dort direkt der Inhalt, der sich darin befindet. Wenn sich in der Variablen `meineZahl` der Wert 54 befindet, dann wird jedes Vorkommen von `meineZahl` im Skript so behandelt, als stünde dort stattdessen die 54.

```
put 54 into meineZahl
```

Dadurch befindet sich der Zahlenwert 54 in der Variablen `meineZahl`.

```
put meineZahl into andereZahl
```

Mit diesem Befehl wird der Wert 54 (der sich in der Variable `meineZahl` befindet) in die Variable `andereZahl` geschrieben. Jetzt haben also beide Variablen den Wert 54.

Wichtig: Kein "the" vor Variablen

Vor Variablennamen darf niemals der Artikel the geschrieben werden. the darf nur vor Objektnamen oder Eigenschaftsnamen stehen.

Welcher Art die Zahlen sind, spielt keine Rolle. Sie können niedrig oder hoch sein, positiv oder negativ, auch Kommazahlen gehen natürlich, wobei das Komma gemäß der englischen Schreibweise als Punkt geschrieben wird.


```
put -12345.6789 into kommaZahl
```

Variablen können aber, wie eingangs erwähnt, nicht nur Zahlen enthalten, sondern auch Zeichen, Wörter oder ganze Texte – sogenannte *Zeichenketten*. Diese können wir genauso in Variablen hineinpacken, allerdings müssen wir sie beim put-Befehl in Anführungszeichen setzen, damit das Programm weiß, dass es sich um eine Kette von Zeichen handelt und wo die Zeichenkette beginnt und wo sie aufhört.

```
put "Erwin Mayer" into meinName
```

Damit wird der Name Erwin Mayer in der Variablen meinName abgelegt, und zwar ohne die Anführungszeichen.

Auch längere Texte mit beliebigen Zeichen können in Variablen gesteckt werden:

```
put "Dies ist ein längerer Text über LiveCode - ein tolles ➲
Entwicklungssystem aus Schottland." into anfangsSatz
```

Es gibt keine Begrenzungen. Auch 100 Seiten lange Texte, Listen usw. können prinzipiell in einer einzigen Variablen aufbewahrt werden. Und so etwas kommt in der Praxis durchaus auch mal vor.

Wenn Sie einen Text, der sich in einem Field-Objekt befindet (also ein Text eines Labels oder Eingabefeldes) in eine Variable tun möchten, geht das ganz einfach. Sie müssen nicht einmal konkret auf die Texteigenschaft des Feldes zugreifen. LiveCode geht automatisch davon aus, dass Sie den Inhalt des Feldes verwenden möchten, wenn Sie einen Feldnamen im put-Befehl verwenden.

```
put field "eingabefeld" into meinText
```

Dies würde in die Variable meinText automatisch den Text, der im Feld »eingabefeld« steht, hineinschreiben.

Neben Zahlenwerten und Zeichenketten können Sie übrigens auch Eigenschaften (Properties) von Objekten in Variablen speichern. Das sieht dann zum Beispiel so aus:

```
put the backgroundColor of btn "meinButton" into buttonFarbe
```

Hier wird die aktuelle Hintergrundfarbe des Buttons »meinButton« in die Variable mit dem Namen `buttonFarbe` getan.

Und damit können Sie dann weiter arbeiten, zum Beispiel so:

```
set the backgroundColor of btn "neuerButton" to buttonFarbe
```

Jetzt wird der Wert, der sich in der Variablen `buttonFarbe` befindet (also die Hintergrundfarbe vom Button »meinButton«) als Hintergrundfarbe für den Button »neuerButton« gesetzt. Auf die Weise kann man den neuen Button mit der gleichen Farbe versehen wie den ersten Button. Man speichert die Eigenschaft des einen Buttons in einer Variablen und benutzt diese, um die Eigenschaft des zweiten Buttons zu setzen.

Variablen

Zahlen, Zeichenketten, Eigenschaften und andere Objekte können in sogenannten Variablen gespeichert werden. Dies geht mit dem Befehl: `put wert into variable`. Die Variable kann anschließend so wie eine Zahl oder eine Zeichenkette verwendet werden. Mit ihr kann gerechnet werden, oder sie kann verknüpft werden, sie kann bearbeitet oder konvertiert werden.

Mit Zahlenvariablen rechnen

Wir können auch mathematische Verknüpfungen in Variablen packen. In der Variablen wird dann das Ergebnis der Berechnung gespeichert:

```
put 12+18-3 into meineBerechnung
```

In diesem Fall wird das Ergebnis von 12+18-3 in die Variable `meineBerechnung` gelegt, also in diesem Fall die Zahl 27.

Sie können danach natürlich auch die Variablennamen dafür verwenden, um mit ihnen zu rechnen:

```
put meineBerechnung * 2 into dasDoppelte
```

Damit würde mit dem Wert gerechnet, der sich in der Variablen `meineBerechnung` befindet, und er würde mal zwei genommen, also verdoppelt. Das Ergebnis liegt dann in der Variablen `dasDoppelte`, in diesem Fall der Wert 54.

Um das Ergebnis der Berechnung jetzt anzuzeigen, muss der Inhalt der Variablen sichtbar ausgegeben werden. Dies können Sie auf verschiedene Weisen tun. Sie könnten zum Testen ein kleines Mitteilungsfenster öffnen, das den Wert anzeigt. Das geht am einfachsten so (Abbildung 4.10):

```
answer dasDoppelte
```

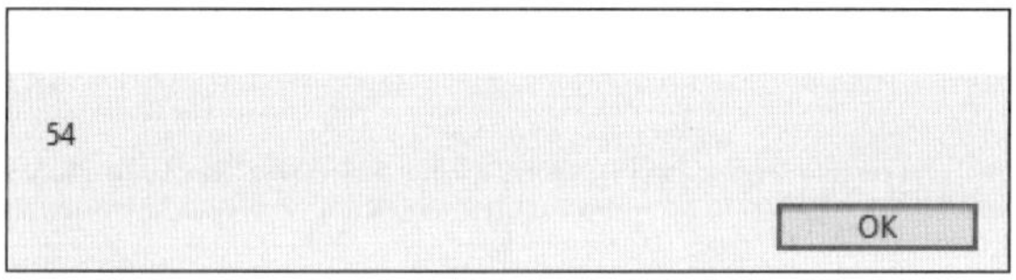

Abbildung 4.10 Mit dem Befehl »answer« kann man einen Wert in einem kleinen Fenster ausgeben.

Sie können den Wert aber natürlich auch im Programmfenster an geeigneter Stelle anzeigen lassen. Dazu erstellen Sie auf Ihrem Stack ein Labelfeld, indem Sie ein Label in das Programmfenster ziehen. In den CARD PROPERTIES geben Sie dem Labelfeld zum Beispiel den Namen »ausgabeFeld. Danach schreiben Sie per Skript den Wert in dieses Feld. Das geht bei Feldern ganz einfach mit `put` – der Wert wird dann automatisch als Text im Feld angezeigt:

```
put dasdoppelte into field "ausgabeFeld"
```

Jetzt erscheint der Wert in Feld »ausgabeFeld« in der Schrift, Größe und Farbe, die Sie dem Feld zuvor gegeben haben.

Sie können in LiveCode alle Grundrechenarten verwenden. Darüber hinaus gibt es noch eine ganze Menge mathematischer Funktionen, die in LiveCode eingebaut sind. Tabelle 4.4 führt nur ein paar wichtige Beispiele auf (mehr finden Sie im Dictionary).

Funktion	Schreibweise
Addition	+
Subtraktion	-
Multiplikation	*

Tabelle 4.4 Einige mathematische Funktionen in LiveCode

Funktion	Schreibweise
Division	/
Potenzieren	^
ganzzahliger Divisionsanteil	div
Rest einer Division	mod
Runden auf ganze Zahl	round (WERT)
Quadratwurzel ziehen	sqrt (WERT)

Tabelle 4.4 Einige mathematische Funktionen in LiveCode (Forts.)

Punktrechnung geht dabei vor Strichrechnung, und Klammern sind erlaubt, so wie es in der Mathematik üblich ist.

```
put 3+3*7 into ergebnis
```

Das schreibt 24 in die Variable `ergebnis`.

```
put (3+3)*7 into ergebnis
```

Hier wäre es 42, weil die Klammer zuerst berechnet wird. Klammern darf man in LiveCode immer setzen, selbst wenn sie nicht zwingend notwendig sind, einfach, um die Übersichtlichkeit einer Berechnung zu erhöhen.

Eine weitere häufig benutzte Rechnung besteht darin, dass man eine Variable (die man zum Beispiel als Zähler verwendet) um eins erhöhen möchte.

```
put 33 into zaehler
put  zaehler+1  into zaehler
```

Hier wird also zuerst die Zahl 33 in die Variable `zaehler` getan. Danach wird `zaehler+1` in die Variable `zaehler` getan. Damit steht dann also die Zahl 34 in der Variablen `zaehler`. Auf die Weise erhöht man die Variable um 1.

Und weil LiveCode immer gerne anschauliche Sprache verwendet, gibt es für das Erhöhen und Erniedrigen von Variablenwerten auch noch zwei ganz eigene Befehle, `add` und `subtract`:

```
add 1 to zaehler
```

Addiere 1 zu zaehler.

Das bewirkt dasselbe wie das Beispiel oben: Es wird 1 zu der Variablen `zaehler` hinzuaddiert. Damit erhöht sich der Wert von `zaehler` also um 1.

Ebenso die Subtraktion

```
subtract 1 from zaehler
```


Subtrahiere 1 von zaehler.

Hiermit wird der Wert der Variablen `zaehler` also um 1 verringert. 1 wird davon abgezogen. Statt 1 könnte natürlich auch jede andere Zahl verwendet werden.

Beispiel: Rechner mit Rest

Nach diesen vielen Erklärungen ist es an der Zeit, ein kleines praktisches Beispiel für das Rechnen mit Variablen zu erstellen. Wir erstellen einen kleinen Rechner, der eine Zahl durch eine andere teilt und das Ergebnis als ganze Zahl mit Rest anzeigt.

Wie geht das?

Starten Sie LiveCode. Erstellen Sie einen neuen Stack. Ziehen Sie zwei Eingabefelder in den Stack, und positionieren Sie sie untereinander. Nennen Sie das erste Feld »feld1« und das zweite »feld2«. Ziehen Sie ein Labelfeld dazwischen, und schreiben Sie »geteilt durch« in den Content. Darunter kommt ein Button mit der Aufschrift »Berechnen« und darunter nebeneinander zwei weitere Textfelder mit den Namen »ergebnis« und »rest«, die auch ebenso jeweils mit Labels mit »Ergebnis« und »Rest« beschriftet werden.

Die Textfelder und die Labels sollten ruhig eine große und gut lesbare Schriftart erhalten, damit der Rechner gut bedienbar ist.

So wie in Abbildung 4.11 könnte der Rechner zum Beispiel aussehen – aber es gibt natürlich keine Vorschriften. Wenn Sie ihn anders gestalten möchten in Größe, Farbe, Hintergrund und Schrift, dann immer gerne. Wichtig ist nur, dass die genannten Elemente vorhanden sind und richtig benannt sind.

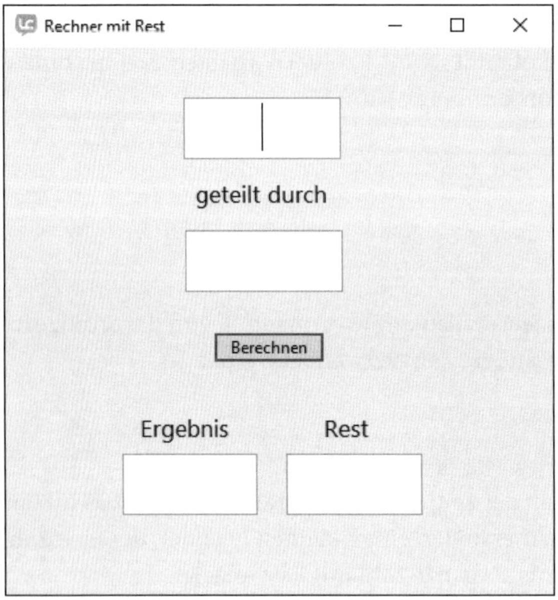

Abbildung 4.11 Aufbau des Stacks für den Rechner mit Rest

Der Stack steht, jetzt soll er auch seine Dienste tun. Damit ein Ergebnis berechnet werden kann, braucht der Rechner natürlich Werte in den oberen beiden Textfeldern. Schreiben Sie einfach mal zum Testen 14 in das obere und 3 in das untere Feld. Beim Klick auf BERECHNEN passiert noch nichts. Nein, denn es fehlt ja noch das Skript dafür.

Sie müssen ein Skript schreiben, damit das Ergebnis berechnet werden kann. Wann soll das Skript ausgeführt werden? Klar: Dann, wenn der Button mit der Aufschrift BERECHNEN geklickt wird. Das Skript muss also mit diesem Button verknüpft werden. Machen Sie einen Rechtsklick auf den Button, und wählen Sie EDIT SCRIPT.

Das Ereignis, bei dem das Skript ausgelöst werden soll, ist der Mausklick, also verwenden Sie die bereits vorgegebenen Zeilen `on mouseUp` und `end mouseUp` und schreiben das eigene Skript dazwischen.

Als Erstes schreiben Sie die Werte, die in den beiden oberen Feldern stehen, in zwei Variablen. Das machen die folgenden Zeilen:

```
put field "feld1" into  wert1
put field "feld2" into  wert2
```

Wie schon zuvor gezeigt, wird auch hier einfach der `put`-Befehl mit dem Feldnamen verwendet, und schon speichert LiveCode den Text aus den beiden Feldern in den jeweiligen Variablen. Wenn dieser Text nur aus Ziffern besteht, kann man ihn in LiveCode so behandeln wie einen Zahlenwert und damit rechnen. Sie dürfen in das Feld aber keine Buchstaben eingeben, denn dann kann LiveCode mit diesen Werten keine Berechnung durchführen, und es gibt einen Fehler.

Der nächste Schritt besteht in der Berechnung selbst. Erst soll der ganzzahlige Divisionswert berechnet werden. Dafür benutzen Sie die Funktion `div`.

```
put wert1 div wert2 into ergebnis
```

Und jetzt wird noch der (eventuelle) Rest berechnet. Für die Berechnung des Divisionsrestes gibt es die Funktion `mod`.

```
put wert1 mod wert2 into rest
```

Damit sind die Berechnungen erfolgt. In der Variablen `ergebnis` steht jetzt der ganzzahlige Wert der Division von `wert1` mit `wert2`. In der Variablen `rest` steht der Rest, der sich aus dieser Division ergibt.

Nun sollen diese Ergebnisse natürlich auch zu sehen sein und nicht nur in den internen Variablen vor sich hindämmern. Also müssen Sie sie in die Felder schreiben, die Sie zuvor für die Ergebnisanzeige angelegt haben:

```
put ergebnis into field "ergebnis"
put rest into field "rest"
```

Das gesamte Skript, das sich hinter dem Berechnen-Button befindet, sieht jetzt folgendermaßen aus:

```
on mouseUp
   put field "feld1" into wert1
   put field "feld2" into wert2
   put wert1 div wert2 into ergebnis
   put wert1 mod wert2 into rest
   put ergebnis into field "ergebnis"
   put rest into field "rest"
end mouseUp
```

Sobald Sie das Skript korrekt eingegeben haben, aktivieren Sie es. Danach geht es in den Laufzeitmodus, und Sie können den Rechner sofort ausprobieren. Wenn beispielsweise die Werte 14 und 3 in den beiden oberen Feldern stehen, sollte nach dem Klick unten das korrekte Ergebnis der Division samt Rest erscheinen (Abbildung 4.12).

Abbildung 4.12 Das Ergebnis der Division mit Rest ist korrekt.

Probieren Sie den Rechner ruhig mit anderen Werten in den oberen beiden Feldern aus. Solange dort sinnvolle Zahlenwerte drinstehen, wird es auch korrekte Ergebnisse geben. Problematisch wird es erst, wenn Sie ein Feld leer lassen oder unsinnige Werte hineinschreiben. Dann kann das Programm daraus keine Ergebnisse berechnen und gibt einen Fehler aus. Um das zu verhindern, müsste man die Eingaben des Benutzers vorher auf Gültigkeit prüfen und fehlerhafte abfangen. Dazu werden wir in Kapitel 6, »Programmieren mit Struktur«, beim Zahlenraten kommen. Jetzt belassen wir es erst einmal bei sinnvollen Eingaben.

Mit Zeichenvariablen arbeiten

Mit *Zeichenketten* in Variablen können Sie ebenso wie mit Zahlen arbeiten und sie verändern. Sie können damit natürlich keine mathematischen Operationen durchführen wie mit Zahlen, aber Sie können sie mit anderen Zeichen verknüpfen, sie teilen, untersuchen, konvertieren usw.

Zum Beispiel:

```
put "Erwin Mayer" into meinName
put "Ich heiße "&meinName into vorstellung
```

Mit dem &-Zeichen werden Zeichenketten aneinandergehängt. So wird hier also der Satz »Ich heiße Erwin Mayer« in die Variable `vorstellung` hineingelegt. Sie können auf die Weise sogar ganz einfach Zahlen und Zeichenketten kombinieren. Das Ergebnis ist dann immer eine Zeichenkette.

```
put 27 into meineZahl
put "Ich bin "&meineZahl&" Jahre alt." into meinText
```

Hier wird also, ausgehend vom vorherigen Wert in `meineZahl` der Satz »Ich bin 27 Jahre alt.« in die Variable `meinText` hineingelegt.

Häufig benutzte Sonderzeichen wie `tab` (Tabulatorzeichen), `return` (neue Zeile) oder `quote` (Anführungszeichen) lassen sich in LiveCode durch feste Begriffe einfügen. Zum Beispiel:

```
put "Hallo Max,"& return &"wie geht es Dir?" into meinText
```

Damit wird eine zweizeilige Nachricht in die Variable `meinText` gelegt. Wenn man den Inhalt von `meinText` wieder ausgibt, steht dort:

```
Hallo Max,

wie geht es Dir?
```

Wenn Sie Sonderzeichen oder Verknüpfungszeichen benutzen, ist es wichtig, dass die Bezeichnungen nicht in Anführungsstrichen stehen, sondern außerhalb der Anführungszeichen verwendet werden, damit LiveCode erkennt, dass hier ein Sonderzeichen verwendet werden soll. Bei den Sonderzeichen handelt es sich gewissermaßen um voreingestellte Variablen, die jeweils nur ein Zeichen enthalten und die in vielen Situationen sehr praktisch sind. Einige häufig benutzte Sonderzeichen als LiveCode-Variablen finden Sie in Tabelle 4.5.

Variablen	Sonderzeichen
tab	Tabulatorzeichen
return	Zeilenumbruch
quote	Anführungszeichen
space	Leerzeichen
comma	Komma

Tabelle 4.5 In LiveCode als Variablen festgeschriebene Sonderzeichen

So können Sie mit dem `quote`-Zeichen Ihrem Text sehr einfach Anführungszeichen hinzufügen (was anders nicht ohne Weiteres gehen würde):

```
put "Dieser Text ist "&quote&" simpel "&quote into meinText
```

In der Variablen `meinText` steht jetzt also:

```
Dieser Text ist "simpel"
```

Parsen: Montieren und Demontieren

LiveCode kann übrigens ganz hervorragend mit Zeichenketten und Texten umgehen – besser als die meisten anderen Programmiersprachen. Das ist in ganz vielen Bereichen nützlich, nicht nur wenn man mit klassischen zusammenhängenden Texten arbeitet, sondern auch um Listen, Datensammlungen, Webseiten, Strukturen aller Art zu analysieren und sich jeweils gesuchte Elemente herauszuziehen. Das Umgehen mit Teilen von Zeichenketten und das gezielte Montieren und Auseinandernehmen von ihnen, um sie zu interpretieren, nennt man auch *Parsen* – ein Spezialgebiet von LiveCode.

So kann LiveCode nicht nur auf einen Text als Ganzes zugreifen, sondern gezielt auch auf jede Zeile des Textes, auf jedes Wort, auf jedes Zeichen oder auf jede sonstige Einheit innerhalb einer Zeichenkette, die durch bestimmte Zeichen getrennt ist.

Chars, Words, Lines und Items

`char` ist die Abkürzung für *character*, und das bedeutet Zeichen.

```
put "LiveCode" into meinWort
put char 5 of meinWort into meinZeichen
answer meinZeichen
```

`char 5 of meinWort` heißt also »Zeichen Nummer 5 von der Variablen meinWort«. Und das ist hier beim Wort »LiveCode« das große C. In LiveCode wird immer mit 1 angefangen zu zählen, so wie es ganz natürlich ist (anders als in vielen anderen Prorammiersprachen, die bei 0 beginnen).

Und das funktioniert nicht nur mit einzelnen Zeichen, sondern auch mit einer Reihe von Zeichen:

```
put "LiveCode" into meinWort
put char 5 to 8 of meinWort into meineZeichen
answer meineZeichen
```

Jetzt würde »Code« ausgegeben, nämlich Zeichen 5 bis 8 (`char 5 to 8`). Würde man aber beispielsweise versuchen, `char 9` der Variablen zu verwenden, würde LiveCode bei der Ausführung einen Fehler melden, denn es gibt nur 8 Zeichen im Wert dieser Variablen.

Negative Werte funktionieren auch:

```
put char -2 of meinWort into meinZeichen
```

Was bedeutet -2?

Durch das Minus beginnt die Zählung der einzelnen Zeichen am Ende der Zeichenkette. –2 bedeutet also das zweite Zeichen vom Ende des Wortes her gezählt. Also stünde jetzt das kleine d in der Variablen `meinZeichen`.

Und typisch für LiveCode sind auch noch die folgenden möglichen Schreibweisen, die uns wieder in Richtung »Alltagsenglisch« bringen:

```
put the first char of meinWort into erstesZeichen
put the last char of meinWort into zweitesZeichen
```

`the first char` ist also »das erste Zeichen« und `the last char` ist »das letzte Zeichen« der Variablen meinWort. Das klingt wie simpelste gesprochene Sprache und funktioniert einwandfrei. Dennoch können Sie ebenso gut `char 1` und `char -1` verwenden – was ich generell auch empfehle, weil es einheitlicher und damit übersichtlicher ist und auch nur in dieser Form mit Variablen verwendet werden kann.

`char` ist also die kleinste Einheit einer Zeichenkette, nämlich ein einzelnes Zeichen. Daneben gibt es noch einige weitere nützliche Einheiten, die in Tabelle 4.6 stehen.

Texteinheit	Bedeutung
`char`	einzelnes Zeichen
`wordz`	Wort (Einheit, getrennt durch Leerzeichen)
`item`	durch definierbares Trennzeichen separierte Einheit
`line`	Zeile (durch ↵ getrennt)

Tabelle 4.6 Durch Variablen ansprechbare Einheiten einer Zeichenkette

Mit ihnen gehen Sie prinzipiell genauso um wie mit `char`.

```
put "Arbeiten mit LiveCode macht Spaß" into satz
put word 3 of satz into wort
```

Damit landet natürlich »LiveCode« in der Variablen `wort`, weil `word 3` das dritte Wort im Satz ist.

Und noch ein praktisches Beispiel zum Thema `line` (Zeile): Stellen Sie sich vor, Sie haben ein großes Textfeld auf Ihrem Stack mit Namen »meineListe« und schreiben jetzt die in Abbildung 4.13 dargestellte Liste hinein.

Abbildung 4.13 Eingegebene Liste

Mit dem Befehl `answer line 4 of field "meineListe"` würden Sie »1,5 kg Mehl« angezeigt bekommen.

Spannend ist: Die Zugriffe auf Textteile funktionieren auch umgekehrt, nicht lesend, sondern schreibend. Das heißt, Sie können nicht nur einzelne Zeichen, Zeilen, Wörter usw. lesen, sondern sie auch überschreiben.

```
put "1 Päckchen Hefe" into line 3 of field "meineListe"
```

Nach dem Befehl sieht die Liste so aus wie in Abbildung 4.14.

Abbildung 4.14 Liste mit geänderter Zeile

Auf die Weise können Sie jederzeit Zeilen, Zeichen, Wörter usw. ersetzen, indem Sie einfach mit `put` die neuen Zeichen in `char`, `line`, `word`, `item` Nr. xy setzen.

Was hat es mit dem `item` auf sich?

Ein `item` ist ein Teil einer Zeichenkette, der durch ein zuvor festgelegtes Zeichen abgegrenzt wird. Nehmen wir an, wir haben eine Variable `namen` mit folgendem Inhalt: »Erwin,Otto,Max,Kunigunde,Hilde,Agathe«. Es sind keine Leerzeichen dazwischen, also handelt es sich auch nicht um 6 `words`. Die Namen sind aber durch Kommas getrennt. Also setzen wir das Item-Begrenzungszeichen (`itemDelimiter`) auf das Komma (was auch die Standardeinstellung ist):

```
set the itemDelimiter to comma
```

Anschließend können die Items präzise ausgelesen und gesetzt werden:

```
answer item 3 of namen
```

Dadurch erscheint der Name »Max«. Das dritte Element, durch Komma getrennt.

```
put "Wilfried" into item 3 of namen
```

Jetzt steht nicht mehr Max, sondern Wilfried an dritter Stelle. Max wurde ersetzt.

Außerdem gibt es noch ein paar praktische weitere Funktionen. Zum Beispiel die Wörter `before` und `after`. Damit werden Zeichen nicht mehr ersetzt, sondern vor oder hinter einem Zeichen, Wort oder Item platziert:

```
put "Eberhardt, " after item 3 of namen
```

Nun wurde noch der Name »Eberhardt« samt Komma der Liste hinzugefügt und steht hinter Max.

Und wenn ich ein Element löschen möchte?

Für das Löschen gibt es das Kommando `delete` (lösche).

```
delete item -1 of namen
```

So wird der letzte Name aus der Liste schlicht und einfach gelöscht und verschwindet samt Komma, als wäre er nie da gewesen.

Natürlich können Sie all diese Befehle auf sämtliche Texteinheiten anwenden, seien es `char`, `word`, `line` oder `item`.

Noch eine praktische Funktion, die Sie kennen sollten, ist `the number of` (die Anzahl von). Damit finden Sie nämlich ganz einfach heraus, wie viele Zeichen, Wörter, Zeilen oder Items eine Zeichenkette enthält:

```
answer the number of chars of  "LiveCode"
```

Das gibt zum Beispiel die Zahl 8 aus, denn die Anzahl der Zeichen in »LiveCode« ist 8.

Dazu folgt jetzt mal wieder ein praktisches Beispiel: Wir können mit ganz wenigen Zeilen Programmcode und ebenso wenigen Minuten Aufwand mal wieder ein hübsches Programm schreiben: Einen Textanalysator.

Beispiel-App: Textanalyse

Starten Sie LiveCode, erstellen Sie einen Stack, der ruhig etwas größer sein kann. Darauf platzieren Sie ein großes mehrzeiliges Textfeld (Scrolling Field) und darunter ein breites Label mit zentrierter Textausrichtung (Abbildung 4.15).

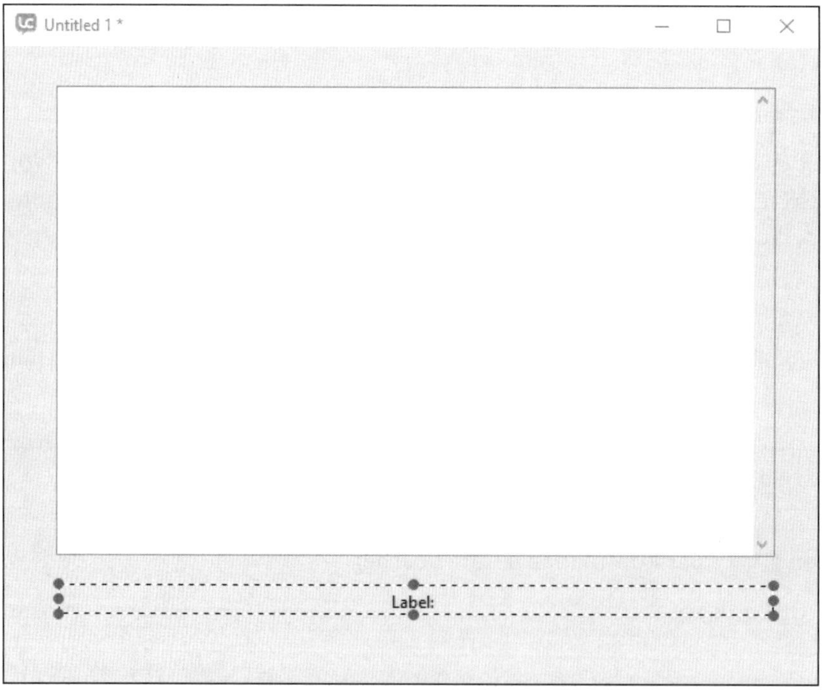

Abbildung 4.15 Aufbau des Textanalysators

Das große Textfeld nennen Sie »eingabeFeld«, das Label darunter »infoFeld«.

Wir möchten, dass im Infofeld Informationen über den Text angezeigt werden – und zwar sollen diese immer wieder erneuert werden, wenn wir etwas im Textfeld verändern, also etwas hineinschreiben.

Also schreiben Sie das Skript in das Textfeld per Rechtsklick auf das Textfeld und Auswahl von EDIT SCRIPT.

Bei welchem Ereignis soll das Skript ausgeführt werden? Richtig, wenn eine Taste gedrückt wird, während das Textfeld aktiv ist. Sie könnten die Message keyUp verwenden. Aber da das Skript auch reagieren soll, wenn zum Beispiel die Löschtaste gedrückt wird, verwenden Sie hier besser rawKeyUp – damit kriegen Sie wirklich jeden Tastendruck mit.

```
on rawKeyUp

end rawKeyUp
```

Zwischen diese beiden Zeilen schreiben Sie jetzt, was passiert, wenn eine Taste gedrückt wurde und das Texteingabefeld aktiv ist.

```
put field "eingabeFeld" into meinText
```

Damit wird der Text aus dem großen Feld in der Variablen meinText gespeichert. Als Nächstes ermitteln Sie die Anzahl Zeichen, Wörter und Zeilen aus dem Text:

```
put the number of chars of meinText into anzahlZeichen
put the number of words of meinText into anzahlWoerter
put the number of lines of meinText into anzahlZeilen
```

In der Variablen anzahlZeichen steht jetzt die Anzahl der Zeichen von meinText. In anzahlWoerter steht die Anzahl der Wörter, in anzahlZeilen die Anzahl der Zeilen.

Jetzt müssen Sie die ermittelten Anzahlen nur noch ausgeben – und zwar alle drei als Infotext in der unteren Labelzeile.

```
put "Der Text hat "&anzahlZeichen&" Zeichen, "&anzahlWoerter& ⮐
" Wörter und "&anzahlZeilen&" Zeilen." into field "infoFeld"
```

Hier wird also ein Satz aus den drei ermittelten Werten zusammengeknüpft und sogleich in das Feld »infoFeld« geschrieben.

Nochmal das Skript im ganzen Zusammenhang:

```
on rawKeyUp

 put field "eingabeFeld" into meinText
   put the number of chars of meinText into anzahlZeichen
```

```
    put the number of words of meinText into anzahlWoerter
    put the number of lines of meinText into anzahlZeilen
    put "Der Text hat "&anzahlZeichen&" Zeichen, "&anzahlWoerter&
" Wörter und "&anzahlZeilen&" Zeilen." into field "infoFeld"

end rawKeyUp
```

Und das Programm ist fertig. Insgesamt sieben Zeilen und wenige Minuten – und das für einen kompletten Textanalysator. Schalten Sie das Skript aktiv, wechseln Sie in den Laufzeitmodus, und probieren Sie es aus, indem Sie einen längeren Text, gerne auch mit Zeilenumbrüchen, in das große Feld eintippen. Unten drunter erhalten Sie in Echtzeit immer sofort alle Infos über den Text (Abbildung 4.16).

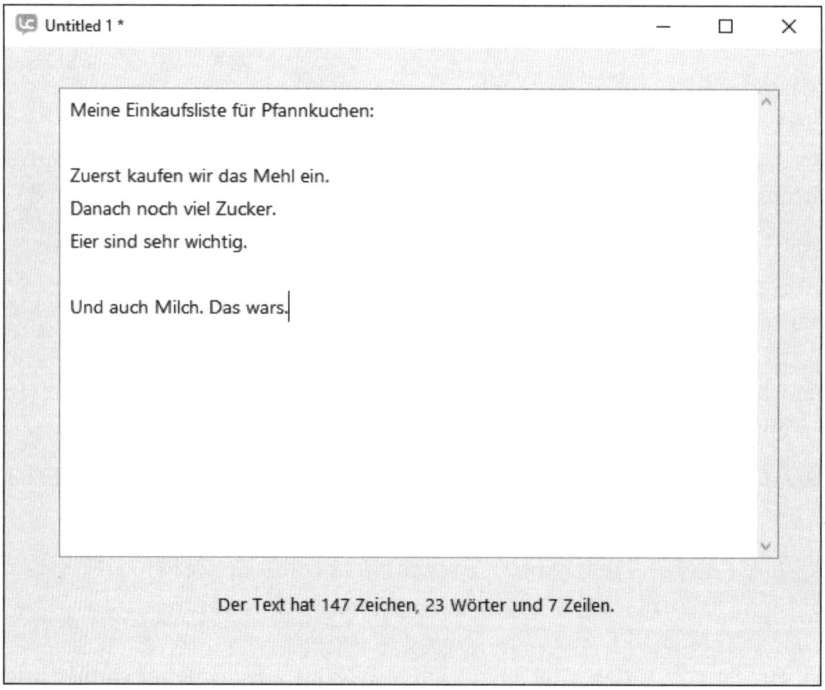

Abbildung 4.16 Der fertige Textanalysator

Übrigens: Dieses Programm hat nur ein Skript von sieben Zeilen – es könnte aber, wenn man wollte, auch mit nur drei Zeilen auskommen. Sieben Zeilen brauchen wir nur, weil wir sauber und übersichtlich gearbeitet haben, mit deutlichen Variablen und einem Vorgang pro Zeile. Ich würde empfehlen, immer so zu arbeiten, aber der Info halber, zeige ich Ihnen noch, wie das Skript in der Minimalfassung aussehen würde:

```
on rawKeyUp
   put "Der Text hat "&the number of chars of fld "eingabefeld"& ➲
" Zeichen, "&the  number of words of fld "eingabefeld"&" Wörter und " ➲
&the number of lines of fld "eingabefeld"&" Zeilen." into field ➲
"infoFeld"

end rawKeyUp
```


In dieser komprimierten Fassung wird ganz ohne Variablen gearbeitet, und die Anzahlen werden während der Berechnung gleich auch mit dem Text verknüpft und in das Feld geschrieben. Funktioniert in diesem Fall auch, ist aber unübersichtlicher, und wenn wir die Werte danach erneut bräuchten, müssten sie wieder neu berechnet werden, denn sie wurden ja nicht in Variablen gespeichert.

Daher empfiehlt es sich grundsätzlich, bei der Ermittlung, Konvertierung, Berechnung von Werten entsprechende Variablen anzulegen und sie zunächst dort zu speichern, um sie als solche weiterverarbeiten oder erneut verwenden zu können. Bei größeren Projekten ist das ohnehin unumgänglich, aber auch kleine Apps gewinnen deutlich an Klarheit und Übersichtlichkeit und lassen sich später besser erweitern.

> Apropos Variablen später weiterverwenden: Wie lange bleibt denn eigentlich ein Wert »in« einer Variablen, und kann ich eine einmal angelegte Variable überall weiterverwenden?

Lokal, global, egal?

Bisher haben Sie Variablen immer nur automatisch angelegt, indem Sie einfach einen Wert hineingeschrieben haben, und sie dann in einer der folgenden Zeilen im selben Skript erneut verwendet. Das nennt man eine *lokale Variable*. Variablen, die einfach durch ihre Verwendung erzeugt werden und nicht gesondert definiert sind, sind immer lokale Variablen. Sie sind und bleiben nur in dem Skript gültig, in dem sie erzeugt wurden. Wenn ich im Textanalysator also `the number of chars of fld "eingabeText"` in die Variable `zeichenAnzahl` stecke, dann kann ich anschließend im selben Skript jederzeit mit dieser Variablen weiterarbeiten.

Wenn ich jetzt aber ein weiteres Skript anlege, zum Beispiel von einem Button, auf den ich klicke, und in diesem Skript die Variable `zeichenAnzahl` verwenden möchte, dann erhalte ich schlicht einen leeren Wert zurück. Nichts. Empty.

Das andere Skript kennt die Variable `zeichenAnzahl` nicht, denn die Variable wurde mit Beenden des Skripts, in dem sie angelegt wurde, einfach wieder gelöscht. Und eine Variable, die nicht (mehr) existiert, ist in LiveCode immer ganz einfach leer. Es gibt keine Fehlermeldung, aber die Variable enthält einfach nichts.

Jetzt könnte es aber durchaus sein, dass wir eine Variable immer wieder brauchen, auch später noch und auch in verschiedenen Skripten.

Dafür gibt es die *globalen Variablen*. Sie bleiben immer gültig, also während der gesamten Laufzeit des Programms, und man kann in ihnen Informationen speichern, die man immer wieder braucht, zum Beispiel den Namen eines Spielers, den Dateinamen für die Einstellungen, den aktuellen Level eines Spielers oder was auch immer.

Um eine globale Variable zu benutzen, müssen Sie sie einmal im Skript (oder zumindest auf der Skriptseite) als global definieren. Das geht mit dem Befehl `global VARIABLENNAME`.

```
global spielerName
put "Erwin Mayer" into spielerName
```

Wenn Sie die Variable `spielerName` samt Inhalt jetzt an ganz anderer Stelle in einem anderen Skript wieder benötigen, dann müssen Sie vor der Benutzung wieder deklarieren, dass Sie jetzt die globale Variable spielerName verwenden möchten. Also:

```
global spielerName
put spielerName into fld "gewinner"
```

Sie brauchen die Deklaration mit `global` nicht vor jedem Benutzen der Variablen erneut hinzuschreiben, sondern es reicht, wenn sie auf jeder Skriptseite im Editor, wo die Variable verwendet wird, einmal steht. Das kann auch außerhalb der Ereignisskripte, am besten ganz oben im Editor sein. Also:

```
global spielerName

on mousedown
   put spielerName into fld "gewinner"
end mousedown
```

Globale Variablen können in einzelnen Fällen sehr praktisch sein, aber Sie sollten sich trotzdem angewöhnen, sie nicht ständig zu verwenden, denn oft sind sie nicht unbedingt notwendig, und es gibt noch andere, teilweise sinnvollere Möglichkeiten, um Werte global zu speichern. So können Sie zum Beispiel solche Werte, auf die verschiedene Skripte zugreifen sollen, statt als globale Variablen auch als selbst definierte Eigenschaften von Objekten (*Custom Properties*) oder gar als Eigenschaft des Hauptstacks speichern. Das hätte eine ähnliche Wirkung wie eine globale Variable, nur dass Eigenschaften anders angesprochen werden. Dazu später mehr.

Zusammenfassung: Variablen und Inhalte

Das war alles sehr ausführlich, und bevor wir jetzt endlich an ein größeres praktisches Projekt gehen, möchte ich noch einmal alles Wichtige zusammenfassen, was Sie jetzt über Variablen wissen:

- Variablen sind Speicherplätze für Werte und Inhalte verschiedenster Art.
- Variablen haben einen Namen, mit dem man sie verwenden kann, so als würde man den darin gespeicherten Wert direkt verwenden.
- In Variablen können Zahlenwerte gespeichert werden. Wenn man mathematische Ausdrücke in sie hineinschreibt, werden sie berechnet und dann gespeichert.
- Mit Variablen, die ausschließlich Zahlenwerte enthalten, kann man Berechnungen durchführen.
- In Variablen können ebenso Zeichen und Zeichenketten (Texte) gespeichert werden.
- In Variablen können auch Eigenschaften (Properties) von Objekten gespeichert werden.
- Zeichen in einer Variablen können konvertiert, verändert oder mit anderen Zeichen und auch Zahlenwerten verknüpft werden.
- Zeichenketten können in Elemente wie `char`, `word`, `line`, `item` auseinandergenommen werden und dementsprechend analysiert und bearbeitet werden.
- Variablen können *lokal* sein, dann wird ihr Wert am Ende ihres Skripts gelöscht, oder *global*, dann sind sie im ganzen Projekt stets verfügbar und behalten ihren Wert.

Kapitel 5
Eine Würfelmaschine – praktisches Tool selbst gemacht

Nach all der Theorie nun ein richtiges schönes Projekt, bei dem Sie eine Würfelmaschine bauen werden, die Sie dann natürlich wieder mit all Ihren neuen Fähigkeiten und Ihren guten Ideen erweitern und ausbauen können.

Nun wollen wir uns an unsere zweite Anwendung machen. Ziel soll es sein, ein Programm zu erstellen, das auf Knopfdruck für uns würfelt. Im ersten Schritt gestalten wir dies noch ganz simpel, dann überlegen wir uns, wie man das Programm noch etwas ausbauen kann und grafisch schöner gestaltet.

Dazu kurz vorweg eine Überlegung: Wie *würfelt* ein Computerprogramm? Dieser Frage wirklich angemessen auf den Grund zu gehen, würde hier sehr weit führen. Beim Würfeln wird eine nicht vorhersagbare zufällige Zahl zwischen 1 und 6 erzeugt. Gibt es denn überhaupt »Zufall« auf dem Computer? Ist nicht alles vorherbestimmt und wird berechnet?

Wie kommt ein Computer auf eine »zufällige« Zahl?

Vereinfacht gesagt funktioniert es so, dass ein Computer nur eine kompliziert berechnete mathematische Zahlenfolge ermitteln kann, deren aufeinanderfolgende Werte immer innerhalb der gewünschten Zahlenreichweite liegen. Diese Zahlen sind nicht wirklich zufällig, aber sie folgen keinem einfachen und für den Beobachter von außen vorhersehbaren Muster. Gleichzeitig ist die Anzahl der jeweils ermittelten Zahlen immer so ausgewogen, wie man es von »echten Zufallszahlen« auch erwarten müsste. Das genügt völlig für einen Würfel.

Wir müssen nur wissen, welcher Befehl, genauer gesagt, welche mathematische Funktion uns in der Skriptsprache von LiveCode zur Verfügung steht, um eine *Zufallszahl* zu erzeugen. Diese lautet `random(x)`. Dabei steht `x` für die Größenordnung. `random(3)` erzeugt eine Zufallszahl zwischen 1 und 3. `random(6)` wäre für unseren Würfel relevant. Hier wird eine zufällige Zahl zwischen 1 und 6 erzeugt. Diese können wir wiederum in eine Variable packen und dann weiter damit arbeiten. Zum Beispiel: **`put`** `random(6) into zahl`.

5.1 Aufbau des Stacks

Nach diesen Vorüberlegungen geht es nun an das Projekt, und zwar an ein »richtiges Projekt«. Als Erstes empfehle ich Ihnen, einen Projektordner zu erstellen, in dem alles gespeichert und aufbewahrt wird, was für das Projekt gebraucht wird. Der Projektordner kann irgendwo gespeichert werden: auf Ihrem Desktop, im *Projekte*-Ordner unter DOKUMENTE, auf einem externen Laufwerk, vielleicht auch in der Dropbox oder Ihrem persönlichen Cloud-Speicher. Wichtig ist nur, dass Sie ihn eindeutig benennen (zum Beispiel *LiveCode_Wuerfelprojekt*) und den Ordner später wiederfinden.

Nun starten Sie LiveCode und erstellen einen neuen Stack, gerne im Format IPHONE 6.

Welche Elemente brauchen wir?

Zunächst einmal einen Button, mit dem der Würfelvorgang gestartet wird, und ein Anzeigefeld für die gewürfelte Zahl. Ziehen Sie also einen Button und ein Labelfeld in den Hauptstack. Den Button nennen Sie im OBJECT INSPECTOR »wuerfelbutton«, in seine Beschriftung tragen Sie »Würfeln!« ein, und das Labelfeld nennen Sie »wuerfelzahl«. Größe, Farbe und Schriftart der Elemente können Sie so anpassen, wie Sie es gerne möchten. Tipp: Geben Sie dem Labelfeld gern eine große Schriftgröße – 60 wäre angemessen –, und zentrieren Sie den Text (Abbildung 5.1).

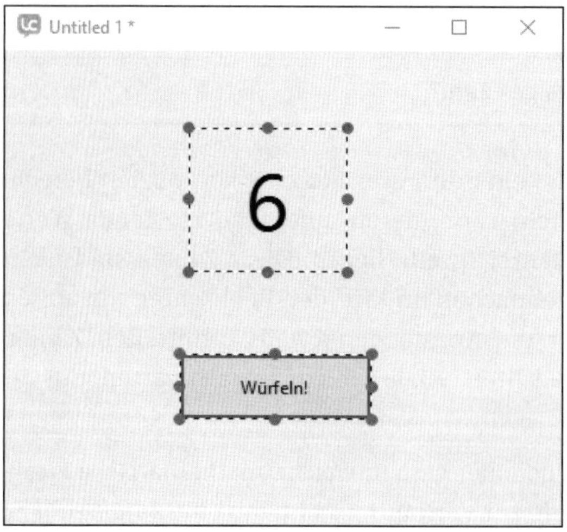

Abbildung 5.1 Die zwei Objekte auf dem Würfelstack

Speichern Sie den Stack am besten gleich unter dem Namen *wuerfelmaschine.livecode* in dem vorher angelegten Ordner. Dann kann es schon ans Programmieren der dafür erforderlichen Skripte gehen. Und in dieser Basisversion ist das wiederum ganz einfach!

5.2 Zwei Zeilen Programmierung reichen schon

Es soll eine Würfelzahl angezeigt werden, wenn der Button gedrückt wird. Also müssen wir wieder den Mausklick über dem Button mit einem Skript versehen. Klicken Sie rechts auf den Button, und wählen Sie EDIT SCRIPT. Zwischen die beiden Zeilen, die erscheinen, schreiben Sie das Skript.

Als Erstes erzeugen Sie eine Zufallszahl zwischen 1 und 6 (Sie »würfeln«). Diese kommt in die Variable `zahl`, genau wie weiter oben schon mal demonstriert.

```
put random(6) into zahl
```

Jetzt steht die Zufallszahl (die »gewürfelte« Zahl) in der Variablen `zahl`. Aber Sie möchten sie ja auch ausgeben, damit man sehen kann, was gewürfelt wurde. Also schreiben Sie den Wert der Variablen `zahl` in das Anzeigetextfeld hinein:

```
put zahl into field "wuerfelzahl"
```

So. Die Basisversion des Würfelprogramms ist fertig. Insgesamt sieht das Skript für den Button jetzt so aus:

```
on mouseUp
   put random(6) into zahl
   put zahl into field "wuerfelzahl"
end mouseUp
```

Testen Sie, ob es funktioniert. Wechseln Sie in den Laufzeitmodus, und los geht's: Klicken Sie auf WÜRFELN! – und schon erscheint die gewürfelte Zahl im Textfeld. Klicken Sie nochmal, und die nächste Zahl erscheint. So können Sie immer wieder neu würfeln, und das Programm verhält sich mit den angezeigten Zahlen praktisch so wie ein echter Würfel (Abbildung 5.2).

Sie haben es also geschafft, in kürzester Zeit und mit nur vier Zeilen Code einen funktionierenden Würfel zu programmieren. Diesen könnte man beispielsweise als Smartphone-Programm einsetzen und dann in einem Spiel als Ersatz für einen realen Würfel verwenden. Ein nützliches Tool!

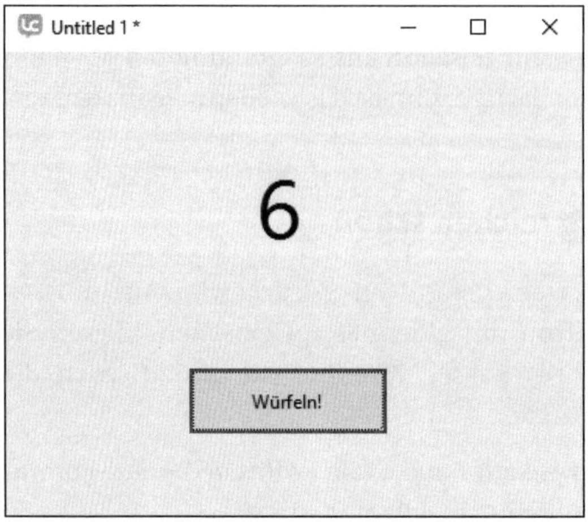

Abbildung 5.2 Der Würfel funktioniert. Er würfelt zufällige Zahlen.

Aber zugegeben: So, wie das Programm bis jetzt läuft, ist es noch sehr schlicht und nicht unbedingt präsentabel. Es erfüllt seine Funktion ohne Fehler, aber es tut dies nicht gerade ästhetisch, professionell oder elegant. In den AppStore würde man so etwas wohl nicht bringen wollen.

Das Layout, das »Look and Feel« und auch das funktionale Design eines Programms sollte man niemals unterschätzen. Der Benutzer sieht das Programm an, auf den ersten Blick nimmt er meistens gar nicht wahr, was es vielleicht alles kann, sondern der erste Eindruck ist immer der optische: Welchen Eindruck macht dieses Programm auf mich? Sieht es aus wie eine Zahlenberechnung für Informatiker oder wie eine coole Maschine, mit der ich würfeln kann? Habe ich überhaupt Lust, dieses Programm zu verwenden?

5.3 Aufpeppen mit Bordmitteln

Was könnten wir also tun, damit das Programm attraktiver wird? Als Erstes bietet es sich natürlich an, die Mittel zu nutzen, die LiveCode uns zur Verfügung stellt, und Farbe, Schrift und Größen so klar und ansprechend wie möglich zu gestalten. Auch Deko-Elemente können Sie mit den Bordmitteln von LiveCode erstellen. Nutzen Sie die Möglichkeiten, Form, Farbe, Größe und Inhalt von Elementen wie Textfeldern und Buttons frei zu gestalten. Arbeiten Sie mit Schriftgrößen und Fonts. Verwenden Sie Grafikelemente und grafische Effekte, die LiveCode anbietet.

Abbildung 5.3 zeigt nur ein angedeutetes Beispiel aus den unzähligen Möglichkeiten, die es für die Gestaltung mit LiveCode-Mitteln gibt.

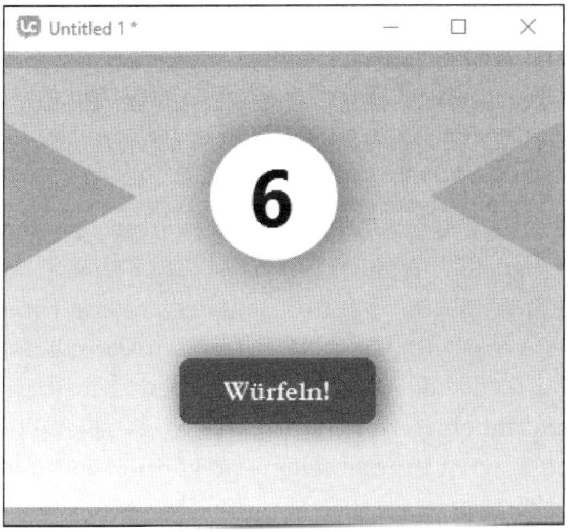

Abbildung 5.3 Mit LiveCode-Bordmitteln lässt sich durchaus schon etwas gestalten.

So wirkt das Würfelprogramm doch gleich ganz anders. Man würfelt damit gleich viel lieber. Sie haben die völlig freie Wahl, wie Sie es selbst machen möchten, aber wenn Sie dieses Layout zum Lernen nachbauen wollen, dann finden Sie hier eine kurze Beschreibung, wie man es macht:

Anleitung für das oben gezeigte Layout

Als Hintergrund wurde eine Rechteckgrafik eingefügt. Den Layer setzen Sie auf 0 (in den Größeneinstellungen), damit die Grafik hinter den anderen Elementen erscheint. Als Farbe für die Hintergrundgrafik wurde ein Verlauf (Gradient) von Weiß nach Grau eingestellt, was man in den Farbeinstellungen des Property Inspector machen kann. Hinter das Label mit der Würfelzahl kommt ebenfalls eine Grafik, diesmal eine »ovale«, und zwar in Kreisform. Setzen Sie als Farbe für den Hintergrund Weiß ein, und stimmen Sie den Layer auch mit dem Label ab, so dass die Grafik hinter der Zahl erscheint. Die Kreisgrafik erhält einen Schlagschatten (in den Effects einstellbar). Der Button wurde ebenfalls ein wenig umgestylt. Sein Style wurde auf `roundRect` umgestellt, der Rand (Border Width) auf 0 gesetzt, die Farbe (Background Fill) auf Dunkelblau, die Schriftfarbe Weiß und ein hübscher Font wurden gewählt und dem ganzen Button wurde in den Effects auch noch ein Schlagschatten gegeben. Anschließend wurden noch ein paar Dekoelemente hinzugefügt. Die zwei Balken in Grau oben und unten sind Rechteck-Grafiken (Rectangle Graphic) mit grauer Füllfarbe, und die beiden Dreiecke sind Regular Polygon Graphics, bei denen die Anzahl der Seiten (Sides) auf 3 gesetzt wurde, das rechte Dreieck ist um 180 Grad gedreht.

Ich kann immer wieder nur dazu ermuntern, mit den internen Grafikelementen und den Farben, Verläufen und Effekten zu experimentieren. Es hat seine Vorteile, mit ihnen zu arbeiten, wo immer es möglich ist, denn interne Grafiken sind ohne Qualitätsverlust anpassbar und skalierbar, sie nehmen wenig Speicherplatz weg und sind ohne Zusatzdateien und entsprechenden Aufwand nutzbar.

Obwohl wir damit das Programm in der Optik auf jeden Fall deutlich verbessern, stoßen wir natürlich auch an Grenzen, denn die Möglichkeiten des LiveCode-Editors sind nicht schlecht, aber doch letztendlich eingeschränkt. Wenn Sie Buttons, Anzeigen usw. wirklich grafisch ganz individuell nach eigenen Vorstellungen gestalten wollen, dann kommen Sie früher oder später nicht umhin, statt der vorgegebenen Elemente (bzw. zusätzlich zu ihnen) externe Grafiken einzubinden. Sie können praktisch jedes Element in LiveCode relativ einfach mittels einer eigenen Grafik darstellen und können dadurch das Aussehen Ihrer Anwendung völlig frei bestimmen.

5.4 Erweiterung mit externen Grafiken

Wir wollen das zunächst ausprobieren, indem wir einen selbst gestalteten Button zum Würfeln verwenden. Dazu brauchen wir eine Grafik, die zum Beispiel so aussehen könnte:

> Wie komme ich an gute Grafiken?

Nun, da gibt es mehrere Wege. Wer selbst gestalterisch einigermaßen begabt ist, kann seine Grafiken ganz nach Wunsch selbst erstellen, je nach den zur Verfügung stehenden Möglichkeiten mit kostenpflichtigen Programmen wie Adobe Photoshop, Corel Painter, Adobe Illustrator oder Fireworks (Letzteres ist meine persönliche Empfehlung!) oder auch mit einem kostenlosen Programm. Am leistungsfähigsten unter den kostenlosen Programmen ist sicherlich GIMP, mit dem man ebenso wie mit Photoshop im Grunde alles machen kann. Es erfordert allerdings auch etwas Einarbeitung, bevor man damit schnelle Ergebnisse erzielt. Auch kostenlos und für Grafiken, Buttons und Logos geeignet ist Inkscape. Wer Spaß dran hat, kann sich hier wunderbar kreativ austoben.

Wer sich das Selbsterstellen nicht zutraut oder keine Lust dazu hat, kann im Web auch zahlreiche Sammlungen fertig gestalteter Buttons und Symbole zum Herunterladen finden, teils kostenlos, teils auch kostenpflichtig, je nach Anspruch und Geschmack. Diese Buttons können bei Bedarf noch entsprechend angepasst werden und sind dann in Ihren Anwendungen problemlos einsetzbar. Achten Sie dabei aber immer auf die Lizenz und die Nutzungsbedingungen, wenn Sie die App später veröffentlichen wollen.

Für große kommerzielle Projekte (mit denen letztendlich auch gutes Geld verdient wird) hat es sich bewährt, mit einem erfahrenen Grafiker oder Screendesigner zusammenzuarbeiten. Ein Screendesigner kann nicht nur sehr schnell und genau auf Ihr Projekt zugeschnitten die gewünschten Elemente bauen, sondern er kann Sie auch beraten und auf Wunsch das gesamte Design mit vollständig aufeinander abgestimmten Elementen entwerfen und erstellen. Für größere ernsthafte Projekte gibt es kaum eine Alternative, außer man ist selbst ein begnadeter Designer, der es zeitlich neben der Programmierung noch schafft, anspruchsvolle und professionelle Layouts herzustellen.

Aber wir üben hier ja noch. Wir brauchen natürlich noch keinen Grafiker, sondern wir probieren aus, wie man Grafiken in eine Anwendung sinnvoll einbindet.

Buttons und Symbole in den Materialien zum Buch

Wer keine Möglichkeit oder Lust hat, eigene Grafiken herzustellen oder selbst welche aus dem Web zu besorgen, kann hier auch meine simplen Buttons und Symbole aus den MATERIALIEN ZUM BUCH herunterladen und verwenden:

www.rheinwerk-verlag.de/4258

Wie verwendet man eine *Grafik* in einem LiveCode-Projekt? Um eine Grafik auf Ihrem Stack zu platzieren, müssen Sie sie zunächst *importieren*. Am besten geeignet für LiveCode sind Grafiken im Format PNG. JPG und GIF können zwar ebenfalls verwendet werden, doch JPG hat den Nachteil, dass keine Transparenz möglich ist und dass bei starker Komprimierung oft die Bildqualität sichtbar leidet. GIF hat vor allem dann einen Sinn, wenn es sich um ein animiertes GIF handelt, das wir einsetzen wollen (also eine Bilderfolge wie ein kurzer Film), ansonsten ist das Format für feinere Farbdarstellungen zu limitiert. Wir wollen uns bei grafischen Elementen an PNG halten, womit LiveCode immer sehr gut zurechtkommt und das ich für LiveCode generell empfehle.

Der einfachste Weg, eine Grafik in Ihr Projekt zu bekommen, besteht darin, sie auf unsere aktuelle Seite zu importieren. Dazu wählen Sie in LiveCode aus dem Hauptmenü FILE • IMPORT AS CONTROL • IMAGE FILE. Dann wählen Sie die gewünschte Bilddatei, und anschließend ist diese als Objekt auf Ihrem Stack zu sehen und in das Projekt eingebunden. Es ist ein Grafikobjekt vom Typ `image`. Sie können dieses Bild mit der Maus frei auf dem Stack platzieren (auch skalieren, aber das empfiehlt sich normalerweise nicht, weil es die Qualität sichtbar verschlechtert).

Sie können diesem Grafik-Objekt jetzt natürlich auch Eigenschaften (zum Beispiel Effekte wie Schatten usw.) und ebenfalls Skripte zuweisen. Wenn Sie dieser Grafik also ein `on mouseUp`-Skript zuweisen, kann sie ebenso wie der Button reagieren, wenn der Benutzer mit der Maus daraufklickt.

Auf diese Weise könnten Sie also gewissermaßen bereits einen eigenen Button erschaffen, fast jedenfalls ... In Wirklichkeit haben Sie damit nur eine Grafik platziert, auf die man klicken kann. Für viele Zwecke reicht dies aus, aber wenn Sie einen »echten« Button brauchen, der sich in allen Aspekten wie ein Button verhält (der sich beim Klicken bewegt, beim Drüberfahren verfärbt usw.), dann reicht es nicht aus, einfach eine Grafik mit Klickskript zu versehen.

Eine bessere Möglichkeit, einen Button als Grafik darzustellen, besteht darin, zunächst einen herkömmlichen Button zu erstellen und anschließend die eigene Grafik in den Properties des Buttons als Icon einzubinden. Auf die Weise erhalten Sie einen Button, der alle Verhaltensweisen eines Buttons behält und trotzdem das Aussehen der eigenen importierten Grafik annimmt. Schritt für Schritt geht dies folgendermaßen:

Wir wollen einen grafischen Button erstellen, mit dem wir den Würfel auslösen. Also brauchen wir eine rechteckige Button-Grafik mit der Aufschrift »Würfeln«. Diese sollten wir in einem Ordner speichern, der zu unserem Projekt gehört, so dass wir sie später wiederfinden und eventuell verändern können.

Sie gehen Sie jetzt auf FILE • IMPORT AS CONTROL • IMAGE FILE und wählen die Grafik aus, die für den Würfeln-Button gedacht ist. Darauf erscheint diese auf unserem Stack, zusätzlich zu dem bereits vorhandenen Button (Abbildung 5.4).

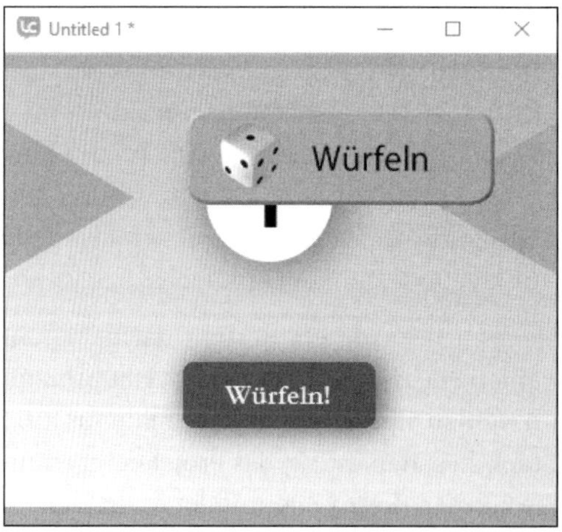

Abbildung 5.4 Die Grafik ist importiert und erscheint zusätzlich zum vorhandenen Button im Stackfenster.

Jetzt gehen Sie auf die Properties Ihres vorhandenen »wuerfelbutton«. In den BASIC PROPERTIES wählen Sie SHOW NAME ab, denn die Grafik soll natürlich keine zusätzliche Beschriftung haben (Abbildung 5.5). Auch OPAQUE wählen Sie ab, damit nur die Grafik als Vordergrund für den Button dient und keine zusätzliche Farbe. SHOW BORDER entfällt ebenfalls. 3D, DEFAULT BUTTON und AUTO HILITE sollten angewählt sein, damit sich der Button wie ein normaler Button verhält.

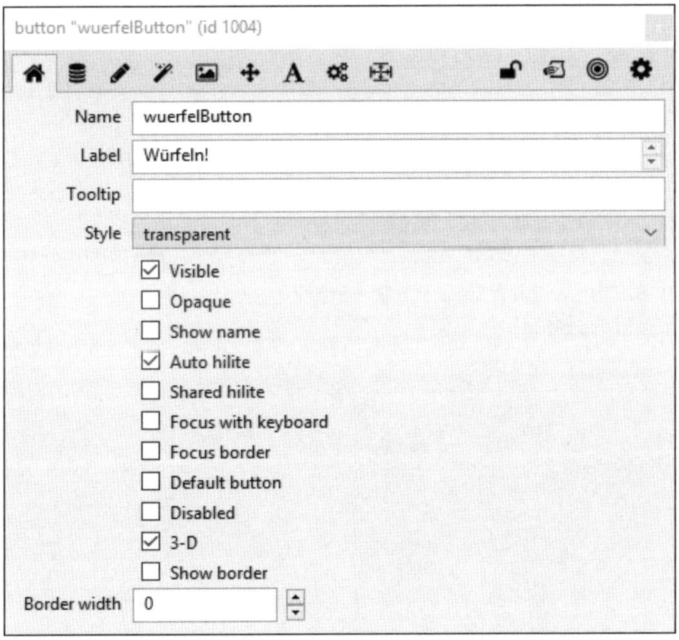

Abbildung 5.5 So sind die Grundeinstellungen für einen Grafik-Button sinnvoll gesetzt.

Danach gehen Sie auf die Seite ICONS. In der Zeile ICON klicken Sie auf den Auswahlknopf. Dann erscheint eine Bildauswahl. Ganz oben wählen Sie unter IMAGE LIBRARY: THIS STACK (Abbildung 5.6). Daraufhin sehen Sie als Auswahl alle Bilder, die auf Ihrem Stack vorhanden sind. Das ist in unserem Fall nur ein einziges, nämlich das, das Sie vorher importiert haben. Klicken Sie es an – und schon hat sich Ihr Würfel-Button verändert.

Sie müssen aber noch ein paar weitere Einstellungen anpassen, bevor alles ganz stimmt. Auf der Seite ICONS wählen Sie SHADOW ab (Abbildung 5.7).

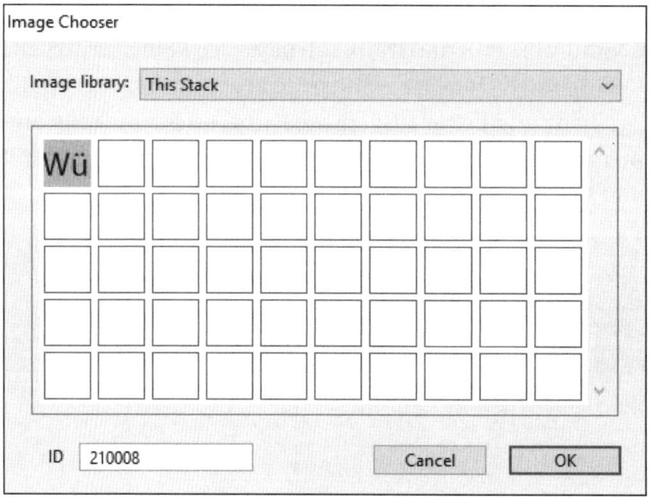

Abbildung 5.6 Als Icon für den Button wählen Sie aus »This Stack« die zuvor importierte Grafik aus (links oben).

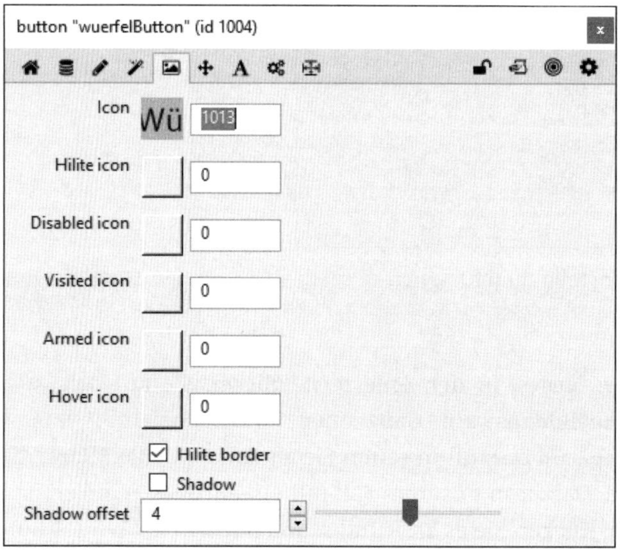

Abbildung 5.7 Die Seite »Icons« für den grafischen Button

Auf dem Stack können Sie mit der Maus jetzt die Größe des Rahmens für den Button so anpassen, dass er vollständig zu sehen ist. Wenn Sie möchten, können Sie dem Button unter EFFECTS noch einen Schatten hinzufügen und diesen ganz nach Wunsch anpassen. Das ist aber Geschmackssache.

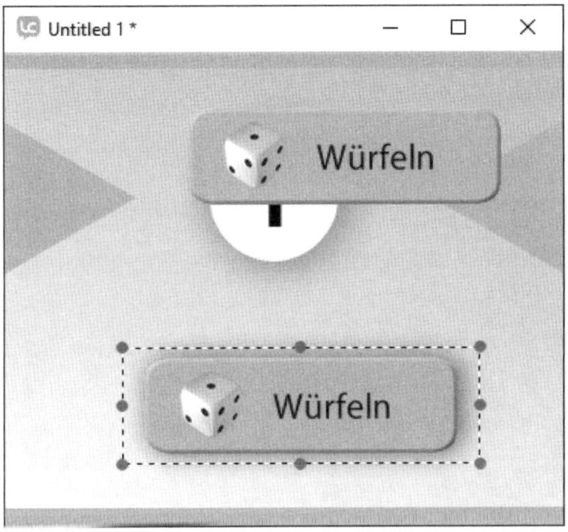

Abbildung 5.8 Der Button ist fertig gestaltet und funktioniert auch wie ein Button. Nur ist jetzt die Grafik zweimal zu sehen.

Nun ist Ihr grafischer Button fertig – er hat exakt das Aussehen der importierten Grafik und verhält sich gleichzeitig wie ein richtiger Button. Klickt man mit der Maus drauf, so bewegt er sich leicht und vermittelt so das Gefühl, den Knopf wirklich zu drücken. Sie könnten, wenn Sie wollten, auch noch Grafiken für den Zustand gedrückt, `mouseOver` usw. definieren, importieren und zuweisen und auch ansonsten alles damit machen, was man mit einem Button eben machen kann.

Ein Problem gibt es aber noch: Wir haben das Bild doppelt auf unserem Stack, einmal als zuerst importierte Grafik und dann noch einmal als Oberfläche unseres Buttons (Abbildung 5.8). Würden wir die importierte Grafik jetzt einfach löschen, wäre unser Button auch wieder leer, denn der Button verwendet ja die importierte Grafik aus dem Stack, die dann nicht mehr vorhanden wäre. Also müssen Sie anders vorgehen. Gehen Sie auf die Properties Ihrer importierten Grafik, und setzen Sie diese einfach auf »unsichtbar«, indem Sie das Häkchen vor VISIBLE entfernen. Fertig. Jetzt ist nur noch der grafische Button zu sehen (Abbildung 5.9).

Benötige ich viele grafische Elemente in einem Projekt, so gehe ich übrigens gern folgendermaßen vor: Ich erstelle eine neue Card mit dem Namen »Elemente«. Diese Card ist Teil meines Stacks, aber sie wird für den Benutzer nie sichtbar und nie aufgerufen. Sie ist somit also eine »unsichtbare Karte im Hintergrund«. Auf dieser Karte importiere ich alle grafischen Elemente meiner App und ordne sie dort sichtbar an. Sie stehen dann auch auf allen anderen Karten dieses Stacks für die Einbindung zur Verfügung. Ich kann so auf der Elemente-Card immer sehen, welche Grafiken ich im Stack zur Verfügung habe und muss nicht überall nach unsichtbaren Grafiken suchen. Dieses Vorgehen ist vielleicht nicht unbedingt notwendig, erhöht aber die Übersichtlichkeit eines Projekts und der dazugehörigen Elemente erheblich.

Abbildung 5.9 Der grafische Button ist fertig.

Daher werden wir im nächsten Schritt auch so vorgehen, denn jetzt drängt sich natürlich die nächste Idee auf: Wenn wir schon so einen hübschen Button haben, mit dem das Würfeln durchgeführt wird, dann sollte doch auch das Würfelergebnis eher wie ein Würfel aussehen und nicht nur wie eine Zahl auf einem weißen Kreis, oder?

5.5 Grafiken für Ausgabe verwenden

Die Aufgabe lautet also: Erstellen Sie einen Würfel, der für die Zahlen 1 bis 6 richtige grafische Würfeloberflächen zeigt und nicht nur eine simple Zahl. Erst dann kann man doch von einem richtigen elektronischen Würfel sprechen, oder?

Was brauchen Sie dafür als Erstes? Richtig: Sechs Grafiken mit den Würfelbildern von 1 bis 6 (Abbildung 5.10).

Wer sich selbst zutraut, solche Bilder herzustellen: Nur zu, es macht Spaß! Wer damit noch keine Erfahrungen hat oder keine Zeit, Lust, Möglichkeit, der kann sich die oben abgebildeten Würfelbilder auch aus den MATERIALIEN ZUM BUCH herunterladen unter:

www.rheinwerk-verlag.de/4258

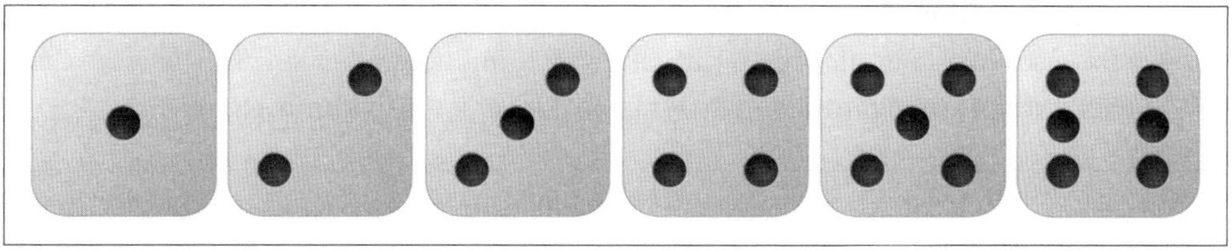

Abbildung 5.10 Diese sechs Grafiken sind hilfreich für einen realistischen Würfel.

Jetzt müssen diese Bilder natürlich in das LiveCode-Würfelprojekt importiert werden. Gehen Sie jetzt so vor, wie ich es gerade beschrieben habe: Rechtsklick auf das Programmfenster und NEW CARD wählen. Damit erstellen Sie eine neue Seite im Würfelprojekt, auf der die Würfelgrafiken abgelegt werden, die aber bei der Benutzung des Programms nie zu sehen sein wird. Diese Card nennen Sie im PROPERTY INSPECTOR »Elemente«.

Mit dieser leeren Card vor Ihnen importieren Sie die Würfelbilder ins Projekt, wählen Sie also im Hauptmenü FILE • IMPORT AS CONTROL • IMAGE FILE. Sie können hier sogar alle sechs Bilder auf einmal anwählen und somit gleichzeitig auf die Card bringen. Vielleicht sehen Sie danach nur eins, weil alle übereinanderliegen, also ziehen Sie sie mit der Maus im Bearbeitungsmodus auseinander (Abbildung 5.11).

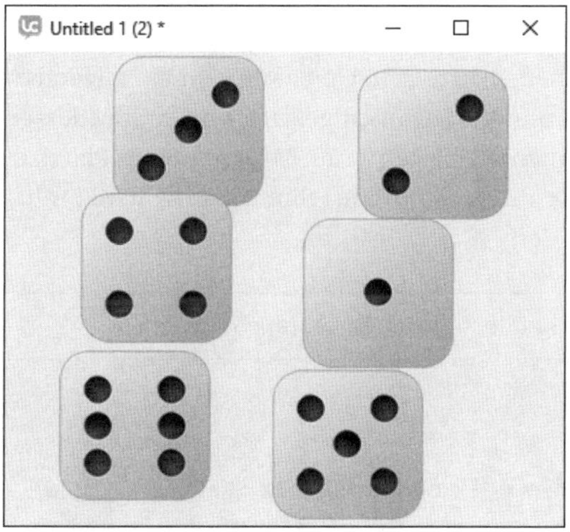

Abbildung 5.11 Die Bilder der Würfelflächen auf neue Card importiert

Nun markieren Sie ein Würfelbild nach dem anderen und benennen es entsprechend seiner Zahl als »wuerfel1«, »wuerfel2«, »wuerfel3« usw. – übrigens ohne die Endung ».png«.

Perfekt. Jetzt brauchen Sie die Card ELEMENTE nicht mehr aufzurufen. Öffnen Sie den Project Browser (wenn er nicht ohnehin offen ist), und doppelklicken Sie die erste Card, um wieder zurück zur eigentlichen Programmfensterseite zu kommen.

> Wie gelangt jetzt das jeweils passende Würfelbild in die Anzeige, wenn der Würfel-Button geklickt wird?

Es gibt hier, wie bei allem im Leben, mehrere Möglichkeiten, das gewünschte Ziel zu erreichen. Sie könnten beispielsweise alle sechs Würfelbilder übereinanderlegen und alle sechs Bilder unsichtbar setzen. Dann, nach dem Klick des Würfel-Buttons und dem Ermitteln der gewürfelten Zahl, müssten Sie nur das Würfelbild mit der richtigen Zahl auf VISIBLE (sichtbar) setzen. Beim nächsten Würfeln müssten Sie darauf achten, dass das zuvor angezeigte Bild erst einmal wieder auf nicht sichtbar zurückgesetzt wird, bevor wieder das nächste Bild sichtbar geschaltet wird usw.

Die Methode würde funktionieren, und in diesem Fall wäre sie vielleicht gar nicht mal so schlecht. Aber stellen Sie sich vor, Sie hätten einen Würfel mit 100 verschiedenen Bildern. Es wäre sehr mühsam, diese alle genau zu platzieren, insbesondere wenn sich ein Bild anschließend nochmal ändert oder die Auswahl eingeschränkt werden soll.

Sie können die beschriebene Methode gern ausprobieren – es ist immer gut, eigene Erfahrungen zu machen. Ich möchte hier aber eine andere und etwas elegantere Methode vorschlagen, um die Würfelflächen anzuzeigen. Und zwar geht sie folgendermaßen: Sie löschen das Textfeld, in dem die Würfelzahl angezeigt wurde. Stattdessen kommt dort ein Button hin, einer, den man nicht klicken kann. Er dient nur als Platzhalter zur Anzeige der jeweiligen Würfelgrafik, die per Icon-Einstellung gesetzt wird (Abbildung 5.12).

> Warum ein Button, wo der Button als solcher doch gar nicht gebraucht wird?

Buttons mit Icon-Eigenschaft

Die Frage ist berechtigt, aber es gibt in LiveCode kein Element, das sich besser eignet, importierte Grafiken anzuzeigen. Ein »umgebauter Button« kann per Icon-Eigenschaft jederzeit das Aussehen und die Form einer im Projekt enthaltenen Grafik annehmen. Das ist das, was wir brauchen, einen Platzhalter für eine angezeigte Grafik. Das Element `image` hingegen kann nur ein festes internes Bild enthalten oder auf eine externe Datei gesetzt werden. Wir halten uns also diesmal an den Button!

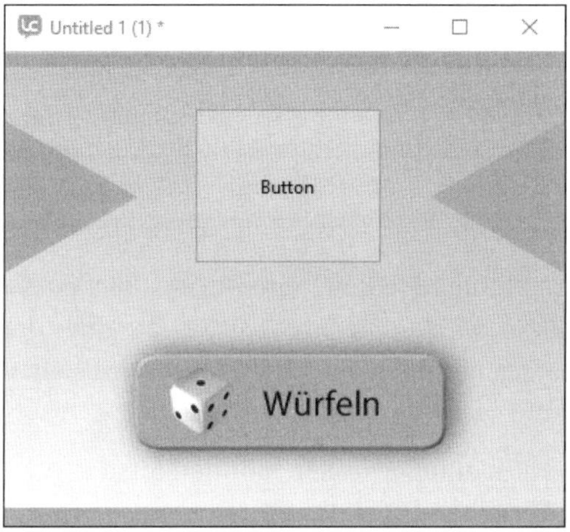

Abbildung 5.12 So sieht das noch nicht beeindruckend aus ...

Der Button braucht jetzt ein paar Einstellungen, damit er kein »normaler Button« mehr ist. Nennen Sie den Button »wuerfelbild«, und setzen Sie die grundlegenden Eigenschaften wie in Abbildung 5.13 abgebildet. Wichtig ist dabei, das der Button zum einen transparent ist (also OPAQUE abwählen), zum anderen weder einen Rahmen (SHOW BORDER abwählen) noch einen Namen (SHOW NAME abwählen) zeigt und auf DISABLED gesetzt wird, damit man ihn nicht klicken kann.

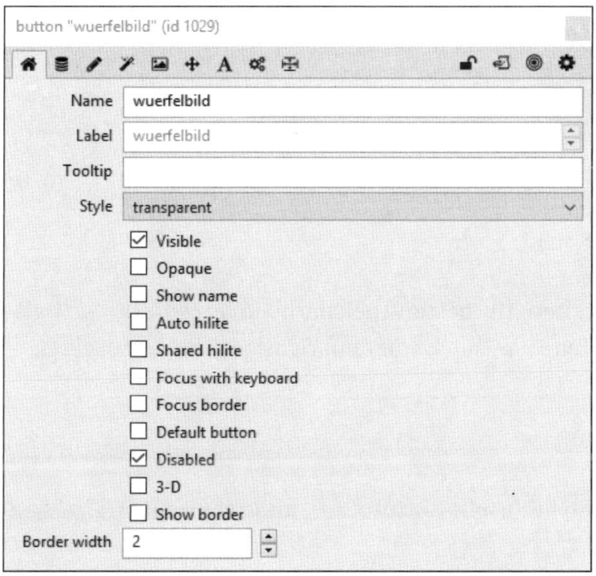

Abbildung 5.13 So wird der Button, der als Bild-Platzhalter dient, eingestellt.

Nun ist der Button auf dem Stack unsichtbar geworden. Um die richtige Größe einzustellen, sollten Sie ihm testweise mal ein Würfelbild zuweisen, dann sehen Sie, wie es nachher aussieht.

Wie ging das noch gleich?

Gehen Sie auf die Eigenschaften des Buttons, wählen Sie den Reiter ICONS, klicken Sie dort auf den quadratischen Button für das Icon, wählen Sie aus THIS STACK eines der Würfelflächenbilder aus, die sich in diesem Stack befinden (es sollten insgesamt sieben Bilder im Stack vorhanden sein, der Button und sechs Würfelflächen).

Passen Sie anschließend die Größe perfekt an. Wenn Sie wollen, können Sie der Würfelfläche auch einen kleinen Schlagschatten verleihen (Abbildung 5.14).

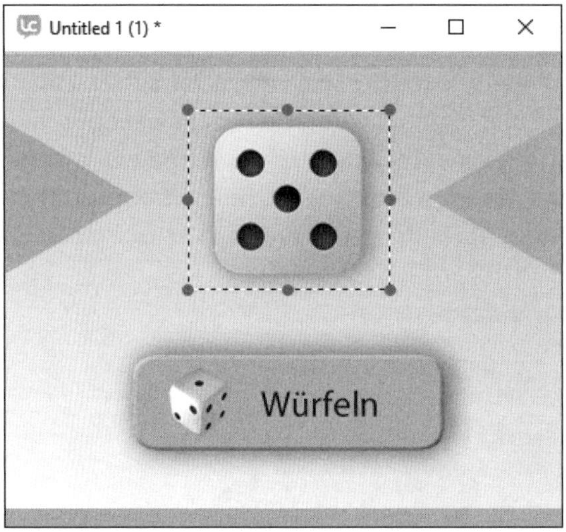

Abbildung 5.14 Das ist doch schon besser.

Jetzt ist der Stack komplett vorbereitet. Am besten speichern Sie ihn sofort. Fehlt also nur noch das Skript, um die gewürfelte Zahl auch mit dem richtigen Bild anzuzeigen.

Wie sieht das Skript dazu aus?

Führen Sie einen Rechtsklick auf den »Würfeln-Button« aus, und zeigen Sie das vorhandene Skript über EDIT SCRIPT an.

```
on mouseUp
   put random(6) into zahl
   put zahl into field "wuerfelzahl"
end mouseUp
```

Die Zufallszahl wird ermittelt und in der dritten Zeile in das Feld »wuerfelzahl« geschrieben. Diese Zeile entfällt jetzt, denn es gibt dieses Feld schließlich nicht mehr. Stattdessen soll jetzt etwas anderes passieren. Die Eigenschaft `icon` des Buttons »wuerfelbild« soll auf das passende Bild zur gewürfelten Zahl gesetzt werden.

5.6 Icons per Skript setzen

Hier müssen Sie erst einmal wissen, wie man per Skript ein Icon setzt. Jede der Grafiken, die wir zuvor in das Projekt importiert haben, hat eine interne ID, also eine einmalige Nummer, anhand derer man das Objekt identifizieren kann. Wenn Sie jetzt das Icon eines Buttons auf ein intern vorhandenes Bild setzen wollen, müssen Sie es auf die ID des Bildes setzen. Die ID des Bildes mit der Würfelfläche »1« ist zum Beispiel 1021. Bei Ihnen kann es auch eine andere sein, das hängt von der Importreihenfolge und anderen Faktoren ab. Sie können die ID im Project Browser oder im PROPERTY INSPECTOR nachschauen. Um also Würfelfläche 1 anzeigen zu lassen, müssten Sie zum Beispiel folgenden Befehl im Skript verwenden:

```
set the icon of button "wuerfelbild" to 1021
```

Auf Deutsch also: *Setze das Icon von unserem Button »wuerfelbild« auf (die Grafik mit der ID) 1021.*

Damit wird dann die Würfelfläche mit der 1 angezeigt.

> Muss ich nun alle IDs der importierten Grafiken nachschauen und notieren, um sie dann zu verwenden?

Nein, denn die ID kann LiveCode natürlich auch selbst ermitteln. Mit dem simplen Befehl `the id of`:

```
set the icon of button "wuerfelbild" to the id of image "wuerfel1"
```

Setze das Icon vom Button »wuerfelbild« auf die ID vom Bild »wuerfel1«.

Jetzt wird es doch schon etwas klarer, was hier passiert. Um die 2 anzuzeigen, würden Sie hier statt »wuerfel1« »wuerfel2« verwenden usw. Alle sechs Flächen können so angezeigt werden. Aber halt: Ein kleines Problem gibt es noch, denn diese Zeile würde eine Fehlermeldung erzeugen:

```
button "wuerfelButton": execution error at line 3 (Chunk: ⮐
no such object), char 44
```

Wenn `Chunk: no such object` als Fehlermeldung auftaucht, weist dies immer darauf hin, dass ein Objekt, das hier verwendet werden soll, nicht gefunden wurde – entweder weil es falsch geschrieben wurde oder weil es sich nicht an dem Ort befindet, an dem es gesucht wird. Und genau das ist hier der Fall. Die Grafiken befinden sich alle auf einer Extra-Card mit dem Namen »Elemente«, und das muss man LiveCode auch sagen, denn das System sucht die Objekte immer auf der aktiven Karte und anschließend eine Ebene höher, nicht aber auf einer parallelen verborgenen Karte.

```
set the icon of button "wuerfelbild" to the id of image "wuerfel1" of ⮐
card "Elemente"
```

So sieht es richtig aus, und so wird es funktionieren. Allerdings kann man damit nur die Nummer 2 anzeigen bzw. die Nummer, die in dieser Zeile angegeben ist.

Wie schaffen wir es, jedes Mal automatisch genau die Grafik anzuzeigen, die zu der Nummer gehört, die wir zuvor gewürfelt haben? Das heißt, wenn die Variable `wuerfel` 1 ist, soll die ID aus der Grafik »wuerfel1« zugewiesen werden, wenn 2 gewürfelt wird, soll es die ID der Grafik »wuerfel2« sein, bei gewürfelter 3 ist es »wuerfel3« usw.

Jetzt kommen Ihre Kenntnisse aus der vorherigen Lektion ins Spiel: Variablen, Zeichenketten, Verknüpfungen ... wie war das nochmal?

Sie können den Namen der Grafik, die Sie anzeigen möchten, mit Hilfe der gewürfelten Zahl (`zahl`) erzeugen. Das tun Sie, indem Sie sie verknüpfen:

```
put "wuerfel"&zahl into grafikname
```

Je nachdem, welche Zahl Sie würfeln, steht jetzt »wuerfel1«, »wuerfel2«, »wuerfel3«, »wuerfel4«, »wuerfel5« oder »wuerfel6« in der Variablen `grafikname`. Und damit können Sie jetzt einfach weiterarbeiten:

```
set the icon of button "wuerfelbild" to the id of image (grafikname) ⮐
of card "Elemente"
```

Beachten Sie, dass die Variable grafikname hier in Klammern gesetzt wird, weil sie zum image als Name hinzugefügt wird, und wenn dort keine Anführungszeichen stehen, ist es erforderlich, eine Klammer zu setzen.

Das ist die entscheidende Zeile. Unser Skript sieht jetzt folgendermaßen aus:

```
on mouseUp
   put random(6) into zahl
   put "wuerfel"&zahl into grafikname
   set the icon of button "wuerfelbild" to the id of img (grafikname) ⊃
of card "Elemente"
end mouseUp
```

Aktivieren Sie das Skript, und wenn Sie sich nicht vertippt haben und alle Objekte auch, wie zuvor angegeben, richtig von Ihnen benannt worden sind, dann ist das Programm jetzt auf einmal und schlagartig FERTIG! Wann immer Sie »Mensch ärgere dich nicht« spielen möchten und feststellen müssen, dass schon wieder jemand den einzigen Würfel aus der Spielesammlung geklaut hat, steht Ihnen jetzt eine höchst praktische Alternative zur Verfügung: ein Würfel, der unermüdlich neue Zahlen würfelt und dabei noch nicht mal vom Tisch kullert.

Dieses Projekt könnte man so schon in eine App für Phone oder Tablet konvertieren. Wie das geht, steht in Kapitel 16, »Apps auf mobile Geräte bringen« (und im Web). Ich empfehle Ihnen aber, erst einmal noch etwas mehr zu lernen und später dann mobile Apps zu erstellen. Aber wer extrem neugierig oder ungeduldig ist und das auf jeden Fall schon mal probieren will, den kann ich natürlich auch nicht daran hindern – Neugier und Ungeduld können beim Programmieren durchaus erfolgreiche Tugenden sein!

5.7 Erweitern lässt sich immer alles

Ein Projekt ist niemals fertig. Gerade wenn alles perfekt läuft, fällt einem meistens noch etwas Neues ein, das man unbedingt hinzufügen möchte. Und auch das tollste Programm lässt sich immer noch mit neuen großartigen Zusatzfunktionen versehen. Daher ist es jetzt Zeit für Ihre kreative Aufgabe, das Würfelprogramm nochmal ein bisschen zu erweitern. Dabei brauchen Sie nur die Kenntnisse, die Sie bereits erworben haben.

Aufgabe

Erweitern Sie das Würfelprogramm so, dass Sie damit nicht nur »Mensch ärgere dich nicht«, sondern auch »Monopoly« spielen können. Das heißt: Fügen Sie einen zweiten Würfel hinzu, so dass bei jedem Klicken des Würfel-Buttons *zwei* unabhängige Würfelzahlen erscheinen (Abbildung 5.15).

Mit den Elementen und Skripten, die bereits vorhanden sind, ist diese Aufgabe machbar. Ein paar Tipps zum Vorgehen:

- Sie brauchen einen zweiten Button zum Anzeigen des zweiten Würfelbildes. Am einfachsten geht das, wenn Sie den ersten Würfel im Bearbeitungsmodus markieren und ihn kopieren (zum Beispiel durch Rechtsklick und COPY oder durch `Strg` + `C` bzw. `Cmd` + `C` am Mac). Anschließend fügen Sie das eben kopierte Objekt wieder auf dem Programmfenster ein (Rechtsklick und PASTE oder `Strg` + `V` bzw. `Cmd` + `V` am Mac) und haben damit einen zweiten Würfelanzeiger neben dem ersten. Diesen markieren Sie und benennen ihn im PROPERTY INSPECTOR um, zum Beispiel in »wuerfelbild2«.
- Nach der ersten wird noch eine zweite Zufallszahl erzeugt. Mit demselben Befehl, nur kommt die Zahl in eine zweite Variable.
- Anschließend werden beide Zahlen verwendet und das jeweilige Icon mit dem Button »wuerfelbild« und »wuerfelbild2« verknüpft. Insgesamt brauchen Sie nur drei zusätzliche Zeilen Code einzufügen, die allesamt nur von den vorhandenen kopiert und leicht angepasst werden müssen.

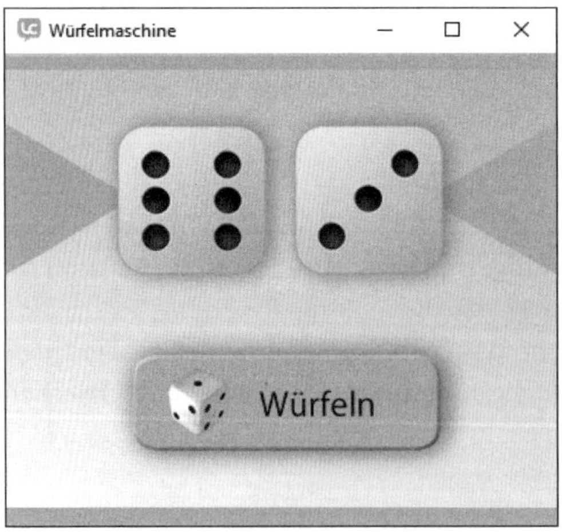

Abbildung 5.15 So würfelt es sich mit zwei Würfeln – maximal drei zusätzliche Zeilen müssen Sie dafür ins Skript einfügen.

Wenn Sie noch unsicher sind oder es einfach nicht funktionieren will, obwohl Sie nicht wissen, wo der Fehler liegt, hier noch einmal das erweiterte Skript für den Doppelwürfel (vorausgesetzt, der zweite obere Button heißt »wuerfelbild2«):

```
on mouseUp
   put random(6) into zahl
   put random(6) into zahl2
   put "wuerfel"&zahl into grafikname
   put "wuerfel"&zahl2 into grafikname2
   set the icon of button "wuerfelbild" to the id of img (grafikname) ⊋
of card "Elemente"
   set the icon of button "wuerfelbild2" to the id of img (grafikname2) ⊋
of card "Elemente"
end mouseUp
```

Kapitel 6
Programmieren mit Struktur

Jetzt geht es ans Eingemachte. Nach grundlegenden Befehlen und Funktionen ist es nun Zeit, Bedingungen, Verzweigungen und Schleifen kennenzulernen und damit das zu erwerben, was für richtige, große Programme benötigt wird.

6.1 Sie sind jetzt schon Programmierer

Sie sind jetzt zumindest auf dem Weg, ein richtiger vollwertiger Experte im objektorientierten Programmieren zu werden. Sie wissen, was Objekte sind, nämlich Elemente Ihres Projekts, wie Buttons, Textfelder, Grafiken usw., die Sie zumeist vorher auf Ihrem Stack platziert haben und mit einem Namen versehen haben. Sie wissen, dass diese Objekte Eigenschaften (Properties) haben, die Sie nicht nur im Bearbeitungsmodus von LiveCode manuell setzen und verändern können, sondern auch per Skriptbefehl. Diese Skripte können Sie Objekten zuordnen und sie bei bestimmten Ereignissen (Messages) automatisch ausführen lassen.

Sie wissen, dass Skripte aus Kommandos wie »Setze die Eigenschaft eines Objekts auf folgenden Wert« bestehen und aus Funktionen wie »Berechne eine Zufallszahl zwischen 1 und 6«. Außerdem können Sie mit Variablen umgehen – Zwischenspeicher mit einem Namen, den Sie vergeben, in welchen Sie berechnete Werte, Zeichenketten, Eigenschaften usw. ablegen können, um sie dann später weiterzuverwenden. Ein Skript besteht wie bei der Würfelmaschine aus einer Reihe von Kommandos und Funktionen (samt Verwendung von Variablen), die nacheinander abgearbeitet werden. Diese Skripte zu schreiben nennt man Programmieren.

Eine Liste von Kommandos ist also ein Skript bzw. ein Programm. Nun gibt es aber noch eine weitere Eigenschaft von Programmen, die enorm wichtig ist und bei jedem Projekt, das ein wenig mehr kann als die Würfelmaschine, von ganz wesentlicher Bedeutung ist. Programme sind nämlich nicht immer nur Listen von Befehlen, die nacheinander, also linear abgearbeitet werden. Programme enthalten in der Regel auch *Strukturbefehle*, die sich darauf beziehen, wann und wie welche Teile des Programms ausgeführt werden. Das heißt, es muss nicht immer die ganze Liste der Befehle, die in einem Skript stehen, abgearbeitet werden. Je nach Situation und Bedarf kann es sein, dass nur ein bestimmter Teil eines Programms ausgeführt werden soll.

Was heißt das in der Praxis?

Es heißt, dass man mitunter *Bedingungen* festlegen muss, unter denen ein Skriptblock entweder ausgeführt wird oder nicht. Bedingungen sind Aussagen, die entweder zutreffen oder eben nicht zutreffen. Je nachdem wird dann ein Teil des Skripts ausgeführt oder nicht ausgeführt.

6.2 Bedingte Strukturen: Wahrheit und Pflicht

Die Logik, in der man eine Aussage stets eindeutig als wahr oder falsch klassifiziert und damit dann auch Berechnungen anstellen kann, geht auf den irischen Mathematiker Georges Boole zurück und wird daher beim Programmieren auch als die *boolesche Logik* bezeichnet. Das braucht uns nicht sonderlich zu interessieren, worum es aber dabei geht, ist heutzutage Kernstück jeder Programmiersprache, so auch in LiveCode.

Wenn Sie zum Beispiel einen bestimmten Wert in eine Variable tun, also zum Beispiel den Zahlenwert 7 in die Variable `x`, dann sieht das in LiveCode bekanntlich so aus:

```
put 7 into x
```

Wenn Sie jetzt mit `x` arbeiten, hat `x` den Wert 7. Eine mathematische Aussage wie x = 7 wäre eine *wahre* Aussage (englisch: *true*), denn x ist gleich 7. Eine Aussage x = 12 wäre eine *falsche* Aussage (englisch: *false*), denn x ist ja schließlich gleich 7 und damit *nicht* gleich 12. Solche *logischen Aussagen* werden in Programmiersprachen ausgewertet, um damit Bedingungen zu prüfen.

Logische Aussagen können nicht nur auf Gleichheit geprüft werden. Zum Beispiel kann man auch größer oder kleiner damit testen:

- (x > 5) ist eine wahre Aussage, denn schließlich ist 7 größer als 5.
- (x < 3) ist hingegen eine falsche Aussage. 7 ist nicht kleiner als 3.

Außerdem kann man Aussagen erweitern, indem man mehrere Aussagen mit AND (und) oder OR (oder) verknüpft.

(x > 3) AND (x <10) wäre, wenn x = 7 ist, eine *wahre* Aussage, denn x ist sowohl größer als 3 als auch kleiner als 10. Wenn zwei Aussagen mit AND verknüpft werden, müssen beide Aussagen wahr sein, damit das Ganze wahr ist.

(x > 3) AND (x < 7) wäre hingegen *falsch*, denn x ist nicht größer als drei UND kleiner als 7. X ist gleich 7 und damit stimmt die zweite der Aussagen nicht, und das Gesamte ist falsch. Das ist wie in der normalen Alltagswelt: Wenn jemand fragt: »Ist dieses Auto klein und rot?«, dann ist die Antwort nur »Ja«, wenn es wirklich sowohl klein als auch rot ist. Wenn es klein und blau ist, dann kann man es nicht mehr als »klein und rot« bezeichnen.

OR bedeutet hingegen ODER – also *mindestens eine* der verknüpften Aussagen muss zutreffen.

(x > 3) OR (x < 7) ist insgesamt TRUE (wahr), denn die erste der beiden Aussagen stimmt, und damit stimmt es auch, dass die erste ODER die zweite Aussage richtig ist, also mindestens eine von beiden muss stimmen. (Auch wenn beide richtig sind, ist die Gesamtaussage wahr). Also auch wieder wie in der Umgangssprache. »Ist das Auto klein oder rot?« Die Antwort lautet »Ja«, wenn eines von beiden oder beides zutrifft.

Das Umkehren von Aussagen ist übrigens in der booleschen Logik ebenfalls möglich. Dazu wird das Wörtchen NOT (NICHT) verwendet. NOT dreht den Wahrheitsgehalt einer Aussage ganz einfach um. NICHT wahr ist falsch und NICHT falsch ist wahr.

Wenn x = 7 wahr ist, dann ist NOT (x=7) falsch. NOT (x=5) ist hingegen wahr – es stimmt, dass x NICHT gleich 5 ist.

Auch Zeichenketten kann man übrigens mit logischen Vergleichsoperatoren wie `=` oder `in` betrachten.

```
put "Ottokar" into vorname
```

Damit legen wir den Wert »Ottokar« in die Variable `vorname`.

- `(vorname = "Ottokar")` ist eine wahre Aussage (`true`).
- `(vorname = "Ernst")` ist eine falsche Aussage (`false`)

`("Otto" in vorname)` ist wahr. Der `in`-Operator prüft nämlich, ob eine Zeichenfolge in einer anderen enthalten ist. Also ist »Otto« in »Ottokar« enthalten? Ja, das ist wahr.

Tabelle 6.1 bietet eine kleine Übersicht über die wichtigsten logischen Operatoren und Verknüpfungen.

Nun aber genug der theoretischen Einführung. Was hat das alles nun mit LiveCode zu tun?

Logische Operatoren	Bedeutung
A = B	Wert A ist gleich Wert B.
A < B	Wert A ist kleiner als Wert B.
A > B	Wert A ist größer als Wert B.
A >= B	Wert A ist größer oder gleich Wert B.
A <= B	Wert A ist kleiner oder gleich Wert B.
A < > B	Wert A ist nicht gleich Wert B.
A AND B	Wenn A wahr ist UND B wahr ist, dann ist die gesamte Aussage wahr.
A OR B	Wenn mindestens eine Aussage (A ODER B) wahr ist, dann ist die gesamte Aussage wahr.
NOT A	Das Gegenteil der Aussage A (NICHT wahr oder NICHT falsch).
A in B	Zeichenkette A ist in Zeichenkette B enthalten.

Tabelle 6.1 Logische Operatoren

Auf Werte reagieren: Wenn, dann sonst

Sie werden die logischen Vergleichsoperatoren vor allem für die Behandlung von *Bedingungen* in LiveCode verwenden. Bedingungen mit Verzweigungen sind in praktisch allen Programmiersprachen vorhanden und enorm wichtig. Sie sorgen erst dafür, dass ein Programm verschiedene Situationen unterscheiden kann und dementsprechend angemessen reagiert.

Der Befehl dazu lautet `if ... then` (wenn ... dann).

```
if Bedingung (=wahr) then
   --- Befehle
end if
```

So sieht die Struktur in LiveCode aus. Ein Beispielskript:

```
put 27 into alter
if alter>17 then
   answer "Die Person ist erwachsen."
end if
```

Was macht das Skript? Als Erstes legt es den Wert 27 in die Variable `alter`. Dann kommt die `if`-Abfrage: Wenn `alter` größer ist als 20, dann ... Anschließend folgt die Ausgabe: »Die Person ist erwachsen«. Danach ist die `if`-Abfrage zu Ende.

Startet man dieses Skript also, dann wird es »Die Person ist erwachsen« in einem kleinen Mitteilungsfenster (`answer`-Box) ausgeben.

Was aber, wenn das Skript so aussieht?

```
put 12 into alter
if alter>17 then
   answer "Die Person ist erwachsen."
end if
```

6

Diesmal wird der Wert 12 in `alter` gesteckt, und damit trifft die Bedingung der `if`-Abfrage (`alter > 20`) nicht zu. Wenn die Bedingung nicht zutrifft, dann wird das, was zwischen `if ... then` und `end if` steht, nicht ausgeführt. Mit anderen Worten: In diesem Fall passiert nichts. Das Skript gibt keine Nachricht aus.

Es ist natürlich unbefriedigend, wenn gar nichts passiert. Vielleicht möchten Sie, dass das Programm auch auf den Fall reagiert, dass die Bedingung nicht zutrifft. Klar, da könnte man natürlich als Nächstes die Gegenbedingung abfragen und dann entsprechen reagieren. Aber es geht noch einfacher, denn die `if`-Bedingung kann auch erweitert werden um das Wörtchen `else` (sonst).

```
put 12 into alter
if alter>17 then
   answer "Die Person ist erwachsen."

else

   answer "Die Person ist noch minderjährig."
end if
```

Das ist eine sogenannte *if-then-(else-)Struktur* (wenn dann [sonst]). Wenn `alter` größer ist als 17, dann antworte »Die Person ist erwachsen«, wenn nicht, dann schreibe »Die Person ist noch minderjährig«.

Mit diesen Strukturen kann man ziemlich viel machen. Sie sorgen dafür, dass ein Programm sinnvoll und differenziert auf Werte und Eingaben reagieren kann. Man kann sogar mehre `if-then-else-endif`-Befehle ineinander verschachteln.

Beispiel: Ein Zahlenratespiel

Am besten probieren wir das gleich mal mit einem ganz kleinen Projekt aus: Ein Zahlenratespiel, bei dem der Computer sich eine Zahl »ausdenkt« und Sie die Zahl raten müssen. Der Computer gibt nach jedem Versuch einen Hinweis.

Starten Sie ein neues Projekt. Erstellen Sie einen Stack. Ziehen Sie zwei Buttons, ein Texteingabefeld und ein Label auf den Stack. Nennen Sie das Eingabefeld »eingabe« und das Labelfeld »antwort«. Den einen Button beschriften Sie mit »Raten«, den anderen mit »Start« (Abbildung 6.1).

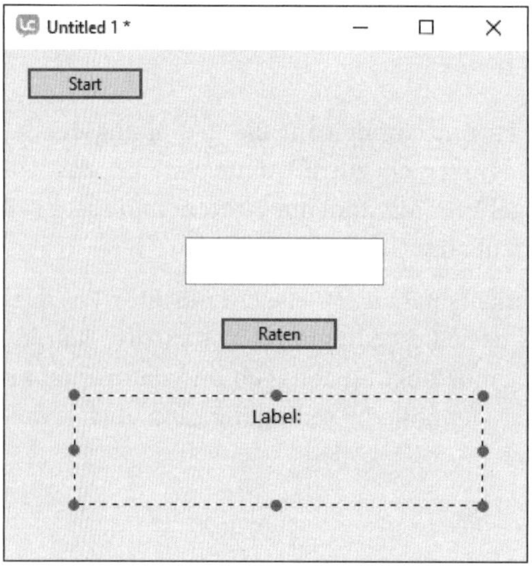

Abbildung 6.1 Stack für das Zahlenraten

Und schon kann es losgehen. Als Erstes soll das Programm sich eine Zahl ausdenken, sagen wir zwischen 1 und 100. Diese Zahl brauchen Sie mehrfach, auch nach dem Ablauf des Skripts noch, also legen Sie sie gleich als *globale* Variable an.

Skript auf dem Start-Button:

```
global zufallszahl

on mouseUp
   put random (100) into zufallszahl
end mouseUp
```

Vor das Ereignisskript schreiben Sie die Erklärung, dass Sie die Variable `zufallszahl` als globale Variable verwenden wollen. Diese Erklärung gilt für die gesamte Seite, also für alle Skripte, die mit dem Button verknüpft sind.

Nun wird also, wenn mit der Maus auf den Button geklickt wurde, eine zufällige Zahl, die zwischen 1 und 100 liegt, in die globale Variable `zufallszahl` geschrieben. Das war es erstmal im Start-Skript.

Klicken Sie den Start-Button im Laufzeitmodus. Es passiert nichts Sichtbares, aber die Zufallszahl ist jetzt gesetzt.

Nun kommt das Ereignisbehandlungsskript im Raten-Button: Als Erstes sollte die geratene Zahl aus dem Eingabe-Textfeld in eine Variable geschrieben werden.

```
put fld "eingabe" into eingabezahl
```

Nun kommt die Bedingungsabfrage mit `if`:

```
if eingabezahl > zufallszahl then
   put "Die eingegebene Zahl ist zu groß." into fld "antwort"
end if
```

Die eingegebene Zahl wird mit der globalen Zufallszahl verglichen. Wenn sie größer ist, gibt es einen entsprechenden Hinweis im Labelfeld »antwort«.

> Und was passiert, wenn sie kleiner ist?

```
if eingabezahl < zufallszahl then
   put "Die eingegebene Zahl ist zu klein." into fld "antwort"
end if
```

Natürlich wird passend dazu ausgegeben, dass die Zahl zu klein ist. Bleibt nur noch ein Fall – die Zahl ist gleich groß, also richtig geraten.

```
if eingabezahl = zufallszahl then
   put "Glückwunsch! Die Zahl stimmt!" into fld "antwort"
end if
```

Damit sieht das gesamte Skript für den Raten-Button folgendermaßen aus:

```
global zufallszahl

on mouseUp
   put fld "eingabe" into eingabezahl
   if eingabezahl > zufallszahl then
      put "Die eingegebene Zahl ist zu groß." into fld "antwort"
   end if
   if eingabezahl < zufallszahl then
      put "Die eingegebene Zahl ist zu klein." into fld "antwort"
   end if
   if eingabezahl = zufallszahl then
      put "Glückwunsch! Die Zahl stimmt!" into fld "antwort"
   end if
end mouseUp
```

Erst wird erklärt, dass die globale Variable `zufallszahl` verwendet werden soll, dann wird die Zahl aus dem Eingabefeld in die Variable `eingabezahl` geschrieben, und dann werden drei mögliche Fälle abgefragt, und es wird entsprechend reagiert. Das Programm enthält also drei *bedingte Verzweigungen*, von denen jeweils nur eine zutreffen kann.

Probieren Sie es aus. Aktivieren Sie das Skript, und los geht's: Erst START klicken, dann Zahl eingeben, dann raten (Abbildung 6.2).

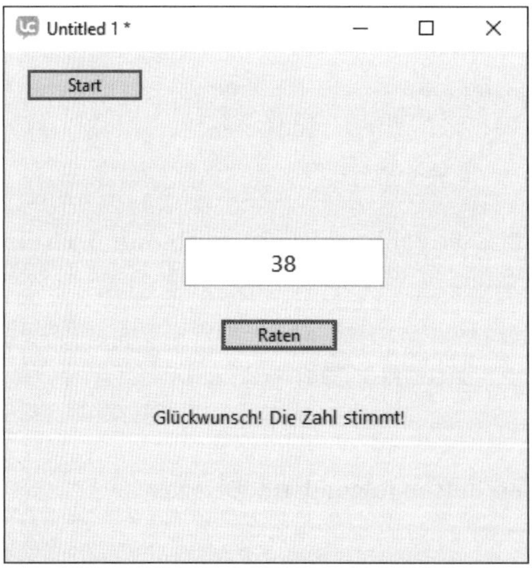

Abbildung 6.2 Mit etwas Probieren kann man die Zahl herausbekommen.

Das Programm funktioniert, und es hatte vor allem den Zweck, die if-Abfrage auszuprobieren. Wenn man das Programm aber ernsthaft benutzen möchte, fallen natürlich noch Schwächen auf. Was ist zum Beispiel wenn der Benutzer keine Zahl eingibt, sondern Buchstaben oder das Feld einfach leer lässt? Dann gibt es einen Abbruch des Programms mit einer Fehlermeldung, weil das Programm den Inhalt des Textfeldes nicht auswerten kann.

Solche Fehleingaben kann man abfangen. Und das können Sie jetzt auch, denn jetzt kennen Sie schließlich die if-Abfrage. Die können Sie auch dazu benutzen, um zu prüfen, ob die Eingabe überhaupt sinnvoll ist.

Um zum Beispiel zu prüfen, ob es sich beim Inhalt des Eingabefeldes überhaupt um eine Zahl handelt, können Sie die Eigenschaft `is a number` verwenden.

```
if fld "eingabe" is a number then
```

Mit dieser if-Abfrage wird geprüft, ob im Feld »eingabe« überhaupt eine Zahl steht. Was passiert, wenn die Aussage wahr ist? Dann, und eben erst dann, werden die weiteren Abfragen ausgeführt. In diesem Fall können und müssen Sie also if-Abfragen ineinander verschachteln.

```
if fld "eingabe" is a number then
// Auswertung der Zahl

end if
```

> Und was ist, wenn keine gültige Zahl eingegeben wurde?

In diesem Fall würde einfach gar nichts passieren, aber natürlich können Sie vor `end if` auch noch ein `else` einfügen und danach Befehle einfügen, die ausgeführt werden, wenn keine gültige Zahl eingegeben wurde.

```
if fld "eingabe" is a number then
// Auswertung der Zahl
else
   answer "Bitte eine Zahl eingeben!"
end if
```

So wird also, wenn das Feld »eingabe« keine Zahl enthält, eine Message-Box auftauchen, die darauf hinweist, dass hier bitte eine Zahl einzugeben ist.

Das gesamte Skript sieht jetzt so aus:

```
global zufallszahl

on mouseUp
   if fld "eingabe" is a number then
      put fld "eingabe" into eingabezahl
      if eingabezahl > zufallszahl then
         put "Die eingegebene Zahl ist zu groß." into fld "antwort"
      end if
      if eingabezahl < zufallszahl then
         put "Die eingegebene Zahl ist zu klein." into fld "antwort"
      end if
      if eingabezahl = zufallszahl then
         put "Glückwunsch! Die Zahl stimmt!" into fld "antwort"
      end if
   else
      answer "Bitte eine Zahl eingeben!"
   end if
end mouseUp
```

Wenn Sie dieses Skript so eingeben und aktivieren, dann ist das Ratespiel fast perfekt. Es kann nicht mehr durch Fehleingaben abgebrochen werden, und die Hinweise funktionieren. Nur eine Sache ist vielleicht noch unschön: Wenn man die Zahl geraten hat und erneut auf Start klickt, dann stehen noch die alte geratene Zahl und der letzte Hinweis in den entsprechenden Feldern. Sie sollten diese Felder also leeren, wenn ein neues Spiel begonnen wird. Die Befehle dazu fügen Sie ganz einfach dem Skript im Start-Button hinzu:

```
put empty into fld "eingabe"
put empty into fld "antwort"
```

Mit der Systemvariablen `empty` können Sie den Inhalt von Feldern oder auch manchen Eigenschaften auf »leer« setzen. Es ist dann einfach nichts mehr drin, weder Text noch Zahl noch sonst etwas.

Das war's. Das Programm ist fertig. Wenn Sie wollen, können Sie es verschönern, und wer Lust hat, kann sich an diesem Programm natürlich noch weiter austoben und zum Beispiel noch einen Zähler hinzufügen, der mitzählt, wie viele Versuche benötigt wurden. Das ist aber eine freiwillige Übung.

Zusammenfassung: Bedingte Verzweigungen

In diesem Abschnitt haben Sie gelernt, wie man in einem Skript auf Bedingungen reagiert. Das geschieht durch die sogenannte if-then-(else-)end-if-Struktur.

Nach `if` folgt eine Bedingung, das heißt, eine Aussage, die entweder wahr oder falsch sein kann. Wenn die Aussage wahr ist, dann werden die Befehle ausgeführt, die zwischen `then` und `end if` (bzw. `else`) stehen.

Wenn die Aussage falsch ist, dann werden entweder die Befehle ausgeführt, die zwischen `else` und `end if` stehen, oder, wenn es kein `else` gibt, wird erst nach dem `end if` weitergemacht.

if-Struktur

Mit der `if`-Struktur wird also Programmcode ausgeführt, der an eine Bedingung geknüpft ist. Nur wenn die Bedingung zutrifft, wird etwas ausgeführt. Damit können Programme auf Eingaben, Zustände, Auswertungen usw. angemessen und differenziert reagieren.

6.3 Schleifen: Jetzt geht's rund!

Nach der `if`-Struktur gibt es nur noch eine grundlegende Programmstruktur, die wir behandeln müssen – dann ist zu diesem Thema alles gesagt, und wir können uns ganz der Praxis widmen!

`if`-Strukturen führen also Programmcode nur bei Zutreffen einer Bedingung aus. Einmalig. Sogenannte *Schleifenstrukturen* hingegen führen Code mit oder ohne Bedingung bei Bedarf *mehrfach nacheinander* aus. Der Teil des Codes, der mehrfach hintereinander ausgeführt wird, wird *Schleife* genannt.

Das heißt, mit Schleifen können Sie einen Programmabschnitt entweder eine definierte Anzahl von Durchgängen nacheinander ablaufen lassen – oder Sie können ihn so lange wiederholen lassen, wie oder bis eine bestimmte Bedingung zutrifft. Beide Typen von Schleifen werden in LiveCode mit der Strukturanweisung `repeat` (= wiederhole) eingeleitet.

Sie können diese Anweisung entweder als `repeat with` verwenden oder als `repeat while`, oder auch in der Variante `repeat until`, je nachdem, welchen Typ Sie brauchen.

Die Zählerschleife »repeat with«

Mit der Schleife `repeat with` können Sie einen Anweisungsblock automatisch beliebig viele Male nacheinander ausführen lassen. Sie benötigen dazu eine *Zählervariable* und einen Anfangs- und Endwert.

So sieht eine *Zählerschleife* in LiveCode aus:

```
repeat with z = 1 to 100
   -- Anweisungen, die 100 Mal
   -- wiederholt werden sollen
end repeat
```

Also »Wiederhole mit der Zählvariablen von Anfangswert bis Endwert.« Wenn Sie zum Beispiel Ihr Skript von 1 bis 100 zählen lassen möchten, geschieht das folgendermaßen:

```
repeat with z = 1 to 100
   put z & return after fld "ausgabe"
end repeat
```

Angenommen, Sie haben ein Feld, das den Namen »ausgabe« hat, dann würde dieses Skript die Zahlen von 1 bis 100 untereinander in diesem Feld ausgeben. Warum? Weil alles, was zwischen `repeat` und `end repeat` steht, in diesem Fall 100-mal durchlaufen wird, wobei die Variable `z` als Zähler fungiert und jedes Mal um eins erhöht wird. Beim ersten Mal ist `z` also 1, und es wird eine 1 und Zeilenumbruch ins Feld »ausgabe« geschrieben. Beim nächsten Durchlauf ist `z` = 2 usw. usw.

Am besten probieren Sie es aus – dann wird es am anschaulichsten: Starten Sie ein Miniprojekt mit einem neuen Stack, und setzen Sie darauf ein »Scrolling Field«, das Sie »ausgabe« nennen. Darüber noch einen kleinen Button (Abbildung 6.3).

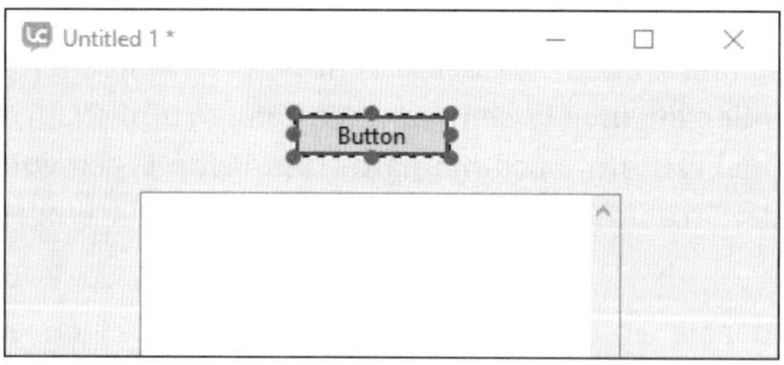

Abbildung 6.3 Das Testfeld für Schleifen

In das Button-Skript schreiben Sie jetzt genau das Skript von eben mit der Zählschleife rein:

```
on mouseUp
   repeat with z = 1 to 100
      put z & return into fld "ausgabe"
   end repeat
end mouseUp
```

Warum heißt es after und nicht into field "ausgabe"?

Wann steht »after«, wann »into«?

Wenn Sie den Wert von z jedes Mal wieder mit into in das Feld hineinschreiben, dann verschwindet der vorherige Wert, der schon drin stand, weil das Feld neu zugewiesen wird. Wenn Sie aber after schreiben, dann wird der neue Wert an den bereits vorhandenen Inhalt angehängt. Somit sind am Ende alle Zahlen nacheinander zu sehen.

Aktivieren Sie das Skript, und klicken Sie den Button (Abbildung 6.4).

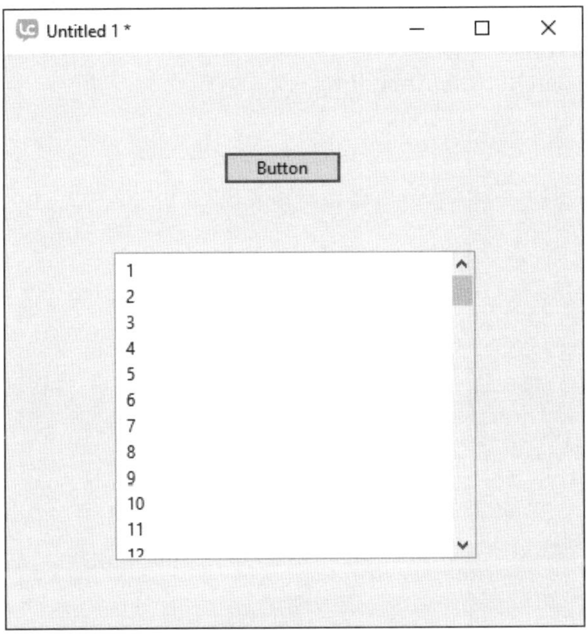

Abbildung 6.4 Schon sind die Zahlen von 1–100 im Feld zu sehen bzw. zu scrollen.

Übrigens kann eine Zählschleife auf Wunsch auch rückwärts zählen, und sie kann auch in anderen Schritten als 1er-Schritten voranschreiten. Wenn man statt `1 to 100` einfach `100 down to 1` in die Zählvariable schreibt, dann zählt sie von 100 nach 1 abwärts. Und wenn man ein `step` dahinterschreibt, kann man auch die Schrittweite einstellen:

```
repeat with z = 100  down to 0 step -2
   put z & return after fld "ausgabe"
end repeat
```

Damit würden also die Zahlen von 100 abwärts bis 0 in Zweierschritten ausgegeben: 100, 98, 96, 94 ...

Wenn Sie jetzt zum Beispiel statt der Zahlen 1 bis 100 einfach 100 zufällige Würfelzahlen ausgeben wollen, dann brauchen Sie nur eine Zeile zu ändern:

```
on mouseUp
   repeat with z = 1 to 100
      put random(6) & return after fld "ausgabe"
   end repeat
end mouseUp
```

Markieren Sie den vorhandenen Text im Ausgabefeld, und löschen Sie ihn. Aktivieren Sie dann das Skript, und klicken Sie den Button (Abbildung 6.5).

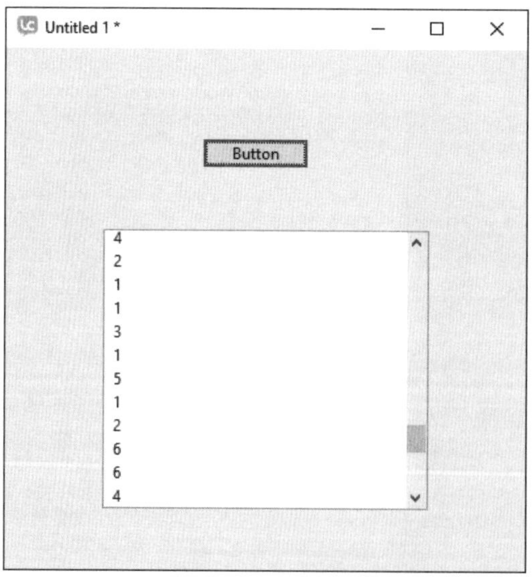

Abbildung 6.5 Jetzt stehen 100 zufällig gewürfelte Zahlen untereinander im Ausgabefeld.

Übrigens können Zählschleifen nicht nur von einer Zahl x zu einer Zahl y zählen, sondern sie können auch sämtliche Elemente innerhalb einer Zeichenkette durchgehen. Das wäre dann eine repeat-for-each-Schleife. Was heißt das?

```
put "Das ist ein ganzer Satz über das Programmieren" into satz
repeat for each word w in satz
   put w&return after fld "ausgabe"
end repeat
```


Mit repeat for each wird jedes Element einer Zeichenkette Stück für Stück durchgegangen. In diesem Fall wird ein Satz (in der Variablen satz) Wort für Wort durchgegangen. Die Schleife wird für jedes Wort, das in der Variablen satz vorkommt, je einmal durchlaufen. Das aktuelle Wort steht dabei immer in der Variablen w.

Probieren Sie es aus. Schreiben Sie folgendes Skript in den Button des aktuellen Stacks:

```
on mouseUp
   put empty into fld "ausgabe"
   put "Das ist ein ganzer Satz über das Programmieren" into satz
   repeat for each word w in satz
      put w&return after fld "ausgabe"
   end repeat
end mouseUp
```

Nun aktivieren Sie es, und schauen Sie sich an, was passiert, wenn Sie den Button drücken (Abbildung 6.6).

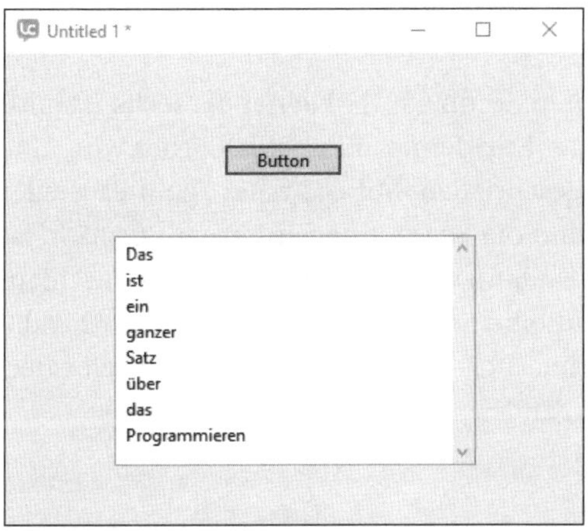

Abbildung 6.6 Der Satz wird in einzelne Wörter auseinandergenommen, die jeweils in einem Durchgang behandelt und Zeile für Zeile ins Ausgabefeld geschrieben werden.

Ebenso wie in words kann man mit der repeat-for-each-Schleife Zeichenketten in lines, chars oder items zerlegen und sie für jedes dieser Elemente einmal durchlaufen lassen.

Die bedingte Schleife »repeat while«

Neben der Zählerschleife, die einen Vorgang eine bestimmte Anzahl von Durchgängen nacheinander ausführt, gibt es auch noch die Schleife mit Bedingung. Das ist, wenn man so will, eine Kombination aus if-Struktur und Schleife. Während bei einer if-Struktur ein Programmblock nur dann *einmalig* ausgeführt wird, wenn eine Bedingung zutrifft, wird bei einer repeat-while-Schleife ein Programmblock *so lange immer wieder ausgeführt*, wie die Bedingung zutrifft.

Das funktioniert nach folgendem Schema:

```
repeat while Bedingung (= wahr)
  --  Beliebige Anweisungen
end repeat
```

Ein Beispiel: Das Programm soll so oft zufällig würfeln, bis es eine Sechs würfelt. Dann ist Schluss.

```
put 0 into zufall
repeat while zufall<6
   put random(6) into zufall
end repeat
```

Was passiert hier? Als Erstes wird die Zahl 0 in die Variable zufall getan – das ist ein Anfangswert, damit zufall existiert und benutzt werden kann.

Die repeat-Schleife wird nur dann durchlaufen, wenn zufall kleiner als sechs ist (also keine 6). Beim ersten Mal ist das natürlich der Fall, denn zufall ist ja 0. Nun wird eine zufällige Würfelzahl in die Variable zufall geschrieben. Mit end repeat geht es wieder zurück an den Anfang der repeat-Schleife, und die Bedingung wird erneut geprüft. Ist eine andere Zahl als 6 in der Variablen zufall, dann wird die Schleife erneut durchlaufen, und es wird erneut »gewürfelt«. Sobald eine Sechs »gewürfelt« wurde, wird die Schleife verlassen. Probieren Sie dieses Skript auch einmal aus. Der Stack bleibt derselbe, und ins Button-Skript kommt jetzt Folgendes:

```
on mouseUp
   put empty into fld "ausgabe"
   put 0 into zufall
```

```
    repeat while zufall<6
        put random(6) into zufall
        put zufall&return after fld "ausgabe"
    end repeat
end mouseUp
```

Am Anfang wird das Feld »ausgabe« geleert. Dann wird die Variable zufall auf 0 gesetzt (Startwert), und dann beginnt die repeat-Schleife. Es wird gewürfelt, die Würfelzahl wird in das Ausgabefeld geschrieben, danach geht es wieder an den Anfang zurück, und wenn die Zahl kleiner als sechs (also keine Sechs) ist, dann geht die Schleife wieder von vorne los, bis eine 6 gewürfelt wurde (Abbildung 6.7). Probieren Sie es aus!

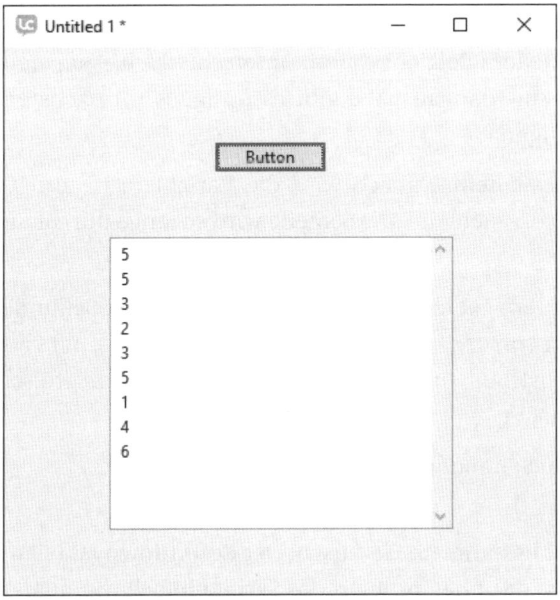

Abbildung 6.7 Die Reihe ist mal länger, mal kürzer, ganz zufällig. Bei 6 ist immer Schluss.

Und noch eine lustige Anwendung für eine Schleife: Schreiben Sie das folgende Skript in den Button:

```
on mouseUp
    put empty into fld "ausgabe"
    put 10 into zahl
    repeat while zahl >=0
        put zahl&space after fld "ausgabe"
```

```
        wait 1 seconds
        subtract 1 from zahl
    end repeat
    beep
end mouseUp
```

Können Sie durch Analysieren des Skripts herausfinden, was hier passieren wird?

Es gibt hier zwei neue Befehle, die Sie noch nie verwendet haben, die sich aber eigentlich selbst erklären. `wait` heißt »warte«, anschließend folgt eine Zeitangabe. `wait 1 seconds` heißt also 1 Sekunde warten. Die Zeitangabe kann auch in `milliseconds` oder Bruchteilen von `seconds` erfolgen.

Und anschließend noch `beep`. `beep` heißt »piep«, das bedeutet: Spiele den Hauptsystem-Benachrichtigungsklang ab. Der ist in jedem Betriebssystem unterschiedlich. Auf jeden Fall macht `beep` ein Geräusch. Mehr zur Klangausgabe gibt es übrigens im nächsten Kapitel. Hier soll `beep` erst einmal genügen.

Das Skript leert erst einmal das Ausgabefeld. Danach wird die Variable `zahl` auf 10 gesetzt. Und jetzt beginnt die `repeat-while`-Schleife. Die Schleife wird so lange durchlaufen, wie die Zahl größer oder gleich 0 ist.

Nun wird die Zahl ausgegeben (mit einem Leerzeichen dahinter), dann wird 1 Sekunde gewartet und nichts getan, dann wird 1 von der Zahl abgezogen – die Zahl wird um 1 verringert. Und damit geht es wieder zurück zur `while`-Bedingung. Solange die Zahl größer als 0 oder gleich 0 ist, wird weitergemacht.

Damit entsteht ein Countdown, der im Sekundentakt heruntergezählt wird:
10 – 9 – 8 – 7 – 6 – 5 – 4 – 3 – 2 – 1 – 0

1 Sekunde nach der Anzeige der 0 gibt es dann ein Geräusch. Der Countdown ist beendet. Wer es nicht glaubt – oder wer Lust dazu hat, probiert das Skript einfach mal aus.

Zusammenfassung Schleifen

Das Konzept der Programmschleifen ist neben der verzweigten Bedingung das wichtigste Strukturelement in LiveCode.

> **Schleifen**
>
> Eine Schleife ist ein Teil eines Skripts, der aus einem oder mehreren Befehlen besteht und abhängig von einem Zähler oder einer Bedingung keinmal, einmal oder mehrmals durchlaufen wird.

Eine Zählerschleife wird in LiveCode mit `repeat with` eingeleitet. Eine Zählvariable zählt dabei von einem Anfangswert zu einem Endwert, aufwärts oder abwärts und optional mit einer bestimmten Schrittweite.

Eine bedingte Schleife leitet man mit `repeat while` ein. Sie wird immer wieder ausgeführt, so lange, wie die Bedingung am Beginn der Schleife zutrifft. Statt `repeat while` kann man die bedingte Schleife auch mit `repeat until` beginnen. Dann verhält es sich genau umgekehrt. Die Schleife wird nur dann ausgeführt, wenn die Bedingung hinter `until` nicht zutrifft.

Wozu braucht man welche Schleifen?

Zählerschleifen werden verwendet, wenn derselbe Programmteil mehrere Male nacheinander ausgeführt werden soll, sei es, um mehrere gleichartige Elemente oder Variablen mit Werten oder Einstellungen zu füllen, sei es, um einen identischen Vorgang mehrere Male nacheinander auszuführen.

Bedingte Schleifen braucht man immer dann, wenn derselbe Vorgang so lange nacheinander ausgeführt werden soll, bis eine bestimmte Bedingung eintrifft. Zum Beispiel kann ein Text durchlaufen werden, bis das Programm auf ein bestimmtes Wort stößt, oder ein grafisches Objekt wird so lange in eine Richtung bewegt, bis es aus dem sichtbaren Bildschirm verschwunden ist.

6.4 Die Ziehung der Lottozahlen

Das nächste Projekt ist wieder eines, bei dem zufällige Zahlen erzeugt werden sollen. Aber diesmal wird nicht gewürfelt, sondern das Programm gibt einen Lottotipp ab: 6 aus 49. Wer weiß – vielleicht helfen die Glückszahlen ja bei der nächsten Ziehung?

Aufbau des Stacks

Als Erstes wird wieder der Stack aufgebaut. Schönheit kommt später – jetzt zählt erst einmal die Funktion. Starten Sie also ein neues Projekt, ziehen Sie einen Button als Startknopf darauf und sechs Textfelder als Ausgabe für die sechs Zahlen. Natürlich könnten die sechs Zahlen auch hintereinander alle auf einem Textfeld dargestellt werden, aber es ist eine gute Übung, mit sechs separaten Feldern zu arbeiten. Am einfachsten geht es, wenn Sie ein Textfeld erstellen, Größe, Font und Ausrichtung (zentriert) nach Bedarf einstellen, dann das Feld kopieren (Rechtsklick und COPY oder [Strg] + [C] bzw. [Cmd] + [C] beim Mac) und dann fünfmal nacheinander das eben kopierte Feld wieder auf dem Stack einfügen (am besten mit [Strg] + [V] oder [Cmd] + [V] beim Mac). Danach liegen die Felder alle übereinander, aber Sie können sie jetzt mit der Maus schön sauber nebeneinander anordnen (Abbildung 6.8).

Tipp für das Anordnen

Wenn Sie den PROPERTY INSPECTOR für eines der Textfelder öffnen und anschließend mit der Maus und gedrückter [Strg]-([Cmd]-)Taste mehrere Felder nacheinander selektieren, so dass sie alle gleichzeitig angewählt sind, dann können Sie im Inspector jetzt auch Werte für mehrere Felder gleichzeitig ändern. Und Sie können im PROPERTY INSPECTOR auf die Seite ALIGN CONTROLS (Ausrichtungssteuerung) zugreifen, wo Sie alle angewählten Elemente aneinander ausrichten können. Sie können sie zum Beispiel alle waagerecht oder senkrecht auf die gleiche Höhe bringen oder sie auch gleichmäßig verteilen lassen. Das kann viel Arbeit und Mühe ersparen.

Damit Sie die einzelnen Textfelder gleich gezielt ansprechen können, brauchen diese natürlich eindeutige Namen. Benennen Sie sie vom ersten bis zum letzten Feld mit »z1«, »z2«, »z3« usw.

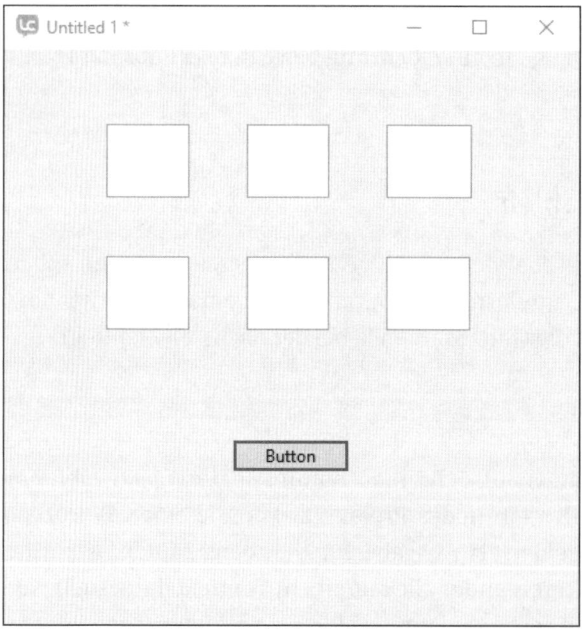

Abbildung 6.8 So könnte der Lotto-Stack in der Rohfassung zum Beispiel aussehen.

Und jetzt soll es sofort losgehen. Lottozahlen liegen zwischen 1 und 49 – und es werden sechs Stück davon gezogen. Was für eine Struktur wird hier also verwendet? Richtig, eine Schleife, die sechsmal durchlaufen wird, für jede Zahl einmal.

Skript mit Schleifen

Also los – das Skript kommt auf den Button, denn mit ihm wird die Ziehung gestartet.

Als Erstes kommt die Zählerschleife, die sechs Zahlen ermittelt:

```
repeat with x = 1 to 6

end repeat
```


Sechsmal wird die also durchlaufen, wobei die Variable x immer die Nummer des Durchlaufs enthält.

Was passiert in der Schleife?

Es wird eine Zufallszahl zwischen 1 und 49 ermittelt:

```
put random(49) into ziehung
```

Damit ist die gezogene Zufallszahl in der Variablen ziehung. Und jetzt muss sie natürlich noch angezeigt werden.

Mit dem Befehl

```
put ziehung into fld "z1"
```

würde man die gezogene Zahl in Feld »z1« schreiben. Aber dann würde die Zahl bei jedem der sechs Durchläufe in Feld »z1« geschrieben werden, und die anderen Felder blieben leer.

Wie muss man vorgehen, um jede Zahl in ihr eigenes Textfeld zu schreiben?

Die Textfelder haben ja Namen von »z1« bis »z6« – sie werden auch über ihren Namen im Skript angesprochen und verwendet. Wenn wir diesen Namen jetzt mit der Zählervariablen x zusammensetzen (Zeichenverknüpfung), dann wird jedes Mal ein anderes Feld angesprochen. Dieser Trick sieht dann als Code folgendermaßen aus:

```
put ziehung into fld ("z"&x)
```

Da der Wert von x ja von 1 bis 6 durchläuft, würde also bei beim ersten Mal der Name »z1«, beim zweiten Mal »z2«, dann »z3« usw. zusammengesetzt werden. Und damit landen die Werte also im jeweils richtigen Textfeld. Beachten Sie, dass zusammengesetzte Objektnamen immer von einer Klammer umschlossen werden müssen, damit LiveCode eindeutig weiß, dass der Name des Feldes vor dem Ansprechen des Objekts zusammengesetzt werden muss.

Das ganze Skript für den Button sieht jetzt so aus:

```
on mouseUp
   repeat with x = 1 to 6
      put random(49) into ziehung
      put ziehung into fld ("z"&x)
   end repeat
end mouseUp
```

Geben Sie es im Skripteditor ein, und probieren Sie das Projekt aus. Toll: Es werden sechs Zahlen zwischen 1 und 49 gezogen und in den sechs Feldern angezeigt.

Aber einen gravierenden Fehler hat das ganze Programm noch. Vielleicht ist es Ihnen schon vor dem Ausprobieren klargeworden, oder Sie haben es beim Testen bemerkt (Abbildung 6.9).

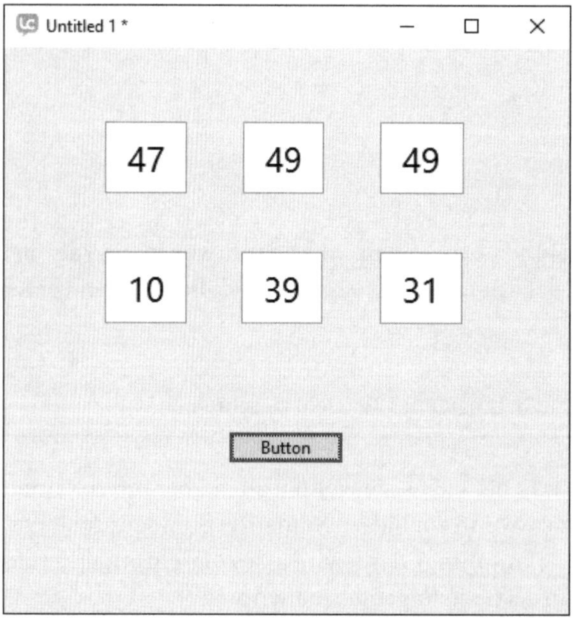

Abbildung 6.9 Oha – die 49 taucht hier zweimal nacheinander auf. Kein brauchbarer Lottotipp!

Richtig: Mit dem jetzigen Programm ist es jederzeit möglich, dass eine Zahl innerhalb einer Ziehung mehrfach gezogen wird. Theoretisch könnten sogar alle sechs Zahlen identisch sein, denn jedes Mal, wenn die Schleife durchlaufen wird, wird eine neue Zahl zwischen 1 und 49 ermittelt, und die kann jedes Mal mit der gleichen Wahrscheinlichkeit aus allen 49 Zahlen kommen. Das ist so natürlich keine realistische Lotto-Simulation. Denn das kann im echten Lotto schlicht und einfach nicht vorkommen.

Eine bessere Methode muss her

Das Programm muss angepasst werden. Wie sorgt man dafür, dass jede Zahl nur einmal gezogen werden kann? Es gibt, wie meist in der Programmierung, mehrere Wege, die hier zum Ziel führen können.

Vielleicht kommt Ihnen die Idee, jede Zahl nach der Ziehung darauf zu überprüfen, ob sie schon vorhanden ist. Wenn ja, dann wird einfach eine neue gezogen und wieder geprüft. Das ginge prinzipiell schon, wäre aber etwas umständlich und nicht sehr elegant. Man bräuchte eine `repeat while`-Schleife, die eine Zufallszahl ermittelt und in eine Variable steckt und dann alle zuvor gezogenen Zahlen (die ja in den Textfeldern stehen) mit der gerade ermittelten Zufallszahl vergleicht. Wenn auch nur eine davon identisch ist, wird die Schleife erneut durchlaufen, eine neue Zahl wird gezogen, es wird wieder verglichen usw. – und erst wenn die Zahl definitiv nicht vorhanden ist, geht es mit der Zählerschleife (`repeat with`) weiter, und die nächste Zahl wird gezogen.

Neben der Umständlichkeit spricht gegen diese Methode vor allem, dass sie ein bisschen unberechenbar ist. Man weiß vorher nicht genau, wie oft Ziehungen wiederholt werden müssen, weil die Zahl vielleicht schon vorhanden ist. Wenn es sich in der Praxis wahrscheinlich auch nicht allzu sehr auswirken wird, kann die Ziehung von sechs Zahlen sich theoretisch eine ganze Weile hinziehen, weil immer wieder von vorn gezogen und verglichen werden muss. Ein Profiprogrammierer würde sich auf eine solche Methode nicht einlassen. Ein gutes Skript ist berechenbar und immer so klar wie möglich aufgebaut.

> Wie könnte man denn anders verfahren, damit ganz sicher sechs verschiedene Zahlen gezogen werden?

Oft hilft es beim Ermitteln einer guten Methode für ein Programm, wenn man sich klarmacht, wie der Vorgang denn in der »echten Welt« abläuft. Was passiert, wenn die Lottozahlen gezogen werden? In einer Trommel befinden sich 49 Bälle, die jeweils Zahlen aufgedruckt haben. Einer daraus wird gezogen, danach befindet er sich nicht mehr in der Trommel und kann also auch nicht erneut gezogen werden. Jetzt sind nur noch 48 Bälle in der Trommel, von denen wieder einer gezogen wird usw.

Dieses Grundprinzip können Sie auch beim Programmieren verwenden. Statt einer Trommel verwenden Sie am besten eine Liste von Zahlen – eine Liste, in der alle Zahlen von 1 bis 49 enthalten sind. Nun wird per Zufall eine dieser Zahlen ermittelt, angezeigt und ganz konkret aus der Liste gelöscht. Anschließend wird die nächste Zahl aus den noch vorhandenen 48 Zahlen ermittelt usw. So ist es also unmöglich, dass eine Zahl mehrfach gezogen wird, und trotzdem muss man nicht laufend alle Zahlen miteinander vergleichen und eventuell neu ziehen.

LiveCode ist sehr leistungsfähig, was Listen und Datensammlungen angeht. Wir könnten hier mit `words`, `items` oder `lines` arbeiten – alles würde gleich gut funktionieren. Ich schlage vor, weil es übersichtlich und deutlich ist, hier mit Zeilen, also `lines` zu arbeiten. Als Erstes füllen wir eine Variable, nennen wir sie `zahlenListe`, mit Werten von 1–49, wobei jede Zahl eine eigene Zeile bekommt.

```
repeat with x = 1 to 49
   put x into line x of zahlenListe
end repeat
```

Die Schleife wird mit Zähler `x` also 49-mal durchlaufen – jedes Mal wird dabei die Zahl `x` in die Zeile `x` der Variablen `zahlenListe` geschrieben. In Zeile 1 steht also dann die 1, in Zeile 2 die 2, in Zeile 3 die 3 ... bis 49.

Wenn nun eine Zahl gezogen wird, dann wird beim ersten Mal eine Zahl zwischen 1 und 49 gezogen und die Zahl, die in der *entsprechenden Zeile* steht, genommen. Danach wird diese Zeile gelöscht, und dann sind nur noch 48 Zeilen vorhanden. Also darf die zweite Zufallszahl nur noch aus dem Bereich von 1–48 ermittelt werden und nimmt dann die Zahl, die in der jeweiligen Zeile steht usw.

Das Skript sieht dann so aus:

```
repeat with x = 1 to 6
      put random(50-x) into ziehung
      put line ziehung of zahlenListe into fld ("z"&x)
      delete line ziehung of zahlenListe
end repeat
```

Die Anweisung `random (50-x)` zieht also beim ersten Durchlauf eine Zahl zwischen 1 und 49 (weil x ja 1 ist und 50 minus x somit 49). Beim zweiten Durchlauf sind 50 minus x nur noch 48 usw. Anschließend wird nicht die ermittelte Zahl `ziehung` in das Textfeld geschrieben, sondern die Zahl, die sich in der *Zeile* `ziehung` befindet (`line ziehung`). Mit dem `delete`-Befehl wird die zuvor gezogene Zahl aus der Liste gelöscht. Es ist dann eine Zeile weniger in der Liste vorhanden, und die zuvor gezogene Zahl kann dementsprechend nicht mehr erneut gezogen werden.

Sie können es sofort ausprobieren und werden sehen, dass es nun funktioniert. Egal, wie oft Sie neue Zahlen ziehen, immer werden es sechs verschiedene sein (Abbildung 6.10).

Jetzt haben Sie einen funktionierenden Lottozahlengenerator. Nur eines noch: Wäre es nicht schöner, wenn die Zahlen nach ihrer Größe geordnet angezeigt würden? Das würde es leichter machen, die Zahlen im Überblick zu sehen und als echten Lottotipp zu verwenden. Aber wie geht das? 6

Wenn die Zahlen der Größe nach angezeigt werden sollen, dann müssen sie sortiert werden, bevor sie in die Textfelder geschrieben werden. Und wieder gibt es dafür einen praktischen und einfachen Befehl in LiveCode – den `sort`-Befehl.

```
sort lines of meineListe numeric
```

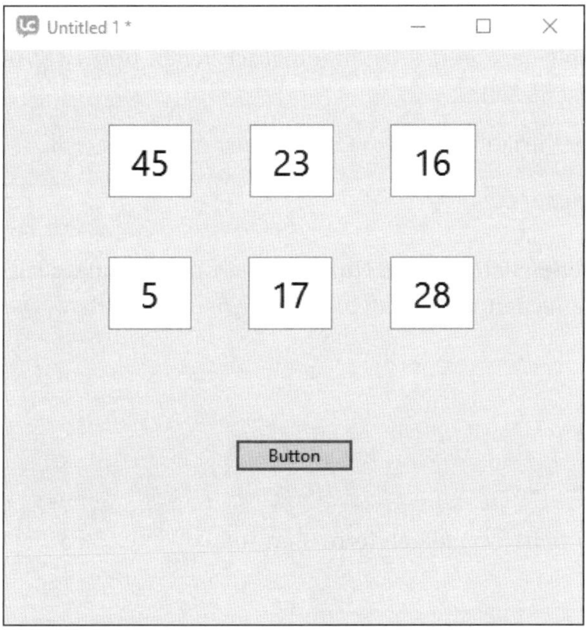

Abbildung 6.10 Das ist eine korrekte Lottoziehung.

Mit dieser Codezeile würde man alle Zeilen der Variablen `meineListe` der Größe nach *sortieren* – und zwar numerisch, das heißt nach numerischer Größe der Zahlen (wenn das numeric nicht da stehen würde, würde nach alphabetischer Zeichenreihenfolge sortiert, dann stünde die 10 vor der 2, weil sie mit dem Zeichen »1« anfängt).

So weit, so gut. Nun müssen die gezogenen Zahlen aber erst einmal in eine Liste geschrieben werden, bevor sie sortiert und dann angezeigt werden. Das Skript muss also erweitert werden. In der Schleife, in der die Zahlen gezogen werden, werden sie erst einmal nur in eine Liste (eine Variable) geschrieben. Die Liste wird sortiert, und anschließend werden die Zahlen in einer zweiten Schleife in die Textfelder geschrieben. Schleife 1:

```
put empty into gezogeneZahlen
repeat with x = 1 to 6
   put random(50-x) into ziehung
   put line ziehung of zahlenListe&return into line x of gezogeneZahlen
   delete line ziehung of zahlenListe
end repeat
```

Wir verwenden hier die Variable gezogeneZahlen – das soll die Liste der sechs gezogenen Zahlen sein. Am Anfang wird diese Variable geleert. Dann wird in der vierten Zeile die aktuell gezogene Zahl in die Variable gezogeneZahlen hineingeschrieben und zwar in line x (Zeile x) – jede Zahl in eine eigene Zeile.

Als Nächstes folgt die Sortierung der Variablen gezogeneZahlen:

```
sort lines of gezogeneZahlen numeric
```

Danach ist die Liste perfekt der Größe nach sortiert. Nun müssen nur noch alle sechs Zeilen nacheinander in die entsprechenden Textfelder geschrieben werden. Das geschieht in der zweiten Schleife:

```
repeat with x = 1 to 6
   put line x of gezogeneZahlen into fld ("z"&x)
end repeat
```

Das gesamte Skript auf dem Button sieht jetzt folgendermaßen aus:

```
on mouseUp
   repeat with x = 1 to 49
      put x into line x of zahlenListe
   end repeat
   put empty into gezogeneZahlen
   repeat with x = 1 to 6
```

```
      put random(50-x) into ziehung
      put line ziehung of zahlenListe&return into line x of gezogeneZahlen
      delete line ziehung of zahlenListe
   end repeat
   sort lines of gezogeneZahlen numeric
   repeat with x = 1 to 6
      put line x of gezogeneZahlen into fld ("z"&x)
   end repeat
end mouseUp
```


Das ist jetzt schon ein kleines aber richtig komplexes Programm. Es besteht unter anderem aus drei Zählerschleifen: Die erste füllt unseren »Lottozahlenbehälter« (die Variable `zahlenListe`) mit allen Zahlen von 1–49. Die zweite zieht sechs Zahlen daraus, legt sie in einen weiteren »Behälter« (die Variable `gezogeneZahlen`) und entfernt sie aus der ersten Liste. Dann wird der Behälter mit den gezogenen Zahlen der Größe nach sortiert, und die dritte Schleife zeigt dann nacheinander die sechs gezogenen und sortierten Lottozahlen auf den Feldern an (Abbildung 6.11).

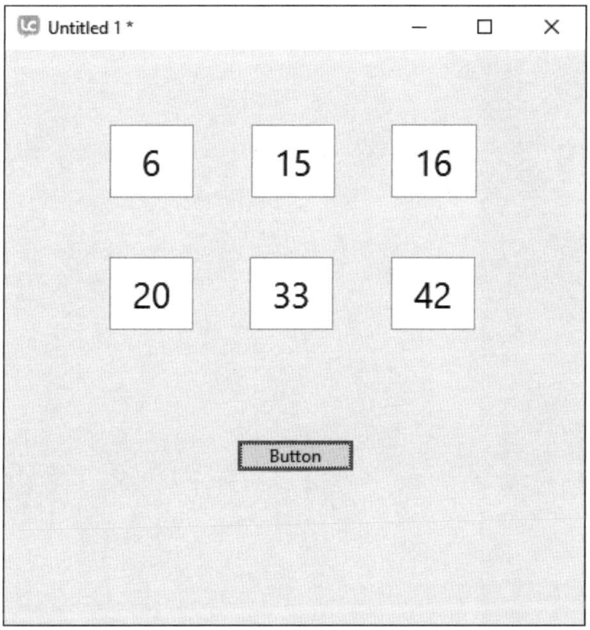

Abbildung 6.11 Perfekt – der Lottotipp, korrekt nach Größe geordnet

Wenn Sie wollen, können Sie an dieser Stelle beginnen, das Programm optisch aufzuwerten. Denn wenn es erst einmal richtig funktioniert, ist es Zeit, die App attraktiv zu machen – »das Auge isst schließlich immer mit« (Abbildung 6.12).

In diesem Fall wurde den Lottozahlen jeweils eine kleine weiße Ballgrafik unterlegt, und die Zahlen selbst wurden durch einen entsprechenden Font fett und größer dargestellt, der Hintergrund transparent. Außerdem wurde der ganzen Card eine Rechteckgrafik mit Verlauf als Hintergrund hinzugefügt, und der Start-Button wurde im Grafikeditor gestaltet, importiert und als Icon für den Button verwendet.

Wem das reicht, der kann hier aufhören und in das nächste Kapitel springen. Wer aber jetzt Lust bekommt, das Lottoprogramm noch einmal um eine Funktion zu erweitern, der ist herzlich eingeladen!

Abbildung 6.12 Eine von unendlich vielen Möglichkeiten, das Lottoprogramm aufzupeppen

Erweiterung: eigener Lottotipp

Wie wäre es, wenn Sie vorher in einer Zeile einen Lottotipp abgeben dürfen, und die Lotto-App sagt Ihnen anschließend, wie viele Richtige Sie hatten? Damit würde Ihnen die Maschine nicht nur einen Tipp geben, sondern Ihnen auch ein Gefühl dafür vermitteln, wie häufig man wie viele Richtige zieht. Das kann möglicherweise sehr heilsam sein ...

Was brauchen Sie dafür? Zunächst natürlich mal eine Zeile, in die Sie Ihren Tipp eingeben können. Fügen Sie ein Textfeld (»field«) ein, und nennen Sie es »tipp«. Hier können Sie einfach sechs Zahlen nacheinander, getrennt durch Leerzeichen, als Lottotipp hineinschreiben. Darunter können Sie noch ein Labelfeld ziehen, das Sie »auswertung« nennen. Hier wird angezeigt, wie viele Richtige Sie haben.

Wie wird jetzt ermittelt, wie viele Zahlen Ihres Tipps mit den gezogenen Lottozahlen übereinstimmen? Denken Sie eine Weile darüber nach, und überlegen Sie, wie man prinzipiell vorgehen konnte. Wie immer gibt es natürlich mehrere mögliche Lösungen. Wenn Sie Lust haben, können Sie an dieser Stelle auch versuchen, Ihre eigene Lösung zu programmieren, ohne hier weiterzulesen und sie aus diesem Buch abzutippen. Sie muss nicht elegant sein, aber sie sollte korrekt funktionieren. Schaffen Sie das?

Wenn nicht, ist es auch nicht schlimm, denn Sie lernen ja noch, und durch Nachahmung lernt man nicht gerade schlecht.

Man könnte beispielsweise gleich bei der Ermittlung der Zahlen prüfen, ob diese im Tipp enthalten ist, indem man nach dem Ziehen der Zufallszahl eine zusätzliche Schleife durchläuft, in der man diese Zahl mit jeder Zahl des Tipps vergleicht. Stimmt eine überein, dann wird der Zähler für richtig getippte Zahlen um einen erhöht. Natürlich muss der Zähler am Anfang auf 0 gesetzt werden. Das wäre wohl die klassische Methode, nach der man in der Regel vorgeht. Man kann diesen Test auf richtige Zahlen aber auch in einer zusätzlichen Schleife ganz am Schluss durchziehen, indem man die Felder mit den gezogenen Lottozahlen nacheinander durchgeht und dann mit einer weiteren verschachtelten Schleife prüft, ob sie mit einer getippten Zahl identisch sind. Das würde insgesamt etwas länger dauern, weil noch eine weitere Programmschleife dazukommt, aber es wäre übersichtlicher, modularer.

In LiveCode kann man sich Dinge enorm vereinfachen, wenn man nur weiß, wie es geht. So kann man in LiveCode mit nur einer Zeile überprüfen, ob ein Wert in einer Variablen oder einem Feld vorhanden ist. Wir haben im Feld »tipp« ja sechs Zahlen, die durch Leerzeichen voneinander getrennt sind. Jede dieser Zahlen wäre ein `item`, wenn man das `item`-Trennzeichen auf »Leerzeichen« setzte. Jede dieser Zahlen ist aber auch ein `word`, denn ein `word` ist in LiveCode schon von vornherein ein durch Leerzeichen abgegrenztes Element. Um zu prüfen, ob ein Wert in der verglichenen Variablen oder einem Text enthalten ist, können Sie den Befehl `among` verwenden. Folgendermaßen können Sie jetzt prüfen, ob eine Zahl in Ihrem Textfeld »tipp« enthalten ist.

```
if lottoZahl is among the words of fld "tipp" then
```

Zu Deutsch: *Wenn die gezogene Lottozahl unter den »Wörtern« im Feld »tipp« ist, dann ...*

> Ja, was dann?

Dann wird der Zähler für die richtigen Tipps um eins erhöht. Und wenn man will, dann kann man auch gleich noch die Lottozahl im Textfeld in einer anderen Farbe markieren, weil sie richtig getippt wurde.

Um es zu verdeutlichen, erstellen Sie hier eine Extraschleife, nur um den Tipp auszuwerten. Diese Schleife folgt im Button-Skript nach allen anderen Anweisungen. (Man hätte diese Funktion auch in die Anzeigeschleife für die gezogenen Zahlen integrieren können, aber hier geht es um Übersichtlichkeit und Verstehen).

```
put 0 into richtige
repeat with x = 1 to 6
   put fld ("z"&x) into lottoZahl
   if lottoZahl is among the words of fld "tipp" then
      add 1 to richtige
      set the foregroundColor of fld ("z"&x) to (30,150,50)
   else
      set the foregroundColor of fld ("z"&x) to "black"
   end if
end repeat
```

Was passiert hier also? Zuerst wird die Anzahl der richtigen Tipps auf den Ausgangswert 0 gesetzt. Wieder einmal wird eine Schleife von 1 bis 6 durchlaufen. Die bereits eingetragene Zahl aus jedem der Lottozahlenfelder wird in die Variable `lottozahl` gesteckt. Dann wird mit dem eben kennengelernten Befehl geprüft, ob diese Zahl im Feld »tipp« enthalten ist. Wenn ja, dann wird der Zähler für richtig getippte Zahlen (`richtige`) um eins erhöht. Danach passiert noch etwas: Die Textfarbe (`foregroundColor`) des aktuell untersuchten Lottozahlenfeldes wird auf einen Farbwert gesetzt, nämlich Dunkelgrün. Damit wird markiert, dass die Zahl richtig getippt wurde.

Nach dem `if` kommt das `else` – also das, was passiert, wenn die Zahl nicht richtig getippt wurde. In dem Fall wird die aktuelle Lottozahl schwarz gefärbt.

Warum? Ist sie nicht sowieso schwarz?

Kann sein, aber vielleicht ist sie bei der vorherigen Ziehung ja grün gefärbt worden, also wird sie zur Sicherheit jetzt auf jeden Fall schwarz.

Nach dem Durchlaufen der Schleife steht in der Variablen `richtige` das Ergebnis, wie viele Zahlen richtig getippt wurden. Dieses Ergebnis wird in das Label »auswertung« eingetragen. Fertig.

Wenn Sie das Programm testen, geben Sie einfach Ihre Glückszahlen in die Tippzeile ein. Und dann klicken Sie auf die Starttaste. Wie viele Richtige haben Sie? In der Regel werden Sie zahlreiche Male klicken müssen, bevor Sie auch nur einmal drei Richtige erreichen (Abbildung 6.13). (Und bedenken Sie: Drei Richtige ergeben beim Lotto im Schnitt zwischen 7 und 15 € Gewinn).

Abbildung 6.13 Drei Richtige erreicht man meistens erst nach vielen Versuchen.

Oder schaffen Sie beim Testen sogar vier Richtige, fünf oder gar sechs? In dem Fall sollten Sie unbedingt beginnen, wirklich Lotto zu spielen!

Sie finden das Projekt, wie alle folgenden Projekte auch, bei Bedarf zum Herunterladen in den MATERIALIEN ZUM BUCH unter:

www.rheinwerk-verlag.de/4258

Kapitel 7
Ereignisse, Methoden, Hierarchien

Was passiert hinter den Kulissen, wenn eine LiveCode-App abläuft? Wie kann ich Ereignisse und Methoden nutzen? Welche Hierarchien muss ich beachten?

Bisher haben wir immer so gearbeitet, dass die Skripte, die die Funktionen in den Apps ermöglicht haben, direkt in die entsprechenden Auslöseelemente hineingeschrieben worden sind. Das Skript für die Lottoziehung steht also ganz einfach im Button, mit dem man die Ziehung startet.

Bei kurzen Programmen mit wenigen Zeilen Skript ist dieses Vorgehen völlig in Ordnung. Man muss sich da nicht allzu viele Gedanken machen, wie das Projekt strukturiert ist, denn es gibt nur einen zentralen Vorgang, der stattfindet, und das Skript dazu findet man dann eben dort, wo der Vorgang ausgelöst wird. Fertig.

7.1 Eine saubere Sache – gut strukturierte Apps

Wenn die Projekte aber eine Nummer größer werden – und später vielleicht auch viele Nummern größer –, dann besteht so ein Programm auch aus wesentlich mehr Vorgängen als nur einem. Da manche Programmteile auch bei verschiedenen Vorgängen immer wieder verwendet werden müssen, wäre es nicht mehr praktisch oder sinnvoll, sie direkt in den Start-Button zu schreiben. Denn dann müsste man dasselbe Skript vielleicht auch in andere Buttons oder Elemente schreiben, wo sie ebenfalls vorkommen – und wenn man dann etwas an diesem Skript ändern will, müsste man diesen Programmcode überall dort ändern, wo er auftaucht. Das ist nicht sinnvoll – und deswegen werden Skripte bei allen größeren Projekten *modular* strukturiert.

> Wie strukturiert man ein Programm?

Ganz einfach: Sie überlegen sich vorher, welche einzelnen Vorgänge benötigt werden. Für jeden dieser Vorgänge schreiben Sie ein eigenes kleines Skript. Der Auslöser des

Skripts ist dann nicht mehr ein Button-Klick, sondern der Name des Vorgangs. (Der Button-Klick startet dann seinerseits nur noch den Vorgang mit diesem Namen.) Daher schreiben Sie diese Skripte am besten direkt in den Stack der App – also in die oberste Ebene. Warum? Weil alle Elemente des Programms, egal, ob sie Unterelemente sind, egal, auf welcher Card sie sich befinden, immer Zugriff auf die oberste Ebene, den Stack, haben und Skripte dort finden und auslösen können. (Wenn man mit mehreren Cards auf seinem Stack arbeitet, und jede Card völlig unterschiedliche Skripte benötigt, kann man die Skripte auch alle in die jeweilige Card schreiben.)

Und wie sieht das dann in der Praxis aus? Stellen wir uns einmal ein Programm vor und zerlegen es in seine Einzelteile. Ein Programm »denkt« sich ein Wort aus, und der Benutzer muss es raten. Sie kennen dieses Spiel vielleicht unter dem Namen »Hangman« oder »Galgenmännchen«. Der Benutzer rät einzelne Buchstaben, der Computer antwortet, indem er entweder den Buchstaben im zu ratenden Wort anzeigt oder Stück für Stück einen Galgen zeichnet. Gewonnen hat der Benutzer, wenn er das Wort errät, bevor der Galgen komplett ist.

Sie werden dieses Spiel später in diesem Kapitel real programmieren, aber jetzt geht es erst einmal um die prinzipielle Frage, in welche Vorgänge sich dieses Spiel von den Funktionen her sinnvoll zergliedern lässt:

- Natürlich erst einmal das »Ausdenken« des Wortes, nennen wir den Vorgang »ermittleWort«. In diesem Skript wird ein zufälliges Wort (aus einer Liste von vielen Möglichkeiten) gezogen, und das Wort wird in einer globalen Variablen oder einem verborgenen Feld abgelegt.
- Dann das Überprüfen der Eingabe des Benutzers. Nennen Sie es zum Beispiel »eingabeAuswerten«. Dieses Skript überprüft, ob der eingegebene Buchstabe im Ratewort vorkommt oder nicht.
- Für das Anzeigen des richtigen Buchstabens brauchen Sie ein Skript, das Sie am besten »zeigeBuchstabe« nennen. Es zeigt den Buchstaben an der richtigen Stelle an.
- Sollte der Buchstabe aber nicht vorhanden sein, dann wird der Galgen weiter gezeichnet. Dazu bietet sich die Funktion »zeichneGalgen« an. Sie zeichnet immer das nächste Stück vom Galgen.
- Nach dem Anzeigen des Buchstabens oder dem Weiterzeichnen des Galgens muss geprüft werden, ob bereits jemand gewonnen hat, das heißt, ob der Galgen fertig oder das Wort komplett ist. Dazu schreiben Sie ein Skript, das Sie »endAuswertung« nennen. Hier kann dann auch das Ergebnis mitgeteilt werden.
- So, nun fehlt nur noch ein Vorgang, der von Anfängern oft erstmal vergessen wird: Wenn das Spiel nämlich zu Ende ist und wiederholt werden soll (und im Grunde auch

vor dem ersten Spiel) muss alles gelöscht und auf den Startzustand gesetzt werden: Der Galgen wird abgebaut, das Wort wird auf leer gesetzt, die Anzahl der Versuche auf 0, und das Eingabefeld wird geleert. Das Ganze nennt man *Initialisierung* – und so könnte man dieses Skript auch »initialisieren« nennen.

7.2 Der eigene Baukasten: Alles schön aufteilen

Mit diesen Skripten (sowie den dazu passenden Objekten auf dem Stack) kann man dann das gesamte Programm zusammenbauen wie mit einem kompakten Baukasten, in dem man zuerst die notwendigen Bauteile erstellt, um dann daraus das ganze Projekt zusammenzusetzen. Das Programm sieht dann mit dem Auslöser `openStack` folgendermaßen aus (dasselbe Skript könnte stattdessen auch im Start-Button untergebracht sein):

```
on openStack
   initialisieren
   ermittleWort
end openStack
```

Auf dem Button, mit dem man einen Buchstaben zum Raten abschickt, befindet sich dann folgendes Skript:

```
on mouseUp
   eingabeAuswerten
end mouseUp
```

Und das Skript `eingabeAuswerten` enthält nach Prüfung der Eingabe (ob der Buchstabe im Ratewort vorkommt) noch die folgende `if`-Struktur:

```
if buchstabekommtvor then
   zeigeBuchstabe
else
   zeichneGalgen
end if
endauswertung
```

Das ist bereits das gesamte strukturelle Steuerungsskript für das Galgenspiel. Das einzige, was jetzt noch fehlt, sind die Definitionen der einzelnen Vorgänge, die hier aufgerufen werden.

Und die definieren Sie jetzt allesamt im *Stackskript*. Das sieht dann prinzipiell zum Beispiel so aus:

```
on initialisieren
   put empty into fld "ratewort"
   hide img "galgenbild"
   put 0 into anzahlVersuche
   -- plus weitere Befehle zum Leeren und Löschen
end initialisieren
```

Oder so:

```
on ermittleWort
   put the number of lines of fld "wortListe" into anzahl
   put random(anzahl) into zufall
   put line zufall of fld "wortListe" into ratewort
   --Und so weiter...
end ermittleWort
```

Das heißt: Sie erfinden so etwas wie *eigene Kommandos* in LiveCode, die genau den Vorgang ausführen, den Sie sich ausgedacht haben. Danach können Sie ein Programm schreiben, das nur noch aus diesen wenigen eigenen Kommandos zusammengesetzt ist und damit vollkommen übersichtlich aufgebaut ist und trotzdem exakt tut, was Sie wollen. LiveCode als Sprachbaukasten – bauen Sie sich Ihre eigene Sprache zusammen!

So wird das Programm nicht nur sehr leicht lesbar und verständlich, sondern jeder Vorgang, der in den Skripten geschieht, kann an seiner eigenen passenden Stelle gefunden werden und im Zweifelsfall auch leicht dort bearbeitet werden. Das wirkt sich dann automatisch gleich wieder auf alle Programmteile aus, die diesen Vorgang aufrufen.

7.3 Ereignisse, Hierarchien und Funktionen

Dieses Definieren eigener Befehle für die verschiedenen einzelnen Vorgänge in einem Projekt ist technisch gesehen eigentlich noch ein bisschen etwas anderes (siehe dazu auch den Abschnitt 4.1, »Was heißt objektorientiert?«). Denn eigentlich definieren wir keine Befehle, sondern wir schreiben in LiveCode immer Skripte, die auf Ereignisse (*Messages*) reagieren. Nur dass die Ereignisse, die hier verwendet werden, keine vorgegebenen Standardereignisse sind, sondern von uns selbst eingeführte und ausgesendete Ereignisse.

Der Weg einer Message

Wenn also in einem Start-Button-Skript steht »initialisieren«, dann bedeutet das so viel wie »schicke die Message `initialisieren` los«. Als Erstes prüft LiveCode dann, ob dieses Ereignis im Skript des Buttons, das die Message abgeschickt hat, behandelt wird. Das ist aber nicht der Fall. Nirgendwo im Button-Skript steht `on initialisieren`. Jetzt wird diese Message aber nicht einfach gelöscht, sondern sie wandert automatisch eine hierarchische Ebene weiter *nach oben*. Oberhalb des Buttons steht in der Hierarchie die Card. Also prüft LiveCode, ob im Card-Skript irgendwo die Message `initialisieren` behandelt wird. Auch das ist nicht der Fall. Damit wandert das Ereignis `initialisieren` dann zur höchsten und letzten Ebene, zum Stack. Wenn das Ereignis dort auch nicht mit einem Skript behandelt wird, verschwindet das Ereignis, die Message `initialisieren`, und wird nicht mehr verfolgt.

Aber LiveCode wird diesmal fündig, denn im Stack-Skript steht `on initialisieren`, und darauf folgt das gesamte Skript, das in diesem Fall ausgeführt werden soll. Das Skript wird ausgeführt, und die Message wird gelöscht, da sie nun ihren Zweck erfüllt hat.

Das ist also der Grund, weshalb die Vorgänge, die von ganz verschiedenen Elementen und Ebenen im Programm ausgeführt werden sollen, am besten immer im Stack-Skript stehen sollten, denn da werden sie letztendlich immer gefunden. Wenn Sie ein Ereignisskript wie `on initialisieren` stattdessen ins Card-Skript schreiben, dann wird es auch von allen Elementen, die sich auf derselben Card befinden, gefunden und aufrufbar – aber stellen Sie sich vor, Sie haben noch eine weitere Card und befinden sich gerade darauf. Von dieser aus können Sie dasselbe Skript nicht aufrufen (außer die Card hat ein eigenes Skript, das dasselbe Ereignis behandelt), denn wenn LiveCode das passende Skript nicht auf der Card findet, auf der das Programm gerade ist, dann wird eine Hierarchie höher gesucht, also auf dem Stack. Parallele Cards werden selbstverständlich nicht durchsucht, ebenso wenig wie untergeordnete Elemente wie Buttons oder Textfelder auf der Card.

Das hat durchaus einen sinnvollen Hintergrund. Ebenso wie bei »vererbbaren« Eigenschaften können auf die Weise auch Skripte und Ereignisbehandlungen sowohl allgemein als auch speziell definiert werden. Hat ein Element eine eigene Behandlung des Ereignisses `on mouseUp`, dann wird das entsprechende Skript ausgeführt, und das Ereignis ist erledigt. Hat ein Element kein eigenes Skript dafür, wird weiter nach oben gegangen und somit das eventuelle übergeordnete »Allgemeinskript« gesucht, das das Ereignis behandelt (Abbildung 7.1). Man kann somit verschiedene Ereignisbehandlungen programmieren, die das gleiche Ereignis auf lokaler oder auf übergeordneter Ebene behandeln.

So wie eine Card also zum Beispiel die Hintergrundfarbe ihres Stacks annimmt, wenn für sie keine eigene Farbe definiert wurde, so übernimmt sie also auch die *Ereignis-Skripte* ihres Stacks, wenn für sie keine eigenen definiert wurden.

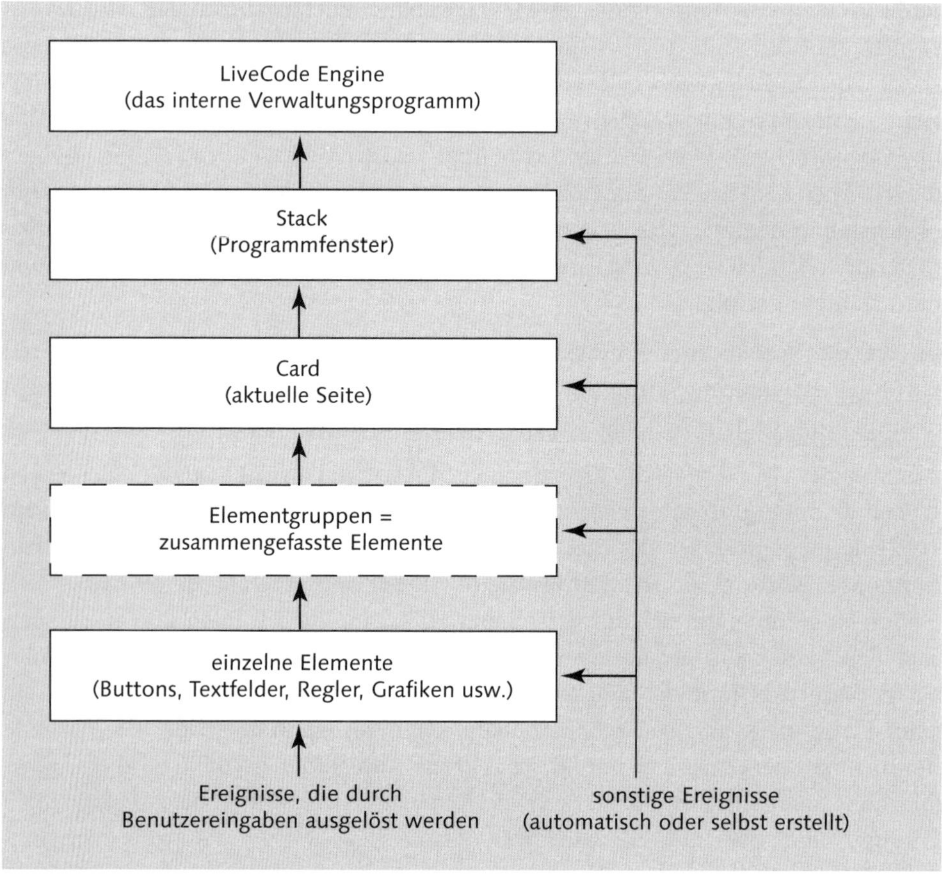

Abbildung 7.1 Die Hierarchie von Ereignissen in LiveCode

Das kann man in vielerlei Weise nutzen. So kann man eine Menge Buttons, beschriftet mit Zahlen, auf einer Seite unterbringen und das `mouseUp`-Skript nur in die dazugehörige Card schreiben. Jedes Mal, wenn ein Button geklickt wird (oder anderswo auf der Card mit der Maus geklickt wird), wird dann dieses Skript ausgeführt und kann individuell auswerten, auf welchem Button der Klick stattfand bzw. wo sonst. Will man aber, dass ein bestimmter Button ein anderes `mouseUp`-Skript erhält, dann schreibt man dieses direkt in den entsprechenden Button, und schon wird das Button-Skript statt des Card-Skripts ausgeführt. Als Beispiel und kleines Zwischenspiel bauen wir mal einen kleinen Demo-Taschenrechner, der der Einfachheit halber nur addiert.

Ein kleiner Taschenrechner als Demo

Starten Sie ein Projekt mit einem neuen Stack, und platzieren Sie darauf zwölf Tasten und ein Textfeld. Die Tasten werden mit 0–9 sowie + und = beschriftet. Das Textfeld erhält den Namen »display« und wird auf »Lock Text« gesetzt, so dass man nicht hineinschreiben kann (Abbildung 7.2).

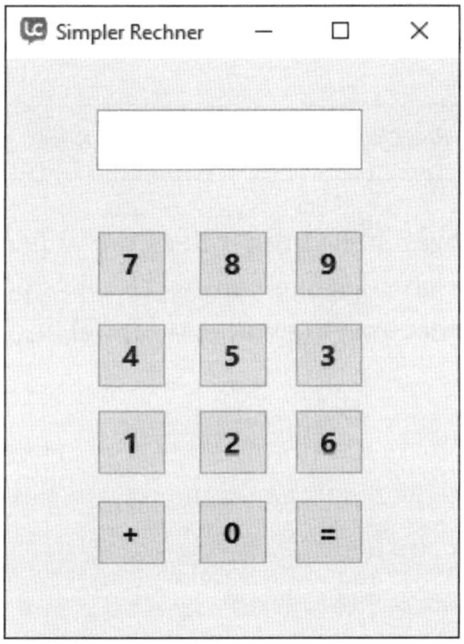

Abbildung 7.2 Ein ganz einfacher Rechner – so kann er aussehen.

Jedes Mal, wenn der Benutzer eine der Zahlentasten drückt, soll die Zahl im Displayfeld oben angehängt werden. Beim Klick auf das Gleichheitszeichen soll die Summe berechnet werden und angezeigt werden.

Jetzt könnte man natürlich einfach in jeden der Buttons ein Skript schreiben, in dem die jeweilige Zahl ins Display geschrieben wird.

In den Button mit der 1 könnte man also Folgendes schreiben:

```
on mouseUp
   put "1" after fld "display"
end mouseUp
```

Die Skripte für die anderen Buttons müssten entsprechend abgewandelt werden. Nun sind Programmierer aber bekanntlich faul – oder, wie sie es selbst nennen, *effizient*. Stellen Sie sich vor, Sie haben 100 solcher Buttons oder eine selbst gemachte virtuelle Tastatur mit mindestens 40 Zeichen. Es wäre sehr mühsam, in jede einzelne Taste ein Skript zu schreiben. Wenn Sie dann außerdem beschließen würden, dass das Skript jetzt geändert werden muss oder eine zusätzliche Aufgabe erfüllen soll, dann müssten Sie alle 40 oder gar alle 100 Skripte einzeln ändern.

Daher gilt auch hier die Grundregel allen Programmierens: Wo es zahlreiche Vorgänge gibt, die im Grunde alle gleichartig sind, sollten sie allesamt mit *einem einzigen Skript* behandelt werden. In diesem Fall schreiben wir unser `on mouseUp` einfach in die Card, und dort landet dann letztendlich jedes der Klick-Ereignisse auf jeden der Buttons und wird behandelt.

Woher weiß aber das Card-Skript, welcher der Buttons gedrückt wurde?

Dafür gibt es die Systemeigenschaft `target`. In `the target` steht immer der Empfänger (das Ziel) des behandelten Ereignisses. Das heißt, wenn ich mich in einem `mouseUp`-Skript befinde, kann ich mit `the target` herausfinden, auf welchem Objekt die Maus geklickt wurde.

Schreiben Sie mal die folgenden Zeilen in das Card-Skript:

```
on mouseUp
   answer the target
end mouseUp
```

Wenn Sie jetzt auf die verschiedenen Buttons klicken, geht jeweils ein Fenster auf mit der Ausgabe, die Abbildung 7.3 zeigt.

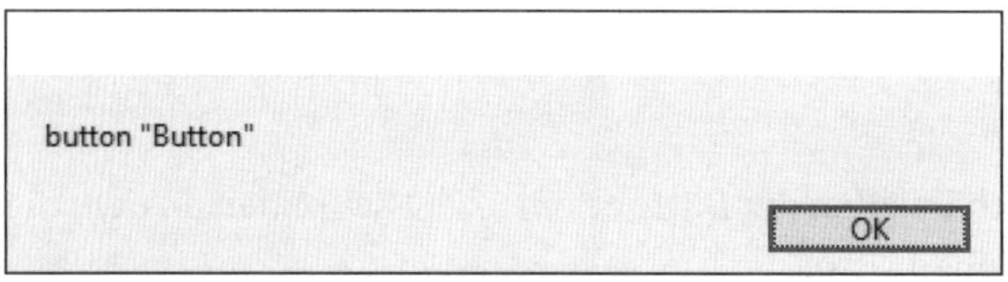

Abbildung 7.3 Ausgabe des »target«

Klicken Sie stattdessen auf das Textfeld, erscheint die Ausgabe aus Abbildung 7.4.

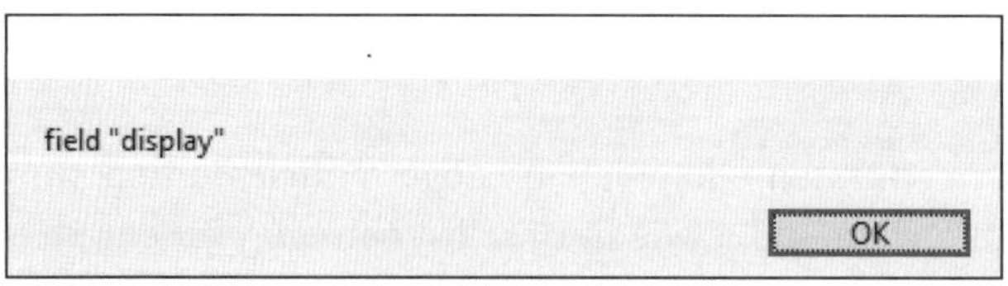

Abbildung 7.4 Ein anderes »target«

Und beim Klick auf einen leeren Bereich des Fensters erscheint die Ausgabe, die Sie in Abbildung 7.5 sehen.

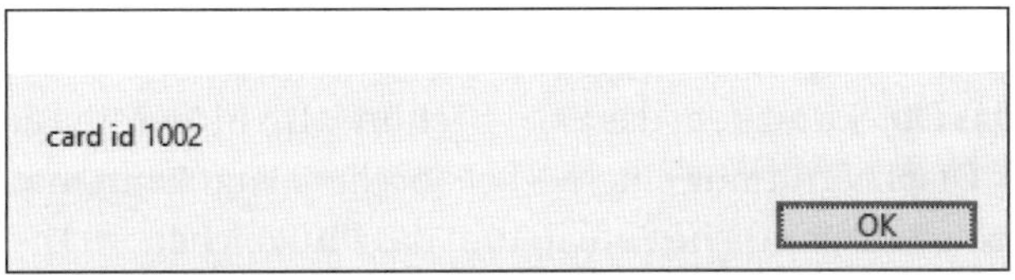

Abbildung 7.5 Beim Klick ins Leere ist die »card« das »target«.

Sie können mit Hilfe des `target` auch die Eigenschaften des Zielobjekts abfragen. Wollen Sie zum Beispiel wissen, was auf dem Button, der geklickt wurde, draufsteht, dann geht das mit `the label of the target`. Und damit wissen Sie eigentlich schon alles, was Sie wissen müssen. Sie wissen nämlich, was auf dem Button steht, der geklickt wurde – damit wissen Sie, welche Zahl eingegeben wurde. Ändern Sie jetzt das Card-Skript folgendermaßen:

```
on mousedown
   put the label of the target after fld "display"
end mousedown
```

Wenn Sie jetzt auf einen der Buttons klicken, erscheint das jeweilige Zeichen im Display – auch die Zeichen + oder =.

Wenn Sie allerdings auf das Displayfeld selbst klicken oder in einen leeren Bereich der Card, dann gibt es einen Fehler. Warum? Weil die Card und das Textfeld kein `label` haben. Sie müssen das Skript absichern. Nur wenn es sich um einen Button handelt, soll das Skript ausgeführt werden. Dazu fragen wir den Namen des Zielobjekts ab und prüfen einfach, ob das Wort »button« darin vorkommt.

```
on mouseUp
   if "button" is in the target then
      put the label of the target after fld "display"
   end if
end mouseUp
```

Super. Jetzt werden Zahlen und Zeichen nur ins Display übernommen, wenn ein Button geklickt wurde. Damit man das Display auch wieder leeren kann, würde ich noch folgendes Skript in das Display schreiben:

```
on mouseUp
   put empty into me
end mouseUp
```

Das Wörtchen `me` steht dabei für das Objekt, zu dem das Skript gehört, also in diesem Fall für das Display. So kann man das Display mit nur einem Klick löschen. Jetzt kann man das Programm also schon benutzen, um sämtliche Zahlen und das Pluszeichen im Display einzugeben – und das alles nur mit wenigen Zeilen Code.

Jetzt soll aber natürlich auch noch etwas passieren – und zwar, wenn man auf das Gleichheitszeichen drückt. Das Gleichheitszeichen soll die Summe der mit Pluszeichen verbundenen Zahlen im Display ausrechnen und anzeigen. Die Plustaste wird also anders behandelt als die anderen Tasten und braucht ein eigenes Skript. Dieses können Sie ausnahmsweise nun einfach direkt in das Button-Skript schreiben, dann wird der Mausklick auf das Gleichheitszeichen erst gar nicht zur Card weitergeleitet. In das Skript des Gleich-Buttons kommt folgender Code:

```
on mouseUp
   ausrechnen
end mouseUp
```

Hier können Sie sehen, wie man die Hierarchien der Ereignisse sinnvoll nutzen kann. Nur ein Button (der mit dem Zeichen =) hat ein eigenes Skript – klickt man auf einen der anderen Buttons, wird das Skript für den Mausklick eine Ebene weiter oben auf der Card gefunden und dort behandelt.

Bleibt als Letztes nur noch die Berechnung durchzuführen. Haben Sie eine Idee, wie man Berechnungen mit einer Zeichenkette wie »3+5+7« oder ähnlich durchführen kann? LiveCode hat da ja einige clevere Funktionen, die wir bereits in Kapitel 4, »Skripte: Programmieren macht Spaß!«, näher angeschaut haben. Eine schön saubere Methode bestünde zum Beispiel darin, die Zeichenkette mittels des Trennzeichens + in `items` auseinanderzunehmen, die dann in einer `repeat-for-each-item`-Schleife durchgegangen und addiert werden. Das würde im Code (im Card-Skript) so aussehen:

```
on ausrechnen
   put fld "display"  into rechnung
   set the itemDelimiter to "+"
   put 0 into summe
   repeat for each item zahl in rechnung
      add zahl to summe
```

```
    end repeat
    put summe into fld "display"
end ausrechnen
```

Zuerst wird die eingegebene Kette aus dem Feld »display« in die Variable `rechnung` getan. Dann wird das Trennzeichen für `items` auf + gesetzt, denn damit sollen die zu addierenden Zahlen unterschieden werden. Nun wird noch die Variable `summe` auf den Anfangswert 0 gesetzt, und dann kann es losgehen. Für jedes `item`, das heißt für jede Zahl zwischen den Pluszeichen, wird die Schleife einmal durchlaufen. Die Zahl wird zur Summe addiert, und am Ende der Schleife wird die Summe ins Display geschrieben. Wenn das Displayfeld am Anfang leer war, steht jetzt 0 drin, denn dann ist die Summe noch auf ihrem Anfangswert und die Schleife wurde gar nicht durchlaufen. Ansonsten erscheint das Ergebnis der Rechnung (Abbildung 7.6).

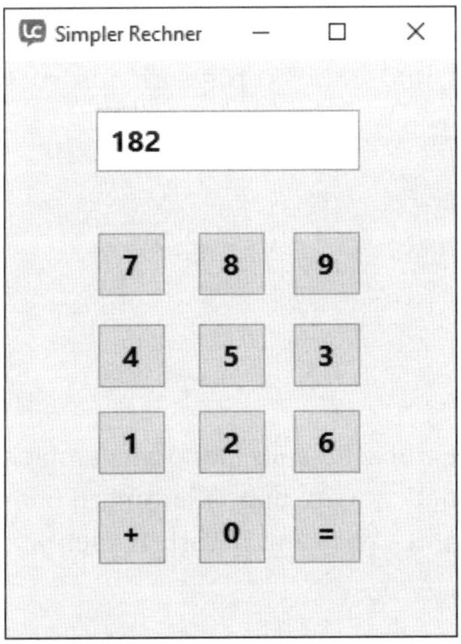

Abbildung 7.6 Das Ergebnis von 99 + 82 + 1

Dieser Rechner ist ein einfaches Beispiel dafür, wie man Messages auf verschiedenen Ebenen nutzen kann. Wer will, kann den Rechner gerne noch etwas ausbauen. Um allerdings mehrere Grundrechenarten kombiniert zu berechnen, müssen Sie etwas mehr Aufwand betreiben. Auch das ist aber mit den Mitteln, die Sie bisher gelernt haben, möglich.

Eigene Funktionen definieren

Mit den Message-Behandlungsskripten haben Sie Antwortskripte auf selbst erstellte Ereignisse kennengelernt. In anderen Programmiersprachen heißt sowas auch *Prozeduren* – es sind Skripte, die aufgerufen werden, wenn Sie eine bestimmte eigene Message senden. Neben diesen Ereignisbehandlungen gibt es in LiveCode eben auch noch *Funktionen* – und zwar zunächst fest eingebaute Funktionen, die wir teilweise auch schon verwendet haben, wie zum Beispiel `round(x)` – Rundung einer Zahl x, `random(x)` – Erstellung einer Zufallszahl zwischen 1 und x, `abs(x)` – der absolute Wert der Zahl x usw. Im Dictionary können Sie eine Menge vorhandener Funktionen nachschlagen.

Ebenso können Sie aber auch Ihre eigenen Funktionen definieren, die dann genauso verwendet werden können wie die fest eingebauten. Sie erhalten einen Wert, berechnen etwas oder wandeln den Wert um und geben einen Antwortwert zurück. Eine eigene Funktion sollte am besten auch im Stack-Skript stehen, damit sie von überall aus aufgerufen werden kann. Sie wird mit dem Wort `function` eingeleitet, benötigt einen Namen, einen Variablennamen für den ihr übergebenen Wert, und sie liefert mit dem Ausdruck `return` einen Wert zurück.

Beispiel:

```
function dasDoppelte x
   put x*2 into doppelt
   return doppelt
end dasDoppelte
```

Diese selbst erstellte Funktion verdoppelt einen Wert `x`. Beachten Sie, dass das `x` einfach mit Leerzeichen hinter den Funktionsnamen geschrieben wird, ohne Klammern oder so. `x` ist die Variable, in die der übergebene Wert kommt – das kann natürlich auch `y`, `z`, `wert` oder jeder beliebige Variablenname sein.

Aufgerufen wird die Funktion jetzt zum Beispiel folgendermaßen:

```
put dasDoppelte(128) into neuerWert
```

Beim Aufruf wird der übergebene Wert in Klammern hinter den Funktionsnamen gesetzt. Hier würde jetzt also am Ende 256 in die Variable `neuerWert` geschrieben. Der Ausdruck `dasDoppelte(128)` wird durch den `return`-Wert der aufgerufenen Funktion ersetzt. So können Sie also jede benötigte Funktion, sei es eine mathematische Berechnung, eine Auswertung, eine Umwandlung von Zeichen usw., als eigene Funktion definieren und erweitern damit den Baukasten Ihrer individuellen Programmfunktionen, aus denen sich Ihr Projekt zusammensetzt.

7.4 Jetzt aber »Hangman« – ein cooles Spiel

Der kleine Taschenrechner war eine Abschweifung, um zu zeigen, wie man übergeordnete Skripte einsetzen kann. Jetzt aber zurück zum eigentlichen Projekt, dem »Hangman«-Spiel. Sie haben jetzt alles beisammen, um dieses Spiel bauen zu können. Als Erstes müssen Sie überlegen, welche Elemente auf dem Stack benötigt werden, um das Spiel spielen zu können.

Sie brauchen alle Buchstaben von A–Z zum Draufklicken, um einen Buchstaben zu raten (klar könnte man den Buchstaben zum Raten auch in ein Textfeld eingeben, aber das wäre wenig angenehm für den Benutzer, und man könnte dann bereits geratene Buchstaben auch nicht markieren).

Eine Möglichkeit wäre, 26 Buttons zu erstellen, auf denen die Buchstaben liegen. So könnte man auf jeden Fall vorgehen, und man würde dann den gewählten Buchstaben durch ein einziges Skript für alle Buttons ermitteln, indem man das `target` auswertet, wie schon im Taschenrechner ausprobiert.

Trotzdem: Wir wollen es hier noch einfacher machen, denn wie immer bietet LiveCode uns zahlreiche Möglichkeiten. Meine Empfehlung: Legen Sie ein Textfeld mit entsprechend großer Schriftgröße an (zum Beispiel 40). Schreiben Sie die Buchstaben A–Z, vielleicht auch noch die Umlaute mit jeweils einem Leerzeichen dazwischen hinein. Jetzt setzen Sie noch die Schrift auf Fett und skalieren das Eingabefeld so lange, bis es etwa hinkommt mit den Buchstaben, kreuzen LOCK TEXT an, und dann ist es erst einmal fertig (Abbildung 7.7).

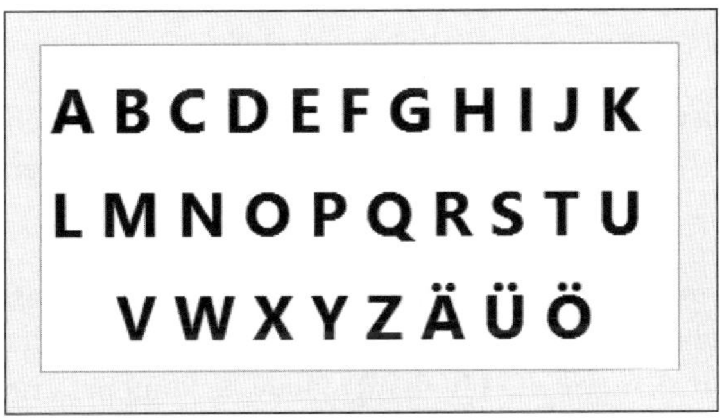

Abbildung 7.7 Das Textfeld, mit dem die Buchstaben gewählt werden

Sollten Sie sich jetzt fragen, wie das denn funktionieren soll, wie man denn herausfinden soll, auf welchen Buchstaben geklickt wird, dann kann ich darauf nur sagen: Gut mitgedacht. Probleme gleich im Vorfeld zu erahnen ist beim Programmieren äußerst wichtig.

Aber LiveCode hat hier wieder eine großartige interne Eigenschaft eingebaut, die wir nutzen können, und zwar den `mouseChar` – das ist das Zeichen, über dem sich die Maus gerade befindet. Wenn Sie also den Klick auf das Textfeld auswerten, sagt Ihnen der `mouseChar`, auf welches Zeichen geklickt wurde!

Zwei weitere Grundelemente sind auf jeden Fall noch nötig, um die App spielbar zu machen: erstens das angezeigte Wort (das nur Striche anzeigt, wenn noch keine Buchstaben geraten wurden) und zweitens natürlich das Bild vom Galgen.

Das Wortfeld ist einfach: Textfeld anlegen, benennen in »dasWort« (zum Beispiel), Font groß, Schrift zentriert, mittig platzieren. Fertig.

Nun zum Galgen: Am einfachsten ist es hier sicherlich, die sechs Phasen, die die Zeichnung durchläuft, als einzelne Bilder zu erstellen und in das Projekt zu importieren. Die Bilder können dann jeweils auf einem Button als Icon angezeigt werden (so haben Sie es ja früher auch schon mit den Würfeln gemacht).

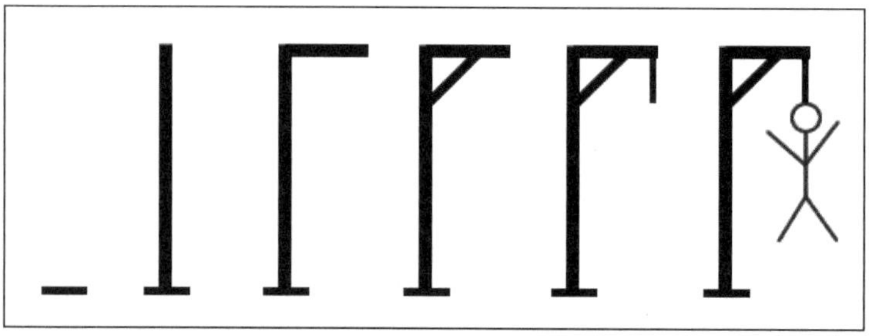

Abbildung 7.8 Sechs verschiedene mögliche »Hangman«-Bilder, hier nebeneinander gestellt

Sie können selbst sechs Bilder erstellen (nach dem Muster in Abbildung 7.8) oder die fertigen Bilder im Hangman-Projekt in den MATERIALIEN ZUM BUCH herunterladen unter:

www.rheinwerk-verlag.de/4258

Wichtig ist, dass die Bilder möglichst im Format PNG abgespeichert sind und eine passende Größe haben. Wenn Sie die Bilder auf den Stack importieren, sollten Sie sie der richtigen Reihenfolge entsprechend in »hangman1« bis »hangman6« benennen. Dann machen Sie sie unsichtbar (VISIBLE abwählen) und legen einen großen Button, transparent und ohne Rahmen oder sonstige Effekte an. Den Button nennen Sie »hangman« (Abbildung 7.9).

Jetzt sollten Sie noch einen Start-Button hinzufügen, mit dem das Spiel losgeht, dann ist wirklich alles bereit.

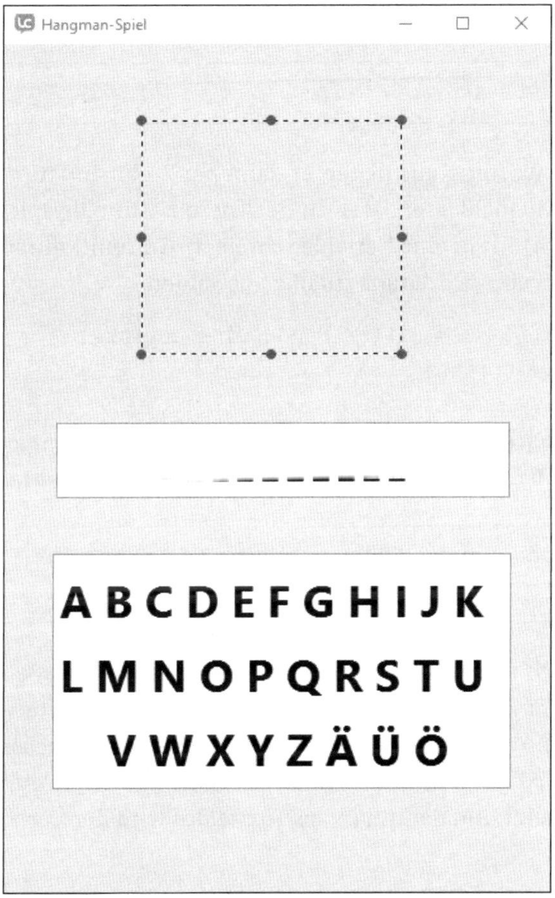

Abbildung 7.9 Grundaufbau des Hangman-Stacks.
Die sechs Bilder sind auch schon drin, aber unsichtbar.

Schauen Sie nochmal an den Anfang des Kapitels – dort haben wir bereits grundlegende Vorgänge bzw. Module festgelegt, aus denen das »Hangman«-Spiel bestehen sollte. Die müssen wir jetzt nur noch eines nach dem anderen programmieren, dann die einzelnen Module zusammenfügen, und schon kann das Spiel gespielt werden.

Womit wollen Sie beginnen? Vielleicht mit dem »Ausdenken« eines Wortes, das geraten werden soll? Das Skript dazu soll mit der Message `ermittleWort` gestartet werden.

```
on ermittleWort

end ermittleWort
```

Dieses Gerüst kommt in das Stack-Skript.

> Wie »denkt« sich der Computer ein Wort aus?

Er braucht dazu eine ganze Liste von Wörtern, aus denen er dann per Zufallsfunktion eines auswählt. Es gibt zahlreiche Möglichkeiten, das zu realisieren. Zum Beispiel könnte man einfach eine Liste von Wörtern in eine Variable schreiben. Getrennt durch Leerzeichen, dann kann das Programm ein `word` daraus zufällig auswählen.

```
put "Autobahn Zahnbürste Fotografie Waldmeister Hundeleine Oberarzt ⊃
Fensterbrett Lautsprecher" into wortliste
```

Also so zum Beispiel. Das ist jetzt natürlich keine besonders lange Liste, und um dieses Spiel wirklich mit Spaß zu spielen, braucht man auf jeden Fall mehr Wörter, mindestens 100.

> Soll ich wirklich 100 Wörter nacheinander in den Editor eintippen und der Variablen zuweisen?

Das wäre sehr umständlich, wenn auch theoretisch möglich. Besser wäre es, zum Beispiel ein großes Textfeld auf den Stack zu ziehen und eine ganze Reihe von Wörtern irgendwo aus dem Web oder aus einem Text zu kopieren und per Copy & Paste in dieses Textfeld hineinzubefördern. Man kann dann ja hinterher noch etwas nacharbeiten, und dann wird das Textfeld unsichtbar gesetzt und der Inhalt des Textfeldes wird der Variablen zugewiesen:

```
put fld "langerText" into wortliste
```

Vielleicht sollen die Wörter aber auch alle aus einer *externen Textdatei* kommen. Diese können Sie einfach in Windows (notepad) oder Mac (TextEdit) erstellen und unter einem Namen auf der Festplatte speichern. Dann können Sie die Textdatei später unabhängig vom Programm bearbeiten und auch mehrere unterschiedliche Wortdateien laden, je nach Schwierigkeitsgrad. Das ist auch möglich – wie es geht, wird später im Buch noch ausführlich behandelt. Hier nur eine Beispielzeile, mit der Sie die gespeicherte Textdatei in Ihre Variable bekommen:

```
put url("file:C:/dokumente/woerterliste.txt") into wortliste
```

Für den Test wollen wir uns hier aber mit der ersten Methode begnügen, in der einfach einige Wörter direkt in die Variable hineingeschrieben werden. Für Ihren späteren Ausbau des Programms stehen Ihnen natürlich alle Möglichkeiten offen.

Wie wird jetzt aus der Variablen `wortliste` ein zufälliges Wort gewählt? Ganz einfach – mit der inzwischen hinlänglich bekannten `random`-Funktion. Sie müssen dazu nur die Anzahl der Wörter in der Variablen kennen – und die können Sie mit `number of words` ermitteln. Das sieht dann so aus:

```
global ratewort
on ermittleWort
   put "Autobahn Zahnbürste Fotografie Waldmeister Hundeleine Oberarzt ⮐
Fensterbrett Lautsprecher" into wortliste
   put the number of words of wortliste into anzahl
   put random(anzahl) into zufall
   put word zufall of wortliste into ratewort
end ermittleWort
```


Mit diesem Skript wird zunächst die Anzahl der Wörter in der Liste ermittelt. Dann wird, basierend auf der Anzahl, ein zufälliges Wort aus der Liste gewählt und in die globale Variable `ratewort` hineingeschrieben. Die Variable ist als `global` deklariert, weil Sie sie und ihren Inhalt natürlich auch in anderen Skripten noch brauchen werden. Und eines noch: Im »Hangman«-Spiel wird nur mit Großbuchstaben gespielt. Deswegen sollte das `ratewort` auch nur aus Großbuchstaben bestehen. Das geht mit dem Befehl `toUpper`, der eine Zeichenkette komplett in Großbuchstaben verwandelt:

```
put toUpper (ratewort) into ratewort
```

Jetzt steht das richtige Wort in Großbuchstaben in der richtigen Variablen, aber das Spiel kann so immer noch nicht beginnen, denn in der Ratezeile muss ja noch für jeden Buchstaben ein Strich angezeigt werden. Vielleicht machen wir daraus einfach ein eigenes Skript, das mit der Message `zeileAnzeigen` aufgerufen wird. Für jeden Buchstaben im Wort `ratewort` soll ein Strich im Textfeld »dasWort« ausgegeben werden. »Für jeden« heißt ja auf Englisch *for each* – und genau so eine Schleife brauchen Sie dazu also auch:

```
on zeileAnzeigen
   put empty into fld "dasWort"
   repeat for each char c in ratewort
      put "_ " after fld "dasWort"
   end repeat
end zeileAnzeigen
```

Zuerst wird das Feld »dasWort« also geleert. Dann wird die Schleife für jedes Zeichen in der Variablen `ratewort` genau einmal durchlaufen (mit der Variablen `c` für das jeweilige

Zeichen, aber den Wert von `c` verwenden wir hier gar nicht), und es wird jedes Mal ein Unterstrich und ein Leerzeichen an das Feld angehängt.

> Warum ein Leerzeichen?

Damit es besser aussieht und man die Striche voneinander unterscheiden kann.

Jetzt sind die beiden Skripte fertig, mit denen das Spiel in Gang gesetzt werden kann. In das Skript zum Start-Button können Sie jetzt Folgendes hineinschreiben:

```
on mouseUp
   ermittleWort
   zeileAnzeigen
end mouseUp
```

Ganz einfach – und es spricht für sich selbst. Probieren Sie es aus: Klicken Sie auf den Startknopf, und es erscheint ein Stellvertreter für das Wort mit Unterstrichen. Klicken Sie erneut, und es erscheint ein anderes – oder dasselbe. Ganz zufällig.

Das Wort wird ermittelt, die Striche werden angezeigt. Dann kann es jetzt ans Raten gehen. Wenn auf einen Buchstaben geklickt wird, dann soll geprüft werden, ob sich der Buchstabe im Ratewort befindet. Falls ja, dann wird er dort eingetragen, falls nein, dann wird der Galgen ein Stück weitergezeichnet. Prinzipiell sieht das Skript dazu so aus:

```
on auswertung
   if buchstabe is in ratewort then
      buchstabeZeigen
   else
      galgenZeichnen
   end if
end auswertung
```

Das ist übrigens nicht schematisch skizziert, sondern so sieht bereits das richtige endgültige Skript aus. `if buchstabe is in ratewort` prüft konkret, ob der gerade gewählte Buchstabe in der globalen Variablen `ratewort` enthalten ist. Was noch fehlt, ist die Ermittlung des gewählten Buchstabens, über die wir schon gesprochen haben.

```
put the mousechar into buchstabe
```

Damit wird das Zeichen, über dem die Maus sich gerade befindet, in die Variable `buchstabe` geschrieben. Dieser Befehl muss an den Anfang des Skripts, gleich hinter `on auswertung`.

Nun folgt das Skript für den Vorgang buchstabeZeigen. Auch hier ist eine Schleife gefragt. Jedes Zeichen von ratewort wird einmal durchgegangen und mit dem gewählten Buchstaben verglichen. Wenn der Buchstabe übereinstimmt, wird er an die richtige Stelle im Feld »dasWort« geschrieben.

```
on buchstabeZeigen
   put the number of chars of ratewort into anzahl
   repeat with x = 1 to anzahl
      if (char x of ratewort) = buchstabe then
         put buchstabe into char (x*2-1) of fld "dasWort"
      end if
   end repeat
end buchstabeZeigen
```


Damit das Skript »weiß«, welcher Buchstabe zuvor gewählt wurde, muss buchstabe auch eine globale Variable sein. Die oberste Zeile auf der Stack-Skriptseite sieht dann also geändert so aus:

```
global ratewort,buchstabe
```

Die Schleife dürfte verständlich sein, dann wird mit einer if-Struktur abgefragt, ob der Buchstabe an dieser Stelle auftaucht, und wenn ja, dann wird er dargestellt.

Warum an Position (x*2-1) und nicht einfach an Position x?

Das liegt daran, dass die Buchstaben im Feld »dasWort« ja immer mit einem Leerzeichen dazwischen dargestellt werden. Also ist nur jedes zweite Zeichen im Feld ein Buchstabe. Damit ist die Position von Buchstabe x also bei x mal 2 – aber minus 1, weil es bei Position 1 losgeht.

Als Nächstes kümmern Sie sich um den Galgen. Immer, wenn ein falscher Buchstabe geraten wird, soll ein neues Galgenbild angezeigt werden – bis der »Hangman« komplett ist. Was wird dafür gebraucht? Zunächst einmal die Information, wie oft schon falsch geraten wurde. Daraus kann man dann die Nummer des Galgenbildes ermitteln. Wir brauchen also noch eine weitere globale Variable, und das wird unsere letzte bleiben. Nennen wir sie fehler.

```
global ratewort,buchstabe,fehler
```

Die Variable fehler muss unbedingt vor jeder neuen Runde auf 0 gesetzt werden. Das sollte auch am besten im Skript für ermittleWort geschehen. Wenn ein Buchstabe falsch geraten wird, dann erhöht sich der Wert von `fehler` um 1, und das dazu passende Bild wird als Icon auf den Button namens »hangman« gesetzt. Der Befehl zum Setzen des passenden Icons sieht folgendermaßen aus:

```
set the icon of btn "hangman" to the id of img ("hangman"&fehler)
```

Wie schon früher (bei der Würfelmaschine in Kapitel 5) wird auch hier wieder die *ID* des richtigen Bildes ermittelt (der Bildname setzt sich aus »hangman« und dem Wert von `fehler` zusammen), und diese ID wird als Icon für den Button gesetzt und damit angezeigt. (Der Button »hangman« ist nur ein Platzhalter für das Bild und fungiert nicht als eigentlicher Button).

Das ganze Skript zum Zeichnen des Galgens sieht damit so aus:

```
on galgenZeichnen
   add 1 to fehler
   set the icon of btn "hangman" to the id of img ("hangman"&fehler)
end galgenZeichnen
```

Ja, das funktioniert alles bereits, aber was ist, wenn mehr als sechs Fehler gemacht werden? Dann gibt es ein Problem, weil kein Bild Nr. 7 mehr vorhanden ist. Und was ist, wenn das Wort komplett erraten wurde? Was noch fehlt, ist die *Endauswertung*. Das heißt: Es muss nach jedem Versuch geprüft werden, ob das Spiel schon zu Ende ist, weil entweder das Wort komplett ist oder der Galgen fertig gezeichnet ist. Das prüfen Sie in dem Skript zur Endauswertung.

Der erste Fall, nämlich »der Galgen ist fertig«, lässt sich leicht prüfen. Wenn die Variable `fehler` den Wert 6 hat, dann ist der Galgen komplett, und der Spieler hat verloren. Wie prüft man aber, ob das Wort komplett ist? Es gibt mehrere Möglichkeiten, aber die einfachste ist die: Wenn kein Unterstrich mehr im Feld »dasWort« enthalten ist, dann ist das Wort komplett. Die Endauswertung sieht damit folgendermaßen aus:

```
on endauswertung
   if fehler = 6 then
      answer "Leider gescheitert! Das richtige Wort war : "&ratewort
   end if
   if "_" is not in fld "dasWort" then
      answer "Glückwunsch! Das Wort ist komplett!"
   end if
end endauswertung
```

Wenn die Fehleranzahl 6 ist, dann muss der Galgen komplett gezeichnet worden sein. Also gibt es eine Mitteilung, dass das Spiel leider verloren wurde. Die richtige Lösung (`ratewort`) gibt die Mitteilung gleich dazu. Wenn hingegen das Wort komplett ist (Unterstrich ist *nicht* enthalten), dann wird einfach gratuliert.

Noch eine ganz wichtige Sache: Bevor ein neues Spiel beginnen kann, muss die Zeichnung wieder gelöscht werden. Das sollte also auch automatisch passieren, wenn ein neues Wort ermittelt wird (im Skript `ermittleWort`). Folgender Befehl erledigt dies:

```
set the icon of btn "hangman" to empty
```


Das Icon wird auf »leer« (`empty`) gesetzt und ist damit nicht mehr zu sehen. Jetzt kann das Spiel gespielt werden (Abbildung 7.10).

Abbildung 7.10 Leider zu oft falsch geraten

Es funktioniert! Der Prototyp ist fertig. Das Spiel ist so spielbar. Natürlich ist das noch nicht das Endprodukt. Wie immer ist es sehr angeraten, diese App kosmetisch zu behandeln, damit sie schöner wird. Farben, Formen, Grafiken, können hier ergänzt werden, und ein ästhetisches Grundlayout wäre von Vorteil. Auch sind kleine Mitteilungsfenster selten schön, vor allem nicht in Handy-Apps. Da empfiehlt es sich als Alternative zum Beispiel, zwei neue Cards anzulegen, auf denen in entsprechend schön gestalteter Form mitgeteilt wird, dass man gewonnen oder verloren hat. Unten auf der Card kann dann der Zurück-Button sein, der ein neues Spiel startet. Kriegen Sie das hin?

7.5 Debugging: Wie finde ich den Fehler?

Programmieren, ohne Fehler zu machen, gibt es nicht. Natürlich wäre es angenehm, wenn man lange und komplexe Skripte einfach so hinschreiben könnte, und sie laufen sofort perfekt. Aber das ist nicht die Praxis – vor allem nicht, während man noch lernt. Fehler sind der Antrieb, der unseren Lernprozess in Gang hält. Sie sollten sich über jeden Fehler freuen, denn er gibt Ihnen die Chance, etwas Neues zu verstehen und in Ihren Erfahrungsschatz mit aufzunehmen. Ihr Programmieren wird dadurch immer vorausschauender und effizienter. Lernen geschieht beim Programmieren sehr häufig durch Fehlermachen – durch Trial and Error.

Gerade zu Beginn, wenn man noch nicht mit allen Befehlen und Formen so vertraut ist, kann man aber auch verzweifeln, weil man einfach nicht weiß, warum es nicht funktioniert und was da jetzt falsch sein soll. Vielleicht vermuten Sie auch einen Fehler im System von LiveCode, weil Sie doch alles scheinbar richtig gemacht haben. Dazu kann ich aus meiner eigenen Erfahrung nur anmerken: Bei 99,9 % aller Probleme liegt der Fehler im eigenen Programmcode. LiveCode ist sehr ausgereift. Fehler im System sind extrem selten und treten auch nicht bei gewöhnlichen Standardoperationen auf. Auf eventuelle Fehlfunktionen von LiveCode werden Sie, wenn überhaupt, vielleicht einmal nach langjähriger Erfahrung in sehr komplizierten Spezialanwendungen stoßen, wenn Sie einmal noch nicht ganz ausgereifte neue Funktionen ausprobieren. Aber auch solche lassen sich in der Regel umgehen und beheben.

Wenn etwas nicht funktioniert, ist es Ihre Aufgabe, den Fehler zu lokalisieren und zu beheben. Das nennt man *Debugging* – zu Deutsch »entwanzen« oder »Käfer entfernen«. Die Legende sagt, dass dieser Begriff zu Urzeiten der Computertechnologie entstanden ist, als die Computer noch aus Tausenden von Röhren und Relais bestanden und Fehler tatsächlich auch dadurch auftraten, dass Käfer und Wanzen in den Geräten saßen und Kontakte blockierten oder überbrückten.

Zunächst unterscheiden wir drei grundsätzliche Arten von Fehlern: Syntaxfehler, Laufzeitfehler und Fehler ohne Fehlermeldung. Typ 1 ist der *Syntaxfehler* – das sind Fehlermeldungen, die gleich beim Speichern oder Anwenden eines Skripts erscheinen, wobei das Skript rot markiert wird. Sie weisen darauf hin, dass hier ein Befehl oder eine längere Anweisung falsch geschrieben wurde (Abbildung 7.11), im falschen Format verwendet wurde, unvollständig ist oder aus anderen Gründen nicht verstanden wird. Es kann sein, dass Klammern fehlen, dass ein `if` kein `end if` hat (Abbildung 7.12), dass ein Befehl auf die falsche Art von Objekt angewendet wird (Abbildung 7.13), dass Parameter fehlen oder zu viele angegeben wurden, dass zu viele oder zu wenige Anführungszeichen da sind usw.

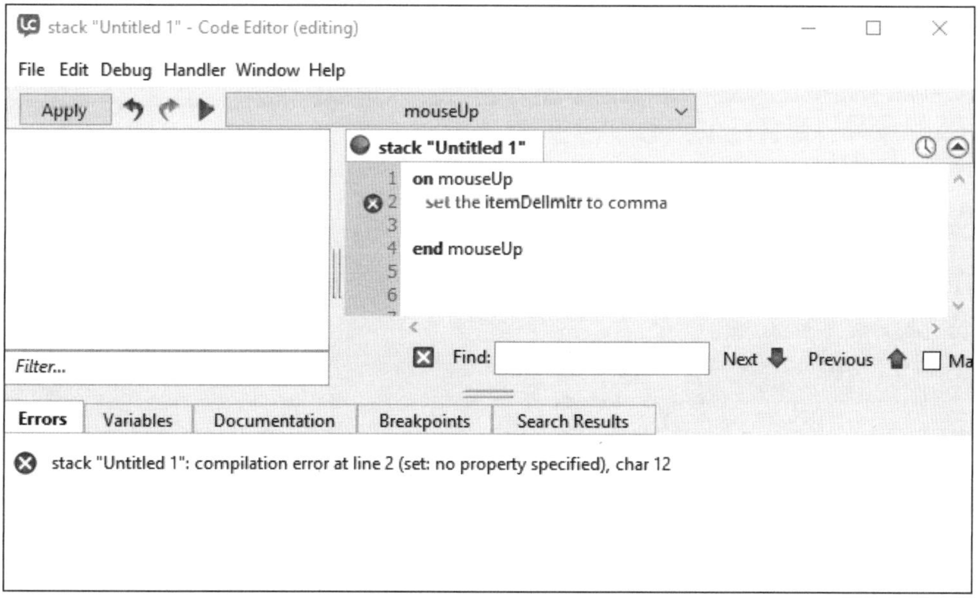

Abbildung 7.11 Ein Syntaxfehler ist am leichtesten zu beheben. Hier wurde »itemDelimiter« falsch geschrieben.

Bei Syntaxfehlern zeigt LiveCode mit einem roten Kreis mit weißem x, in welcher Zeile es den Fehler entdeckt hat. Steht diese Markierung am Schluss des Skripts, ist meistens vorher etwas nicht richtig abgeschlossen worden. Außerdem gibt der Fehlertext unter ERRORS einen Hinweis auf das Problem. Meistens hilft das weiter. Aber Vorsicht: Manchmal täuscht der Hinweis auch, weil LiveCode aufgrund eines Fehlers etwas falsch interpretiert hat.

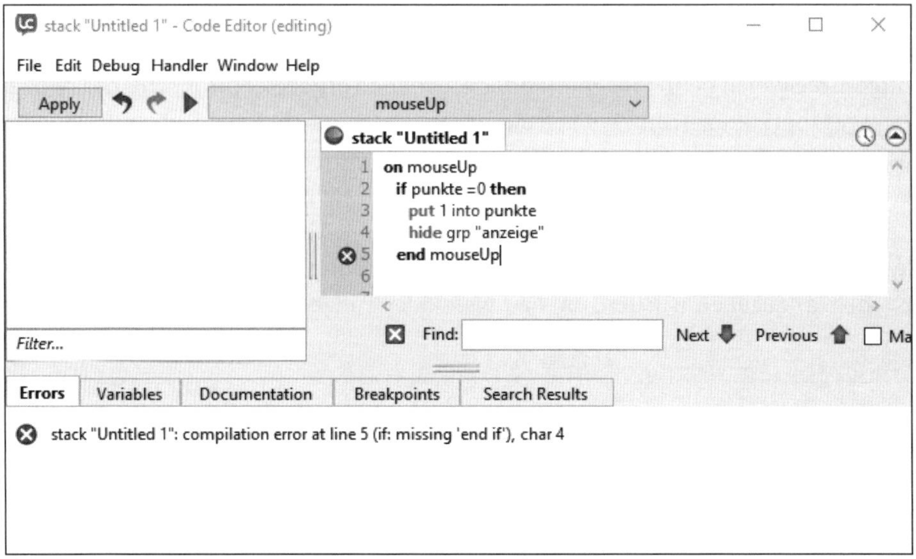

Abbildung 7.12 Wenn das »end if« fehlt, zeigt LiveCode den Fehler am Schluss des Skripts.

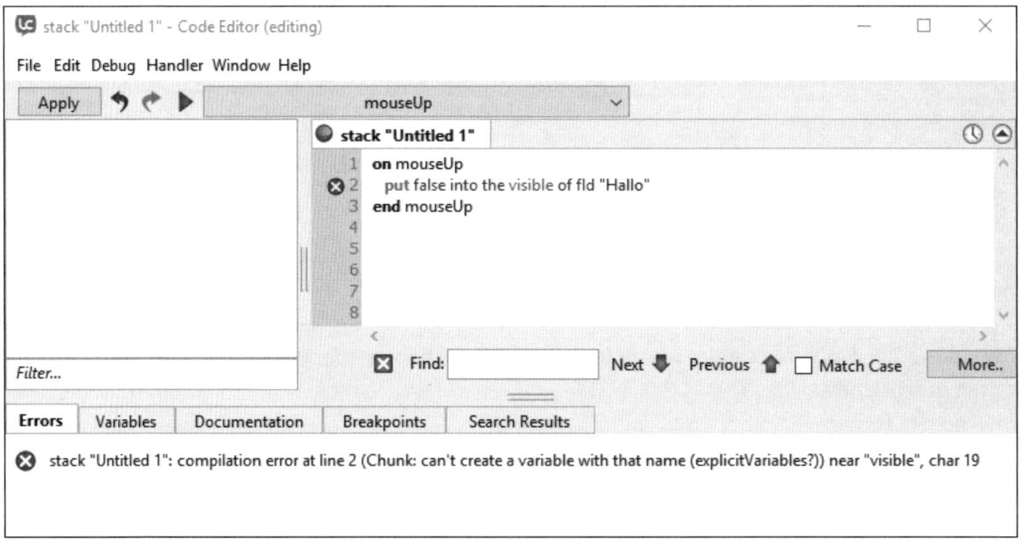

Abbildung 7.13 Hier wird ein Befehl falsch verwendet. Man kann nicht mit »put« die Eigenschaft »visible« eines Feldes ändern (das geht nur mit »set«).

Bei Syntaxfehlern empfiehlt es sich, die markierte Zeile noch einmal ganz genau durchzugehen, im Zweifelsfall das Dictionary zu öffnen und nachzuschauen, wie der Befehl exakt verwendet werden muss, und wenn dort nichts falsch zu sein scheint, das Skript als Ganzes zu prüfen. Statt des Dictionarys können Sie natürlich auch zuerst einmal auf den Reiter DOCUMENTATION unten im Editorfenster klicken, wo Ihnen automatisch der Eintrag zu den in der aktuellen Zeile verwendeten Befehlen gezeigt wird. Oft können Sie so schon sehr schnell ermitteln, was falsch ist.

Außerdem lassen sich Syntaxfehler oft schon vor dem Kompilieren eines Skripts erkennen (und vermeiden), wenn LiveCode-Befehle und reservierte LiveCode-Wörter (wie `set`, `put`, `if`, `then`, `into`, `line`, `item`, `field` usw.) im Editor weder farbig noch fett erscheinen – oder wenn Text in Rot erscheint (Anführungszeichen fehlen). Dann sollten die Alarmglocken schrillen. Meistens liegt dann ein Schreibfehler vor.

Die zweite Kategorie von Fehlern sind *Laufzeitfehler*. Das sind Fehler, die erst auftreten, während das Programm läuft. Zwar sind im Skript alle Befehle für LiveCode erkennbar und richtig geschrieben, aber die Anweisung kann trotzdem aus irgendeinem Grund nicht ausgeführt werden, zum Beispiel wenn auf ein Objekt mit einem Namen zugegriffen werden soll, den LiveCode unter den vorhandenen und sichtbaren Elementen nicht findet.

Bei Laufzeitfehlern wird das aktuelle Programm auf Pause gesetzt, und LiveCode geht in einen *Debug-Modus*. Jetzt kann der Fehler gesucht werden. Wenn der Debug-Modus beendet werden soll, damit der Editor wieder reagiert, müssen Sie auf das blaue Quadrat oben links im Editorfenster klicken (um das Skript zu beenden) bzw. auf den grünen Pfeil, um das Skript trotz Fehler weiterlaufen zu lassen (Abbildung 7.14).

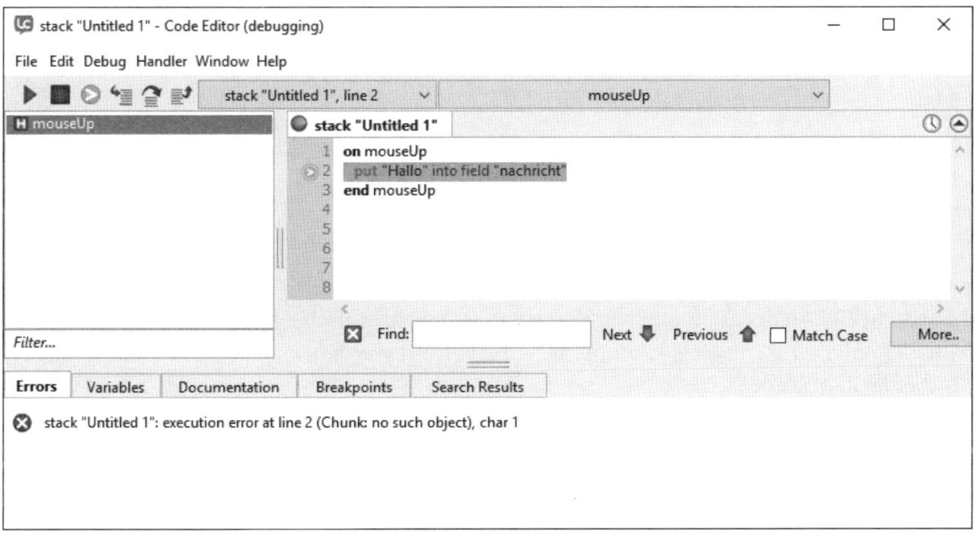

Abbildung 7.14 Typischer Fehler: LiveCode findet kein Feld, das den Namen »nachricht« hat.

Wenn in der Fehlermeldung »Chunk: no such object« steht, dann haben Sie es mit einem der häufigsten Fehler zu tun. Sie versuchen auf ein Objekt zuzugreifen, das LiveCode nicht findet. Warum? Das kann mehrere Gründe haben. Vielleicht haben Sie den Namen des Objekts anders geschrieben, als es wirklich heißt? Vielleicht haben Sie sogar vergessen, das Objekt, auf das Sie zugreifen wollen, zu benennen. Auch oft passiert Folgendes: Sie versuchen auf ein Objekt zuzugreifen, das sich auf einer anderen Card als der aktuell angezeigten befindet. Da reicht dann aber nicht der Name des Objekts, denn LiveCode findet die Objekte auf einer anderen Card nicht, wenn diese gerade nicht angezeigt wird. Hier muss dann also der Name der Card hinzugefügt werden. Zum Beispiel so:

```
put "Hallo" into field "nachricht" of card "startseite"
```

Laufzeitfehler treten auch auf, wenn eine Variable falsche Werte hat, so dass eine Operation wie eine Rechnung mit ihr nicht möglich ist, wie im Beispiel in Abbildung 7.15.

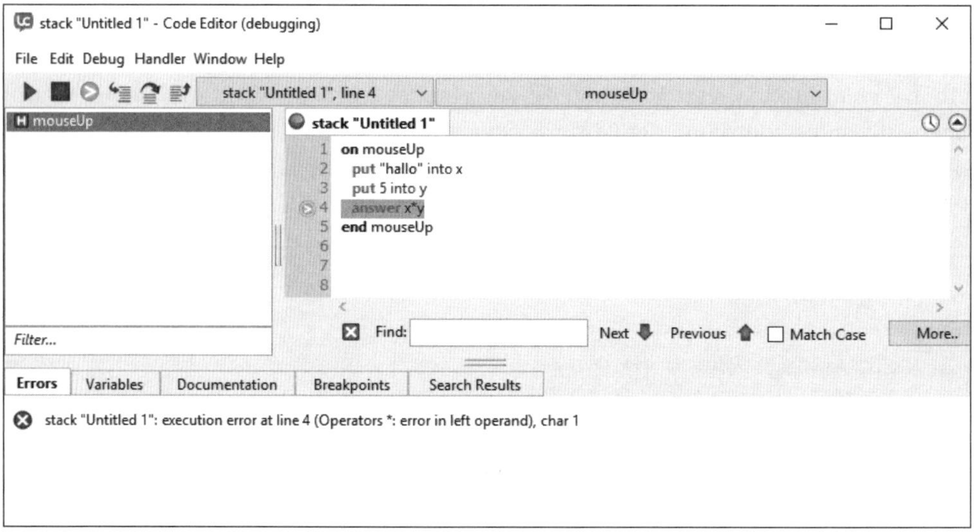

Abbildung 7.15 An der Zeile »answer x*y« ist an sich nichts falsch – aber mit den vorhandenen Variableninhalten kann die Rechnung nicht ausgeführt werden, weil in x eine Zeichenkette statt einer Zahl steht.

Die Fehlermeldung »Error in left operand« sagt dabei schon alles: Mit dem linken Operanden, dem x, stimmt offenbar etwas nicht.

Bei Laufzeitfehlern müssen Sie sich also immer, ausgehend von der Fehlermeldung, die erscheint, die Frage stellen: Stimmen Objektnamen eventuell nicht? Warum kann

LiveCode das Objekt nicht finden? Oder: Stimmt der Inhalt einer Variablen nicht, so dass die Berechnung nicht durchgeführt werden kann? Auch beliebt im Zusammenhang mit Variablenwerten: Wird vielleicht eine globale Variable verwendet, ohne dass diese im Skript oder oberhalb des Skripts als global gekennzeichnet worden ist? Dann erstellt LiveCode nämlich eine neue Variable, die keinen Inhalt hat.

Der dritte Fehlertyp ist der tückischste: Das sind nämlich *Fehler ohne Fehlermeldung*. Das Programm markiert nichts, stoppt nicht, alles läuft – aber das, was passiert, ist nicht das, was eigentlich passieren soll. Das heißt: Es gibt keine formalen Fehler im Code und keine unmöglichen Operationen, aber es liegt dennoch ein Fehler im Programm vor, so dass es sich falsch verhält. Hier ist oft echte Detektivarbeit gefordert. Sie müssen das Skript, in dem etwas nicht funktioniert, Zeile für Zeile durchgehen und sich fragen, was da genau geschieht und was eigentlich geschehen sollte. Sie müssen, ausgehend vom falschen Ergebnis, rückwärts denken und sich fragen, wie es zu so einem falschen Vorgang kommen kann.

Dafür gibt es auch einige Hilfsmittel. Oft geht es ja um falsche Inhalte von Variablen. Um immer zu sehen, welche Werte die Variablen im aktuellen Skript gerade haben, können Sie unter dem Editor den Reiter VARIABLEN anwählen und sehen dann genau, welche Variable welchen Inhalt hat (Abbildung 7.16). Das kann vielfach weiterhelfen, denn meistens stimmt da dann schon etwas nicht.

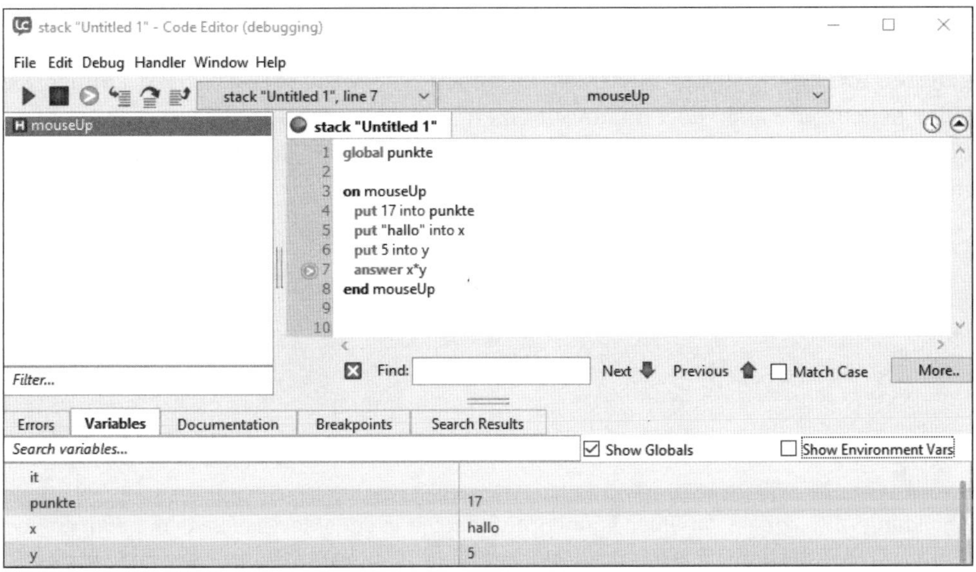

Abbildung 7.16 Die Variablen des aktuellen Skripts werden aufgelistet. Daraus kann man oft schon ersehen, wo der Fehler liegen muss.

> Wie kommt man dann aber an die Variableninhalte eines Skripts, wenn das Programm dort gar nicht stoppt, weil kein formaler Fehler vorliegt?

Ganz einfach: Man setzt einen *Breakpoint* (Haltepunkt). Klicken Sie einfach mit der Maus auf die Spalte mit den Zeilennummern. An der Stelle, wo Sie klicken, wird ein roter Punkt eingefügt (Abbildung 7.17). Hier wird das Programm bei der Ausführung stoppen und in den Debug-Modus gehen, so dass Sie alle Variableninhalte in Ruhe auslesen können.

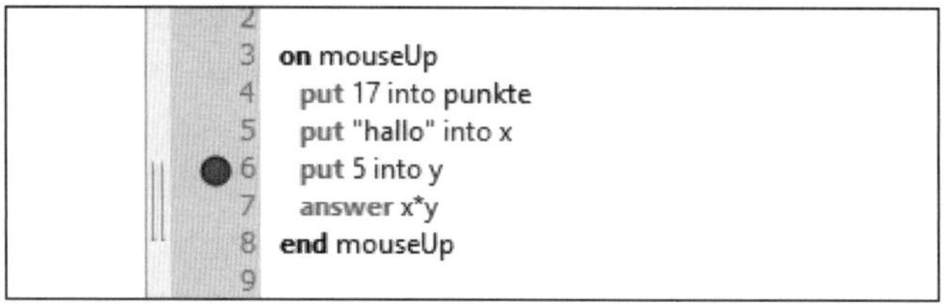

Abbildung 7.17 Breakpoints kann man überall setzen.

Um den Breakpoint wieder zu entfernen, wenn Sie ihn nicht mehr brauchen, klicken Sie einfach nochmal drauf.

Außerdem können Sie auch die MESSAGE BOX sehr gut für die Fehlersuche verwenden. Sie haben sie ja schon einmal in Kapitel 4, »Skripte: Programmieren macht Spaß!«, getestet, um Eigenschaften zu setzen. Öffnen Sie die MESSAGE BOX: Jetzt können Sie jeden beliebigen Befehl dort hineinschreiben, und dieser wird an Ihr Programm gesendet – oder Sie können hier die Werte von Variablen abfragen, und die Ausgabe geschieht im Textfenster der MESSAGE BOX (Abbildung 7.18).

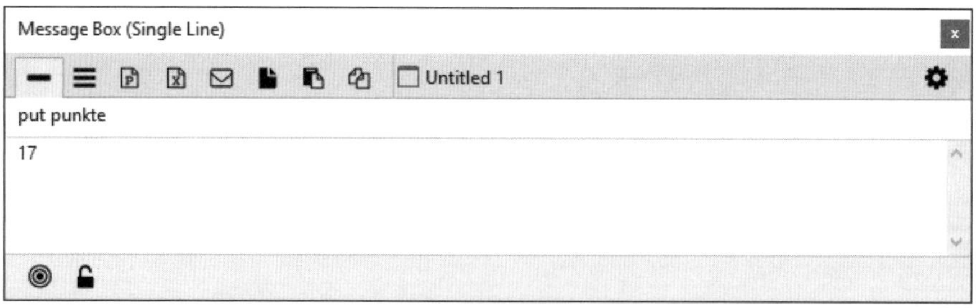

Abbildung 7.18 Globale Variablen können Sie jederzeit in der »Message Box« mit »put« abfragen. Ebenso können Sie aus der »Message Box« Skripte starten und Messages an das Programm senden.

Das Praktischste ist aber der *Put-Befehl ohne Ziel*. Diesen bauen Sie irgendwo in Ihr Skript ein. Zum Beispiel:

```
put y
```

Dieser Befehl scheint keinen Sinn zu machen, denn es ist ja nicht angegeben, wohin die Variable y soll. put ohne Ziel zeigt die Variable immer in der MESSAGE BOX an. Das heißt, die MESSAGE BOX öffnet sich, und der Wert erscheint in ihrem Textfenster (Abbildung 7.19).

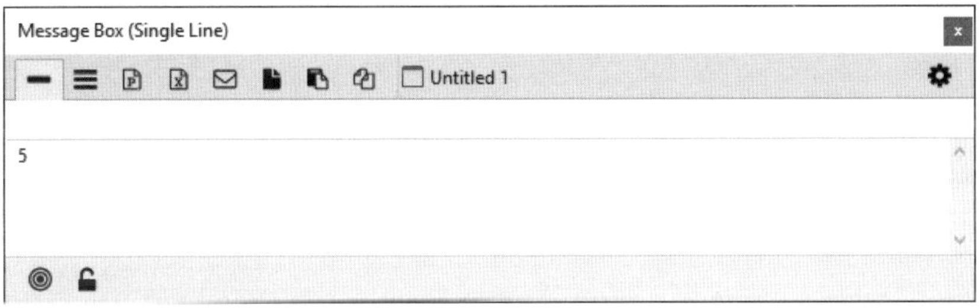

Abbildung 7.19 Der Wert von y wird in der »Message Box« ausgegeben, wenn der »put«-Befehl kein anderes Ziel angibt.

Sie können an jeder Stelle Ihres Programms, an der Sie einen Fehler vermuten, mal eben ein put einfügen und den Wert, der möglicherweise nicht richtig ist, in der MESSAGE BOX ausgeben lassen. Diese Vorgehensweise werden Sie mit der Zeit schätzen lernen, sie kann sehr hilfreich beim schnellen Debuggen Ihres Programms sein. Vergessen Sie nur nicht, put später wieder zu entfernen.

Nutzen Sie auch für solche Fehler immer das integrierte *Dictionary*, um herauszufinden, ob Sie einen Befehl vielleicht anders verwendet haben, als Sie eigentlich sollten. Und auch die anderen Funktionen, die Sie im Menü von LiveCode unter HELP finden, können Ihnen vielleicht weiterhelfen. Wenn Sie einfach nicht wissen, wie Sie eine bestimmte Operation richtig bewerkstelligen, kann es gut sein, dass Sie ein solches Problem in den LiveCode-Foren wiederfinden (vor allem in der Anfängersektion) und entsprechende Lösungsbeispiele angeboten bekommen. Auch lohnt sich oft das Googeln nach einer bestimmten Verwendung von Befehlen oder einem Ziel, das Sie in LiveCode umsetzen wollen. Sie müssen das Problem dazu knapp auf Englisch beschreiben und dürfen nicht vergessen, den Begriff »LiveCode« in der Suchzeile mit anzuführen.

Insgesamt haben Sie eine Menge Möglichkeiten, wenn Sie Fehler im Programm haben und ihnen auf die Spur kommen müssen. Testen Sie alle Hilfsmittel, und entwickeln Sie mit der Zeit Ihre ganz eigene Vorgehensweise – dann werden Sie mit wachsender Erfahrung nach und nach zum Profi!

Kapitel 8
Multimedia, Grafik und Online-Inhalte

Wenn Sie Sound, Grafik- und Online-Inhalte in Ihre App integrieren, wird alles so richtig lebendig. Und es ist natürlich wie immer alles ganz einfach!

Jetzt haben Sie schon so viele verschiedene Techniken und Möglichkeiten kennengelernt, die eine App gut aussehen lassen und ihr ein lebendiges Erscheinungsbild verleihen. Aber eines fehlte bislang. Der *Sound*. Außer einem kleinen *Beep* haben wir das Thema bisher außer Acht gelassen. Jetzt wird es aber wirklich Zeit dafür!

8.1 Mehr Media: Klänge integrieren

Mit Klängen gewinnt Ihre App eine zusätzliche Dimension, die ganz wichtig für das ganze Benutzerfeeling ist. Sicherlich braucht nicht jede App Klänge – wenn ich die aktuelle Wettervorhersage abfragen möchte, muss ich dabei keine Melodien und coolen Soundeffekte hören. Wenn ich aber ein Spiel spiele, wirkt es ohne Sound stumm und langweilig. Auch in Apps, die keine reinen Spiele sind, kann ein bestimmter Klicksound beim Aufrufen einer Funktion oder beim Wechsel der Seite das Nutzerfeeling erheblich verbessern. Und dann gibt es natürlich auch noch die Apps, bei denen der Sound im Vordergrund steht, sei es, dass ich Musik, Sprache oder bestimmte Klangeffekte ganz gezielt benutzen und abspielen möchte.

Wie wird Sound in LiveCode eingesetzt?

Es gibt prinzipiell drei Möglichkeiten. Die erste: *Soundclips* werden ebenso wie Grafikdateien in den Stack importiert und können dann mit einem einfachen `play`-Befehl abgespielt werden. Das klingt gut und einfach, aber es hat einen Haken: Es funktioniert nur für Desktop-Programme, also auf Windows-PC und Mac. Auf Handy und Tablet muss anders vorgegangen werden. Aus diesem Grund werden wir diese Funktion hier nicht verwenden, denn die hier erstellten Programme sollen ja alle prinzipiell auch als App für mobile Geräte funktionieren.

Die zweite Möglichkeit, Sound zu verwenden, besteht darin, externe Klangdateien mit ihrem kompletten Pfad anzusprechen und ebenfalls mit einem `play`-Befehl abzuspielen. Das ist im Grunde fast genau so einfach wie das Abspielen interner Clips – es erfordert nur zusätzlich, dass die abzuspielenden Klangdateien separat mit der App mitgeliefert werden und dass das Programm weiß, wo es diese Dateien findet. Diese Methode wollen wir hier anwenden, und die Details folgen gleich.

Die dritte Methode möchte ich noch erwähnen: Um vollwertige Kontrolle über das Verwenden von Klangdateien zu haben und eine ganze Reihe von Formaten abzuspielen, kann man ein *Player-Objekt* verwenden. Dieses kann aus der Werkzeugleiste auf den Stack gezogen werden, und man kann ihm eine Klang- oder Videodatei als Pfad eintragen, dann ist diese Datei abspielbar. Sowohl mit den Bedienknöpfen, die das Player-Objekt auf Wunsch anzeigt, als auch über Skriptbefehle. Das Player-Objekt kann noch mehr als nur abspielen. Es kann Klangaufnahmen machen oder zu exakten Positionen innerhalb der Datei springen. Früher basierte das Player-Objekt auf Apples Quicktime-Engine. Seit diese für Windows aber nicht mehr unterstützt wird, hat LiveCode den Player mehrfach umgebaut. In LiveCode 8.1 wird unter Windows das DirectShow-Verfahren verwendet, unter macOS die integrierten Klangabspielverfahren. Die Funktionalität für Windows und für Mac unterscheidet sich leicht voneinander, und wer einen Player in einem fortgeschrittenen Programm einsetzen möchte, muss sich ein bisschen hindurchprobieren, was auf welchem System wie funktioniert. Player benötigt man dort, wo ihre Funktionen wirklich gebraucht werden – also wenn nur bestimmte Teile von Audiodateien oder spezielle Formate abgespielt oder ganz spezielle Abspielparameter gesetzt werden sollen. Ein Player eignet sich auch gut als Abspieler einer Hintergrundmelodie, während im Vordergrund Soundeffekte gespielt werden. Für unsere Zwecke hier ist ein Player nicht wirklich nötig. Wir werden ihn aber optional in einem späteren Projekt einsetzen.

Zurück zu Methode 2: In diesem Buch werden wir *Soundclips aus Dateien* abspielen. Das ist eine ebenso unkomplizierte wie effiziente Methode, um einem Programm Klang hinzuzufügen, und für die meisten Zwecke reicht es vollkommen aus.

> Welche Typen von Klangdateien werden denn von LiveCode abgespielt?

Auch das hängt ein wenig vom Betriebssystem ab. Was aber immer geht, sind *WAV* und *AIFF*. Auf mobilen Geräten und auf dem Player funktioniert auch immer *MP3* – aber wir werden uns hier zunächst an WAV halten, da das ein unkomprimiertes Format ist, das ohne Player-Objekt und ohne sonstige Umstände auf allen Plattformen ganz einfach abspielbar ist.

Der Befehl, um eine Klangdatei abzuspielen, ist denkbar einfach:

```
play klangdatei
```

Hier ist `klangdatei` eine Variable, die den gesamten Pfad zur Klangdatei enthalten muss. Also zum Beispiel:
C:\users\documents\LiveCode\sound\meinklang.wav

Das auszuprobieren ist erst einmal relativ einfach. Legen Sie ein Projekt an, erstellen Sie einen Stack mit einem Button darauf, und besorgen Sie sich eine WAV-Datei, am besten einen kurzen Klang (höchstens 3 Sekunden), kein langes Musikstück. Wenn Sie kein Mikrofon haben, mit dem Sie schnell selbst etwas aufnehmen können, dann können Sie auch einen Klang aus den MATERIALIEN ZUM BUCH unter *www.rheinwerk-verlag.de/4258* herunterladen. Da gibt es einige Beispiele, die sich zum Testen eignen.

Als Nächstes legen Sie auf Ihrem Desktop einen Ordner an mit dem Namen *klang*. In diesen Ordner kopieren Sie Ihre WAV-Datei, die Sie bitte in *klang.wav* umbenennen.

Jetzt kann es losgehen. Schreiben Sie in Ihr Button-Skript:

```
on mouseUp
   put specialFolderPath("desktop") & "/klang/klang.wav" into klangdatei
   play klangdatei
end mouseUp
```

Wenn Sie alles so gemacht haben, wie beschrieben, dann sollte es jetzt schon funktionieren. Klicken Sie auf den Button, und Ihre WAV-Datei wird abgespielt.

Was passiert in diesem Skript genau?

Wir haben die Funktion `specialFolderPath()` verwendet. Diese ermittelt den exakten Dateipfad für bestimmte Bereiche des Systems, unabhängig vom gerade verwendeten Betriebssystem. So gibt `specialFolderPath("desktop")` immer den Pfad zum Benutzer-Desktop aus. Mit `specialFolderPath("documents")` gelangt man zum Standard-Dokumentenverzeichnis des Systems, und mit `specialFolderPath("engine")` gelangt man an das Verzeichnis, in dem LiveCode sein eigenes Programm sowie eventuelle Zusatzdateien abgelegt hat.

Der Pfad zum Desktop, verknüpft mit Schrägstrich und Ordnername *klang* und Dateiname *klang.mp3* ergibt zusammengesetzt also den Pfad zur Klangdatei, der dann auch in die Variable `klangdatei` geschrieben wird. Und im anschließenden Befehl wird eben dieser Klang angespielt. Fertig.

Natürlich ist es aber problematisch, wenn die Klangdatei unbedingt an einer exakt definierten Stelle liegen muss. Will man dieses Programm weitergeben, müsste man dafür sorgen, dass die Klangdateien wirklich nur im Ordner *klang* direkt auf dem Desktop liegen dürfen. Ansonsten werden sie nicht abgespielt, weil der Pfad dann nicht mehr stimmt.

Den richtigen Ordner ermitteln

Eine bessere Lösung ist es, die Klänge *relativ zum eigentlichen Programm* abzulegen. Das heißt, Ihr LiveCode-Programm befindet sich in einem Ordner, den Sie als ganzen so weitergeben können. In diesem Ordner ist wiederum ein Unterordner, der *klang* heißt, und darin stecken die Klänge. Nun muss das Programm nur noch ermitteln, in welchem Verzeichnis es sich gerade befindet, und kann dann den Unterordner *klang* aufrufen, egal, wo der Benutzer den Gesamtordner platziert oder installiert hat.

Der Ordner, in dem das aktuelle Programm gerade läuft, wird mit

```
specialFolderPath("engine")
```

ermittelt.

Der Klangordner wäre dann also in

```
specialFolderPath("engine") & "/klang"
```

zu finden.

Leider funktioniert dieser Pfad zur »Engine« nur, wenn das Programm in eine *Standalone*-Version für mobile Geräte umgewandelt wurde, also auf Handy oder Tablet als fertiges Produkt läuft. Solange die LiveCode-Programmierumgebung noch aktiv ist und Sie das Programm gerade bauen bzw. testen, können Sie diesen Befehl nicht benutzen, weil er dann auf einen falschen Pfad weist. Da müssen Sie sich etwas anders behelfen. Es gibt ein Verfahren, das die meisten LiveCode-Programmierer verwenden:

```
put the fileName of this stack into programmPfad
set the itemDelimiter to "/"
delete the last item of programmPfad
```

Mit diesen drei Zeilen wird das Verzeichnis, in dem sich das aktuell laufende LiveCode-Projekt befindet, in die Variable `programmPfad` geschrieben, und das funktioniert auch in der Entwicklungsumgebung.

`the fileName of this stack` gibt die aktuell laufende LiveCode-Datei samt Pfad aus (sofern die Datei bereits gespeichert wurde). Weil wir aber nur den Ordner brauchen und nicht den Dateinamen am Schluss, löschen wir diesen, indem wir das letzte Element, das durch »/« angehängt ist, mit dem dritten Befehl entfernen. So bleibt nur noch die Pfadangabe zum Programmordner übrig. In Desktop-Standalone-Programmen wird es ebenfalls funktionieren, nicht aber auf mobilen Geräten. Da braucht man dann wiederum den `specialFolderPath` zur »Engine«.

Sie sollten daher immer folgenden Code verwenden, dann wird es keine Probleme mit dem Ort der verwendeten Dateien geben, egal, ob Sie das Programm auf dem PC oder Mac testen oder es auf dem Phone oder Tablet laufen lassen:


```
if the environment is "mobile" then
   put specialFolderPath("engine") into programmPfad
else
   put the filename of this stack into programmPfad
   set the itemDelimiter to "/"
   delete the last item of programmPfad
end if
put programmPfad&"/klang/" into klangpfad
```

Alles klar? Mit der Systemeigenschaft `the environment` können Sie prüfen, ob das Programm gerade auf einem mobilen Gerät läuft oder nicht. Wenn ja, dann wird als Programmordner der `specialFolderPath("engine")` ermittelt, ansonsten wird das andere Verfahren verwendet. Als Letztes wird noch der Ordner *klang* an den Programmordner angehängt, und damit ist dann der gültige Klangpfad für alle Umgebungen gesetzt.

Achtung: Besondere Bedingungen am Mac

Für Mac-Standalone-Versionen gelten nach neuesten Apple-Richtlinien noch einmal andere Bedingungen. Da landet der Klangordner am Ende in einem Parallelverzeichnis im App-Bundle. Falls Sie Ihr Programm also auf einem Mac erstellen und auch als Mac-Standalone erstellen wollen, müssen Sie noch unbedingt folgenden Code anhängen, den wir hier einfach zur Sicherheit generell mit einführen (Sie müssen ihn jetzt nicht komplett verstehen, aber er ist essenziell für Mac-Benutzer):

```
if the platform is "MacOS" and the environment is "standalone application" ➲
then
   set the itemDelimiter to "/"
   put the filename of this stack into programmPfad
```

```
    put item 1 to -3 of programmPfad into klangPfad
    put "/Resources/_MacOS/klang/" after klangPfad
  end
```

Die Variable `klangpfad` darf dabei gern global sein, da sie in der Regel auch noch von anderen Skripten genutzt werden soll und man sie nicht vor jedem Abspielen eines Klanges neu ermitteln möchte, da das auch unnötig Zeit kostet. Es reicht, wenn man dies einmal zu Beginn des Programms macht, dann kann man diesen Pfad immer wieder verwenden.

Das gesamte Skript zum Ermitteln des Verzeichnisweges für den Pfad *klang* sieht nun also so aus. Bitte verwenden Sie es immer in dieser Form, dann kann nichts schiefgehen.

```
global klangpfad

on klangpfadSetzen
   if the environment is "mobile" then
      put specialFolderPath("engine") into programmPfad
   else
      put the filename of this stack into programmPfad
      set the itemDelimiter to "/"
      delete the last item of programmPfad
   end if
   put programmPfad&"/klang/" into klangpfad
  if the platform is "MacOS" and the environment is "standalone ➲
application" then
     set the itemDelimiter to "/"
     put the filename of this stack into programmPfad
     put item 1 to -3 of programmPfad into klangPfad
     put "/Resources/_MacOS/klang/" after klangPfad
  end if
end klangpfadSetzen
```

Nun also wieder zur Praxis zurück: Legen Sie einen Ordner an beliebiger Stelle an (da, wo Sie auch sonst Ihre LiveCode-Projektordner haben), nennen Sie ihn *klangdemo* (oder wie Sie möchten), und speichern Sie das aktuelle LiveCode-Projekt darin (mit SAVE AS). Dann legen Sie in diesem Ordner wiederum einen Unterordner mit dem Namen *klang* an. Hier sollten jetzt alle Klänge abgelegt werden, denn das ist der Ordner *klangpfad*, egal, wo der Hauptordner sich befindet.

8.2 Kleine App: »Talking Buttons«

Es ist an der Zeit, die neuen Möglichkeiten in eine kleine spielerische App umzusetzen. Wer früher Stefan Raabs »TV Total« gesehen hat, kennt die Knöpfe, die der Moderator gerne unvermittelt während seiner Show gedrückt hat, was dazu führte, dass spontan ein vorher damit verknüpfter Videoclip abgespielt wurde.

Sie können jetzt etwas Ähnliches bauen, allerdings erst einmal nur mit Klängen. Setzen Sie mindestens zehn Buttons auf Ihr Programmfenster. Gestalten und definieren Sie Form und Farbe, ganz wie Sie möchten. Jeder dieser Buttons soll nun eine kurze WAV-Datei abspielen, zum Beispiel mit jeweils einem kurzen Satz oder auch nur einem Wort.

Abbildung 8.1 Ein Beispiel für Talking Buttons

So wie in Abbildung 8.1 kann es aussehen oder ganz anders. Überlegen Sie sich, was für Sätze oder Wörter Sie auf die Buttons legen wollen. Oder laden Sie die WAV-Dateien aus den MATERIALIEN ZUM BUCH unter *www.rheinwerk-verlag.de/4258* herunter, dann ist alles so wie in der Abbildung.

Auf jeden Fall benötigen Sie zehn verschiedene kurze WAV-Dateien mit unterschiedlichen Klängen – Wörtern oder Geräuschen. Die WAV-Dateien kommen alle in einen Ordner namens *klang*, der sich zusammen mit der App auf einer Ebene befindet (zum Beispiel in einem Projektordner namens *talking buttons* oder ähnlich, der wiederum beliebig auf der Festplatte verschoben werden kann).

Nun wenden Sie genau an, was wir vorher besprochen haben. Einmal, beim Start der App, muss der Pfad zu den Klangdateien ermittelt werden. Das kommt ins Stack-Skript beim Öffnen des Stacks:

```
global klangpfad

on klangpfadSetzen
   if the environment is "mobile" then
      put specialFolderPath("engine") into programmPfad
   else
      put the filename of this stack into programmPfad
      set the itemDelimiter to "/"
      delete the last item of programmPfad
   end if
   put programmPfad&"/klang/" into klangpfad
  if the platform is "MacOS" and the environment is "standalone ➲
application" then
      set the itemDelimiter to "/"
      put the filename of this stack into programmPfad
      put item 1 to -3 of programmPfad into klangPfad
      put "/Resources/_MacOS/klang/" after klangPfad
  end if
end klangpfadSetzen
```

Die globale Variable `klangpfad` enthält somit den gültigen Pfad. Damit das Programm fortan funktioniert, sollten Sie dieses Skript einmal ausführen. Öffnen Sie die MESSAGE BOX, und geben Sie in der obersten Zeile ein »klangpfadSetzen« ein, dann drücken Sie die Eingabetaste. Jetzt ist das Skript ausgeführt worden, und die globale Variable ist gesetzt. Damit dieses Skript später sofort beim Start des Programms ausgeführt wird (und der Klangpfad danach als bekannt vorausgesetzt werden kann), müssen Sie es noch mit dem Ereignis beim Öffnen des Stacks verknüpfen. Schreiben Sie also in das Stack-Skript noch Folgendes:

```
on openStack
   klangpfadSetzen
end openStack
```

Jetzt kann es direkt an die Buttons gehen. Es gibt mehrere Möglichkeiten (wie immer). Wenn man schnell und unsauber arbeiten will, kann man jedem Button einfach ein Skript mitgeben, in dem etwas in der folgenden Art steht:

```
global klangpfad

on mouseUp
   put klangpfad & "/hallo.wav" into klangdatei
   play klangdatei
end mouseUp
```


Natürlich müsste in jedem Skript der Name der WAV-Datei an die zum Button passende angeglichen werden. Die Methode funktioniert, und wenn es um ein schnelles Testprojekt geht, an dem nur eine festgelegte Anzahl von Buttons beteiligt ist, dann ist es so notfalls akzeptabel.

Möchten Sie aber professioneller, eleganter und anpassbarer programmieren, dann wäre diese Methode aufgrund hoher Redundanz nicht ideal. Schließlich müssen Sie hier zehnmal fast dasselbe Skript verfassen, allein das sollte Ihnen unnötig erscheinen. Programmierer sind schließlich effizient. Dazu kommt, dass Sie später vielleicht noch eine Zeile hinzufügen wollen. Vielleicht soll noch etwas anderes passieren, ein Zähler verwendet werden oder was auch immer, wenn der Klang ertönt. Jede Änderung würde bedeuten, dass Sie jedes der zehn Skripte einzeln erneut bearbeiten und ändern müssten. Das ist nicht nur umständlich, sondern es erhöht auch die Gefahr, einen Fehler zu machen, einen Button zu vergessen, sich irgendwo zu vertippen usw.

Ich empfehle Ihnen also, hier genauso wie beim »Hangman«-Spiel oder dem Taschenrechner vorzugehen: Ein zentrales Skript auf dem Stack (oder auf der Card) wertet den Tastendruck aus, prüft, ob es ein Klick auf den Button war, und spielt die gewünschte Datei ab.

> Woher weiß das Skript dann, welche Datei bei welchem Button abgespielt werden soll?

Man könnte die Namen der Buttons von »b1« bis »b10« durchnummerieren und dann auch die WAV-Dateien entsprechend nummerieren und somit durch Abfrage des Namens des gedrückten Buttons ermitteln, welche Klangdatei angespielt werden soll.

Man kann es aber auch noch klarer und schöner machen, indem man den Namen der WAV-Datei, die abgespielt werden soll, dem jeweiligen Button als *Custom Property*, also als selbst erstellte Eigenschaft, mitgibt (siehe hierzu auch den Abschnitt »Objekte und Eigenschaften« in Kapitel 4). Im PROPERTY INSPECTOR können Sie einfach in jedem Button unter CUSTOM PROPERTIES eine neue »Eigenschaft« per Pluszeichen hinzufügen und dieser einen Wert geben (Abbildung 8.2).

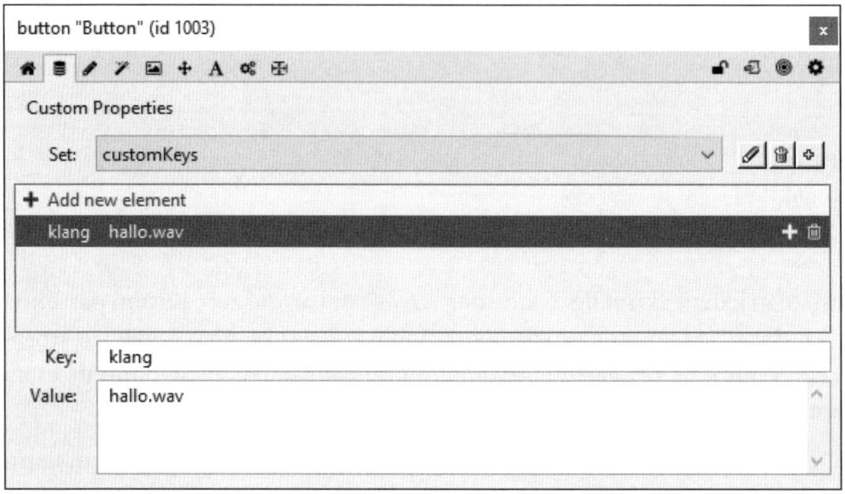

Abbildung 8.2 Die selbst erstellte Eigenschaft »klang« wird einem Button hinzugefügt.

So können Sie jedem der Buttons eine Eigenschaft `klang` geben und in jeden Button hineinschreiben, wie die WAV-Datei heißt, die bei ihm abgespielt werden soll. Alles Weitere übernimmt das Stack-Skript:

```
on mouseUp
   if "Button" is in the name of the target then
      put the klang of the target into datei
      play klangpfad&datei
   end if
end mouseUp
```

Ein einziges kurzes Skript im Stack statt zehn fast gleicher Skripte in den Buttons. Das Stack-Skript fängt hier also jeden Mausklick innerhalb des Programmfensters ab und prüft zunächst mittels des `target`-Wertes, ob hier ein Button geklickt wurde. Nur wenn das der Fall ist, geht es weiter. Dann wird die selbst erstellte Eigenschaft `klang` aus dem Button gelesen und als Dateiname verwendet – zusammen mit dem Klangpfad kann die Datei dann abgespielt werden.

Wenn also jetzt in jeden Button das Custom Property `klang` eingetragen wurde (mit dem jeweiligen Namen der WAV-Datei), sich alle WAV-Dateien im Ordner *klang* befinden, der auf derselben Ebene wie die Programmdatei liegt, dann wird das Programm so funktionieren (Abbildung 8.3). Und spätere Änderungen oder Erweiterungen sind sehr einfach. Sie werden im Stack-Skript vorgenommen. Auch können jederzeit neue Buttons hinzugefügt werden, und sobald diesen eine WAV-Datei zugewiesen wurde, die auch vorhanden ist, funktionieren sie ebenfalls.

Abbildung 8.3 Mit den »Talking Buttons« kann man ganze Gespräche abspielen.

Natürlich kann man diese simple Grundidee auf alles Mögliche anwenden. Wie wäre es zum Beispiel mit einem Tablet-Programm für kleine Kinder, in dem statt Buttons Bilder von Tieren zu sehen sind? Tippt das Kind auf eines der Bilder, so ertönt der entsprechende Tierlaut. Solche Programme sind vielfach im AppStore vertreten. Mit LiveCode kann man sie in kürzester Zeit erstellen. Eine Stufe schwieriger wäre es als Ratespiel: Der Laut ertönt, und das Kind muss danach auf das richtige Tier tippen. Allein mit der Fähigkeit, Klänge abzuspielen und Klicks auszuwerten, lassen sich bereits unzählige einfache Apps umsetzen! Wer Lust dazu hat: Nur zu! Es macht Spaß, trainiert, und vielleicht kommt ja schon ein vermarktbares Programm dabei heraus!

8.3 Bilder und Grafik verwenden

Neben den Klängen spielen natürlich auch Bilder und Layouts eine sehr wichtige Rolle, wenn Apps professionell und erfolgreich werden sollen. Sie haben bereits mit einigen Elementen experimentiert. Bilder und Grafiken lassen sich für Hintergrundlayouts, für Gestaltung von Bildschirmen, zum Ausschmücken von Objekten einsetzen, zur Darstellung von Fotos und sogar für Grafikeffekte. Grafiken können animiert werden, sichtbar und unsichtbar, sie können live erzeugt werden und auch bearbeitet.

Wir sollten das Thema Bilder und Grafik also noch einmal systematisch angehen und anhand einiger Beispiele schauen, welche Möglichkeiten sich in LiveCode bieten.

Layout und Grafik mit Bordmitteln

Sie können in LiveCode jederzeit Grafikdateien aus beliebigen Quellen einfügen und verwenden. Manchmal ist es aber einfacher oder von Vorteil, mit den LiveCode-eigenen Grafikelementen zu arbeiten. Diese verbrauchen weit weniger Speicherplatz als externe Dateien, sie müssen weder eingebunden noch mitgeliefert werden, und sie lassen sich vor allem im Programm noch dynamisch ohne Qualitätsverlust in der Größe skalieren, denn es handelt sich um sogenannte Vektorgrafiken, die von LiveCode direkt bei der Darstellung gerendert werden. Für einfache Formen wie Buttons, Menüelemente, Hintergründe, Pfeile, simple Symbole usw. bietet es sich an, die LiveCode-Vektorgrafiken zu verwenden. Dank der in LiveCode anwendbaren Effekte wie Schatten, Schein, Verlauf, Transparenz usw. lässt sich eine Menge daraus machen.

Zum Erstellen eigener Grafiken hat LiveCode zunächst einmal vier Grundformen an Bord.

Abbildung 8.4 Grundformen – in LiveCode an Bord

Regular Polygon (gleichmäßiges Vieleck), *Oval* (Oval oder Kreis), *Round Rectangle* (abgerundetes Rechteck), *Rectangle* (Rechteck): Das Polygon lässt sich zum Beispiel dazu benutzen, Dreiecke zu erzeugen, die man als Hinweispfeile oder Deko gerne verwendet. Wenn Sie ein Polygon auf den Stack ziehen, können Sie anschließend im Property Inspector alle Eigenschaften setzen, also etwa Anzahl der Seiten (Sides) = 3, dann ist es ein Dreieck (Abbildung 8.5). Mit der Rotation können Sie die Ausrichtung einstellen, Füll- und Randfarbe lassen sich in den Farbeinstellungen regeln, und die Größe und Position regeln Sie am besten im Bearbeitungsmodus mit der Maus – oder in den Größeneinstellungen.

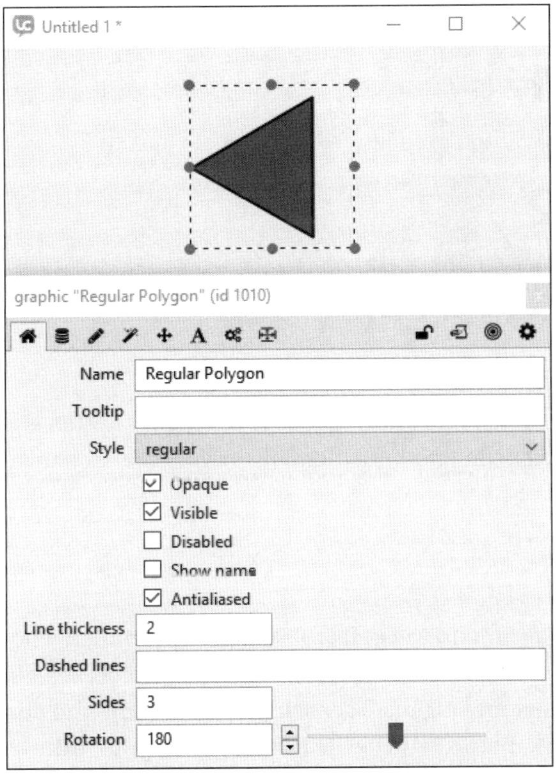

Abbildung 8.5 Beispiel für ein grünes Dreieck mit 2 Pixel dickem schwarzem Rand, um 180 Grad gedreht

Mit dem Oval lassen sich alle Arten von Ovalen erzeugen. Beim Skalieren mit der Maus können Sie das Seitenverhältnis durch gleichzeitiges Drücken der [⇧]-Taste immer beibehalten, so dass Objekte vergrößert, aber nicht verzerrt werden. Und wenn Sie beim Skalieren die [Alt]-Taste drücken, werden Breite und Höhe des Objekts immer gleich groß sein. Das gilt für alle Objekte, die Sie in LiveCode skalieren können. Sie können also durch Drücken der [Alt]-Taste und Skalieren mit der Maus perfekte Quadrate oder Kreise mit der Rechteck- oder Ovalfunktion erzeugen. Sowohl das Oval als auch das abgerundete Rechteck können gut als Hintergrund für Anzeige- oder Bedienelemente, insbesondere für Text verwendet werden (Abbildung 8.6).

Neben den Grundformen gibt es in LiveCode auch noch die Möglichkeit, eigene Linien oder selbst erstellte unregelmäßige Polygone zu zeichnen. Diese können ebenfalls im PROPERTY INSPECTOR anschließend gestaltet werden – so lassen sich Rand- und Füllfarbe, Liniendicke usw. einstellen, und die Linien können sogar Pfeile an den Enden bekommen.

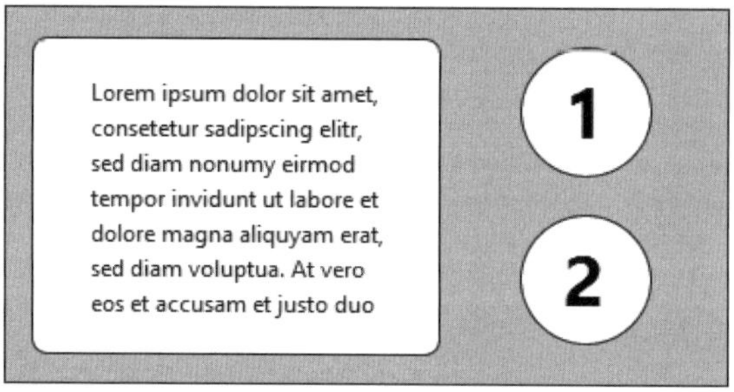

Abbildung 8.6 Abgerundetes Rechteck und Kreise (Ovale) als Hintergrund für Text und Zeichen

Wer kreativ werden will, kann dies also vollständig in LiveCode machen. Ansonsten eignen sich die Linien auch gut, um Bereiche in einem Bedienfenster voneinander abzugrenzen.

Gruppieren von Objekten

Für Textelemente mit Hintergrund oder mehrere Grafikobjekte, die zusammengehören, bietet es sich an, sie zu gruppieren. Sie bilden dann eine Gruppe (*group*), die ein eigenes Objekt ist, einen eigenen Namen und eigene Eigenschaften bekommt und von LiveCode direkt angesprochen werden kann. So kann bei Bedarf die ganze Gruppe durch das Programm ein- oder ausgeblendet werden – zum Beispiel könnte man ein Hinweissymbol mit Text und Hintergrund als Gruppe erstellen und nur, wenn es angezeigt werden soll, sichtbar machen.

Um eine Gruppe im Bearbeitungsmodus zu erstellen, gehen Sie folgendermaßen vor:

Markieren Sie alle Objekte, die zu einer Gruppe zusammengefasst werden sollen, mit der Maus durch Klicken bei gedrückter [⇧]-Taste (Abbildung 8.7).

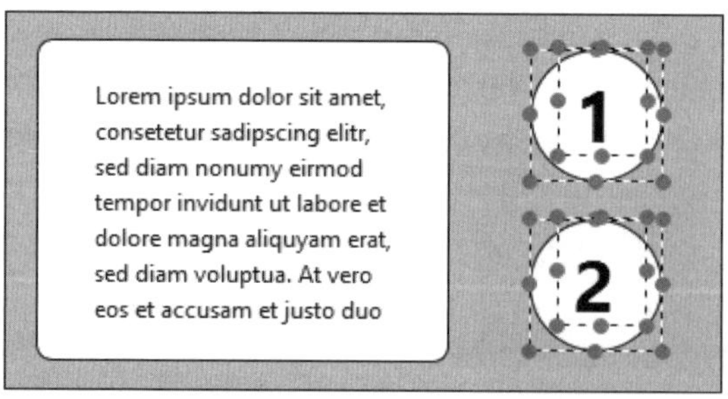

Abbildung 8.7 Markieren mehrerer Objekte für Gruppierung

Anschließend können Sie auf das *group*-Symbol im Hauptmenü klicken oder `Strg` + `G` auf der Tastatur drücken (Mac: `Cmd` + `G`). Fertig. Es ist eine Gruppe erstellt worden, und der PROPERTY INSPECTOR für diese Gruppe öffnet sich. Hier können Sie der Gruppe gleich einen Namen geben. Nennen Sie die Gruppe zum Beispiel »einszwei«, dann können Sie anschließend Befehle verwenden wie:

```
hide group "einszwei"
```

Damit würden alle Objekte, die der Gruppe angehören, unsichtbar werden. Die Gruppe ist ein neues Objekt mit eigenem Namen, eigenen Eigenschaften und der Möglichkeit, ihr eigene Skripte zuzuweisen. Das heißt aber nicht, dass die einzelnen Objekte in der Gruppe jetzt nicht mehr vorhanden wären. Die Objekte (zum Beispiel die Texte in den Kreisen) können Sie nach wie vor genauso mit ihrem Namen einzeln ansprechen und verändern. Die Gruppe ist nur ein *zusätzliches übergeordnetes* Element. Verschieben Sie die Gruppe, dann verschieben sich alle Elemente mit, ändern Sie Eigenschaften der Gruppe, werden diese auch an die Objekte, die der Gruppe angehören, vererbt.

Im Bearbeitungsmodus von LiveCode können Sie entweder die Elemente einer Gruppe einzeln anwählen oder die Gruppe als Ganzes. Was gerade gilt, wählen Sie im Hauptmenü mit dem Symbol SELECT GROUPED. Wenn Sie daraufklicken, ist ein kleines Verbotsschildsymbol zu sehen, das heißt, dass Sie die Gruppe als Ganzes markieren. Ist das Verbotsschild nicht zu sehen (erneut klicken), dann können Sie wieder einzelne Elemente innerhalb der Gruppe anwählen und bearbeiten.

Abbildung 8.8 So ist die Gruppe nur als Ganzes wählbar.

> **Achtung: Gruppe löschen oder entgruppieren**
>
> Wenn Sie eine Gruppe löschen, werden sämtliche Objekte, die sich in der Gruppe befinden, auch gelöscht, denn sie sind ja Teil der Gruppe. Um nur die Gruppe zu entfernen und die einzelnen Objekte zu behalten, müssen Sie sie *auflösen*. Dazu wählen Sie sie als Ganzes an, machen einen Rechtsklick und wählen UNGROUP – schon existiert die Gruppe nicht mehr, und die darin enthaltenen Elemente sind wieder unabhängig.

Gruppen sind sehr nützlich in LiveCode. Sie helfen schon bei der Gestaltung und dem Erstellen eines Layouts, da man mit ihnen zusammengehörige Elemente verknüpfen und gut gemeinsam platzieren kann, sie sind aber auch beim Programmieren oft sinnvoll einsetzbar. So können Sie zum Beispiel ein Rechteck mit einer Farbe füllen und als

Hintergrund verwenden, ein Textfeld darübersetzen und das Ganze dann gruppieren. So erhalten Sie ein bei Bedarf einblendbares Schild, das Sie als Gruppe jederzeit sichtbar oder unsichtbar schalten können.

Grafikeffekte

Zusätzlich zu Form, Farbe, Größe, Rotation und Liniendicke lassen sich für jedes Grafikobjekt (und teilweise auch für andere Objekte) Grafikeffekte definieren, mit denen man noch besondere Wirkungen erzielen kann.

Wählen Sie beispielsweise ein Rechteck oder Oval an, und gehen Sie im PROPERTY INSPECTOR auf die Effektsektion, dann können Sie Folgendes einstellen:

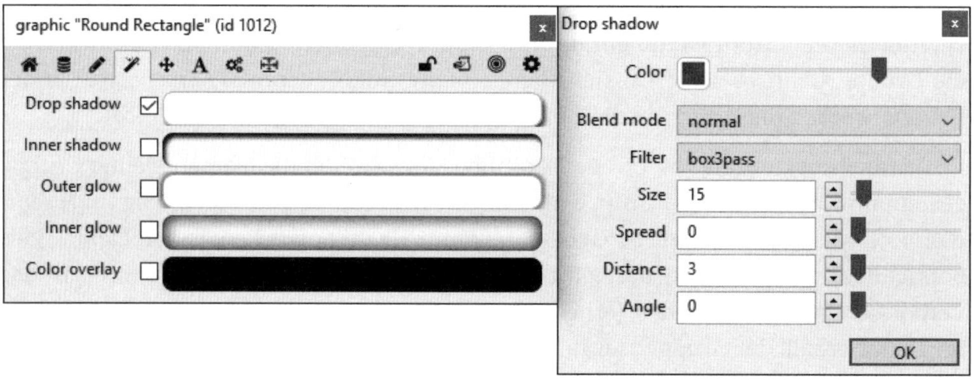

Abbildung 8.9 Schatten und Glühen für ein abgerundetes Rechteck

Sie können einen typischen Schlagschatten (DROP SHADOW) wählen, einen inneren Schatten (INNER SHADOW), ein Glühen nach außen (OUTER GLOW), ein inneres Glühen (INNER GLOW) und eine Farbüberlagerung. Über die Checkboxen wird der jeweilige Effekt aktiviert, mit der Fläche rechts daneben öffnen Sie ein weiteres Fenster für die Detaileinstellungen zum jeweiligen Effekt (Abbildung 8.9). Durch äußeres Glühen und Schlagschatten können Sie Schaltflächen eine gute abgehobene Wirkung geben. Zusammen mit Verläufen lassen sich Buttons oder Flächen sogar richtig plastisch und realistisch darstellen.

Ein Verlauf (*Gradient*) wird folgendermaßen erzeugt: Wählen Sie ein Grafikobjekt an, und gehen Sie im PROPERTY INSPECTOR auf COLORS. Rechts neben den beiden kleinen Kästchen zum BACKGROUND FILL befindet sich noch eine längere Rechteckfläche. Klicken Sie auf diese, um einen Verlauf zu erzeugen. Jetzt öffnet sich ein weiteres Fenster, in dem Sie Anfangs- und Endfarbe, Typ und weitere Eigenschaften des Verlaufs auswählen können (Abbildung 8.10). Auf der Grafik erscheinen außerdem »Anfasser«, mit denen Sie (mit etwas Feingefühl) die genaue Position und Breite/den Winkel des Verlaufs justieren können.

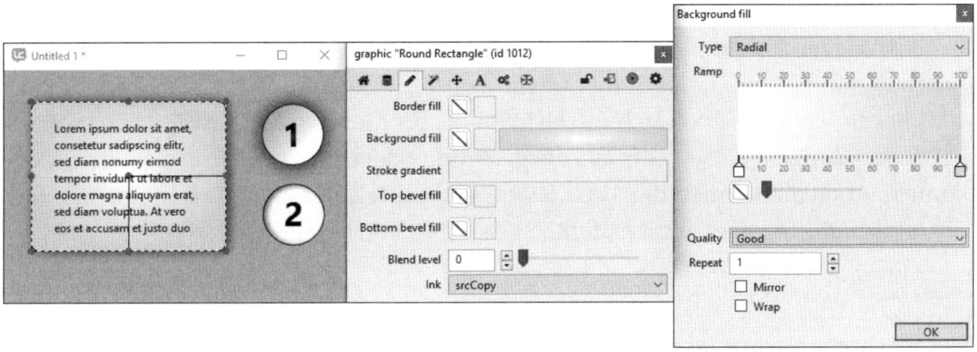

Abbildung 8.10 Einen Verlauf anlegen

Mit Verläufen und entsprechenden Grafikeffekten lassen sich Bedienoberflächen weiter gestalten (Abbildung 8.11).

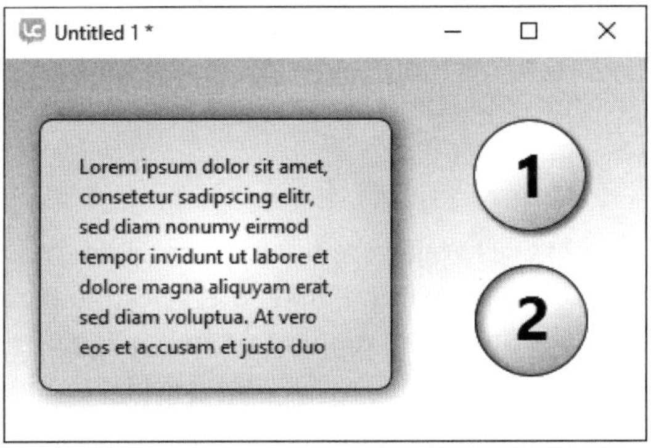

Abbildung 8.11 Wo Licht ist, da ist Schatten – Verläufe, Schatten und Glühen lassen grafische Objekte plastischer erscheinen.

Blend Level: Ein- und Ausblenden

In LiveCode kann übrigens jedes sichtbare Objekt auch graduell ausgeblendet werden, das heißt, man kann es abschwächen, so dass es zunehmend durchscheinend bis hin zu ganz unsichtbar wird. Der BLEND LEVEL (Transparenz) findet sich im PROPERTY INSPECTOR bei den Farben (COLORS) ganz unten. Neben einem Wert von 0 (ganz undurchsichtig) bis 100 (durchsichtig, nicht mehr sichtbar) kann auch das Überblendverfahren gewählt werden. Wir werden diese Funktion später in diesem Kapitel nutzen, um eine Mitteilung ein- bzw. auszublenden.

SVG-Widget für skalierbare Grafiken

Neben den Formen und Linien gibt es seit Kurzem in LiveCode auch die Möglichkeit, Vektorgrafiken im Format SVG mit Hilfe des *SVG-Widgets* einzusetzen. Zieht man ein solches Widget auf sein Programmfenster, kann man aus Hunderten von Symbolen (Presets) wählen und dieses Symbol dann beliebig skalieren oder rotieren (Abbildung 8.12). Besonders gut eignen sich solche Symbole für Menüs oder Button-Icons in mobilen Anwendungen, da sie stets auf die passende Bildschirmauflösung skaliert werden können. Auch die Formen der SVGs lassen sich mittels der Pfadinformationen anpassen, und auch einfache, selbst erstellte SVGs kann man einbinden.

Abbildung 8.12 Das SVG-Widget mit praktischen Presets für schnelle Symbole im Einsatz

Verwenden externer Bilddateien

Sie haben ja bereits Grafiken importiert. Es gibt zwei Wege, um mit externen Bildern in LiveCode zu arbeiten. Zum einen lassen sich Bilddateien (JPEG, BMP, GIF, PNG und PICT auf dem Mac) direkt per Menü und »Import as Control« in ein Projekt importieren, so wie Sie es schon in mehreren Projekten ausprobiert haben. Das ist zum Beispiel immer dann praktisch, wenn die Bilder direkt als fester Bestandteil des Layouts oder der Funktion gebraucht werden, zum Beispiel, wenn sie als feste Dekoelemente im Programm fungieren, wenn die Bilder als Icon für einen Button verwendet werden sollen oder es eine bestimmte, fest zum Programm gehörige Anzahl an Austauschbildern gibt, die regelmäßig angezeigt werden sollen (wie bei den Würfelflächen).

Wenn Ihr Programm aber externe Bilddaten oder dynamisch austauschbare Bilder anzeigen soll (ermittelte Bilder aus Online-Quelle, Diashow, geladene Bilder zur Bearbeitung usw.), dann ist es sinnvoll und notwendig, die Bilder als externe Dateien zu verlinken und nicht fest in das Programm selbst zu importieren. Zu dem Zweck legen Sie ein *Image-Objekt* auf Ihrem Stack an, das Sie zum Beispiel »bild« nennen können. Es erscheint nur als leerer Rahmen, der noch nichts enthält. Wenn Sie den PROPERTY INSPECTOR öffnen, können Sie dem Image eine SOURCE (Quelle) zuweisen. Das ist entweder eine Datei auf dem lokalen Computer oder im Netzwerk – oder auch die Webadresse für eine Bilddatei, die sich auf einem beliebigen Online-Server im Internet befindet. Sie können das selbstverständlich auch im Skript zuweisen, dann geht es folgendermaßen:

```
set the fileName of image "bild" to "C:/Dokumente/meinbild.jpg"
```

Statt eines Dateipfades auf der Festplatte können Sie wie gesagt auch jederzeit Online-Adressen eintragen:

```
set the fileName of img "bild" to "http://livecode-buch.de/bild.png"
```

(Hier sehen Sie außerdem am praktischen Beispiel, dass `image` im Skript durch `img` abgekürzt werden kann.)

Mit Hilfe des Image-Objekts können Sie also dynamisch Bilder anzeigen lassen, die sich irgendwo außerhalb des Programms befinden. Sie können sowohl aus einem Ordner kommen, den Sie mit dem Programm mitgeliefert haben, oder es können Inhalte von irgendwo anders angezeigt werden, zum Beispiel aus dem Bilderordner des Benutzers oder aus dem Web. Die angezeigten Bilder lassen sich skalieren (mit leichtem Qualitätsverlust, aber auf BEST ist er minimal), sie lassen sich rotieren und beliebig platzieren (Abbildung 8.13).

Abbildung 8.13 Die Webadresse des Google-Logos, eingetragen in ein Image-Objekt und rotiert

Grafik platzieren und bewegen

Im Bearbeitungsmodus wird eine Grafik einfach mit der Maus platziert und skaliert. Das geht natürlich auch per Skript. Und dabei erweitern sich die Möglichkeiten noch einmal, denn man kann eine Grafik ja nicht nur einfach irgendwo platzieren, sondern man kann auch Bewegung erzeugen. Jedes sichtbare Objekt hat in LiveCode die Eigenschaften `width` (Breite), `height` (Höhe), `left` (horizontale Position von links gesehen) und `top` (vertikale Position von oben gesehen). Man kann die Position auch von rechts oder von unten gesehen angeben oder auslesen, indem man die Eigenschaften `right` (horizontale Position von rechts) oder `bottom` (vertikale Position von unten) verwendet.

Will man auf einen Schlag die Gesamtposition (horizontal und vertikal) setzen, dann verwendet man die Eigenschaft `location` (Position) des Objekts. Diese enthält die zwei Werte für `left` und `top`, bezogen auf den Objektmittelpunkt, und gibt somit die exakte Position des Objekts an. Um die Position eines Objekts zu speichern, genügt es also, die `location` des Objekts in eine Variable zu schreiben.

```
put the location of img "meinBild" into bildLoc
```

Entsprechend kann man die Position auch setzen:

```
set the location of img "meinBild" to bildLoc
```

Wir wollen mal anhand kleiner, lustiger Beispiele ausprobieren, wie man die Positionsbefehle und anderes für animierte Effekte verwenden kann. Erstellen Sie einen neuen Stack. Ziehen Sie ein `rectangle`-Objekt hinein, färben Sie es rot, skalieren Sie es quadratisch, und nennen Sie es »quadrat« (Abbildung 8.14).

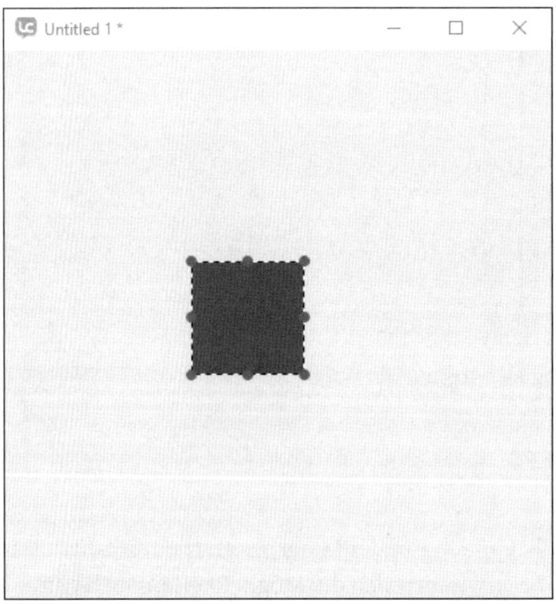

Abbildung 8.14 Der Teststack für Grafikanimation

Nun probieren Sie mal Folgendes aus: Das Quadrat soll vor der Maus »fliehen«. Das heißt, wenn die Maus über das Quadrat fährt, soll es eine zufällige `location` bekommen und dorthin springen. Tragen Sie folgendes Skript in die Grafik ein:

```
on mouseEnter
   put the width of this card into breite
   put the height of this card into hoehe
   put random(breite) into  x
   put random(hoehe) into y
   set the location of grc "quadrat" to x,y
end mouseEnter
```


APPLY klicken und ausprobieren. Lustig, oder? Das Quadrat flieht vor der Maus. Immer wenn man mit der Maus drüberfährt, springt es woanders hin. Das Ereignis `mouseEnter` wird ausgelöst, wenn die Maus von außerhalb kommt und über das Quadrat fährt. Dann wird jeweils die Breite und die Höhe der Card als Ausgangspunkt genommen, um in diesem Bereich einen zufälligen x- und y-Wert zu erzeugen. Und an diesen Punkt springt das Quadrat durch Setzen der `location`.

Nun löschen Sie das Skript bitte wieder, und gehen Sie auf APPLY. Wir wollen eine andere gute Animationsfunktion testen, nämlich den `move`-Befehl. Man kann in LiveCode nicht nur Objekte auf Positionen setzen und sie somit dort hinspringen lassen, sondern man kann sie auch dort hinbewegen lassen.

Erstellen Sie ein Skript in der Card:

```
on mouseUp
   move grc "quadrat" to the mouseLoc in 0.5 seconds
end mouseUp
```

Der `move`-Befehl spezifiziert, welches Objekt an welche Position in welcher Zeitspanne bewegt werden soll. Das Objekt ist unser Quadrat, die Position ist die Position der Maus (Systemeigenschaft `mouseLoc`), und die Zeit sind 0,5 Sekunden. Na, dann los.

Klicken Sie auf ein leeres Feld auf dem Stack – und siehe da: Das Quadrat wandert dorthin. Sie können gern mit der Zeitangabe experimentieren und sehen, wie die Bewegung schneller oder langsamer wird.

Grab and Drop

Das wandernde Quadrat könnte ja vielleicht schon Ausgangspunkt für ein kleines Spiel sein. Wer Lust hat, lässt sich etwas einfallen und baut das Programm aus.

Auch sehr nützlich ist es immer, wenn man Objekte in einem Programm mit der Maus (oder mobil mit dem Finger) greifen und verschieben kann. Auch das geht ganz einfach in LiveCode. Um ein Objekt mit der Maus (oder dem Finger) zu greifen, verwenden Sie den Befehl `grab`, um es wieder loszulassen, brauchen Sie `release`. Wenn Sie beim Herunterdrücken der Maustaste den `grab`-Befehl verwenden und beim Loslassen den `release`-Befehl, ist ein Objekt mit der Maus verschiebbar. Sie können es auch sofort ausprobieren. Schreiben Sie folgendes Skript in das Quadrat-Objekt:

```
on mouseDown
   grab me
end mouseDown

on mouseUp
   release me
end mouseUp
```

Ganz simpel und funktioniert einwandfrei. Statt `grab me` hätte man natürlich auch ausführlich `grab graphic "quadrat"` schreiben können, aber da das Skript bereits mit dieser Grafik verknüpft ist, reicht ein `me` aus.

Mausbefehle sind Touchbefehle

Übrigens: Alle Befehle, die mit Mausklicks und Mausbewegungen zu tun haben, funktionieren automatisch auch auf dem Touchscreen des Smartphones oder Tablets für Finger-Touch. Daher braucht man die Skripte für mobile Geräte nicht speziell anzupassen und kann alles vorher auf dem Computer mit der Maus testen.

Nun kann das kleine Programm bereits zwei Dinge: Man kann das Quadrat greifen, verschieben und loslassen, und man kann in einen leeren Bereich des Fensters klicken, und das Quadrat wandert dorthin.

Wie wäre es noch mit einem Ein- und Ausblenden? Auch diesen Effekt kann man sicher in manchem Programm gebrauchen – allein, um die Benutzerschnittstelle angenehmer und ästhetisch zu machen.

Die Durchsichtigkeit eines Objekts wird ja über dessen Eigenschaft `blendLevel` gesetzt. Um ein Objekt vollständig auszublenden, müsste man den `blendLevel` schrittweise von 0 auf 100 erhöhen. Bei 100 ist das Objekt komplett durchscheinend und somit nicht mehr sichtbar.

```
repeat with x = 0 to 100
   set the blendLevel of grc "quadrat" to x
end repeat
```

Dieses Skript würde das rote Quadrat vollständig ausblenden. Allerdings würde das so schnell gehen, dass es schlagartig verschwinden würde, denn so eine Schleife von 0 bis 100 ist rasend schnell durchlaufen. Man würde den Ausblendprozess gar nicht mehr verfolgen können. Daher empfiehlt es sich, eine Verzögerung einzubauen:

```
repeat with x = 0 to 100
   set the blendLevel of grc "quadrat" to x
   wait 10 milliseconds
end repeat
```


Mit `wait 10 milliseconds` (*warte 10 Millisekunden*) verzögert jede der 100 Stufen die Ausblendung um 10 Millisekunden, das macht bei 100 Stufen genau 1 Sekunde, die der gesamte Ausblendprozess dauert. Nun wäre das Quadrat am Ende aber unsichtbar und könnte nicht mehr angewählt werden. Deshalb ist es in dieser Demo am besten, es hinterher wieder einzublenden. So sieht das gesamte Skript aus, das Sie auch im Skripteditor des Grafikobjekts anlegen können (oder auf der Card oder dem Stack):

```
on auseinblenden
   repeat with x = 0 to 100
      set the blendLevel of grc "quadrat" to x
      wait 10 milliseconds
   end repeat
   wait 300 milliseconds
   repeat with x = 100 down to 0
      set the blendLevel of grc "quadrat" to x
      wait 10 milliseconds
   end repeat
 end auseinblenden
```

Zwischen dem Ausblenden und dem Einblenden vergehen nochmal 300 Millisekunden, in denen das Quadrat unsichtbar bleibt. Insgesamt sieht die entstandene Bewegung dabei smooth, also geschmeidig, aus.

Wie wäre es, das Quadrat per *Doppelklick* ein- und auszublenden? Dafür gibt es auch ein Mausereignis für die Grafik, das Sie jetzt zum ersten Mal verwenden:

```
on mouseDoubleUp
   auseinblenden
end mouseDoubleUp
```

So. Probieren Sie es aus: Es funktioniert. Das Quadrat wird nach dem Doppelklick schön sauber aus- und eingeblendet (Abbildung 8.15).

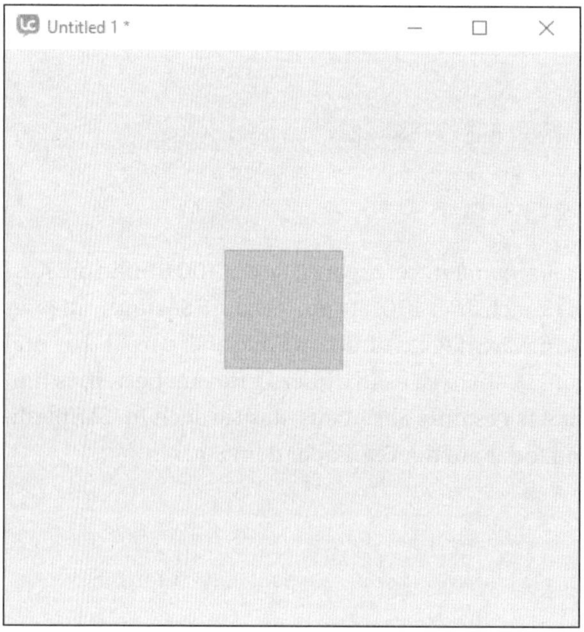

Abbildung 8.15 Ein fast ganz ausgeblendetes Quadrat – per Doppelklick

Und noch eine Idee zum Ausprobieren: Bei jeder Verschiebung des Quadrats per `move` wird die neue Position des Quadrats gespeichert. Nach jedem Greifen und Verschieben wandert es dann dorthin zurück. Wollen wir das mal testen? Wir brauchen dazu eine selbst erstellte Eigenschaft des Quadrats, die nennen wir mal »ursprung«. Sie legt sich von selbst an, wenn Sie etwas hineinschreiben. Fügen Sie also dem `mouseUp`-Skript in der Card eine neue Zeile hinzu (als neue erste Zeile):

```
on mouseup
   set the ursprung of grc "quadrat" to the mouseLoc
   move grc "quadrat" to the mouseLoc in 0.5 seconds
end mouseup
```

Klick auf APPLY und gleich testen: Klicken Sie in einen leeren Bereich – und das Quadrat wandert dorthin und sichert seine Position als neuen Ursprung. Noch wirkt sich das nicht sichtbar aus.

Jetzt ändern Sie das mouseUp-Skript des Quadrats entsprechend:

```
on mouseUp
   release me
   move me to the ursprung of me in 1 seconds
end mouseUp
```

Fertig. Jetzt kann dieses kleine Programm eine ganze Menge. Das Quadrat lässt sich per Klick in einen leeren Bereich verschieben. Es lässt sich direkt mit der Maus ziehen, wandert aber dabei immer zu seinem Ursprung zurück, und es vollführt bei Doppelklick das Kunststück einer kleinen Aus- und Einblendung. Das Programm erscheint zwar sinnfrei, aber es ist voller Action – und vielleicht die Basis zu einem kreativen Spiel. Der Fantasie sind keine Grenzen gesetzt.

8

Richtiges Timing

Auf das richtige Timing kommt es im Leben häufig an, auch in guten Apps. Animationen sollen weder zu schnell noch zu langsam ablaufen. Dafür gibt es zum Beispiel den wait-Befehl, mit dem das Programm eine genau definierbare Zeitspanne nichts tut und abwartet. Das können sinnvollerweise Millisekunden oder Sekunden sein. Allerdings hat der wait-Befehl auch Nachteile. Er legt das Programm nämlich ziemlich lahm, während er ausgeführt wird. Andere Messages, die währenddessen hereinkommen, können nicht ausgeführt werden, solange das Programm wartet. Um das zu vermeiden, kann man dem wait-Befehl den Zusatz with messages hinzufügen. Dann wartet das Programm zwar immer noch, es erlaubt aber während der Wartezeit die Abarbeitung hereinkommender anderer Ereignisse.

```
wait 300 milliseconds with messages
```

Das ist oft eine sinnvolle Alternative, jedenfalls dann, wenn es während des Wartens gleichzeitig möglich sein soll, etwas anderes zu machen. Fügt man allen wait-Befehlen im Doppelklick-Ereignis des roten Quadrats den Zusatz with messages hinzu, dann wird das Quadrat immer noch im richtigen Timing ein- und ausgeblendet, es kann sich aber, wenn man klickt, auch noch gleichzeitig von einem Ort zum anderen bewegen. Elegant!

Der wait-Befehl kann noch mehr. Er kann nicht nur eine bestimmte Anzahl von Millisekunden oder Sekunden überbrücken, sondern er kann auch in der Form wait until auf ein Ereignis warten. Zum Beispiel geht das hier:

```
wait until the mouse is up
```

Damit wartet das Programm dann so lange, bis die Maustaste losgelassen wurde. Auch kann jede denkbare andere Bedingung hinter wait until gesetzt werden, vorausgesetzt, sie kann auch eintreten. Sehr praktisch ist Folgendes:

```
wait until the sound is done
```

Durch diesen Befehl wartet das Programm so lange, bis die letzte zuvor gestartete Klangdatei fertig abgespielt ist. So lassen sich zum Beispiel Bilder und Klänge synchronisieren. Ein Bild wird eingeblendet, eine Klangdatei wird abgespielt, dann wird mit dem obigen Befehl so lange gewartet, bis der Klang zu Ende ist, anschließend wird das neue Bild abgespielt. Auch könnte man Sätze erzeugen, indem man verschiedene Klangdateien aneinanderhängt und die nächste immer erst spielt, wenn die vorherige vorbei ist.

```
play "hallo.wav"
wait until the sound is done
play "wiegehts.wav"
```

Damit würde ein zusammenhängendes »Hallo, wie geht's« abgespielt – vorausgesetzt, die Klangdateien enthalten entsprechende Inhalte.

Timing mit dem send-Befehl

Nun gibt es aber auch andere Aufgaben, für die ein *Timer* von Vorteil wäre, weil man nicht ewig in einer Warteschleife stecken möchte. Zum Beispiel könnte es sein, dass man einen Zeitzähler mitlaufen lassen möchte, der ermittelt, wie lange man für etwas braucht. Oder man benötigt einen Countdown in einem Spiel, der das Spiel beendet, wenn er abgelaufen ist.

Für solche mitlaufenden Uhren wäre es nicht praktisch, sie mit dauerhaften Schleifen und Wartekommandos umzusetzen (auch wenn das sicherlich irgendwie auch funktionieren würde). Eleganter und besser ist hier die send-Funktion, mit der man eine Message zeitlich verzögert an ein Objekt senden kann. Wenn Sie also eine Uhr im Hintergrund laufen lassen wollen, die Sekunden zählt, dann reicht es prinzipiell, wenn diese

Uhr nur einmal pro Sekunde aufgerufen und aktualisiert wird. Den Rest der Zeit muss das Programm nicht ständig in einer Schleife verharren und abwarten, sondern es kann ganz normal alles andere machen, was es eben so zu tun hat.

Der send-Befehl wird folgendermaßen verwendet:

```
send uhrAktualisieren to this stack in 1 seconds
```

Der Befehl bewirkt, dass die Message uhrAktualisieren in 1 Sekunde an den Stack geschickt wird. Exakt 1 Sekunde später kommt diese Message dann dort an. Und wenn es ein Skript gibt, das diese Message behandelt, dann wird es ausgeführt. Das Skript kann die angezeigte Uhr aktualisieren und anschließend einen neuen send-Befehl losschicken, der dieselbe Message dann wiederum nach 1 Sekunde losschickt. Auf diese Weise wird die Uhr automatisch einmal pro Sekunde aktualisiert.

Einen Countdown programmieren

Wir sollten das mal ausprobieren. Dazu brauchen wir einen neuen Stack. Auf dem platzieren Sie ein field namens »timer« (Label oder Textfeld, Größe, Font, alles nach Geschmack) und einen Button, der das Ganze starten soll, zum Beispiel mit der Beschriftung »Los« (Abbildung 8.16).

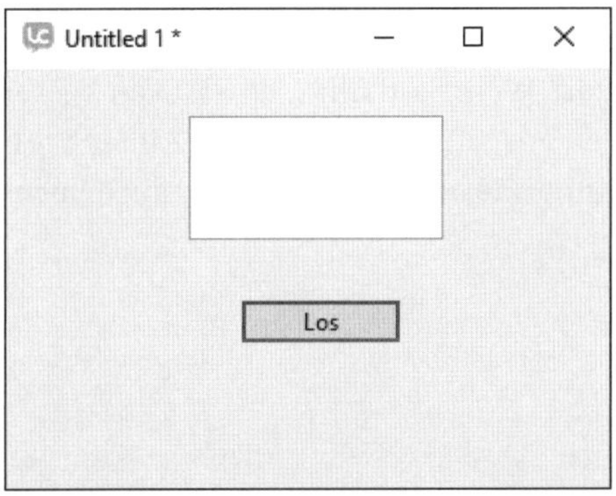

Abbildung 8.16 Ein ganz simpler Stack zum Testen des Timers

Zum Testen schlage ich vor, einen Countdown in Sekunden zu erstellen. Mit dem LOS-Button soll das Ganze in Gang gesetzt werden. Er setzt den Countdown also auf einen Anfangswert und startet das erste zeitverzögerte Kommando zum Aktualisieren. So sieht das Button-Skript dann aus:

```
on mouseUp
   put 20 into fld "uhr"
   send uhrAktualisieren to this stack in 1 seconds
end mouseUp
```

Damit das send-Kommando auch funktionieren kann, wird jetzt ein entsprechendes Skript im Stack gebraucht (die Message wird ja an den Stack geschickt).

```
on uhrAktualisieren
   put fld "uhr" into zeitwert
   subtract 1 from zeitwert
   put zeitwert into fld "uhr"
   send uhrAktualisieren to me in 1 seconds
end uhrAktualisieren
```

Das ist das Uhrenskript. Es nimmt den aktuellen Wert aus dem Uhrenfeld, verringert ihn um 1 und schreibt den neuen Wert wieder in das Feld. Anschließend gibt es dieselbe Message für 1 Sekunde später wieder in Auftrag – es ruft sich sozusagen selbst in 1 Sekunde wieder auf.

Aber halt! Bevor Sie das Programm testen – was ist daran noch problematisch? Gemerkt? Dieser Countdown hört niemals auf. Das Programm würde endlos laufen. Nach 0 kämen die negativen Zahlen bis in alle Ewigkeit. Es muss natürlich noch eine Abfrage geben, ob der Zähler auf 0 angekommen ist. Wenn ja, dann Schluss! Oder besser gesagt: Der send-Befehl wird nur dann wieder neu ausgeführt, solange der Zähler noch größer als 0 ist. Bei 0 wird er nicht mehr ausgeführt, und damit ist der Timer auch beendet und wird nicht weiter aktualisiert.

```
on uhrAktualisieren
   put fld "uhr" into zeitwert
   subtract 1 from zeitwert
   put zeitwert into fld "uhr"
   if zeitwert > 0 then
      send uhraktualisieren to me in 1 seconds
   else
      beep
   end if
end uhrAktualisieren
```

So ist es komplett. Bei 0 ist Schluss, und dann gibt es ein Geräusch. Perfekt.

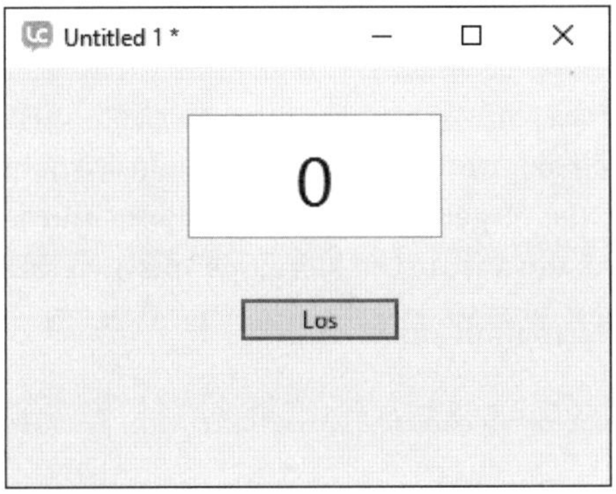

Abbildung 8.17 Zu Ende – und Beep!

Dieser Countdown kann problemlos im Hintergrund laufen. Er belastet das Programm kaum, denn er wird nur einmal pro Sekunde aufgerufen und generiert keine dauernden Warteschleifen.

Aber ganz perfekt ist er trotzdem nicht. Puristen werden einwenden, dass die Uhr nie wirklich hundertprozentig genau läuft. Allein dadurch, dass das Skript erst einmal die Anzeige liest, berechnet und aktualisiert, vergehen jedes Mal ein paar Millisekunden, bevor der nächste Aufruf in 1 Sekunde gestartet wird. Dazu kommt, dass das Programm möglicherweise gleichzeitig noch sehr viele andere Dinge macht und es dadurch nie zu 100 % ausgeschlossen ist, dass eine Message mal etwas verspätet an ihrem Ziel ankommt und somit wieder die genaue Sekundenzeit um einige Millisekunden verlängert. Letztendlich können sich diese Zeiten addieren, und der Countdown ist bei längeren Gesamtzeiten einfach nicht mehr genau genug. Je nach Anspruch natürlich. Wenn Sie eine Stoppuhr programmieren wollen, mit der Sie sportliche Rekorde festhalten, dann sollte es schon sehr genau stimmen.

Wie kann man aber eine höhere Genauigkeit bei der Zeitmessung erreichen?

Das geht, indem Sie die in jeden Computer eingebaute unabhängige Uhr verwenden. Der Trick geht dabei folgendermaßen: Wandeln Sie die aktuelle Systemzeit aus dem Computer in Sekunden um (dafür gibt es einen LiveCode-Befehl `convert`), speichern Sie diesen Wert als Ausgangswert, und ziehen Sie dann später jedes Mal den Ausgangswert vom aktuellen Systemzeitwert ab, dann haben Sie die wirklich genaue Anzahl Sekunden, die seit dem Start vergangen ist, auch wenn Ihr eigenes Programm zwischendurch »geschlafen«, hier und da Zeit verloren oder etwas anderes gemacht hat.

Folgendermaßen sieht die Umwandlung aus:

```
convert the long time to seconds
put it into anfangswert
```

`anfangswert` sollte eine globale Variable sein, weil sie immer wieder gebraucht wird. In der Systemvariablen `it` wird übrigens immer das Ergebnis der letzten Berechnung gespeichert, wenn eine Funktion verwendet wird, die ansonsten kein Ergebnis ausgibt.

Das Startskript im Button sieht dadurch folgendermaßen aus:

```
global anfangswert

on mouseUp
   put 20 into fld "uhr"
   convert the long time to seconds
   put it into anfangswert
   send uhrAktualisieren to this stack in 1 seconds
end mouseUp
```

Entsprechend muss auch das Aktualisierungsskript angepasst werden:

```
global anfangswert

on uhrAktualisieren
   convert the long time to seconds
   put it-anfangswert into vergangeneSekunden
   put 20-vergangeneSekunden into zeitwert
   put zeitwert into fld "uhr"
   if zeitwert > 0 then
      send uhrAktualisieren to me in 1 seconds
   else
      beep
   end if
end uhrAktualisieren
```

Die aktuelle Systemzeit in Sekunden wird ermittelt, und der Anfangswert wird davon abgezogen. Damit haben wir die exakte Anzahl der Sekunden, die seit dem Ermitteln des Anfangswertes beim Start vergangen sind. Diese Zahl muss nun wiederum von 20 abgezogen werden (wenn der Countdown bei 20 starten soll), damit rückwärts gezählt wird. Der Rest ist derselbe, nur dass dieses Skript jetzt wirklich sehr genau abwärts zählt. Ein guter Countdown, der in zahlreichen Apps seine Anwendung finden kann.

Dateien lesen und schreiben

Viele Programme werden erst dann sinnvoll, wenn man die darin bearbeiteten Daten auch außerhalb des Programms speichern kann. So ist es vielleicht sinnvoll, Einstellungen zu speichern, damit man sie nicht immer wieder neu setzen muss, Spieler wollen vielleicht den aktuellen Highscore oder eigene Einstellungen abspeichern, der Name des Spielers und seine Werte sollten gespeichert sein usw. Dadurch kann man Spiele und Anwendungen zum Beispiel mehrbenutzerfähig machen.

Beendet man eine App, sind alle Werte aus den Variablen unweigerlich verloren. Zum Glück ist es aber in LiveCode sehr einfach, Werte, Zeichen, Texte und Eigenschaften in Dateien zu speichern. Das klappt mit Desktop-Programmen genauso gut wie mit mobilen Geräten. Der Befehl, um den Inhalt einer Variablen in eine Datei zu schreiben, ist sehr einfach:


```
put meineVariable into url ("file:C:/Ordner/datei.txt")
```

Ein Wert wird also einfach per `put` in eine `url` gesteckt. Und die `url` ist hierbei ein Dateiname auf der internen Festplatte. Der Text in Klammern hinter der `url` muss dafür mit `file:` beginnen und in Anführungszeichen stehen. Wenn die angegebene Datei nicht existiert, wird sie automatisch erzeugt, vorausgesetzt, es gibt den Ordner, der angesprochen wird (und der Benutzer, der das Programm gestartet hat, hat Schreibrechte auf den Ordner).

Slash und Backslash

Übrigens verwendet LiveCode normalerweise den einfachen nach rechts weisenden Schrägstrich (Slash) für Dateipfade. Obwohl in Windows standardgemäß der umkehrte Schrägstrich (Backslash) verwendet wird, empfiehlt es sich, soweit möglich, immer den einfachen Schrägstrich zu verwenden. Dann funktionieren die Programme in Windows/macOS/Android und iOS gleichermaßen.

Um eine Datei anzulegen, in der Werte für ein Programm gespeichert werden sollen, empfiehlt es sich, einen Ordner im Dokumentenverzeichnis des Benutzers anzulegen und dort die Datei hineinzuschreiben. Dieses Verzeichnis hat zum einen den Vorteil, dass immer die Schreibrechte dafür gegeben sind. Selbst ein Benutzer mit eingeschränkten Rechten kann dort etwas speichern. Zum anderen gibt es ein entsprechendes Dokumentenverzeichnis auf praktisch allen Betriebssystemen, egal, ob PC, Mac oder auf mobilen Geräten.

Der Pfad zum Dokumentenverzeichnis des Benutzers wird in LiveCode mit der Funktion `specialFolderPath` so ermittelt:

```
specialFolderPath ("documents")
```

Wenn eine App Daten in einer Datei speichern will, muss sie erst einmal prüfen, ob der gewünschte Ordner im Dokumentenverzeichnis überhaupt existiert – beim allerersten Benutzen der App ist das ja noch nicht der Fall. In dem Fall muss der Ordner angelegt werden. Die Prüfung geht folgendermaßen:

```
if there is a folder (specialFolderPath("documents")&"/meinOrdner") then
```

Und wenn dieser Ordner nicht existiert, kann er mit dem Befehl `create folder` angelegt werden:

```
create folder specialFolderPath("documents")&"/meinOrdner"
```

Anschließend können die eigenen Daten, nehmen wir an, sie sind in der Variablen `meineDaten`, in eine Datei in diesem Ordner geschrieben werden:

```
put meineDaten into url("file:"&specialFolderPath("documents")& ➲
"/meinOrdner/meineDatenListe.txt")
```

Natürlich darf diese Variable, die Sie in einer Datei speichern können, nicht nur einen Zahlenwert oder ein Wort enthalten. Sie kann bei Bedarf ruhig 100 Seiten Text enthalten oder eine Liste mit 1.000 verschiedenen Einträgen oder was auch immer. Alles, was sich als Zeichenkette darstellen lässt, kann auch in einer Textdatei gespeichert werden. Wenn man zum Beispiel die vom Benutzer eingestellten Programmoptionen speichern will, kann man dies vielleicht als Liste machen, in der die verschiedenen Einstellungswerte jeweils eine Zeile belegen.

Um die Datei mit den gespeicherten Werten wieder in eine Variable zurückzulesen, gehen Sie folgendermaßen vor:

```
put url("file:"&specialFolderPath("documents")&"/meinOrdner/ ➲
meineDatenListe.txt") into meineDaten
```

Also ebenso einfach, nur umgedreht. Anschließend kann die Variable `meineDaten` beliebig ausgewertet werden, Stück für Stück.

LiveCode macht übrigens keinen prinzipiellen Unterschied zwischen dem Zugriff auf Dateien auf dem lokalen Gerät und Dateien in Netzwerken oder im Web. Dateien können und dürfen ebenso aus dem Internet kommen. Nur das Präfix im Aufruf ist dann anders. Angenommen Sie haben einen stets aktualisierten Spruch des Tages auf Ihrem

Webserver liegen (oder auf einem fremden Server), dann können Sie diese Datei folgendermaßen in Ihr LiveCode-Programm einlesen.

```
put url("http://www.meinserver.de/spruchdestages.txt") into meineDaten
```

Also einfach `http:` statt `file:` davorstellen, und schon »weiß« LiveCode, dass die Datei von einem Webserver gelesen werden soll. So können Sie zum Beispiel ein Programm schreiben, das stets Ihre aktuellen News mit einbezieht, indem es beim Start immer die aktuelle Datei aus dem Web holt. Vorausgesetzt, Sie haben den Zugang zu einem Webserver, auf den Sie die passende Textdatei hochladen und bearbeiten können.

Und wenn Sie einen *FTP*-Zugang besitzen, dann können Sie mit LiveCode auch sehr einfach eine Datei auf dem Webserver speichern:


```
put meineDatei into URL "ftp://user:passwort@ftp.meinserver.de/ ⮒
dateiname.txt"
```

Für `user` wird der Anmeldename eingetragen, für `passwort` das FTP-Passwort, und nach dem @-Zeichen folgt der Servername. Auf die Weise kann man mit LiveCode direkt Daten von FTP-Servern lesen oder schreiben. Das ist am Anfang vielleicht nicht oft notwendig, aber wenn Sie eine App schreiben, die zum Beispiel eine Highscore-Liste aller Spieler online stellen will oder mit der man Inhalte, Werte usw. auf einen Server hochladen können soll, dann ist das eine gute Methode. Auch fortgeschrittene FTP-Operationen auf dem Server kann man mit LiveCode durchführen, aber der Umfang dieses Einführungsbuches reicht dafür nicht aus. Schauen Sie bei Bedarf dazu gern mal die Beschreibung im Dictionary (FTP) und die Beispiele im Internet an.

Kapitel 9
App-Projekt: Ein Memory-Spiel

Sie werden jetzt zahlreiche der in den vorherigen Kapiteln gewonnenen Erkenntnisse zu einem richtigen Spiel umsetzen, das nahezu AppStore-Qualität hat: Memory.

Folgendermaßen kann man die Aufgabe beschreiben: Es soll ein klassisches Memory-Spiel erstellt werden. Das Spiel soll aus 16 Karten bestehen (in vier Reihen à vier Karten), die eine gemusterte Rückseite haben, und acht Bildmotive, die jeweils zweimal vorhanden sind. Die Regeln sind klar: Die Karten sind gemischt und verdeckt. Der Spieler deckt jeweils zwei Karten nacheinander auf, und wenn es ein Paar ist, dann bleiben sie aufgedeckt. Ansonsten werden sie wieder verdeckt, und er kann es erneut probieren. Das Spiel lässt sich mit Grafikeffekten und Klängen gestalten, und man könnte es zu einer Zwei-Spieler-Variante weiter ausbauen.

9.1 Aufbau des Stacks

Aber zunächst soll es um die Grundlagen gehen. Der Stack muss aufgebaut werden. Man kann es zwar theoretisch auch auf dem Smartphone spielen, aber ich empfehle, diesen Stack fürs Tablet anzulegen, also FILE • NEW STACK • IPAD/TABLET LANDSCAPE (1024 × 768).

Das wichtigste Element des Spiels sind die Karten. Wir brauchen 16 Stück. Größe ca. 120 × 120 Punkte. Wie legen Sie diese an?

Die erste und scheinbar naheliegende Methode ist wohl, ein Image-Objekt auf den Stack zu ziehen, es auf 120 × 120 Pixel Größe zu bringen (das ist zufällig auch schon die Standardgröße), es dann zu kopieren und mit 15-mal PASTE zu vervielfachen. Jedes der Image-Objekte bekommt einen Namen, durchnummeriert von »karte1« bis »karte16«. Danach könnten diese dann schön auf der Oberfläche verteilt werden.

> Ganz schön umständlich – und was wäre, wenn wir ein Riesen-Memory mit 100 Karten machen wollten?

Klar, Programmierer müssen manchmal umständliche Prozeduren durchführen, aber in diesem Fall können wir uns auch anders behelfen – mit einem kleinen Skript.

Objekte per Skript erstellen

Denn Skripte können nicht nur Eigenschaften von Objekten setzen oder lesen. Skripte können Objekte auch erstellen (`create`) oder wieder löschen (`delete`). Dies probieren wir jetzt gleich aus.

Gehen Sie in den Skripteditor für den Stack. Schreiben Sie dort das folgende Skript rein:

```
on kartenErstellen
   repeat with x = 1 to 16
      create image ("karte"&x)
      set the width of it to 120
      set the height of it to 120
      set the showBorder of it to true
   end repeat
end kartenErstellen
```

Das Erstellen von Objekten per Skript ist also sehr einfach. Mit dem Befehl `create` und dem Typ des Objekts sowie dem Namen ist das Objekt bereits erstellt. Fertig. Das obige Skript macht das 16-mal nacheinander und vergibt die Namen automatisch entsprechend nummeriert. Damit alle Karten gleich die richtige Größe haben, werden sie sofort nach dem Erstellen (nach `create` können sie mit der Systemvariable `it` angesprochen werden) auf Breite und Höhe 120 gesetzt. Außerdem erhalten sie noch einen Rahmen. Damit kann man sie dann auch deutlich sehen. Automatisch werden die Objekte im Mittelpunkt der Card erstellt, so dass sie dort alle übereinanderliegen werden.

Da dieses Skript nur für die Erstellung des Spielplans einmalig ausgeführt werden soll, müssen Sie es mit keinem Button oder anderem Element verlinken, sondern es nur einmal manuell ausführen. Das geht am einfachsten mit der MESSAGE BOX aus dem Menü, die Sie aufrufen und dann einfach die Message `kartenErstellen` in deren Eingabezeile schreiben (Abbildung 9.1), die [↵]-Taste drücken, und schon ist es ausgeführt.

Die Karten von 1–16 sind jetzt erstellt. Sie sehen erst einmal nur *ein* Image-Objekt, weil sie ja alle übereinanderliegen. Auch das Platzieren der Karten wollen wir gleich per Skript erledigen, aber um zu sehen, ob alles okay ist, können Sie die Objekte jetzt auch gern vorab mit der Maus auseinanderziehen (Abbildung 9.2).

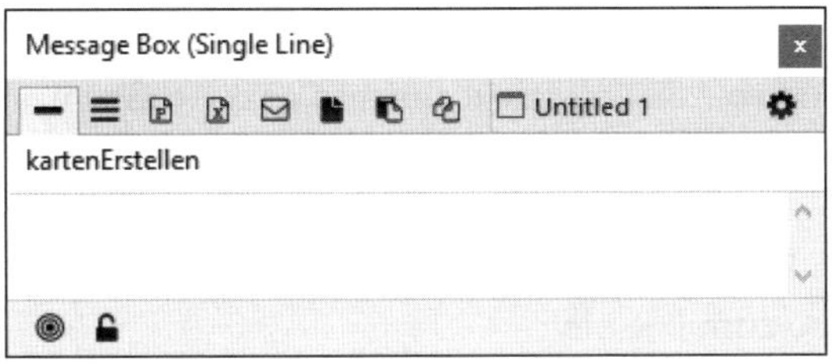

Abbildung 9.1 Mit der »Message Box« können Sie direkte Messages senden, um ein Skript manuell auszuführen.

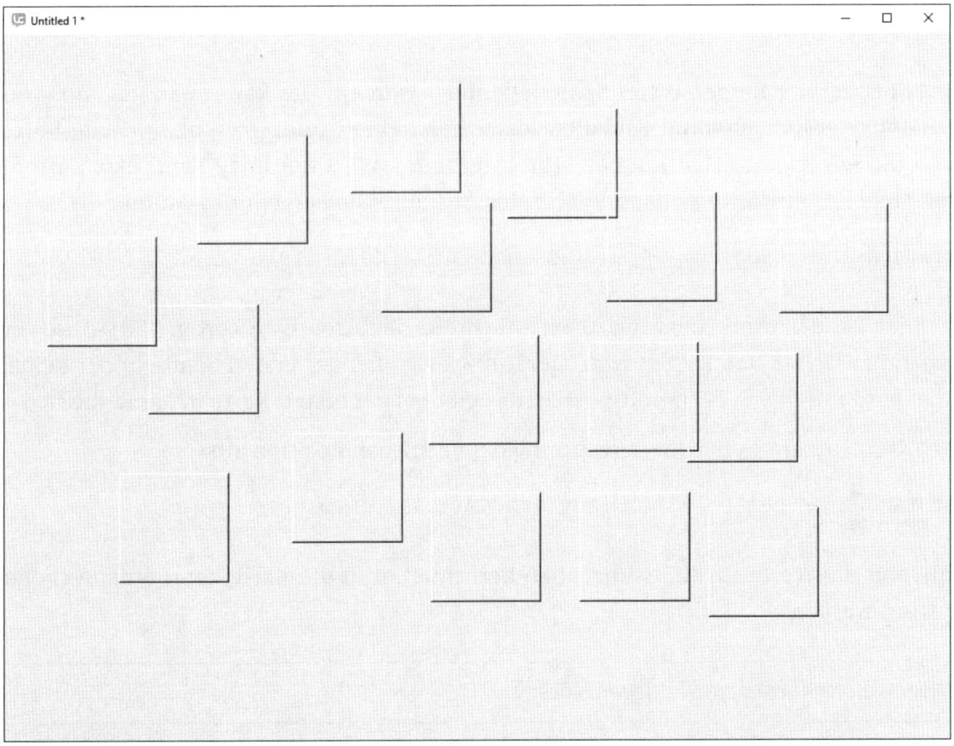

Abbildung 9.2 16 Image-Objekte sind da, korrekt benannt, aber noch nicht platziert.

Nun sollen sie also noch genau in vier Reihen à vier Karten angeordnet werden. Und es ist Ihnen überlassen, ob Sie das von Hand machen möchten (kann ja auch seinen Charme haben, wenn Sie die Karten etwas unregelmäßig anordnen wollen) oder ob das auch ein Skript erledigen soll, damit es ganz sauber und ordentlich wird. Wenn Sie es von Hand machen möchten, dann können Sie die folgenden Ausführungen überspringen. Außer Sie möchten etwas dazulernen, was ja nie schaden kann.

Objekte per Skript anordnen

Wenn Sie ein Skript schreiben wollen, dann sollten Sie sich vorher ein paar Größen und Werte überlegen. Sie brauchen einen linken Rand und einen oberen Rand, und Sie müssen festlegen, wie groß der horizontale und der vertikale Abstand zwischen den Karten sein sollen. Sie können diese Werte auch jederzeit noch ändern und experimentieren, wie es aussieht, bis Sie zufrieden sind. Also zum Beispiel:

```
put 100 into randOben
put 235 into randLinks
put 25 into abstandHorizontal
put 25 into abstandVertikal
```

Jetzt müssen vier Reihen à vier Spalten gebildet werden. Das kann man gut mit zwei ineinander verschachtelten Schleifen lösen (für Reihen und Spalten). Für jede Karte muss die horizontale Position berechnet werden: Das ist der linke Rand plus Kartenbreite mal Kartennummer in der Reihe plus Abstand. Die Berechnung lautet:

```
put randLinks+(spalte-1)*(120+abstandHorizontal)  into links
```

Der linke Rand kommt zuerst. Dazu wird die Breite der bisherigen Karten (120) sowie der Abstand zwischen den Karten hinzugezählt – außer bei der ersten Spalte in der Reihe, daher wird mit `(spalte-1)` multipliziert, das gibt bei der ersten Karte in der Reihe 0.

Ganz ähnlich sieht es bei der Berechnung der vertikalen Position aus:

```
put randOben+(reihe-1)*(120+abstandVertikal) into oben
```

Nun sind die Werte für links und oben berechnet, und die Karte kann entsprechend platziert werden.

> Aber welche Karte der 16 ist jeweils dran?

Ich empfehle, einfach einen Zähler mitlaufen zu lassen, der jedes Mal um eins erhöht wird, dann werden alle Karten von 1–16 sauber nacheinander auf dem Spielfeld platziert (Abbildung 9.3).

Das gesamte Skript für die Anordnung der Karten sieht jetzt folgendermaßen aus:

```
on kartenAnordnen
   put 100 into randOben
   put 235 into randLinks
```

```
    put 25 into abstandHorizontal
    put 25 into abstandVertikal
    put 0 into nr
    repeat with reihe = 1 to 4
       repeat with spalte = 1 to 4
          add 1 to nr
          put randLinks+(spalte-1)*(120+abstandHorizontal) into links
          put randOben+(reihe-1)*(120+abstandVertikal) into oben
          set the left of img("karte"&nr) to links
          set the top of img("karte"&nr) to oben
       end repeat
    end repeat
end kartenAnordnen
```


Schauen Sie es noch einmal genau durch, und versuchen Sie, es zu verstehen. Sie können sich auf dem Stack gern einen temporären Button anlegen und in das Button-Skript `on mouseUp` das Skript `kartenAnordnen` hineinschreiben, dann können Sie das Skript schnell per Button-Klick ausführen. Nun können Sie Zahlenwerte im Skript ändern, sehen, wie es sich auswirkt, bis Sie alles nachvollzogen haben und zufrieden sind.

Abbildung 9.3 So oder ähnlich sollte der Stack für Memory jetzt aussehen.

Speichern Sie den Stack in einem dafür angelegten Projektordner unter dem Namen *memory.livecode*. Die beiden Skripte für das Erstellen der Karten und das Anordnen könnten Sie jetzt prinzipiell auch löschen. Sie werden für dieses Memory-Spiel nicht mehr gebraucht. Die Karten sind jetzt erstellt und platziert und werden auch so mit dem Stack gespeichert. Sie können die Skripte aber auch stehen lassen – sie schaden nicht wirklich und könnten Ihnen dann nützlich sein, wenn Sie das Spiel später eventuell mit einer anderen Anzahl Karten neu aufbauen möchten.

Das Bildmaterial

Jetzt wird es dringend Zeit dafür, neun Bilder zu besorgen. Acht Motive (Fotos, Zeichnungen, Symbole) und ein Hintergrundmuster. Wenn Sie es sich leicht machen möchten, dann laden Sie einfach die Bilder von der Webseite zum Buch. Sie finden alle MATERIALIEN ZUM BUCH hier:

www.rheinwerk-verlag.de/4258

Wenn Sie es individueller gestalten möchten, dann verwenden Sie gern eigene Bilder (zum Beispiel Fotos Ihrer Freunde und Verwandten) oder kostenlose aus dem Web. Wichtig nur: Sie müssen die Größe 120 × 120 Pixel haben. Sie müssen sie also wahrscheinlich vorher mit einem Bildbearbeitungsprogramm wie Photoshop oder GIMP verkleinern, beschneiden usw., bis es stimmt. Die Bilder sollten im PNG-Format sein und mit »bild1.png« bis »bild8.png« benannt werden. Das Hintergrundbild sollte »bild0.png« heißen. Erstellen Sie in Ihrem Memory-Projektordner einen Unterordner namens *bilder*, und kopieren Sie Ihre Bilder dort hinein (Abbildung 9.4).

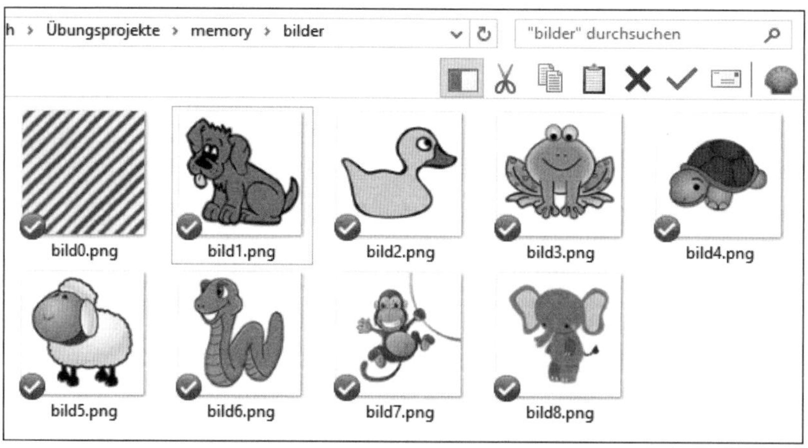

Abbildung 9.4 Der Inhalt des Projektordners mit unseren Beispielbildern für Kinder

9.2 Die Programmierung der Skripte

Damit ist das Material vorerst komplett, und Sie können jetzt direkt an die Programmierung gehen.

Mischen und Zuordnen der Karten

Um ein solches Projekt anzugehen, brauchen Sie ein paar Vorüberlegungen. Sie müssen sich überlegen, wie die Karten gemischt werden sollen, woher der Computer »weiß«, ob eine Karte bereits umgedreht ist oder nicht. Woran er »merkt«, dass das Spiel zu Ende ist. Und noch ein paar andere Dinge.

Sinnvoll ist es zum Beispiel, die Reihenfolge der Memory-Karten in einer Variablen darzustellen, etwa mittels einer Liste, die gemischt wird. Dann kann das Programm in dieser Liste immer nachschauen, welche Karte welches Bild hat, ohne dass die realen Bildobjekte auf dem Stack gemischt werden müssten. Auf dem Stack sind die Karten also immer gleich angeordnet, von 1–16 – welche Bilder aber zu ihnen gehören, wird mit der immer wieder neu gemischten Liste festgelegt.

Wir belegen einfach eine Liste mit den folgenden Werten: »1,1,2,2,3,3,4,4,5,5,6,6,7,7,8,8«. Somit wären alle acht Bilder jeweils zweimal vorhanden, allerdings noch hübsch geordnet. Also:

```
put "1,1,2,2,3,3,4,4,5,5,6,6,7,7,8,8" into bildliste
```

Dann wird die Liste gemischt.

Wie geht das?

Ganz einfach: Die `items` der Liste (also jede einzelne Zahl) werden nach einem Zufallsschlüssel sortiert.

```
set the itemDelimiter to comma
sort  items of bildliste by random (1000)
```

Ein lustiges Verfahren, das ebenso einfach wie speziell ist. So mischt man Wertelisten in LiveCode – man ordnet sie nach Zufallswert. Statt 1.000 kann auch eine andere Zahl als Limit für den Zufallswert genommen werden – wichtig ist nur, dass sie mindestens 16, besser mehr beträgt.

```
Nun sieht die Liste so oder anders aus, eben zufällig durcheinander:
6,2,5,8,7,6,5,3,4,3,8,1,1,4,2,7
```

Diese Liste repräsentiert jetzt die Reihenfolge der Karten. Karte 1 hat Bild Nr. 6, Karte 2 hat Bild Nr. 2, Karte 3 hat Bild Nr. 5 usw. Wenn man diese Bildreihenfolge einfach mal den Karten nacheinander zuweisen würde, dann würde man das so machen:

```
repeat with x = 1 to 16
   set the fileName of img ("karte"&x) to bilderpfad&"bild"& ⊋
item x of bildliste&".png"
end repeat
```

Es werden also alle 16 Karten durchlaufen. Für jede der Karten wird der `fileName` (also das angezeigte Bild) auf den Bildnamen des jeweiligen `item x` aus der Bildliste gesetzt. Das Ergebnis ist eine wunderschöne Anzeige der gemischten Karten.

Abbildung 9.5 Die Karten sind gut gemischt.

Abbildung 9.5 veranschaulicht, wie die Karten nach dem Mischen liegen, aber in Wirklichkeit wollen wir sie ja zunächst gar nicht offen sehen, sondern sie sollen erst einmal alle verdeckt sein.

Deshalb müssen wir die Karten zu Beginn des Spiels alle initialisieren, ihnen das Rückseitenbild zuweisen und – wir denken voraus – ihnen gleich noch zwei *Custom Properties*, selbst erstellte Eigenschaften, zuweisen, nämlich für ihren *Zustand* (offen oder umgedreht) und für ihre *Nummer*. Außerdem müssen wir den Dateipfad zu den Bilddateien ermitteln und als globale Variable festhalten, da er immer wieder gebraucht wird.

Also – jetzt zum Mitschreiben – das Skript für die Spielvorbereitung (gehört in den Stack, wie die meisten unabhängigen Skripte):

```
global bildliste,bilderpfad

on spielVorbereiten
   bilderPfadSetzen
   put "1,1,2,2,3,3,4,4,5,5,6,6,7,7,8,8" into bildliste
   set the itemDelimiter to comma
   sort  items of bildliste by random (1000)
   repeat with x = 1 to 16
      set the fileName of img ("karte"&x) to bilderpfad&"bild0.png"
      set the nummer of  img ("karte"&x) to x
      set the verdeckt of  img ("karte"&x) to 1
   end repeat
end spielVorbereiten
```

Die Karten (genauer gesagt die `items` der bildliste) werden hier gemischt, dann wird jeder Karte auf dem Bildschirm das Rückseitenbild zugewiesen, und für jede Karte wird die Nummer gesetzt (entspricht ihrer Reihenfolge) und die Variable verdeckt, die angibt, dass die Karte umgedreht ist. Beide Werte wären nicht zwangsläufig notwendig, weil man die Information, welche Nummer die Karte hat, auch aus ihrem Namen entnehmen kann. Die Information, ob sie verdeckt ist, kann man an ihrem zugewiesenen Bild sehen, aber die beiden Werte werden uns die Arbeit nachher deutlich erleichtern, wie Sie sehen werden.

Ach ja, es wird auch das Skript zu `bilderPfadSetzen` aufgerufen. Das muss natürlich auch noch vorhanden sein.

```
on bilderPfadSetzen
   if the environment is "mobile" then
      put specialFolderPath("engine") into programmPfad
   else
      put the filename of this stack into programmPfad
      set the itemDelimiter to "/"
      delete the last item of programmPfad
   end if
   put programmPfad&"/bilder/" into bilderpfad
   if the platform is "MacOS" and the environment is "standalone ➲
application" then
      set the itemDelimiter to "/"
      put the filename of this stack into programmPfad
      put item 1 to -3 of programmPfad into bilderPfad
      put "/Resources/_MacOS/bilder/" after bilderPfad
   end if
end bilderPfadSetzen
```

Wer Genaueres darüber wissen will, schaut einfach mal an den Anfang von Kapitel 8 zurück, »Multimedia, Grafik und Online-Inhalte«. Dort wird genau erläutert, warum man den Unterordner zu seinem Programm am besten so ermittelt.

Gut, wenn Sie diese beiden Skripte in den Stack geschrieben haben, können Sie sie auch verwenden. Legen Sie in der App einen Button an, den Sie mit »Spiel beginnen« beschriften. Und der kann dann folgendes Skript bekommen, das zunächst spielVorbereiten und darüber auch bilderPfadSetzen aufruft:

```
on mouseUp
   spielVorbereiten
end mouseUp
```

Und dann können Sie gern schon mal klicken. Das Spiel hat begonnen, alle Karten zeigen das Rückseitenmuster (Abbildung 9.6). Insgeheim ist das Spiel auch schon gemischt, aber man kann natürlich noch nichts machen.

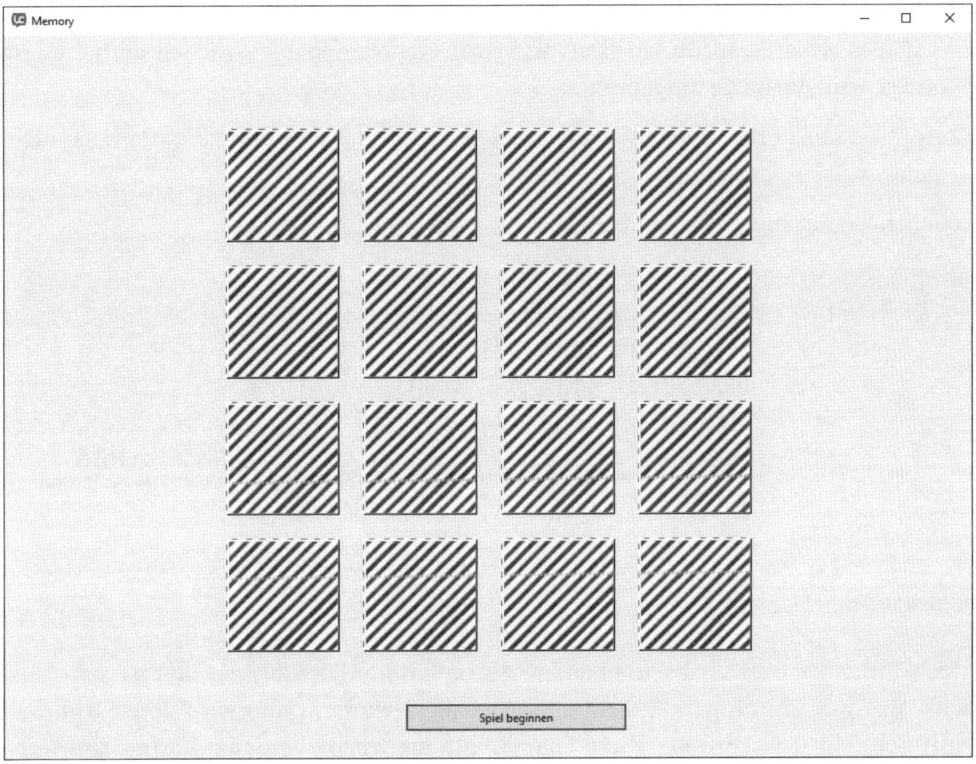

Abbildung 9.6 Der Zustand bei Spielbeginn

Bedienung des Spiels

Sehr gut. Nun muss man mit der Maus auf die einzelnen Karten klicken können, und sie müssen umgedreht werden.

Das ist erstmal so generell ziemlich einfach. Dazu erstellen Sie ein Skript im Stack oder in der Card, das das `mouseUp` auswertet und prüft, ob das Ziel eine Karte ist (so wie Sie es ausführlich gelernt haben):

```
on mouseUp
   if "karte" is in the target then
      karteUmdrehen
   end if
end mouseUp
```

Das bitte noch nicht abschreiben, es ist noch vereinfacht – aber so läuft es prinzipiell. Bei Mausklick wird geprüft, ob das Wort »karte« im Namen des Klickziels enthalten ist. Wenn ja, wird die Karte umgedreht.

Man muss noch etwas mehr spezifizieren, denn nur dann, wenn die Karte noch nicht aufgedeckt ist, soll sie umgedreht werden.

Machen wir das mal eben komplett:

```
on mouseUp
   if "karte" is in the target then
      put the nummer of the target into nr
      if the verdeckt of the target=1 then
         set the itemDelimiter to comma
         set the fileName of img ("karte"&nr) to bilderpfad&"bild"& ➲
item nr of bildliste&".png"
      end if
   end if
end mouseUp
```

Das können Sie jetzt so abschreiben, ins Stack-Skript. Alles klar, was hier passiert? Erst wird also geprüft, ob wirklich eine Karte geklickt wurde. Dann wird deren Nummer ermittelt (aus der selbst erstellten Eigenschaft, die wir vorher jeder Karte zugewiesen haben), dann wird geprüft, ob die Karte verdeckt ist (aus der anderen selbst erstellten Eigenschaft), und wenn ja, dann wird sie aufgedeckt und ihr `verdeckt`-Zustand auf 0 gesetzt. Fertig.

Probieren Sie es gern aus, starten Sie das Spiel, und decken Sie eine Karte nach der anderen auf (Abbildung 9.7). Das ist beinahe schon ein fertiges Memory-Spiel.

Beinahe heißt, dass natürlich noch die gesamte Auswertung fehlt. Aber die ist auch nicht allzu kompliziert. Bei jedem zweiten Aufdecken einer Karte muss geprüft werden, ob erstens die beiden aufgedeckten Karten zusammenpassen und – falls ja – ob zweitens bereits alle Karten aufgedeckt sind und das Spiel zu Ende ist.

Dazu können wir drei weitere *globale Variablen* ganz gut brauchen. Die ersten beiden nennen wir `aufgedeckt1` und `aufgedeckt2`. Sie sagen uns, welche Karten in dieser Runde aufgedeckt wurden und ob es gerade die erste oder zweite ist. Und die dritte Variable nennen wir `gesamt`, die zählt, wie viele Paare schon fertig ermittelt sind. Alle drei Variablen müssen natürlich auch in der globalen Liste enthalten sein – die erweitert sich also so:

```
global bildliste,bilderpfad,aufgedeckt1,aufgedeckt2,gesamt
```

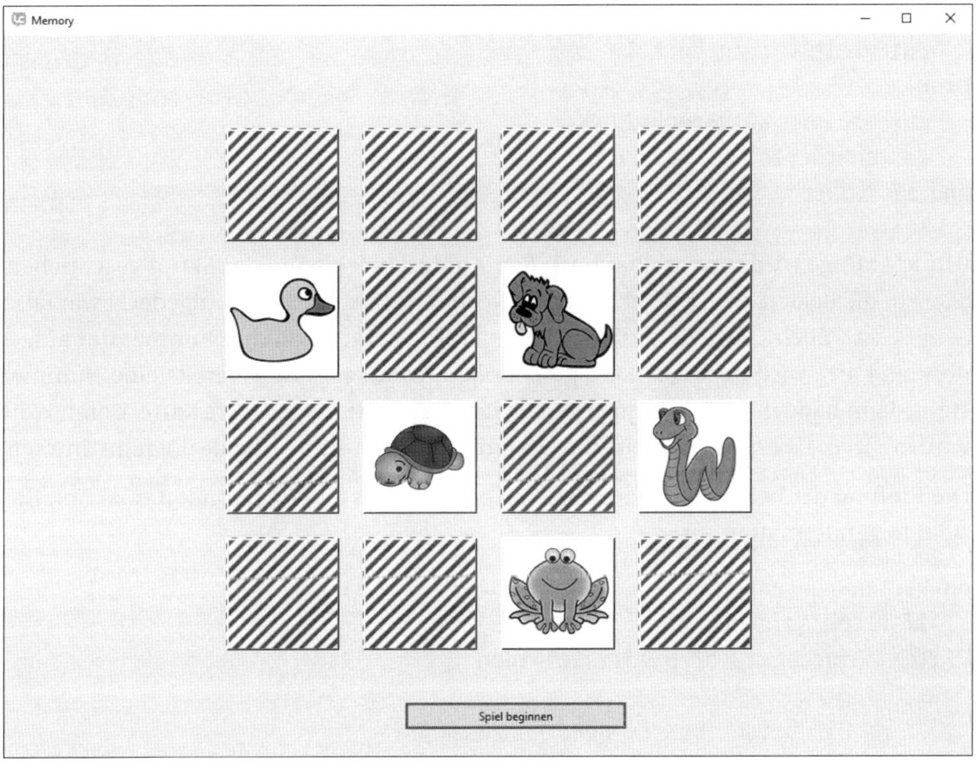

Abbildung 9.7 Jetzt können Sie schon beliebige Karten per Klick aufdecken.

Und die Werte für diese Variablen müssen im Spielvorbereitungsskript auch auf den Anfangswert gesetzt werden. Sonst funktioniert es nicht.

Also fügen wir dort (am Ende des Skripts nach dem `end repeat` noch folgende drei Zeilen ein):

```
put 0 into aufgedeckt1
put 0 into aufgedeckt2
put 0 into gesamt
```

Das Skript zum Aufdecken der Karten muss jetzt noch erweitert werden. Nach dem Aufdecken der Karte wird geprüft, ob es die erste oder zweite Karte war, dann wird ausgewertet, ob die Karten übereinstimmen, dann wird die Endauswertung gemacht, ob das Spiel zu Ende ist.

Die Prüfung, ob es die erste oder die zweite Karte ist, die gerade aufgedeckt wird, findet folgendermaßen statt:

```
if aufgedeckt1 = 0 then
   put nr into aufgedeckt1
else
   put nr into aufgedeckt2
   kartenPruefen
end if
```

(Diese Abfrage wird unmittelbar nach den Aufdeckbefehlen in das Skript geschrieben, also vor die beiden `end-if`-Befehle.) Wenn vorher noch keine Karte aufgedeckt war (also `aufgedeckt1` noch 0 ist), dann findet keine Prüfung statt, und die Nummer der aufgedeckten Karte wird in `aufgedeckt1` geschrieben. Wenn aber dort bereits eine Nummer steht, dann handelt es sich folglich gerade um die zweite aufgedeckte Karte. Deren Wert wird in `aufgedeckt2` geschrieben, und es wird danach geprüft, ob beide übereinstimmen.

Die Prüfung der beiden aufgedeckten Karten erfolgt in einem gesonderten Skript. Das sieht folgendermaßen aus:

```
on kartenPruefen
   if (item aufgedeckt1 of bildliste) =
 (item aufgedeckt2 of bildliste) then

      // Die beiden Karten gehören zusammen
      beep
      add 2 to gesamt
      if gesamt = 16 then
         spielEnde
      end if
   else
      // Falsche Karten wieder umdrehen:
      wait 1 seconds
      set the verdeckt of img ("karte"&aufgedeckt1) to 1
      set the fileName of img ("karte"&aufgedeckt1) to bilderpfad& ➲
"bild0.png"
      set the verdeckt of img ("karte"&aufgedeckt2) to 1
      set the fileName of img ("karte"&aufgedeckt2) to bilderpfad& ➲
"bild0.png"
   end if
   put 0 into aufgedeckt1
   put 0 into aufgedeckt2
end kartenPruefen
```

Es wird zunächst geprüft, ob beide Karten dasselbe Bild zeigen. Wenn ja, dann werden zwei Richtige zur Gesamtzahl addiert. Wenn die Gesamtzahl 16 ist, dann sind alle Karten aufgedeckt, und das Skript `spielEnde` wird aufgerufen. Wenn nicht, dann müssen die beiden aufgedeckten Karten wieder umgedreht werden. Nach 1 Sekunde Wartezeit (damit man die zweite Karte noch anschauen kann) werden die beiden Karten wieder auf Rückseitenbild gesetzt (also `bild0`), und ihre Eigenschaft `verdeckt` wird wieder auf 1 gesetzt. Außerdem werden die beiden globalen Variablen `aufgedeckt1` und `aufgedeckt2` wieder auf 0 gesetzt, denn jetzt geht es ja wieder erneut los mit dem Aufdecken.

Spielende

So kann man bereits Memory spielen. Fehlt nur noch eines, nämlich das Skript zum Spielende.

> Was soll passieren, wenn alle Karten aufgedeckt sind?

Nun ja, Sie können sich etwas einfallen lassen. Die simpelste (aber nicht sonderlich schöne) Möglichkeit besteht darin, einfach eine Mitteilungsbox öffnen zu lassen, die einem zum Aufdecken aller Karten gratuliert. Also etwa so:

```
on spielEnde
   answer "Glückwunsch! Sie haben es geschafft!"
end spielEnde
```

Zum Testen reicht das auf jeden Fall erst einmal. Jetzt ist es also Zeit, Memory zu spielen – probieren Sie aus, ob alles funktioniert! In einem ersten Funktionstest kann man immer gleich mehrere Dinge feststellen. In erster Linie natürlich, ob es noch Fehler gibt. Klicken Sie wild herum, probieren Sie alles aus, was Bediener so machen könnten, auch Unsinniges. Denn Fehler in einer App sind nie »Fehler des Benutzers«, sondern unzureichende Absicherungen gegen unsinnige Bedienung.

Wenn alles fehlerfrei läuft, testen Sie das »Look and Feel« der App. Lässt sie sich wirklich angenehm bedienen? Was läuft glatt und rund, und was fühlt sich hakelig an? Wie sieht alles aus? Wirkt es sauber und professionell oder eher hölzern und handgemacht? Macht es Spaß, die App zu benutzen? Wenn nicht so sehr, was müsste man verändern? Sie haben schließlich alles in der Hand. Wenn Sie eine Idee haben, wie man die App verbessern könnte, dann können Sie diese auch umsetzen.

Es geht also um Optik (Abbildung 9.8), Haptik, Workflow/Gameflow, Motivation, Ästhetik, Klang, Wohlempfinden. Nie gibt es dabei das eine klare Optimum. Immer hängt es vom Geschmack und der Vision des Gestalters ab, wie die App am Schluss wirkt. Viele Wege führen zu einer guten und schönen App. Sie können sich von anderen Apps, Programmen, Webseiten inspirieren lassen – oder Sie erfinden Ihren ganz eigenen individuellen Look. Es ist alles an Ihnen!

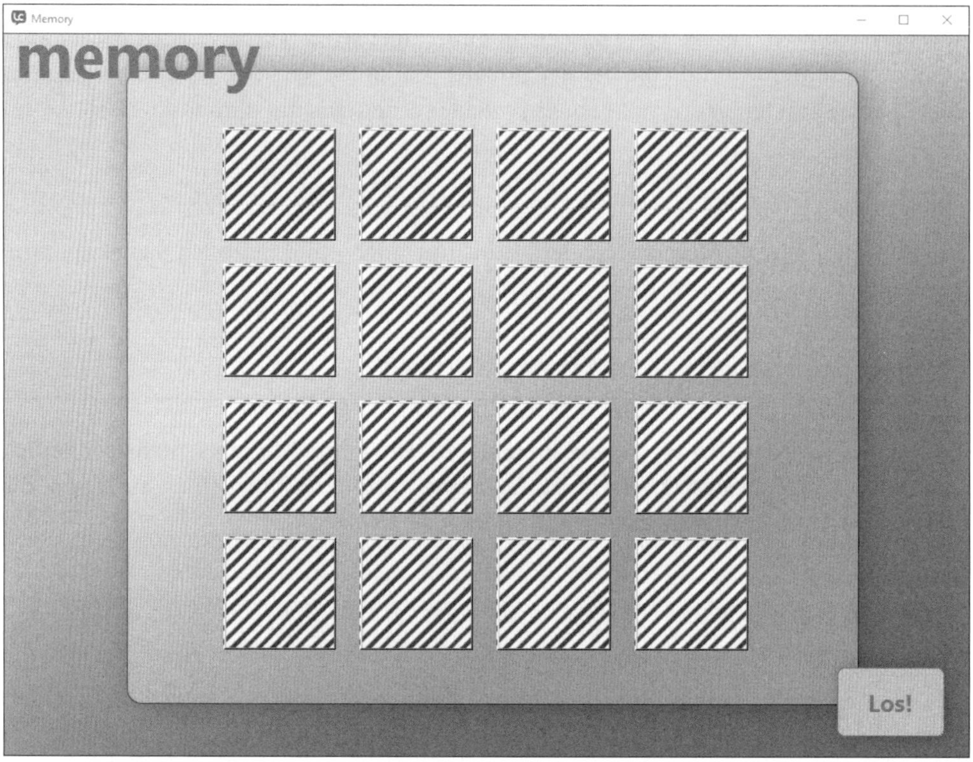

Abbildung 9.8 Verläufe, abgerundete Ecken, Schatten – das ist oft schon ein guter Anfang für ein gelungenes App-Design.

Zum Spielende gibt es natürlich bessere Möglichkeiten als ein System-Mitteilungsfenster erscheinen zu lassen. Wenn schon Fenster, dann können Sie dieses Fenster zumindest schön gestalten und dem Rest des Spiels anpassen. Sie haben dafür zwei Möglichkeiten: Die eine besteht darin, eine rechteckige Fläche (zum Beispiel mit abgerundeten Ecken) sowie ein Textfeld darüber und einen Button zu kombinieren (nach Wunsch vielleicht auch noch eine Grafik). Diese Elemente markieren Sie und gruppieren sie zusammen (über den Menüpunkt GROUP oder mit `Strg` + `G` bzw. `Cmd` + `G` beim Mac). Jetzt geben Sie der Gruppe einen Namen (zum Beispiel »auswertung«) und schalten `visible` aus – so ist sie unsichtbar. Erst am Schluss im Skript `spielEnde` schalten Sie die Gruppe wieder auf `visible`. Das würde dann etwa so aussehen (Abbildung 9.9):

```
on spielEnde
   set the visible of grp "auswertung" to true
end spielEnde
```

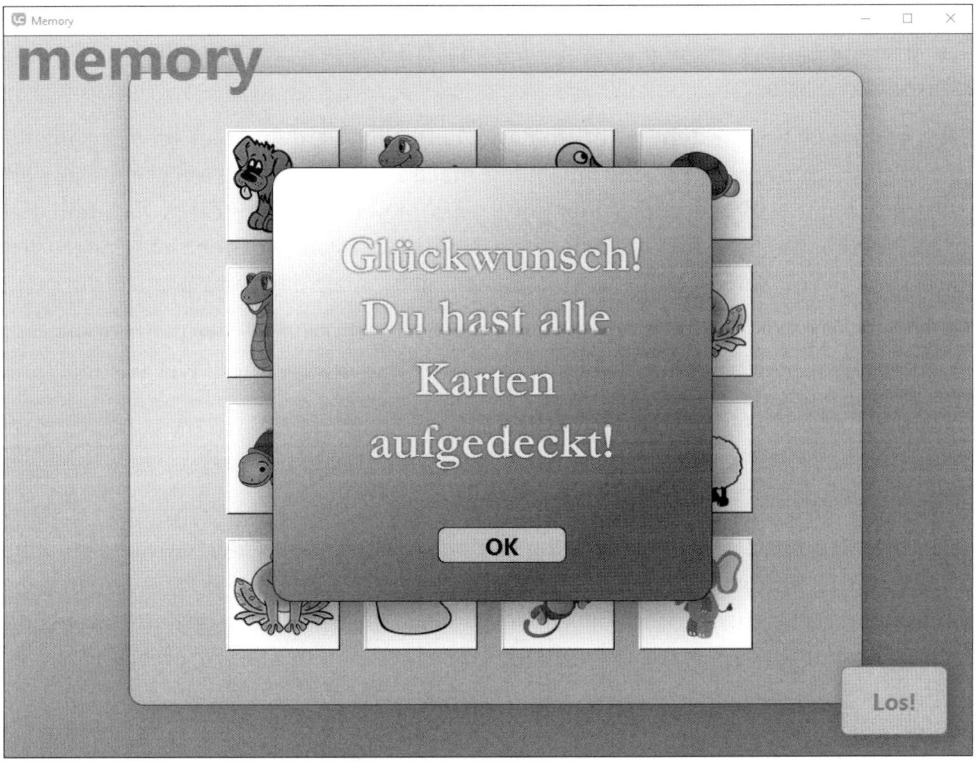

Abbildung 9.9 Mit einer Gruppe, die im richtigen Moment sichtbar geschaltet wird, lässt sich gut eine Einblendungsbox gestalten.

In dem OK-Button in der Gruppe müsste natürlich noch folgendes Skript stehen:

```
on mouseUp
   hide grp "auswertung"
end mouseUp
```

Damit wird die `group` per Klick wieder ausgeblendet.

Was wäre die andere Möglichkeit?

Die bestünde darin, einen weiteren Stack zu erstellen (Substack von *memory*). Dieser wäre kleiner als das Hauptfenster und würde mit dem Befehl `open stack` angezeigt. Mit dem Befehl `modal stack "stackName"` könnte er sogar *modal* angezeigt werden, das heißt, er muss erst geschlossen werden, bevor der Hauptstack wieder bedient werden könnte. Diese Lösung ist für Desktop-Programme oft praktisch, aber in mobilen Apps empfehle ich die erste Lösung mit der `group`, weil sie natürlicher erscheint, flexibler und besser kontrollierbar ist.

Eine weitere Option besteht natürlich darin, eine neue Card im Stack *memory* anzulegen, sie hübsch zu gestalten, und am Ende einfach auf diese Card zu wechseln. Das wäre natürlich relativ einfach und würde gut funktionieren. Es hat nur den Nachteil, dass man dabei das Memory-Hauptfenster ganz verlässt und sich »woanders« befindet – also nichts mehr von seinen aufgedeckten Karten sieht. Aber das kann ja auch durchaus gewollt sein.

Es ist also komplett an Ihnen, wie die Endauswertung erfolgen soll. Wer Lust hat, probiert alle Möglichkeiten einmal aus. Das ist eine gute Übung.

Erweiterungsidee 1 – Spiel mit mehr Karten

Auch richtige funktionale Erweiterungen sind in dieser App jederzeit möglich. Zum einen wäre es natürlich denkbar, mehr Karten zu verwenden, also 20, 24 oder sogar noch mehr. Dann müssten Sie aber zunächst neue Bilder finden, neue Karten erstellen, die Karten neu auf dem Stack verteilen und anordnen und sie alle entsprechend benennen. Sie können das auch mit Hilfe der Anfangsskripte machen, die wir zur Erstellung verwendet haben. Anschließend wäre das Skript ziemlich gleich, nur dass Sie ein paar Zahlenwerte austauschen müssen – überall wo 16 steht, müsste stattdessen der neue Maximalwert rein. Das war's schon. Probieren Sie es aus, wenn Sie Lust haben und trainieren möchten!

Erweiterungsidee 2 – Zweispielermodus

Darüber hinaus könnte man das Programm erweitern, so dass es für zwei Spieler ausgelegt ist. Hierzu müssten Sie ein paar zusätzliche Überlegungen anstellen, aber der Aufwand wäre trotzdem nicht so sehr groß. Zunächst bräuchten Sie eine weitere globale Variable, die besagt, welcher Spieler gerade dran ist. Dann bräuchten Sie ein Textfeld, das das auch anzeigt, zum Beispiel »Spieler 1 ist dran«. Und vielleicht noch zwei Textfelder, die die jeweiligen Punkte der Spieler angeben. Nun müsste nach jeder Kartenaufdeckrunde der Spieler gewechselt werden. Beim Aufdecken eines Paares würden dem Spieler, der gerade dran ist, Punkte hinzugerechnet. Und der Spieler wäre dann möglicherweise nochmal dran. Wenn alle Paare aufgedeckt sind, wird ausgewertet, welcher Spieler gewonnen hat. Haben Sie Lust, das zu probieren? Wenn Sie es schaffen, sind Sie schon ein wirklich fortgeschrittener eigenständiger Programmierer. Aber ganz klar ist: Jeder lernt in seinem eigenen Tempo – machen Sie immer dort weiter, wo es Spaß macht. Dann lernen Sie am meisten.

Erweiterungsidee 3 – Spiel gegen den Computer

Nun noch eine vollkommen optionale Idee für Profis und alle, die gerne einer werden wollen: Wie wäre es, wenn man als Spieler Memory gegen den Computer spielen kann?

Wie kompliziert wäre es, so etwas umzusetzen?

Nun, es ist anspruchsvoller, aber keineswegs unmöglich. Man muss nicht in der Lage sein, einen Schach-Algorithmus zu verstehen, nur um einen Memory-Spieler zu programmieren. Hierzu müssten Sie sich vor allem klarmachen, wie ein Spieler beim Memory eigentlich denkt. Das ist sehr simpel: Er deckt zunächst zwei zufällige Karten auf. Wenn sie nicht übereinstimmen, merkt er sich, wo welche Karte liegt. Sobald er zwei übereinstimmende Karten im »Gedächtnis« hat, deckt er sie beim nächsten Mal beide auf. Man bräuchte also eine Variable, die eine Liste enthält, welche Karten bereits gezeigt und wieder verdeckt wurden. Vor jedem Durchgang geht der Computer diese Liste durch und schaut nach, ob ein Paar dabei ist. Wenn nicht, deckt er eine der zufälligen Karten auf, die er noch nicht kennt, und schaut wieder nach, ob die dazu passende schon in seiner Liste steht. Wenn ja, deckt er sie auf, sonst nimmt er eine weitere zufällige Karte und prüft, ob sie passt. Paare, die schon aufgedeckt sind, verschwinden aus der Liste.

Damit der Computer nun nicht immer gewinnt, weil er ein perfektes Gedächtnis hat, könnte man auch festlegen, dass der Computer vor jedem Durchgang zufällig einzelne gemerkte Karten wieder aus dem Gedächtnis löscht (also »vergisst«) oder sie durch falsche ersetzt (also »verwechselt«). Das macht den Computer dann menschlicher, weil er auch mal einen Fehler macht.

Sie trauen es sich zu, so einen Computerspieler zu programmieren? Dann los, versuchen Sie es! Sie trauen es sich noch nicht zu? Kein Problem. Eigentlich ist diese Art von Programm nämlich auch noch gar nicht dran. Es erfordert schon eine Menge Übung und Erfahrung. Vielleicht haben Sie nach dem kompletten Durcharbeiten dieses Buches oder nach weiteren Übungen noch einmal Lust dazu. Man lernt am meisten durch Probieren, aber es macht am ehesten Spaß, sich an die Dinge zu wagen, die man schon richtig beherrscht.

Kapitel 10
App-Projekt: Sprechende Uhr

Im nächsten Projekt geht es um eine selbst gebaute Uhr, die nicht nur die Zeit anzeigen kann, sondern auch umgangssprachlich ansagen – auf Wunsch mit Ihrer eigenen Stimme.

In diesem Projekt werden Sie also eine eigene digitale Uhr programmieren, die nicht nur aussieht, wie Sie sie gerne haben möchten, sondern die auch noch einige Extrafunktionen beherrscht. Zum Beispiel kann sie sprechen. Und man kann sie später noch um einiges erweitern. Bevor Sie den Stack aufbauen und an die Programmierung gehen, sollten Sie sich noch mit den Uhrzeitfunktionen von LiveCode vertraut machen. Es ist nicht sonderlich kompliziert, aber man sollte immer zunächst herausfinden, wie es am besten gemacht wird.

10.1 Auf die interne Uhr zugreifen

LiveCode kennt eine einfache Funktion, um die aktuelle Uhrzeit zu ermitteln. Die lautet erst einmal nur `the time`.

Öffnen Sie mal eine MESSAGE BOX in LiveCode. Jetzt geben Sie ein: »put the time«. Im Anzeigefenster erscheint die Ausgabe, die Sie in Abbildung 10.1 sehen.

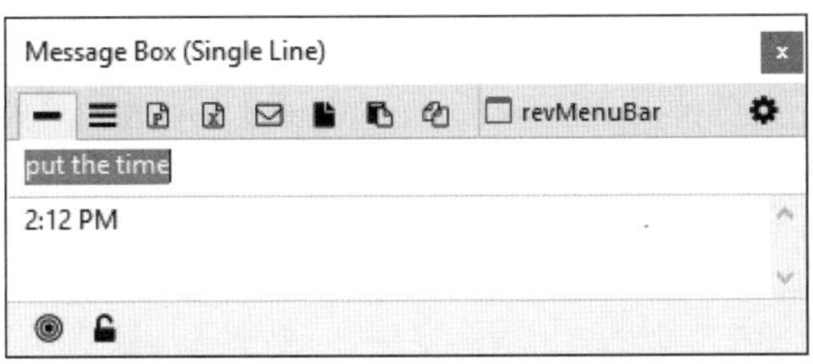

Abbildung 10.1 Die Zeit ist zunächst einmal englischsprachig.

Diese Funktion ergibt die aktuelle Zeit mit Stunden und Minuten, allerdings im englisch-amerikanischen 12-Stunden-Format mit dem Zusatz a. m. (für ante meridiem, Vormittag) oder p. m. (für post meridiem, Nachmittag) – in englischsprachigen Ländern sicher erwünscht, bei uns nicht. Daher sollten Sie als Erstes das 12-Stunden-Zeitformat abschalten. Das tun Sie mit folgendem Befehl, den Sie jetzt auch in die MESSAGE BOX eingeben und mit der [↵]-Taste bestätigen:

```
set the twelveHourTime to false
```

Damit schalten Sie das englische Zeitformat aus. Dieser Befehl muss nur einmal zu Beginn in einem Programm erfolgen, danach arbeitet das System mit dem 24-Stunden-Zeitformat ohne a. m. oder p. m. Probieren Sie es aus (Abbildung 10.2).

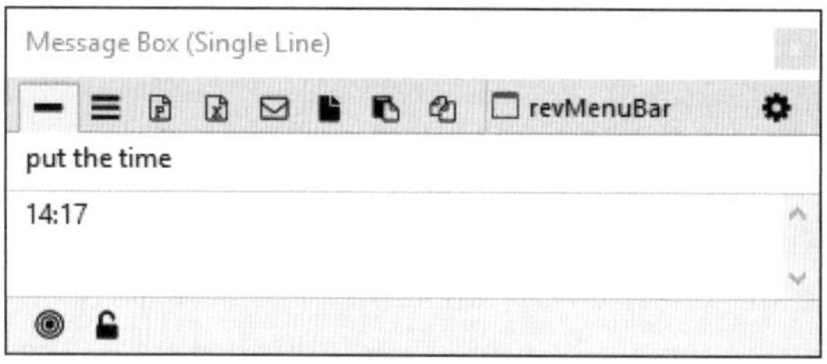

Abbildung 10.2 Aha, schon besser!

Was noch fehlt, sind die Sekunden. Die erhalten wir, wenn wir die `time`-Funktion erweitern. Wenn Sie `the long time` anfordern, dann sind die Sekunden auch dabei (Abbildung 10.3).

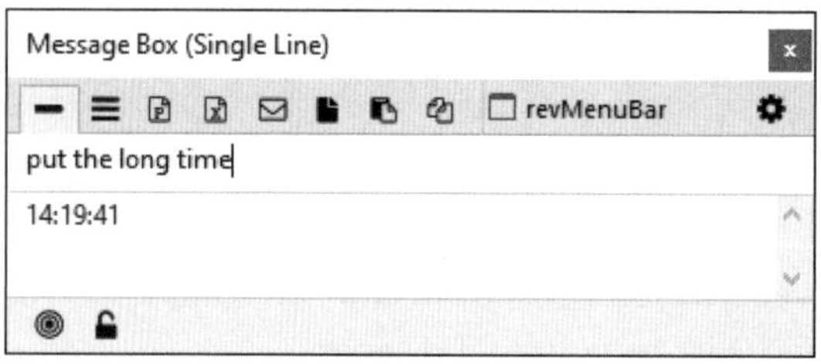

Abbildung 10.3 Jetzt ist die Zeitangabe komplett.

Und eigentlich haben Sie damit erst einmal alles, was Sie benötigen, um eine funktionierende Uhr mit Digitalanzeige zu bauen.

10.2 Aufbau des Stacks

Erstellen Sie einen neuen Stack (Größe IPHONE 6), und setzen Sie ein Textfeld darauf, das Sie »uhr« nennen, den Text schön groß und am besten zentriert. Farben und Schmuck bleiben Ihnen überlassen, am besten erstmal etwas simpler. `LockText` sollte `true` sein, denn man soll darin nicht herumschreiben können.

Damit dieses Textfeld die aktuelle Uhrzeit anzeigt, schreiben Sie einmal folgendes Skript hinein:

```
on mouseUp
   set the twelveHourTime to false
   put the long time into fld "uhr"
end mouseUp
```

Ganz einfach also. Wenn Sie jetzt auf das Uhr-Feld klicken, erscheint darin die aktuelle Zeit samt Sekunden (Abbildung 10.4).

Abbildung 10.4 Die Uhr zeigt nach Klick die korrekte Zeit an.

Schön, aber natürlich noch lange nicht ausreichend. Die Uhr soll die Zeit natürlich kontinuierlich anzeigen und sich von selbst aktualisieren, nicht nur wenn man draufklickt.

Wie schafft man es, dass sich die Uhr selbst aktualisiert?

Sie kennen das Vorgehen ja schon von dem Countdown, den Sie in Kapitel 8, »Multimedia, Grafik und Online-Inhalte«, programmiert haben. Wir brauchen ein Skript, das einfach nur die aktuelle Uhrzeit anzeigt und sich anschließend nach einer bestimmten

Zeitspanne wieder selbst aufruft. Dadurch wird die Uhr immer aktuell gehalten und läuft automatisch kontinuierlich. Folgendermaßen kann das Skript dafür aussehen:

```
on uhrAktualisieren
   put the long time into fld "uhr"
   send uhrAktualisieren to this stack in 250 milliseconds
end uhrAktualisieren
```

Dieses Skript steht natürlich im Stack. Warum 250 Millisekunden? Warum nicht eine Sekunde? Schließlich muss die Uhr doch nur einmal pro Sekunde aktualisiert werden. Gut – es würde auch funktionieren, aber wenn man das Skript erst nach einer Sekunde wieder aufruft, dauert das Intervall insgesamt einen Tick länger als eine Sekunde, da ja das Aktualisieren der Uhr selbst auch noch ein paar Millisekunden verbraucht. Irgendwann wird es dann zu einem Sprung kommen, und die Uhr wird schlagartig eine Sekunde überspringen, um wieder aktuell zu sein. Um das zu vermeiden, wird die Uhr viermal pro Sekunde aktualisiert. Dann sieht es auf jeden Fall immer sauber aus.

Beim Klick auf das Uhrfeld muss dieses Aktualisierungsskript nur einmal angestoßen werden, und dann läuft es automatisch weiter. Ändern Sie das `mouseUp`-Skript des Uhrfeldes entsprechend:

```
on mouseUp
   set the twelveHourTime to false
   uhrAktualisieren
end mouseUp
```

Die Uhr ist jetzt da, und sie läuft. Sie können sie wie immer selbst so schön gestalten, wie Sie möchten. Vielleicht haben Sie eine Schriftart für LED-Anzeige. Das sieht bei einer digitalen Uhranzeige natürlich hübsch aus, allerdings müssen Sie dabei unbedingt beachten, dass es sich um einen kostenlosen oder von Ihnen lizenzierten Font handelt, den Sie auch verwenden dürfen. (Und damit andere diese App dann später auch nutzen können und sie so aussieht wie bei Ihnen, müsste der Font mit in das Programm eingebunden werden.)

Uhrzeit in Umgangssprache

Jetzt geht es an den nächsten Schritt. Die Uhr soll »sprechen«. Im ersten Schritt soll sie zunächst die Zeit umgangssprachlich als Text ausgeben. Also nicht mehr 14:15, sondern »viertel nach zwei« usw. Dazu machen wir erstmal einen Plan. Wir müssen die Zeit in Minuten und Stunden auseinandernehmen. Die Sekunden können wir gerne ignorieren. Wie geht das? Ganz einfach. Schließlich sind die drei Werte ja durch Doppelpunkt getrennt. Also setzen Sie den Doppelpunkt als Item-Trenner und können danach die drei `items` einzeln verwenden, zum Beispiel so:

```
set the itemDelimiter to ":"
put the long time into uhrzeit
put item 1 of uhrzeit into stunde
put item 2 of uhrzeit into minute
```

Jetzt haben Sie `stunde` und `minute` schön getrennt in Variablen und können sie weiter auswerten. Als Erstes wollen wir die Stunde von der 24-Stunden-Darstellung wieder auf 12 Stunden zurücksetzen, denn umgangssprachlich verwenden wir hier eher das 12-Stunden-System.

```
if stunde>12 then
   subtract 12 from stunde
end if
```


Und jetzt noch etwas Cooles:

Wie können wir die Stunden in Wörter umsetzen, also »eins« statt 1, »zwei« statt 2 usw.?

Wie man das am einfachsten machen kann? Folgendermaßen:

```
put item stunde of "eins,zwei,drei,vier,fünf,sechs,sieben,acht,neun,
zehn,elf,zwölf" into stundenWort
```

Damit haben wir in der Variablen `stundenWort` das richtige Wort für die aktuelle Stunde der Uhr. Wir machen aus dieser Umwandlung in Wörter am besten eine *selbst erstellte Funktion*, die wir dann immer wieder nutzen können (im Stack-Skript):

```
function stundeAlsWort stunde
   if stunde>12 then subtract 12 from stunde
   set the itemDelimiter to comma
   put item stunde of "eins,zwei,drei,vier,fünf,sechs,sieben,acht, ⊃
neun,zehn,elf,zwölf" into stundenWort
   return stundenWort
end stundeAlsWort
```

So können Sie mit der Funktion `stundeAlsWort(stundenNr)` jederzeit das richtige Zahlwort erhalten.

Jetzt ist es nur noch erforderlich, jeden Minutenbereich der Uhr einer Zeitangabe zuzuordnen. Umgangssprachlich nehmen wir es ja nicht so genau. Machen wir es erst einmal einfach, später kann man es verfeinern, zum Beispiel:

Minute von 3–7 heißt »fünf nach«.

Minute von 8–12 heißt »zehn nach«.

Minute von 13–17 heißt »viertel nach«.

Minute von 18–22 heißt »zwanzig nach«.

Wenn es also 15:10 ist (oder auch 15:11), dann soll das Programm daraus machen: »Es ist zehn nach drei.« Das Skript dazu (`minute` = 10, `stunde` = 3):

```
if minute = 10 then
   put "Es ist zehn nach "&stundeAlsWort(stunde) into fld "uhrzeit"
end if
```

Um die vielen verschiedenen Uhrzeitvariationen abzudecken, werden zahlreiche `if`-Abfragen benötigt. In diesem Fall ca. 12 bzw. 13 – das soll erst einmal reichen.

Hier ein Vorschlag für die Funktion `sprachUhrZeit(zeit)`:

```
function sprachUhrZeit uhrzeit
   -- Uhrzeit ermitteln und auseinandernehmen:
   set the itemDelimiter to ":"
   put item 1 of uhrzeit into stunde
   if stunde>12 then
      subtract 12 from stunde
   end if
   put item 2 of uhrzeit into minute
   -- Wörtliche Uhrzeit auf Basis der Minuten und Stunden festlegen:
   put "Es ist etwa " into satz
   if minute>=0 and minute <3 then
      put stundeAlsWort(stunde)&" Uhr." after satz
   end if
   if minute>2 and minute <8 then
      put "fünf nach "&stundeAlsWort(stunde)&"." after satz
   end if
   if minute>7 and minute <13 then
      put "zehn nach "&stundeAlsWort(stunde)&"." after satz
   end if
   if minute>12 and minute <18 then
```

```
      put "viertel nach "&stundeAlsWort(stunde)&"." after satz
   end if
   if minute>17 and minute <23 then
      put "zwanzig nach "&stundeAlsWort(stunde)&"." after satz
   end if
   -- Ab hier wird auf die folgende Stunde (stunde+1) Bezug genommen
   if minute>22 and minute <28 then
      put "fünf vor halb "&stundeAlsWort(stunde+1)&"." after satz
   end if
   if minute>27 and minute <33 then
      put "halb "&stundeAlsWort(stunde+1)&"." after satz
   end if
   if minute>32 and minute <38 then
      put "fünf nach halb "&stundeAlsWort(stunde+1)&"." after satz
   end if
   if minute>37 and minute <43 then
      put "zwanzig vor "&stundeAlsWort(stunde+1)&"." after satz
   end if
      if minute>42 and minute <48 then
      put "viertel vor "&stundeAlsWort(stunde+1)&"." after satz
   end if
      if minute>47 and minute <53 then
      put "zehn vor "&stundeAlsWort(stunde+1)&"." after satz
   end if
      if minute>52 and minute <58 then
      put "fünf vor "&stundeAlsWort(stunde+1)&"." after satz
   end if
      if minute>57  then
      put stundeAlsWort(stunde+1)&" Uhr." after satz
   end if
   -- Funktion liefert den gebildeten Uhrzeitsatz zurück
   return satz
end sprachUhrZeit
```

Das ist ein langes Skript, weil hier in der Tat 13 Fälle unterschieden werden und auf jeden davon individuell reagiert werden muss. Es wird aus der aktuellen Uhrzeit ein sprachlicher Satz gebildet. Der unterscheidet sich je nach Minutenstand der Zeit: fünf nach, zehn nach, viertel nach, zwanzig nach, fünf vor halb, halb usw. Die Anzeige ist dabei meistens nicht so ganz genau, sondern eher umgangssprachlich ungefähr, deshalb beginnt der Satz immer mit »Es ist etwa ...«.

Wollen Sie das Ergebnis betrachten? Sie könnten die sprachliche Uhranzeige mit in die Aktualisierung der Uhr einbauen. Dazu bauen Sie ein kleines Label- oder Textfeld unter die Uhranzeige, nennen es zum Beispiel »inWorten« und ergänzen das Aktualisierungsskript für die Uhr:

```
on uhrAktualisieren
   put the long time into fld "uhr"
   put sprachUhrZeit(fld "uhr") into fld "inWorten"
   send uhrAktualisieren to this stack in 250 milliseconds
end uhrAktualisieren
```

Danach zeigt Ihnen die Uhr nicht nur die Zahlen, sondern auch die geschriebene Uhrzeit an (Abbildung 10.5).

Abbildung 10.5 Die ungefähre Uhrzeit in Worten

Die Uhr lernt richtig sprechen

Nun folgt also noch der letzte Schritt – die Uhr soll auch noch sprechen, also nicht nur schriftlich, sondern man soll es auch hören.

Wie kann man das umsetzen?

Man könnte natürlich jedes einzelne Wort, das in den Sätzen vorkommt, aufnehmen, und dann die Wörter aus dem aktuellen Satz nacheinander abspielen. Realistischer und besser klingt es aber, wenn man Elemente, die zusammengehören, auch zusammen aufnimmt, zum Beispiel »Es ist etwa« und »fünf nach«, »zehn nach«, »viertel nach« »fünf vor halb« usw. Dann brauchen wir folgende Klangdateien:

Es_ist_etwa.wav, Uhr.wav, fünf_nach.wav, zehn_nach.wav, viertel_nach.wav, zwanzig_nach.wav, fünf_vor_halb.wav, halb.wav, fünf_nach_halb.wav, zwanzig_vor.wav, viertel_vor.wav, zehn_vor.wav, fünf_vor.wav, eins.wav, zwei.wav, drei.wav, vier.wav, fünf.wav, sechs.wav, sieben.wav, acht.wav, neun.wav, zehn.wav, elf.wav, zwölf.wav

Warum die Unterstriche zwischen den Wörtern?

Dateinamen ohne Leerzeichen, dafür mit Unterstrichen benennen

Es empfiehlt sich, Dateinamen, mit denen Sie arbeiten, immer ohne Leerzeichen anzulegen. Leerzeichen werden dabei durch Unterstriche ersetzt, dann gibt es weit weniger Fehlermöglichkeiten beim anschließenden Arbeiten damit. Und gleichzeitig wird trotzdem gekennzeichnet, welche Wörter in einem Klang zusammengehören.

Wenn Sie wollen, können Sie diese 24 Klangdateien selbst erstellen. Sie können sie mit Ihrem Smartphone oder Tablet aufnehmen und hinterher entsprechend benennen. Sie können sie auch mit einem Mikrofon am PC oder Mac mit Aufnahmesoftware wie dem kostenlosen und leistungsstarken Audacity oder dem eingebauten Record-Programm Ihres Betriebssystems aufnehmen. Sie können natürlich auch die vorgefertigten Klangdateien aus den MATERIALIEN ZUM BUCH herunterladen unter:

www.rheinwerk-verlag.de/4258

Wichtig ist nur, dass am Ende alle Dateien die richtigen zum Klang passenden Namen haben (genau wie oben angegeben) und sich im Ordner *klang* befinden, der neben der Projektdatei in Ihrem Projektordner für die sprechende Uhr liegen sollte (Abbildung 10.6).

Nun müssen die Dateien eben nur noch, gemäß der wörtlichen Uhrzeit, nacheinander abgespielt werden. Dazu müssen zusammenhängende Dateien erst einmal erkannt werden. Sie müssen im Uhrzeitsatz Begriffe wie »fünf vor« in »fünf_vor« umwandeln. Das geht sehr gut mit dem `replace`-Befehl, also zum Beispiel:

```
replace "Es ist etwa" with "Es_ist_etwa" in satz
```

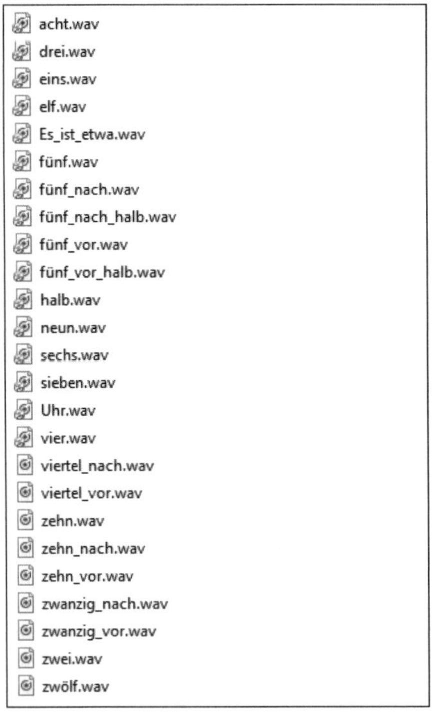

Abbildung 10.6 Der Inhalt des Ordners »klang«

Nun könnte man dies für alle zusammenhängenden Wörter einzeln machen, aber hier lässt sich wieder etwas vereinfachen. Schaut man genau, dann wird nur das Leerzeichen vor »vor« oder »nach« oder zwischen »nach halb« und »vor halb« durch einen Unterstrich ersetzt. Also machen wir dies doch einfach genau so:

```
replace " vor" with "_vor" in satz
replace " nach" with "_nach" in satz
replace " nach halb" with "nach_halb" in satz
replace " vor halb" with "vor_halb" in satz
```

Auch der Punkt am Ende des Satzes muss gelöscht werden, und am Schluss haben wir einen Uhrzeit-Satz, der nur noch aus zusammenhängenden Wörtern besteht, an die man jeweils *.wav* anhängen kann und die man dann so abspielen kann. Das ganze Abspielskript sähe dann etwa so aus:

```
on playUhrzeit
   put fld "inWorten" into satz
   replace "Es ist etwa" with "Es_ist_etwa" in satz
```

```
    replace " vor" with "_vor" in satz
    replace " nach halb" with "nach_halb" in satz
    replace "." with "" in satz
    repeat for each word w in satz
       play klangpfad&w&".wav"
       wait until the sound is done
    end repeat
end playUhrzeit
```

Alles klar? Zuerst wird der Satz, der bereits im entsprechenden Feld (»inWorten«) steht, in die Variable satz getan. Dann wird »Es ist etwa« ersetzt, danach werden die anderen jeweiligen Leerzeichen durch Unterstriche ersetzt, dann noch der Punkt gelöscht. Jetzt steht in satz eine Reihe von Wörtern, die nun mit der repeat-for-each-Schleife Stück für Stück durchgegangen werden, es wird *.wav* angehängt, der klangpfad wird hinzugefügt (den muss es geben als globale Variable!), das Wort wird abgespielt, es wird gewartet, bis es fertig wird, und dann kommt das nächste Wort. Die Uhr spricht! Aber halt – Sie spricht *fast*.

10

Vorher muss eben noch die globale klangpfad-Variable gesetzt werden. Dazu verwenden wir wieder das gleiche Skript wie in Kapitel 8, »Multimedia, Grafik und Online-Inhalte«, zum Setzen des Klangpfades.

```
global klangpfad

on openStack
   if the environment is "mobile" then
      put specialFolderPath("engine") into programmPfad
   else
      put the filename of this stack into programmPfad
      set the itemDelimiter to "/"
      delete the last item of programmPfad
   end if
   put programmPfad&"/klang/" into klangpfad
   if the platform is "MacOS" and the environment is "standalone ➲
application" then
      set the itemDelimiter to "/"
      put the filename of this stack into programmPfad
      put item 1 to -3 of programmPfad into klangPfad
      put "/Resources/_MacOS/klang/" after klangPfad
   end if
```

```
    set the twelveHourTime to false
    uhrAktualisieren
end openStack
```

Und weil dieses Skript beim ersten Öffnen des Stacks ausgeführt wird, kann man hier sehr gut auch noch die anderen zwei Befehle hineinpacken, die am Anfang ausgeführt werden sollen, nämlich das Setzen des richtigen Zeitformats – und das erste Anstoßen der Uhr.

Speichern Sie das Projekt, beenden Sie LiveCode, und starten Sie alles neu. Jetzt läuft die Uhr sofort los, und der Klangpfad ist auch gesetzt. Klicken Sie auf die Wort-Uhrzeit, und sie wird vorgesprochen (Abbildung 10.7).

Abbildung 10.7 Jetzt spricht die Uhr richtig!

Sind Sie zufrieden mit der Ansage? Wenn nicht, dann können Sie gern nochmal die WAV-Dateien einzelner Satzteile oder Wörter bearbeiten – achten Sie darauf, dass es keine Pausen vor und nach dem Klang gibt, weil das die Ausgabe verzögert. Wenn alles okay ist, dann haben Sie eine sprechende Uhr – cool! Sie können sie jetzt natürlich auch wieder entsprechend verschönern, damit sie richtig nach einer Uhren-App aussieht, wie Sie sie sich vorstellen.

Alarm hinzufügen

Wenn die Uhr nicht nur zum Anzeigen der Zeit genutzt werden soll, sondern auch, um Sie zu wecken oder an einen Termin zu erinnern, dann braucht sie natürlich auch noch eine Alarmfunktion. Das ist relativ schnell programmiert. Je nachdem, wie komfortabel die Bedienung sein soll. Zunächst empfehle ich einmal wieder, ganz einfach zu beginnen. Anschließend kann man die Funktion ja noch etwas ausbauen.

Erstellen Sie ein simples Textfeld mit dem Namen »alarmZeit« (Text etwas größer und zentriert) und ein *SwitchButton-Widget* daneben (Abbildung 10.8). Das nennen Sie »anAus«, denn damit kann man den Alarm ein- oder ausschalten.

Abbildung 10.8 Die Elemente der Alarmfunktion sind hinzugefügt.

Das eigentliche Skript zum Auslösen des Alarms ist wirklich nicht schwierig. Haben Sie schon eine Idee, wie es gemacht werden könnte? Folgendes schlage ich vor: Sie könnten die Abfrage, ob der Alarm ausgelöst werden soll, in das Skript zur Aktualisierung der Uhrzeit mit einbauen. Sie können dafür aber auch ein eigenes Skript schreiben, denn diese Abfrage muss wirklich nur einmal pro Sekunde ausgeführt werden – es kommt dabei nicht auf Zehntelsekundengenauigkeit an.

In diesem Skript prüfen Sie zuerst, ob der Alarm überhaupt eingeschaltet ist. Dann ziehen Sie Stunde und Minute aus der Uhrzeit und aus der eingegebenen Alarmzeit und vergleichen, ob beide miteinander identisch sind. Wenn ja – dann ist Alarm angesagt.

Also folgendermaßen (schreiben Sie auch dieses Skript in den Stack):

```
on alarmCheck
   if the hilited of widget "anAus" then
      set the itemDelimiter to ":"
      put item 1 of fld "uhr" into uhrStunde
      put item 2 of fld "uhr" into uhrMinute
      put item 1 of fld "alarmZeit" into alarmStunde
      put item 2 of fld "alarmZeit" into alarmMinute
      if (uhrStunde=alarmStunde) and (uhrMinute=alaramMinute) then
         set the hilited of widget "anAus" to false
         alarmSignal
      end if
   end if
   send alarmCheck to this stack in 1 seconds
end alarmCheck
```

Wie gesagt: Erst wird geprüft, ob der Alarmknopf an ist. Dann extrahieren Sie Stunde und Minute aus Uhrzeit und Alarm und vergleichen, ob beide übereinstimmen. Wenn ja, dann wird der Alarm ausgelöst. Vorher wird übrigens noch der Schalter auf »Aus« gesetzt. Warum? Damit der Alarm nicht jede Sekunde wieder von vorne ausgelöst wird. Einmal auslösen reicht. Danach ist er wieder abgeschaltet.

Nun fehlt also nur noch das Alarmsignal selbst. Üblicherweise wird hierzu natürlich ein Klang abgespielt. Wir belassen es der Einfachheit halber dabei und spielen einfach eine WAV-Datei ab, die einen Signalton enthält. Wer keine hat, keine downloaden oder selbst erstellen möchte, kann natürlich wie üblich die verwenden, die im Projekt in den MATERIALIEN ZUM BUCH unter *www.rheinwerk-verlag.de/4258* mitgeliefert wird. Sie hat den Namen *alarmsignal.wav* und muss wie alle anderen WAV-Dateien im Ordner *klang* zu finden sein.

Das eigentliche Skript zum Abspielen des Alarms ist dann simpel:

```
on alarmSignal
   play klangpfad&"alarmsignal.wav"
end alarmSignal
```

Nun haben wir einen vollständigen Wecker. Testen Sie ihn gleich einmal: Stellen Sie die Alarmzeit auf die aktuelle Zeit (oder 1 Minute vor), und schalten Sie den Alarmknopf an. Sobald die Alarmzeit erreicht ist, stellt sich der Alarmknopf aus, und der Alarmsound ertönt.

Sicherlich fallen Ihnen hier gleich auch wieder ein paar Erweiterungsmöglichkeiten ein – und es ist ganz an Ihnen, diese nach Belieben umzusetzen. So könnte ein leuchtendes Feld »ALARM« erscheinen, wenn der Ton losgeht, das dann nach Abspielen wieder verschwindet, oder es könnte noch ein Knopf hinzugefügt werden, mit dem man den Alarmton wieder ausschaltet (einfach mit dem Kommando `play empty`). Es könnte sogar eine zusätzliche zweite Alarmzeit hinzugefügt werden, die dann immer mit abgefragt wird. Die Grenzen setzen wie immer Sie mit Ihren eigenen Ideen.

Kapitel 11
App-Projekt: Ballonspiel

Werden Sie zum Spieleentwickler.
Einige wichtige Grundlagen für grafische LiveCode-Spiele können Sie in diesem Kapitel erwerben.

LiveCode ist ein mächtiges Werkzeug zum Erstellen von Apps und Programmen jeder Art. Es ist keineswegs primär für die Spieleprogrammierung angelegt, so wie manches bunte Entwicklungssystem. Mit LiveCode lassen sich große Datenbankverwaltungen bauen oder Editoren oder Webrecherche-Tools. Aber mit LiveCode lassen sich eben auch sehr gut Spiele bauen. Und zwar nicht nur Lernspiele mit Bildern und Text, sondern auch Reaktionsspiele mit animierten Grafiken. Auch dafür gibt es zahlreiche Funktionen und Befehle, die die grundlegenden Vorgänge ganz einfach ermöglichen. In diesem Projekt wollen wir uns einmal eine simple Spielmechanik anschauen.

11.1 Ein grafisches Reaktionsspiel

Es soll in diesem Spiel »Ballons« darum gehen, mittels eines Dartpfeils rote Luftballons abzuschießen. Die Ballons bewegen sich horizontal in der oberen Ebene, während die Dartpfeile vertikal von unten abgefeuert werden. Das Ziel ist es natürlich, mit dem Pfeil einen Ballon zu treffen, so dass er zerplatzt. Auf diesem Grundprinzip soll das Spiel basieren. Wenn es erst einmal läuft, kann man es natürlich wie immer erweitern und verfeinern.

Zunächst brauchen Sie dafür geeignete Grafiken, ganz simpel einen Luftballon und einen Pfeil. Die Grafiken können Sie selbst erstellen, passende aus dem Internet laden, oder Sie verwenden die aus den MATERIALIEN ZUM BUCH (zu finden unter *www.rheinwerk-verlag.de/4258*). Eins ist wichtig: Es muss sich um PNG-Grafiken handeln, denn nur die können transparent sein, und das ist notwendig (Abbildung 11.1). Denn schließlich sollen im Spiel keine Abziehbilder mit weißem Hintergrund herumfliegen, sondern klar definierte Objekte.

Erstellen Sie einen Projektordner, und speichern Sie die beiden Bilder gleich mal darin. Nun können Sie LiveCode und das Projekt starten. Handyformat ist hier passend (IPHONE 6 zum Beispiel), und los geht's mit dem neuen Stack.

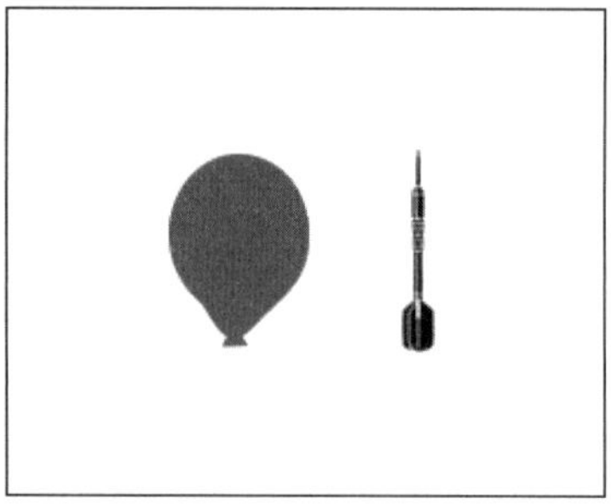

Abbildung 11.1 Ballon und Pfeil mit jeweils transparentem Hintergrund

Als Nächstes importieren Sie mit FILE • IMPORT AS CONTROL • IMAGE FILE die beiden Grafiken in den Stack. Den Luftballon platzieren Sie weit oben links, den Pfeil unten in der Mitte. Außerdem bekommen beide `img`-Objekte noch simple Namen, wie wäre es mit »pfeil« und »ballon«?

11.2 Ballon und Pfeil animieren

Nun können wir schon damit beginnen, den Ballon zu animieren. Dazu geben wir ihm eine eigene Property, um ihn besser kontrollieren zu können (Abbildung 11.2). Wir nennen sie »animiert« und geben ihr erst einmal den Wert 0. Wenn `animiert = 0` ist, soll sich der Ballon nicht bewegen. Bei `animiert = 1` soll er in Bewegung sein. Das müssen wir dann natürlich noch entsprechend programmieren. Dem Pfeil (`img` »pfeil«) geben wir genau dieselbe Property »animiert«, die wir später auch benötigen werden.

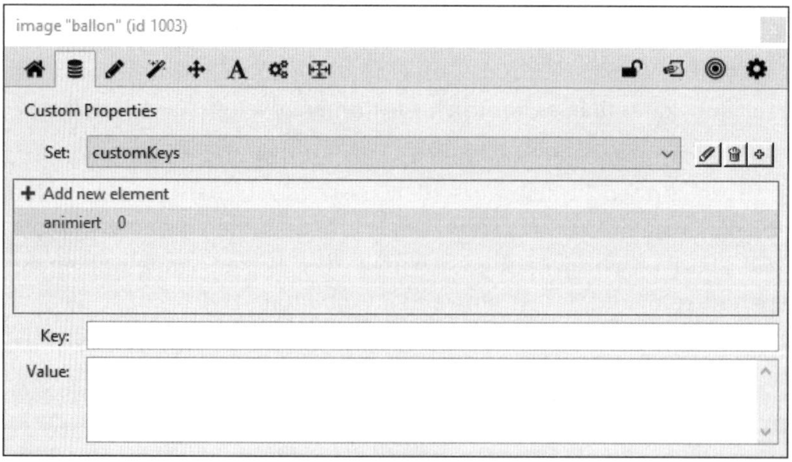

Abbildung 11.2 Eigene Property für den Ballon definieren

So, und wie geht es jetzt? Am besten bauen wir zum Testen auch noch einen Start- und Stopp-Knopf, also einfach einen Button, den Sie zusätzlich am Rand auf dem Stack platzieren. So wie in Abbildung 11.3 sieht das Ganze dann aus.

Abbildung 11.3 Der Stack im Ausgangszustand

Wie wird der Ballon jetzt animiert?

Der Befehl `move to`, mit dem wir früher einmal ein Quadrat bewegt haben, würde den Ballon zwar auch hübsch über die Fläche schieben, aber wir können dabei nicht zwischendurch Ereignisse prüfen, also ob er vielleicht mit dem Pfeil kollidiert. Das heißt, wir müssen den Ballon Schritt für Schritt manuell bewegen, immer 1 oder vielleicht 2 Pixel pro Schritt. Dann wird kontrolliert, ob eine Kollision stattgefunden hat oder der Ballon aus dem Bild verschwunden ist, dann kommt der nächste Schritt usw. Solange sich der Ballon einfach nur horizontal bewegt, ist die eigentliche Bewegung sehr einfach.

Schreiben Sie folgendes Skript in den Stack:

```
on ballonBewegen
   put the left of img "ballon" into links
   add 1 to links
   set the left of img "ballon" to links
   send ballonBewegen to this stack in 20 milliseconds
end ballonBewegen
```

Das ist der Code, der die Bewegung des Ballons produziert. So weit klar? Erst wird der `left`-Wert des Ballons (also seine horizontale Position vom linken Rand aus gesehen) in die Variable `links` geschrieben. Dann wird 1 zu diesem Wert hinzuaddiert, und der `left`-Wert des Ballons wird damit neu gesetzt, das heißt, der Ballon wandert 1 Pixel nach rechts. In 20 Millisekunden wird dann dasselbe Skript erneut aufgerufen. Damit wandert der Ballon also pro Sekunde um 50 Pixel nach rechts. Eine schöne, saubere Bewegung. Aber so dürften Sie das Skript noch nicht starten, denn es ist ja ein Endlosskript. Der Ballon würde immer weiter nach rechts wandern, aus dem Bild heraus, und weg wäre er, während das Skript unendlich immer weiterläuft.

Es muss also erst einmal eine Bremsmöglichkeit geben. Dafür haben wir ja die Property `animiert` eingerichtet. Diese Property sollten Sie jetzt auch verwenden. Nur, wenn die Property `animiert` den Wert 1 hat, soll sich der Ballon bewegen. Wir ergänzen also das Bewegungsskript um eine `if`-Abfrage, die es umschließt:

```
if the animiert of img "ballon" = 1 then
```

Mit dem Start-/Stopp-Knopf werden wir dann diese Property entsprechend auf 1 oder 0 setzen. Das folgende Skript sollten Sie dem Button also mitgeben:

```
on mouseUp
   if the animiert of img "ballon" =0 then
      ballonStarten
   else
      ballonStoppen
   end if
end mouseUp
```

So wird der Ballon, wenn er steht (die Property `animiert` auf 0 ist) gestartet, und wenn er sich bewegt, wird der Ballon gestoppt. Damit ist es ein richtiger An-Aus-Schalter. Die Skripte `ballonStarten` und `ballonStoppen` brauchen wir dafür ebenfalls. Das sollte so aussehen:

```
on ballonStarten
   set the animiert of img "ballon" to 1
   ballonBewegen
end ballonStarten
on ballonStoppen
   set the animiert of img "ballon" to 0
   wait 100 milliseconds with messages
end ballonStoppen
```

Warum der Wartebefehl beim Stoppen?

Der wäre an dieser Stelle noch nicht erforderlich, später aber schon, denn mit dem Warten von 100 Millisekunden wird sichergestellt, dass die Bewegung des Ballons wirklich eingestellt ist, bevor der nächste Befehl kommt. Wenn man das Spiel später, während es läuft, neu startet, vermeidet man damit, dass der Ballon doppelt aufgerufen wird und damit zu schnell wird.

Bevor Sie dies jetzt testen, würde ich das Bewegungsskript noch einmal ein Stück erweitern, denn sonst kann man den Ballon zwar starten und stoppen, aber er wird trotzdem noch unweigerlich aus dem Bild fliegen und dann weg sein, weil er sich ja nur immer weiter nach rechts bewegt.

```
if links>380 then put -50 into links
```

Mit dieser zusätzlichen Zeile im Bewegungsskript schwebt der Ballon aus dem Bild und fliegt anschließend sofort von links wieder herein. Die Werte müssen Sie eventuell etwas an Ihre Stackbreite und Ballongröße anpassen, bis es perfekt aussieht. Jetzt sieht das gesamte Bewegungsskript also so aus:

```
on ballonBewegen
   if the animiert of img "ballon" = 1 then
      put the left of img "ballon" into links
      add 1 to links
      if links>380 then put -50 into links
      set the left of img "ballon" to links
      send ballonBewegen to this stack in 20 milliseconds
   end if
end ballonBewegen
```

Super! Der Ballon fliegt jetzt seine Bahnen und lässt sich mit dem Start-/Stopp-Button jederzeit anhalten und wieder in Bewegung setzen.

Jetzt wird es Zeit für den nächsten Schritt: Der Pfeil soll sich auch bewegen. Er bewegt sich vertikal, es wird also sein top-Wert (Abstand vom oberen Rand) verändert. Außerdem soll er, sobald er nach oben aus dem Bild geflogen ist, wieder unten erscheinen und stehen bleiben, damit er neu abgeschossen werden kann.

Dafür folgt hier also jetzt das Skript pfeilBewegen, das natürlich ebenfalls in den Stack kommt:

```
on pfeilBewegen
   if the animiert of img "pfeil" = 1 then
      put the top of img "pfeil" into oben
      subtract 1 from oben
      if oben<-88 then
         set the top of img "pfeil" to 530
      else
         set the top of img "pfeil" to oben
         send "pfeilBewegen" to this stack in 10 milliseconds
      end if
   end if
end pfeilBewegen
```

Hier wird also auch zuerst geprüft, ob der Pfeil zur Animation freigegeben ist (Property animiert muss auf 1 sein), dann wird der top-Wert (Abstand in Pixeln vom oberen Rand gesehen) ausgelesen, und es wird in diesem Fall 1 davon abgezogen, denn der Pfeil soll sich ja nach oben bewegen. Wenn der top-Wert auf -88 ist (das heißt, der Pfeil ist aus dem Bild geflogen), dann wird er wieder an die Ausgangsposition ganz unten gesetzt (wieder müssen Sie die Werte vielleicht ein bisschen anpassen), ansonsten geht er 1 Pixel höher, und der Flug wird in 10 Millisekunden fortgesetzt. Der Pfeil fliegt also doppelt so schnell wie der Ballon, der ja nur alle 20 Millisekunden 1 Pixel vorangeht. Wenn er aus dem Bild geflogen ist, steht er wieder still und ruhig unten und muss erneut gestartet werden.

Wie kommt der Pfeil nun in Gang? Ganz einfach – indem Sie draufklicken. Geben Sie dem Pfeil folgendes Skript:

```
on mouseDown
   set the animiert of me to 1
   pfeilBewegen
end mouseDown
```

Das war erst einmal alles. Testen Sie. Starten Sie den Ballon, und lassen Sie den Pfeil durch Klick losfliegen. Versuchen Sie, den Ballon zu treffen. Gar nicht so einfach, oder?

11.3 Den Ballon platzen lassen

Apropos treffen: Wenn der Pfeil den Ballon berührt, passiert noch nichts. Klar, haben wir ja noch nicht programmiert. Das muss jetzt gebaut werden, und zwar eine sogenannte *Kollisionsprüfung* – es muss geprüft werden, ob der Pfeil den Ballon berührt.

Dazu stellt uns LiveCode freundlicherweise eine Funktion zur Verfügung. Sie heißt `intersect`. Das heißt auf Deutsch so viel wie »überschneiden« – und genau das wollen wir prüfen, ob sich das Objekt »Pfeil« und das Objekt »Ballon« überschneiden.

Ganz einfach sieht die Kollisionsprüfung erst einmal so aus (Skript im Stack):

```
on kollisionspruefung
  if intersect(img "pfeil", img "ballon", 128) then
    kollision
  end if
end kollisionspruefung
```


Mit dem `intersect`-Befehl wird also geprüft, ob sich die beiden durch Komma getrennten Objekte überlappen, der Wert 128 steht dabei für mindestens halb transparente Pixel – denn der durchsichtige Rand der beiden Grafiken soll nicht mitberücksichtigt werden.

Nun fehlt noch das, was eigentlich passiert, wenn die Kollision erkannt wurde, also das Skript `kollision`. Erst einmal ganz einfach:

```
on kollision
  hide img "ballon"
  set the animiert of img "pfeil" to 0
end kollision
```

Wenn die beiden Objekte kollidiert sind, dann wird der Luftballon ausgeblendet (er »platzt«), und der Pfeil bleibt stehen.

> Können wir das schon ausprobieren?

Oder an alle, die gerne mitdenken: Warum noch nicht?

Ganz klar: Die Kollisionsprüfung existiert zwar schon als Skript, aber sie wird noch nicht ausgeführt. Und so kann natürlich auch nichts passieren. Wenn man wollte, könnte man die Kollisionsprüfung auch automatisch alle 10 Millisekunden unabhängig starten lassen, aber es ist praktischer, sie einfach in das Bewegungsskript des Pfeils mit einzubauen, da dieses ohnehin schon alle 10 Millisekunden ausgeführt wird. Also kommt einfach nur der Befehl `kollisionsprüfung` in das Pfeil-Bewegungsskript, genau hinter die Zeile, in der der Pfeil auf seine neue Position gesetzt wird. Hier der Ausschnitt:

```
set the top of img "pfeil" to oben
kollisionspruefung
send "pfeilBewegen" to this stack in 15 milliseconds
```

Nun können Sie das Skript einmal testen. Starten Sie den Ballon und dann den Pfeil, und versuchen Sie, den Ballon platzen zu lassen. Wenn Sie alles richtig eingegeben haben, sollte es mit etwas Probieren gelingen, den Ballon zu treffen, so dass er verschwindet. Aber einige Probleme fallen natürlich noch auf. Zum einen muss es eine Möglichkeit geben, den Ballon und Pfeil zurück auf die Ausgangsposition zu setzen, denn ansonsten ist der Ballon unsichtbar, und der Pfeil hängt oben im Bild fest. Zum anderen sollten wir sicherstellen, dass der Ballon nur platzt, wenn er von der *Pfeilspitze* getroffen wird und nicht wenn er nur den unteren Teil des Pfeils berührt.

Beginnen wir mit Problem 1. Wir brauchen ein kleines Skript zum Zurücksetzen des Ballons und des Pfeils (im Stack):

```
on zurueckSetzen
   set the left of img"ballon" to -60
   set the top of img "pfeil" to 530
   show img "ballon"
end zurueckSetzen
```

Damit werden beide Objekte auf die Ausgangsposition zurückgebracht, und der Ballon wird wieder sichtbar. Wann wird dieses Skript ausgeführt? Am besten nach der Kollision, aber erst zeitverzögert, damit man seinen Treffer noch kurz genießen kann. Erweitern Sie das Kollisionsskript also entsprechend:

```
on kollision
   hide img "ballon"
   set the animiert of img "ballon" to 0
   send "zurueckSetzen" to this stack in 3 seconds
end kollision
```

Wenn Sie jetzt einmal die MESSAGE BOX öffnen und »zurueckSetzen« hineinschreiben (dann die [↵]-Taste drücken), ist alles einsatzbereit.

Problem Nummer 2 lässt sich hier auch relativ einfach lösen. Wenn der Pfeil den Ballon nämlich mit der Pfeilspitze treffen soll, dann darf er nicht zu hoch sein, wenn die Kollision stattfindet. Wenn die Pfeilspitze bereits höher ist als der halbe Ballon, dann kann der Pfeil den Ballon nur noch mit der Seite oder dem unteren Teil treffen, und das gilt nicht als Treffer. In unserem Beispiel darf die `top`-Position nicht kleiner als *die des Ballons minus 30* sein, sonst wird die Kollision nicht gezählt. Sie können in Ihrem Stack selbst ausprobieren, wo der kritische Wert liegt, indem Sie den Ballon stoppen, wenn er irgendwo in der Mitte ist, auf Bearbeitungsmodus gehen und den Pfeil auf die höchste Höhe platzieren, wo er den Ballon noch mit der Spitze treffen kann (Abbildung 11.4).

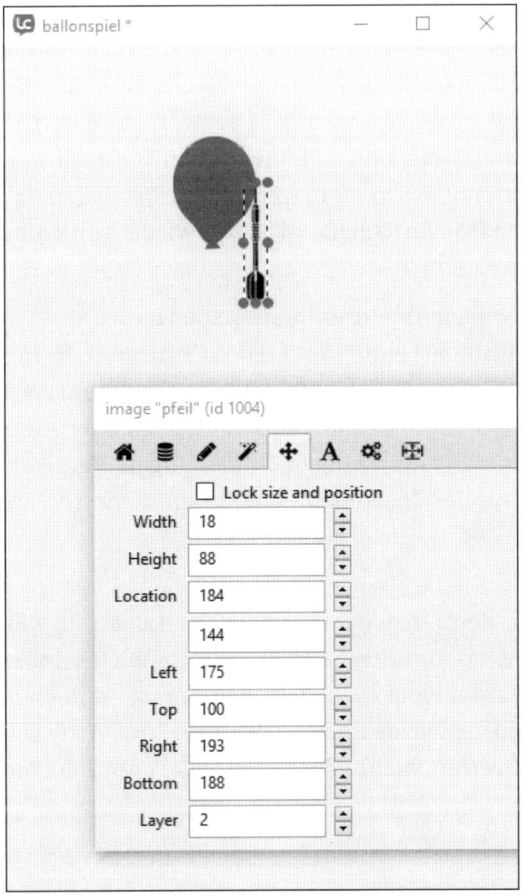

Abbildung 11.4 Genau bis zu dieser Höhe (hier 30 Pixel unter Ballonhöhe) kann der Pfeil den Ballon noch mit der Spitze treffen. Wenn er höher ist, geht das nicht mehr.

Dann schauen Sie in die Größen- und Positions-Properties des Pfeils und ermitteln die top-Position. Das ist der kleinste Wert, den der Pfeil haben darf, um den Ballon noch zu treffen. Vergleichen Sie ihn mit der top-Position des Ballons. Der Pfeil muss eine bestimmte Anzahl Pixel unter der Höhe des Ballons sein, um ihn mit der Spitze zu treffen. In diesem Fall (wenn Sie den vorgegebenen Ballon verwenden) sind es etwa 30 Pixel.

Das Kollisionsprüfungsskript wird entsprechend ergänzt:

```
on kollisionspruefung
   put the top of img "ballon" into ballonHoehe
   if intersect(img "pfeil", img "ballon", 128)  and (the top of img ➲
"pfeil">(ballonHoehe+30)) then
      kollision
   end if
end kollisionspruefung
```

Und damit ist das Spiel in seiner absoluten Basisversion lauffähig. Es kann gespielt werden. Der Ballon fliegt, der Pfeil kann abgeschossen werden, wenn seine Spitze den Ballon trifft, dann platzt der Ballon (Abbildung 11.5). Anschließend geht es wieder von vorne los.

Jetzt haben Sie die wichtigsten Grundprinzipien für ein animiertes Spiel dieser Art kennengelernt: Objekte bewegen, Objektkollision erkennen und darauf reagieren. Natürlich ist das jetzt nichts weiter als ein Fundament. Wenn man daraus ein Spiel machen möchte, das man selbst mit Spaß spielt und das man anderen weitergeben oder sogar verkaufen kann, dann sind hier massenweise Erweiterungen, Anpassungen, Verbesserungen und Verfeinerungen notwendig. An den folgenden Punkten muss man ansetzen, um das Spiel wirklich gut zu machen:

- Spielprinzip:
  Das Spiel ist in dieser Form schnell öde, denn man hat bald herausgefunden, an welcher Stelle der Pfeil gestartet werden muss, um den Luftballon zu treffen. Da muss unberechenbare Variation hinein. Außerdem gibt es noch keinen Anfang, kein Ende und keine Punkte. All dies braucht ein spielbares Spiel natürlich. Und natürlich könnte man noch mehrere Levels entwerfen, mehr Objekte, vielleicht zwei Reihen von fliegenden Gegenständen usw.

Abbildung 11.5 Das könnte ein Treffer werden.

- Grafik:
  Die Grafik ist jetzt nur rudimentär. Das Spiel würde natürlich viel besser aussehen, wenn der Hintergrund zum Beispiel eine Landschaft wäre, oder ein Weltraumbild, ein Zimmer – was auch immer, jedenfalls keine graue Fläche. Den Ballon könnte man natürlich auch durch ein anderes Bild oder zumindest eine fotorealistische Abbildung ersetzen, man könnte eine Abschussbasis für den Pfeil einbauen, einen Titelbildschirm usw.

- Sound:
  Das Spiel hat noch keinen Klang. Für ein Reaktionsspiel dieser Art ist Klang aber sehr wichtig. Vielleicht ein Abschussgeräusch für den Pfeil, auf jeden Fall aber ein Knall oder ein anderes Signal, wenn der Luftballon getroffen wird, gehören unbedingt dazu. Ein Geräusch für Anfang und Ende des Spiels und vielleicht sogar eine Hintergrundmusik wären weitere Optionen.

Es würde den Rahmen dieses Buches weit überschreiten, alle Erweiterungsmöglichkeiten unseres Spiels hier auszuarbeiten. Daher wollen wir uns auf ein paar Grundideen beschränken – und der Rest bleibt wieder einmal Ihnen überlassen.

11.4 Verfeinerung des Spielprinzips

Damit es nicht zu schnell langweilig wird, gibt es ein paar einfache Maßnahmen, um das Treffen des Ballons mit dem Pfeil zu erschweren. Zum Beispiel könnte der Pfeil jedes Mal von einer anderen horizontalen Position aus starten und nicht immer nur in der Mitte. Dazu könnte man die Geschwindigkeit des Ballons variieren – nach jedem Treffer wird er ein bisschen schneller.

Diese Änderungen sind relativ schnell programmiert. Als erstes geben wir dem Ballon noch eine weitere eigene Property. Die nennen wir »speed« – damit wird die Geschwindigkeit des Ballons geregelt. Der Anfangswert, den wir eintragen, ist 30.

Anschließend fügen Sie am Ende des Skripts `zurueckSetzen` zwei neue Zeilen ein:

```
set the left of img "pfeil" to random(the width of this stack -20)+10 ⤸
if the speed of img("ballon")>5 then  set the speed of img "ballon" ⤸
to the speed of img "ballon" -5
```

In der ersten Zeile wird der Pfeil beim Zurücksetzen auf eine zufällige Position am unteren Rand gesetzt (links und rechts jeweils 10 Pixel frei). In der zweiten Zeile wird der Speed des Ballons um 5 Millisekunden verringert – dadurch wird der Ballon schneller. Unter 5 Millisekunden kann er nicht gehen, das wäre zu schnell.

Damit der Ballon nun auch wirklich mit der Geschwindigkeit `speed` fliegt, muss natürlich das Skript `ballonBewegen` ebenfalls angepasst werden. Der `send`-Befehl wird gelöscht und durch zwei neue Zeilen ersetzt:

```
put the speed of img "ballon" into speed
send ballonBewegen to this stack in speed milliseconds
```

Somit wird jetzt die nächste Bewegung des Ballons nicht in 20 Millisekunden, sondern in speed Millisekunden aufgerufen, damit fliegt der Ballon im Tempo, das in speed eingestellt ist.

Der Pfeil sollte bei dieser Spielvariante ein wenig schneller sein, sonst macht es keinen Spaß. Ändern Sie den send-Befehl im Skript pfeilBewegen entsprechend:

```
send "pfeilBewegen" to this stack in 5 milliseconds
```

Jetzt sollten Sie noch den Start-/Stopp-Button aus dem Weg räumen (später brauchen wir ihn gar nicht mehr, er ist nur im Test erforderlich) – vielleicht setzen Sie ihn nach oben rechts in die Ecke. Und bei der Gelegenheit könnten Sie auch gleich einen richtigen Spielstart-Button anlegen. Ziehen Sie einen neuen Button auf den Stack (zum Beispiel nach links unten), beschriften Sie ihn mit »Spiel starten«, und geben Sie ihm folgendes Skript:

```
on mouseUp
   spielStarten
end mouseUp
```


Dementsprechend brauchen wir dann auch noch das Skript spielStarten, in dem der eigentliche Spielstart durchgeführt wird. Der Ballon braucht seine Anfangsgeschwindigkeit, der Pfeil muss an seine (zufällige) Ausgangsposition gesetzt werden. Der Ballon muss beginnen, sich zu bewegen. Das Skript kommt natürlich, wie alle Spielskripte, wieder in den Stack.

```
on spielStarten
   ballonStoppen
   set the speed of img "ballon" to 35
   zuruecksetzen
   ballonStarten
end spielStarten
```

Erst wird der Ballon gestoppt (falls das Skript aus laufendem Spiel heraus gestartet wird), die Geschwindigkeit wird auf Anfang gesetzt, dann werden mit zuruecksetzen die Positionen von Pfeil und Ballon gesetzt, und der Ballon wird wieder gestartet.

Wieder können Sie testen: Mit dem Start-Button geht es los. Der Ballon fliegt zuerst langsam und ist leicht zu treffen, aber nach jedem Treffer wird der Ballon schneller, und der Pfeil ist jedes Mal an einer anderen Position, so dass es schwieriger wird. Am Ende fliegt der Ballon sehr schnell und ist wirklich nur noch sehr schwer zu treffen. Beenden Sie den Test, indem Sie den Start-/Stopp-Button klicken.

Finden Sie nicht auch, dass sich der Ballon sehr statisch und unrealistisch bewegt? In Wirklichkeit würde er vielleicht etwas auf und ab schaukeln.

Wie können wir das erzielen?

Für alles haben Programmierer Standardlösungen – und für eine organische, wellenförmige Bewegung wird sehr gerne die mathematische Sinusfunktion verwendet. Wenn Ihnen Mathe eher fern liegt, dann müssen Sie sich nicht in diese Sache vertiefen. Letzten Endes erzeugt eine Sinusfunktion für jeden x-Wert einen y-Wert, der zwischen 0 und 1 liegt und sich linear wellenförmig auf und ab bewegt. Das zu wissen reicht schon aus. Wenn wir die horizontale Position des Ballons als x-Wert nehmen, erhalten wir dazu jeweils einen Sinuswert zwischen 0 und 1, den wir dann nur noch multiplizieren, um die Bewegung größer zu machen und zur `top`-Position unseres Ballons hinzurechnen. Dadurch wird der Ballon wellenförmig auf und ab schaukeln, während er sich horizontal über den Bildschirm bewegt. Der Code dazu kommt in das Skript `ballonBewegen` (hinter das Setzen der `left`-Position) und sieht folgendermaßen aus:

```
set the top of img "ballon" to  66+(round(sin(links/10)*20))
```

Nur eine Zeile eingefügt – und ein großer Effekt. Auf einmal schaukelt der Ballon durchs Bild, und es wirkt alles gleich viel schöner und lebendiger. Die Kollisionsprüfung funktioniert trotz der vertikalen Bewegung noch einwandfrei, denn es wird ja stets die aktuelle `top`-Position des Ballons berücksichtigt. Wenn Sie möchten, können Sie den Wert 20 und den Wert 10 in der Zeile variieren, um zu sehen, wie es sich auswirkt. Die Wellenbewegung wird dadurch langsamer, schneller bzw. tiefer oder flacher.

Wunderbar! Jetzt fehlt nur noch eins, nämlich ein automatisches Spielende und vielleicht eine Punkteanzeige, dann ist das Spielprinzip erst einmal abgeschlossen.

Also: Der Spieler darf sieben Pfeile abschießen. Nach jedem Treffer erhält er einen Punkt. Nach dem siebten Pfeil ist das Spiel zu Ende. Dazu verwenden wir der Einfachheit halber zwei globale Variablen mit den Namen `anzahlPfeile` und `punkte`. Fügen Sie die globale Variablendeklaration ganz oben über dem ersten Stack-Skript ein.

```
global anzahlPfeile, punkte
```

Und Sie benötigen zwei Label, die Sie oben im Stack links und rechts platzieren. Den einen nennen Sie »anzahl«, den anderen »punkte«. Der Start-/Stopp-Button kann jetzt weg, denn wenn das Spiel einen richtigen Schluss hat, brauchen wir den Ballon auch nicht mehr manuell zu stoppen.

Nun müssen diese globalen Variablen im Skript `spielStarten` auf den Anfangswert gesetzt werden. Die Anzahl der Pfeile setzen wir auf Ausgangswert 8, da beim ersten Setzen des Pfeils bereits 1 abgezogen wird, so dass dann die Anzahl 7 korrekt angezeigt werden kann.

```
put 8 into anzahlPfeile
put 0 into punkte
```

Und wir brauchen noch ein kleines Skript, das die Anzeige von Pfeilen und Punkten aktualisiert.

```
on anzeigeAktualisieren
   put "Pfeile: "&anzahlPfeile into fld "anzahl"
   put "Punkte: "&punkte into fld "punkte"
end anzeigeAktualisieren
```

Jedes Mal, wenn ein Pfeil aus dem Bild fliegt und wieder unten auftaucht, oder wenn er einen Ballon getroffen hat, verringert sich die Anzahl der Pfeile um einen. Also müssen die folgenden beiden Zeilen sowohl in das Skript `PfeilBewegen` (dort, wo der Pfeil auf Position 530 zurückgesetzt wird) als auch in das Skript `zuruecksetzen` – damit wird die Anzeige auch beim Spielstart automatisch aktualisiert.

```
subtract 1 from anzahlPfeile
anzeigeAktualisieren
```

Und bevor wir das starten, muss noch das Spielende eingebaut werden. Das können Sie im Skript `anzeigeAktualisieren` einbauen, denn dieses Skript wird ja nach jeder Änderung der Anzahl aufgerufen.

```
if anzahlPfeile=0 then
   spielBeenden
end if
```

Das Skript `spielbeenden` lässt einfach den Ballon und den Pfeil »verschwinden«, und damit ist das Spiel beendet.

```
on spielBeenden
   ballonStoppen
   hide img "ballon"
   set the left of img "pfeil" to -100
end spielBeenden
```

11

> Warum wird der Ballon mit hide unsichtbar gemacht, während der Pfeil nach links aus dem Bild geschoben wird?

Ganz einfach: Weil der Ballon beim Spielstart mit show automatisch wieder angezeigt wird und der Pfeil durch Setzen auf seine Ausgangsposition.

Nun fehlt nur noch die Zählung der Punkte. Die erfolgt natürlich im Skript kollision, denn immer, wenn eine Kollision stattfindet, wird der Punktestand um 1 erhöht und die Anzeige aktualisiert.

```
on kollision
   hide img "ballon"
   add 1 to punkte
   anzeigeAktualisieren
   set the animiert of img "pfeil" to 0
   send "zuruecksetzen" to this stack in 3 seconds
end kollision
```

So! Jetzt sollte alles funktionieren. Das Spiel ist spielbar, hat einen Anfang und ein Ende, es gibt Punkte und eine begrenzte Anzahl an Pfeilen, mit jeder Runde ändert sich die Geschwindigkeit und die Position des Pfeils. Insgesamt ist der Code für dieses Spiel sehr überschaubar, und falls bei Ihnen noch nicht alles funktioniert, hier noch einmal alle Stack-Skripte im Überblick, wie sie am Ende aussehen sollten:

```
global anzahlPfeile,punkte

on ballonBewegen
   if the animiert of img "ballon" = 1 then
      put the left of img "ballon" into links
      add 1 to links
      if links>380 then put -60 into links
      set the left of img "ballon" to links
      set the top of img "ballon" to  66+(round(SIN(links/10)*20))
      put the speed of img "ballon" into speed
      send ballonBewegen to this stack in speed milliseconds
   end if
end ballonBewegen
```

```
on ballonStoppen
   set the animiert of img "ballon" to 0
   wait 100 milliseconds with messages
end ballonStoppen

on ballonStarten
   set the animiert of img "ballon" to 1
   ballonBewegen
end ballonStarten

on pfeilBewegen
   if the animiert of img "pfeil" = 1 then
      put the top of img "pfeil" into oben
      subtract 1 from oben
      if oben<-88 then
         set the top of img "pfeil" to 530
         subtract 1 from anzahlPfeile
         anzeigeAktualisieren
      else
         set the top of img "pfeil" to oben
         kollisionspruefung
         send "pfeilBewegen" to this stack in 5 milliseconds
      end if
   end if
end pfeilBewegen

on kollisionspruefung
   put the top of img "ballon" into ballonHoehe
   if intersect(img "pfeil", img "ballon", 128)  and (the top of img ⮐
"pfeil">(ballonHoehe+30)) then
      kollision
   end if
end kollisionspruefung

on kollision
   hide img "ballon"
   add 1 to punkte
   anzeigeAktualisieren
   set the animiert of img "pfeil" to 0
   send "zuruecksetzen" to this stack in 3 seconds
```

```
end kollision

on zurueckSetzen
   set the left of img"ballon" to -60
   set the top of img "pfeil" to 530
   set the left of img "pfeil" to random(the width of this stack -20)+10
   if the speed of img("ballon")>5 then  set the speed of img "ballon" ⮐
to  (the speed of img "ballon") -5
   show img "ballon"
   subtract 1 from anzahlPfeile
   anzeigeAktualisieren
end zurueckSetzen

on spielStarten
   ballonStoppen
   put 8 into anzahlPfeile
   put 0 into punkte
   set the speed of img "ballon" to 35
   zuruecksetzen
   ballonStarten
end spielStarten

on anzeigeAktualisieren
   put "Pfeile: "&anzahlPfeile into fld "anzahl"
   put "Punkte: "&punkte into fld "punkte"
   if anzahlPfeile=0 then
      spielBeenden
   end if
end anzeigeAktualisieren

on spielBeenden
   ballonStoppen
   hide img "ballon"
   set the left of img "pfeil" to -100
end spielBeenden
```

Insgesamt sind das weniger als 80 Zeilen Code für ein komplettes Spiel mit animiertem Ballon und Dartpfeil. Dazu kommt nur noch das kleine Skript im Start-Button (siehe oben). Und mehr ist es nicht! Außer Sie wollen noch mehr hinzufügen, zum Beispiel ein Feld mit Punkteanzeige, das am Ende eingeblendet wird (und beim Spielstart wieder ausgeblendet). Sonstige Erweiterungsmöglichkeiten des Spielprinzips sind natürlich immer denkbar: ein weiterer Ballon unter dem ersten, dazu müssten dann immer beide Ballons abgefragt werden, und vieles andere mehr – jeder hat seine eigenen Ideen!

11.5 Grafik optimieren und anpassen

Der nächste Schritt wäre jetzt noch die Verschönerung der Grafik. Sie haben da freie Hand. Wie wäre es zum Beispiel mit einem Landschaftsbild im Hintergrund (FILE • IMPORT AS CONTROL • IMAGE FILE, siehe Abbildung 11.6)? Das Bild muss dann über den PROPERTY INSPECTOR auf der Seite `Position` noch auf Layer 1 gesetzt werden, denn sonst würde es ja alle Objekte überdecken.

Abbildung 11.6 So vielleicht? Grafisch können Sie das Spiel jetzt frei gestalten.

Außer einer Landschaft gibt es noch viele andere Möglichkeiten – es muss auch kein Foto sein. Wer will, gestaltet sich selber einen perfekten Hintergrund. Statt des simplen gemalten Luftballons könnten Sie auch ein sauber ausgeschnittenes Luftballonfoto nehmen. Oder warum nicht ein ganz eigenes Objekt? Die Kollisionsprüfung müssten Sie für ein neues Objekt entsprechend anpassen, damit immer erkannt wird, wenn der Pfeil das Objekt mit der Spitze trifft. Natürlich könnten Sie statt des Dartpfeils auch einen Ball nehmen oder eine kleine Rakete. Mit einem einfachen Austausch der Grafikobjekte und einer minimalen Änderung im Kollisionsskript könnte man auch ein Weltraumspiel daraus machen, wo eine Rakete auf ein Ufo trifft. Werden Sie kreativ, und betätigen Sie sich als Spieledesigner!

11.6 Sound hinzufügen

Der letzte Schritt besteht darin, dem Spiel noch ansprechende Klänge mitzugeben. Auch da sind Sie frei in der Gestaltung. Wir wollen hier zwei Basisklänge verwenden – Abschießen des Pfeils und Platzen des Ballons. Beide brauchen wir als WAV-Dateien, die direkt abgespielt werden. Dann erörtern wir noch die Möglichkeit, eine Hintergrundmusik abspielen zu lassen.

Für die beiden Hauptgeräusche können Sie auf Ihre Kenntnisse aus Kapitel 8, »Multimedia, Grafik und Online-Inhalte«, zurückgreifen. Die beiden WAV-Dateien werden im Ordner *klang* direkt neben unserer Projektdatei abgelegt. Der `klangpfad` ist eine globale Variable, die beim Start des Programms ermittelt wird. Das Abspielen erfolgt mit `play`. Also fügen Sie als Erstes die globale Variable `klangpfad` den beiden anderen hinzu:

```
global anzahlPfeile,punkte,klangpfad
```

Dann noch ein openStack Skript:

```
on openStack
   if the environment is "mobile" then
      put specialFolderPath("engine") into programmPfad
   else
      put the filename of this stack into programmPfad
      set the itemDelimiter to "/"
      delete the last item of programmPfad
   end if
   put programmPfad&"/klang/" into klangpfad
```

```
   if the platform is "MacOS" and the environment is "standalone ⮐
application" then
      set the itemDelimiter to "/"
      put the filename of this stack into programmPfad
      put item 1 to -3 of programmPfad into klangPfad
      put "/Resources/_MacOS/klang/" after klangPfad
   end if
end openStack
```

Bei Fragen hierzu schauen Sie sich Kapitel 8 noch einmal an. Da ist genau erklärt, wie der Klangpfad ermittelt wird (für mobile oder nicht mobile Umgebungen sowie für den Mac) und warum das Skript so aussehen muss.

Nun brauchen wir die beiden WAV-Dateien, die Sie wie üblich selbst aufnehmen oder erstellen können oder in den MATERIALIEN ZUM BUCH unter *www.rheinwerk-verlag.de/4258* finden. Gehen wir mal davon aus, dass sie *abschuss.wav* und *peng.wav* heißen. Beide kommen natürlich in den Ordner *klang*.

Und nun können wir sehr einfach für jeden der beiden Klänge ein kleines Skript erstellen und in den Stack schreiben:

```
on abschussKlang
   play klangpfad&"abschuss.wav"
end abschussKlang

on pengKlang
   play klangpfad&"peng.wav"
end pengKlang
```

So. Alles, was jetzt noch fehlt, ist das Auslösen der Klänge. Der Abschussklang wird natürlich beim Klick auf den Pfeil ausgelöst. Also ändern Sie das Pfeilskript:

```
on mouseDown
   abschussKlang
   set the animiert of me to 1
   pfeilBewegen
end mouseDown
```

Und der Peng-Klang soll ertönen, wenn der Ballon getroffen wurde. Dazu fügen Sie im Stackskript `kollision` ganz einfach am Anfang folgende Zeile hinzu:

```
pengKlang
```

Mehr ist nicht nötig, und schon macht das Spiel coole Geräusche.

Und die Hintergrundmusik?

Mancher spielt am liebsten mit Musik im Hintergrund, andere lehnen das ab. Die Hintergrundmusik sollte darum nur optional ertönen. Daher empfiehlt es sich, die Musik abschaltbar zu machen, wenn man sie hinzufügen möchte.

Damit die Musik kontinuierlich im Hintergrund laufen kann und sich mit den anderen Klängen nicht ins Gehege kommt, ist es am besten, ein Player-Objekt zu verwenden. In Kapitel 8, »Multimedia, Grafik und Online-Inhalte«, wurde der Player kurz erwähnt, aber wir haben ihn nicht verwendet. Hier eine ganz kurze Anleitung, wenn Sie Hintergrundmusik einbauen wollen:

Ziehen Sie ein Player-Objekt auf den Stack. Nennen Sie es »musikSpieler«, setzen Sie VOLUME auf niedrig, und machen Sie es dann gleich unsichtbar (VISIBLE abwählen).

Nun finden Sie ein schönes Musikstück – das sollte ruhig im MP3-Format sein, da der Player damit keine Probleme hat und die Datei auf die Art relativ klein gehalten werden kann. Nehmen Sie Ihre Lieblingsmusik (fürs Ausprobieren ist das kein Problem – bei der Weitergabe von Programmen muss aber das Copyright beachtet werden!), oder produzieren Sie selbst etwas (wenn das Ihnen Spaß macht und Sie die Möglichkeit dazu haben). Die Datei heißt am Ende *musik.mp3* und geht ebenfalls in den Ordner *klang*.

Um die Musik abzuspielen bzw. zu beenden, brauchen Sie nur noch folgende kurze Skripte:

```
on musikSpielen
   set the fileName of player "musikSpieler" to klangpfad&"musik.mp3"
   set the looping of player "musikSpieler" to true
   set the playLoudness of player "musikSpieler" to 90
   start player "musikSpieler"
end musikSpielen
on musikStoppen
   stop player "musikSpieler"
end musikStoppen
```

Diese Skripte schreiben Sie in den Stack. Beim Start der Musik wird neben `fileName` auch die Lautstärke gesetzt, und zwar auf 90. Diesen Wert können Sie natürlich dem eigenen Geschmack anpassen – es empfiehlt sich, die Musik nicht allzu laut zu machen, damit sie das Spiel nicht stört. Außerdem wird die Eigenschaft `looping` auf `true` gesetzt. Damit wird das Stück immer wieder von vorn begonnen, wenn es beendet ist.

Jetzt könnte man einfach beim Starten des Programms `musikSpielen` einfügen (im Skript `openStack`) – und die Musik würde uns durch das Spiel begleiten.

Einen An-Aus-Schalter für die Musik können Sie leicht folgendermaßen realisieren: Ziehen Sie ein *SVG-Widget* in den Stack, am besten nach oben in die Mitte. Wählen Sie als Symbol den Lautsprecher ohne Klang aus (»volume off«). Dann geben Sie dem Widget folgendes Skript mit:

```
on mouseUp
   if the iconPresetName of me is "volume off" then
      set the iconPresetName of me to "volume up"
      musikSpielen
   else
      set the iconPresetName of me to "volume off"
      musikStoppen
   end if
end mouseUp
```

Und fertig! Ein komplettes Spiel mit steigender Schwierigkeit, Grafikanimation, Soundeffekten und Hintergrundmusik. Dieses Spiel können Sie nun als Windows-Programm kompilieren, für den Mac oder für Handy und Tablet. Es sollte in allen Umgebungen gut funktionieren und spielbar sein. Mit LiveCode könen Sie, entsprechende Übung vorausgesetzt, ein solches Spiel von der Idee bis zum fertigen Programm innerhalb von 2 bis 3 Tagen umsetzen – entsprechende Übung und Erfahrung vorausgesetzt. Noch 2 weitere Tage Extraarbeit, und es wäre ein Kandidat für den AppStore! So macht Programmieren Spaß!

Kapitel 12
App-Projekt: »Rechenkönig«, der Mathe-Trainer

Nicht nur Grundschulkinder, auch Programmierer sollten das Einmaleins beherrschen. Mit dieser App können Sie Ihre mathematischen Kenntnisse auffrischen.

Der »Rechenkönig« soll eine App werden, mit der man das kleine Einmaleins trainieren kann, also alles von 2 × 2 bis 9 × 9. Zu Beginn kann man wählen, welche Reihe (2er- bis 9er-Reihe) man trainieren möchte (die 1er-Reihe lassen wir weg) oder ob man komplett zufällige Aufgaben aus allen Zahlenreihen üben will. Dann stellt der Computer 15 verschiedene Rechenaufgaben zusammen, die nacheinander abgefragt werden. Ein Timer läuft ab, so dass man sich mit der Lösung etwas beeilen muss. Anschließend gibt es Punkte für die richtige Antwort plus Geschwindigkeit. Falsch gelöste Aufgaben werden zum Ende der Runde erneut gestellt. Das Programm hilft Kindern, die Zahlenreihen sehr schnell zu lernen und sie sich wirklich zu merken – und es kann Erwachsenen dazu dienen, ihre Einmaleins-Kenntnisse frisch zu halten. Außerdem ist es eine gute Programmierübung!

12.1 Was brauchen wir?

Für dieses Projekt werden keine aufwendigen Grafiken gebraucht. Natürlich kann man auch hier anschließend noch hübsche Dekoelemente oder Klänge einbauen, aber für die Basisversion begnügen wir uns mit den Mitteln, die LiveCode bereits mitbringt. Es geht also im Wesentlichen um Programmierung ohne viel Schnickschnack. Wir wollen die App hochkant (Porträtformat) für Handy oder Tablet (oder Desktop) gestalten. Es gibt eine Startseite zum Auswählen der Aufgaben, eine Rechenseite und eine Ergebnisseite. Also müssen wir drei Cards anlegen.

Also los: Legen Sie ein neues Projektverzeichnis an (»rechenkoenig«), dann erstellen Sie in LiveCode einen neuen Stack (»iPad/Tablet Landscape«). Wenn die App später auf dem

Handy laufen soll, könnte man die Breite jetzt gleich etwas reduzieren, für Tablet oder Desktop ist sie so optimal. Mit der rechten Maustaste klicken Sie im Bearbeitungsmodus gleich mal auf den leeren Stack und wählen NEW CARD, dasselbe wiederholen Sie danach noch einmal. Jetzt haben wir drei Cards, die wir auch gleich benennen wollen, am besten im Project Browser (TOOLS • PROJECT BROWSER). Hier benennen Sie die drei Cards mit »start«, »rechnen« und »ergebnis«. Den Stack nennen Sie dabei gleich »rechenkoenig« (Abbildung 12.1).

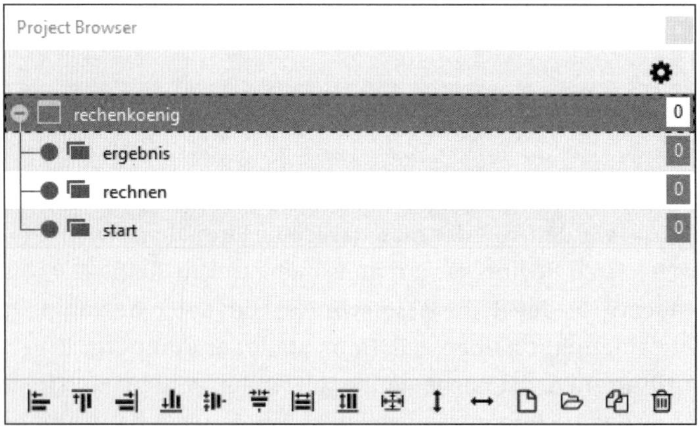

Abbildung 12.1 Im Project Browser können Sie die Cards und den Stack schnell und leicht benennen.

Nun beginnen wir sofort mit der Card »start« – der Seite, auf der man auswählt, welche Reihe man üben möchte. Ziehen Sie einen Button auf den Stack, und gestalten Sie ihn nach eigenem Geschmack: eine große Schrift wäre gut, vielleicht ein RoundRectangle-Button, eventuell ein Schatten usw. Wenn Sie zufrieden sind, kopieren Sie den Button, und fügen Sie ihn anschließend noch weitere achtmal ein. Verteilen Sie die Buttons gleichmäßig auf dem Stack. Sie brauchen ihnen keine spezifischen Namen zu geben. Der Standardname »Button« reicht aus. Dann beschriften Sie die Buttons (bzw. ihre Labels) mit den Zahlen von 2–9, den letzten beschriften Sie mit »Alle«. Über die Buttons ziehen Sie noch ein Labelfeld und schreiben in großer Schriftgröße »Welche Reihe wollen wir üben?« in den Content.

Die Card könnte jetzt zum Beispiel so aussehen wie in Abbildung 12.2.

Das soll uns jetzt erst einmal als Startbildschirm genügen. Hinzufügen von dekorativen Elementen ist ja jederzeit später noch möglich.

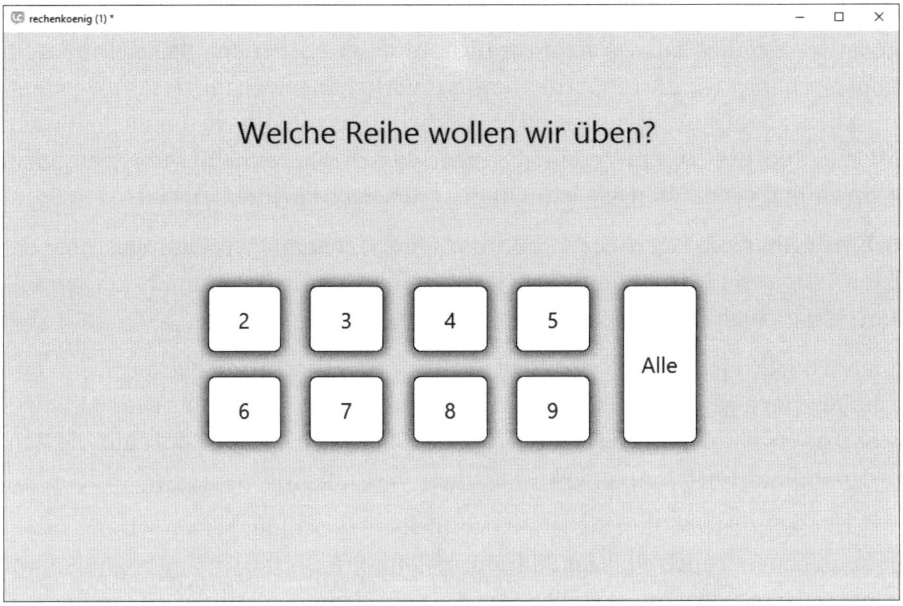

Abbildung 12.2 Das wäre eine Möglichkeit, die Card »start« zu gestalten.

Damit der Trainer startet, sobald man eine Taste drückt, brauchen wir ein Skript, das am besten in der Card geschrieben wird, damit es auf alle Buttons gleichzeitig reagieren kann. Das sollte zum Beispiel so aussehen (ähnlich wie in mehreren vorherigen Beispielen auch schon):

```
on mouseUp
   if "Button" is in the name of the target then
      set the reihe of card "rechnen" to the label of the target
      go card "rechnen"
   end if
end mouseUp
```

Wenn der Name »Button« im Namen des geklickten Objekts steht (also wenn ein Button geklickt wurde), dann ...

Ja, was bedeutet die nächste Zeile?

Die Property `reihe` der Card »rechnen« soll auf den Wert des Labels des geklickten Objekts gesetzt werden. Gibt es diese Property `reihe` denn in der Card »rechnen«? Wir haben sie doch gar nicht angelegt.

Antwort: Das brauchen wir auch nicht. Wenn sie auf einen Wert gesetzt wird, dann wird sie automatisch erzeugt, falls es sie noch nicht gibt. Im vorherigen Beispiel mit dem Luftballonspiel haben wir die Properties bewusst vorher angelegt, um das Prinzip deutlich zu machen, aber es ist eigentlich nicht wirklich notwendig. Je weiter Sie in diesem Buch fortschreiten, desto mehr Vereinfachungen werden Sie kennenlernen. Wenn man das Prinzip einmal verstanden hat, kann man es sich auch leichter machen.

Also nochmal: Die neue Eigenschaft `reihe` der Card »rechnen« wird auf das Label der gedrückten Taste gesetzt. Das heißt, darin steht jetzt, welche Reihe trainiert werden soll. Und dann geht es auch schon ab zur Card »rechnen«.

Sie können natürlich jetzt schon mal zum Spaß auf eine der Tasten klicken. Dann landen Sie auf der noch ganz leeren Card »rechnen« – und wenn Sie im PROPERTY INSPECTOR nachschauen, werden Sie feststellen, dass die Eigenschaft `reihe` dort auf die Zahl gesetzt ist, deren Button Sie zuvor geklickt haben, bzw. auf »Alle«.

Auf der Card »rechnen« sollten Sie jetzt auch bleiben, denn hier setzen wir die Arbeit fort. Wir brauchen hier auch ein paar Bildschirmelemente, und zu Anfang begnügen wir uns erstmal mit ganz wenigen. Erstellen Sie zwei Labels mit den Namen »z1« und »z2« – das sind die beiden Zahlen der Aufgabe, die multipliziert werden sollen. Machen Sie die Schrift richtig groß, damit man die Aufgabe gut sehen kann (Fontgröße 100 oder mehr). Dazwischen sollte ein Multiplikationszeichen stehen – vielleicht nehmen Sie einfach einen gefüllten Kreis, den Sie mit LiveCodes grafischen Objekten (OVAL GRAPHIC) erstellen. Unter die Aufgabe kommt ein Eingabefeld mit dem Namen »eingabe« – auch das groß genug, am besten mit zentriertem Text. Als Erstes soll das genügen, denn damit kann man das grundlegende Prinzip am Anfang schon testen (Abbildung 12.3).

12.2 Programmierung der Skripte

So, die Elemente sind da. Nun kann es losgehen. Sobald die Card »rechnen« betreten wird, soll unser Programm die Aufgaben erstellen (alle Aufgaben aus der gewählten Zahlenreihe bzw. 15 zufällige). Diese Aufgabenliste wird zunächst gemischt (sonst wäre es zu öde) und dann einfach nach und nach abgearbeitet. Das ist der Plan.

Wir schreiben ins Card-Skript von »rechnen«:

```
on openCard
   aufgabenErstellen
   aufgabeAnzeigen
end openCard
```

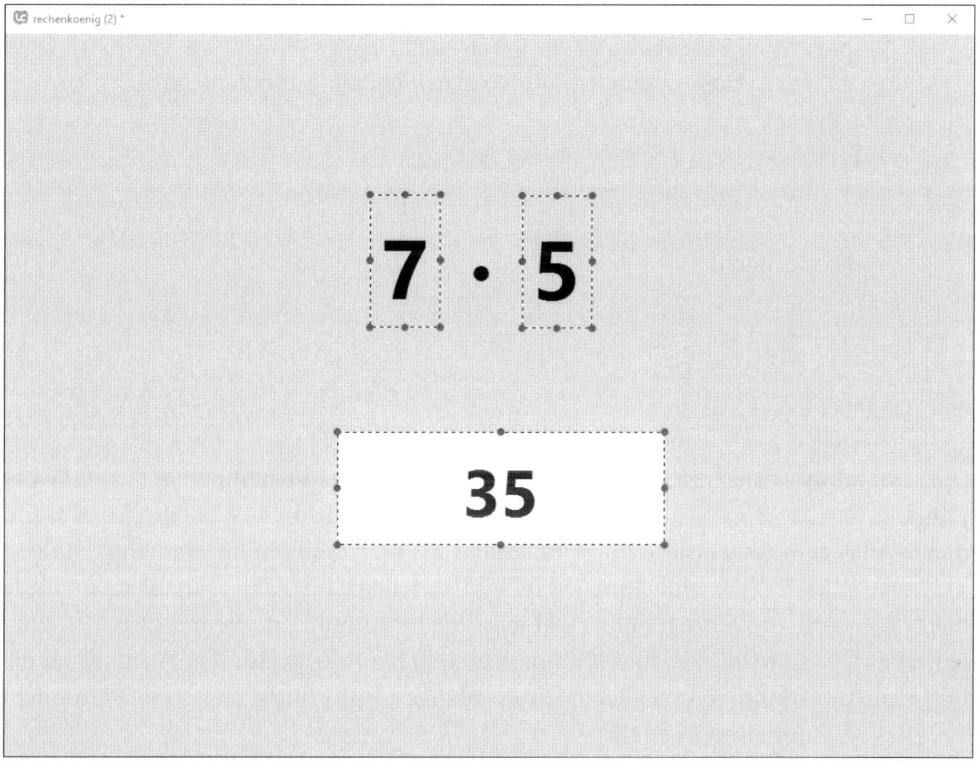

Abbildung 12.3 Grundaufbau der Card »rechnen«

Hieraus ergeben sich dann natürlich gleich zwei weitere Skripte, die geschrieben werden müssen. Das wichtigste zuerst: `aufgabenErstellen`. Hier soll das Programm jetzt eine Liste sämtlicher Aufgaben der gewählten Zahlenreihe herstellen.

Wie geht das?

Natürlich mit einer Schleife. Jede Aufgabe (zum Beispiel 3 × 7) muss auch in ihrer umgekehrten Form vorkommen (7 × 3), außer wenn beide Zahlen gleich sind, denn 7 × 7 und 7 × 7 ist nun mal identisch. Gut, also los. Das Skript kommt natürlich auch in die Card »rechnen«:

```
on aufgabenErstellen
   put the reihe of this card into r
   put empty into aufgabenListe
   if r <> "Alle" then
```

```
      repeat with z = 2 to 9
         put r&"x"&z&return after aufgabenListe
         if r<>z then  put z&"x"&r&return after aufgabenListe
      end repeat
      delete the last char of aufgabenListe
      sort  lines of aufgabenListe by random(1000)
   else
      -- Kommt noch!
   end if
   put aufgabenListe
   put 1 into aufgabeNr
end aufgabenErstellen
```

Das sieht schon etwas komplexer aus, aber eigentlich ist es auch nur ein recht einfacher Vorgang. Die Zahlenreihe, die geübt werden soll, kommt in die Variable `r`, und wenn nicht »Alle« gewählt wurde, dann wird auf Basis dieser Zahlenreihe jetzt eine Liste von Aufgaben erstellt. Dazu wird einmal von 2 bis 9 durchgezählt (Zählervariable `z`), und jede dieser Zahlen `z` wird einmal mit `r` zu einer Aufgabe kombiniert. Wenn `r` also 7 ist (Zahlenreihe 7), dann wird 7 × 2, 7 × 3, 7 × 4 usw. erstellt bis 7 × 9. Außerdem auch immer die umgekehrte Variante (2 × 7,3 × 7,4 × 7 usw., solange `r` und `z` nicht gleich sind, also nicht 7 × 7, das wird nur einmal erstellt).

Nach der Schleife wird das letzte Zeichen der Liste wieder gelöscht, denn jeder Eintrag in der Liste endet ja mit einem Return-Zeichen, und das letzte muss jetzt wieder weg, sonst würde die Liste mit einer Leerzeile enden.

Nun wird die Liste »sortiert«, und zwar nach einem Zufallswert (`random (1000)`) für jede Zeile, das heißt, diese Sortierfunktion wird dabei zu einer reinen Mischfunktion. Die Liste von Aufgaben wird bunt durcheinandergemischt.

Der Befehl `put aufgabenListe` dient nur unserer Kontrolle und kann später wieder gelöscht werden. `put` ohne Zielangabe bewirkt ja, dass der Wert in die MESSAGE BOX geschrieben wird (siehe den Abschnitt »Debugging: Wie finde ich den Fehler?« in Kapitel 7), damit wir ihn kontrollieren können und sehen können, ob alles korrekt ist und wirklich eine gemischte Aufgabenliste mit 15 Ausgaben herauskommt.

Ganz am Schluss wird die `aufgabeNr` auf 1 gesetzt. Das ist die aktuelle Aufgabe, die angezeigt werden soll. Mit der ersten Aufgabe in der Liste soll es schließlich losgehen. Das geschieht dann im nächsten Skript, zu dem wir gleich kommen.

Hinter dem `else` steht jetzt einfach nur ein Kommentar **`-- Kommt noch!`** Der Abschnitt wird ausgeführt, wenn »Alle« gewählt wurde und nicht nur eine einzelne Zahlenreihe geübt werden soll. Diesen Teil wollen wir jetzt ergänzen. Wenn aus allen Zahlenreihen Aufgaben kommen sollen, dann erstellen wir eine Aufgabenliste aus allen Kombinationen der Zahlen 2 bis 9, die möglich sind. Anschließend wird diese auch bunt gemischt, und dann werden einfach nur die ersten 15 Zeilen davon verwendet. So erhalten wir eine bunt gemischte Liste von 15 zufälligen Aufgaben aus dem Einmaleins – alle verschieden wohlgemerkt.

```
repeat with y = 2 to 9
   repeat with z = 2 to 9
      put y&"x"&z&return after aufgabenListe
   end repeat
end repeat
delete the last char of aufgabenListe
sort  lines of aufgabenListe by random(1000)
put line 1 to 15 of aufgabenListe into aufgabenListe
```

Dieses Skript kommt also zwischen das `else` und das `end if` – dorthin, wo jetzt noch `Kommt noch!` steht.

Gut, die Aufgabenerstellung funktioniert damit schon mal. Die Variable `aufgabenListe` wird natürlich später in anderen Skripten auch benötigt, denn diese Aufgaben sollen schließlich nacheinander gestellt werden. Also machen Sie eine globale Variable daraus. Dazu schreiben Sie einfach ganz oben über alle Card-Skripte die folgende Zeile:

```
global aufgabenListe,aufgabeNr
```

Die zweite Variable `aufgabeNr` können wir hier gleich hinzufügen, denn wir werden sie auch global benötigen.

Jetzt fehlt erst einmal nur noch das Skript `aufgabeAnzeigen`, dann können wir beginnen zu testen. Das Skript soll die aktuelle Aufgabe (`aufgabeNr` aus `aufgabenListe`) auf den vorgefertigten Elementen unserer Card anzeigen, mehr nicht, also ganz simpel:

```
on aufgabeAnzeigen
   put line aufgabeNr of aufgabenListe into aufgabe
   put char 1 of aufgabe into fld "z1"
   put char 3 of aufgabe into fld "z2"
   put empty into fld "eingabe"
   focus fld "eingabe"
end aufgabeAnzeigen
```

Erst wird die aktuelle Zeile (aufgabeNr) aus unserer Aufgabenliste in die Variable aufgabe getan. Die beiden Zahlen aus der Aufgabe (char 1 und char 3), werden in den Labels zur Anzeige der Aufgabe dargestellt, das Feld »eingabe« wird gelöscht, und mit dem focus-Befehl wird der Cursor in das Eingabefeld gesetzt.

So, und damit können Sie jetzt schon den ersten Test machen. Wechseln Sie auf die Startseite (am besten im PROJECT BROWSER), wählen Sie eine Reihe oder »Alle« aus, und schon erscheint die Rechnen-Seite mit der zufälligen ersten Aufgabe. Gleichzeitig sollte die MESSAGE BOX aufgehen und die gesamte geplante Aufgabenliste anzeigen. Der »Rechenkönig« ist in Gang gekommen! (Den Befehl put aufgabenListe für die MESSAGE BOX im Skript aufgabeErstellen können Sie jetzt wieder entfernen, sobald Sie gesehen haben, dass alles funktioniert).

Eine Lösung können Sie zwar auch schon eingeben, aber sie wird natürlich noch nicht ausgewertet, und die nächste Aufgabe kommt auch nicht. Muss ja schließlich alles noch programmiert werden. Und damit machen wir jetzt auch weiter.

Das Auswertungsskript prüft einfach nur, ob die Eingabe im Feld »eingabe« der Lösung der Multiplikation entspricht. Danach wird das Eingabefeld entweder grün oder rot. Dann geht es (nach einer Pause von 3 Sekunden) weiter zur nächsten Aufgabe.

```
on auswerten
   if  fld "z1"*fld "z2" = fld "eingabe" then
      set the backgroundColor of fld "eingabe" to "green"
   else
      set the backgroundColor of fld "eingabe" to "red"
   end if
   send naechsteAufgabe to this card in 3 seconds
end auswerten
```

Einfacher könnte es kaum sein. Ich denke, das Skript erklärt sich selbst.

Wann wird das Skript aufgerufen?

Bisher gar nicht. Es soll ja dann starten, wenn eine Lösung eingegeben wurde. In unserer Testversion machen wir es einfach so, dass nach Eingabe der richtigen Zahl die Eingabetaste gedrückt wird (↵-Taste). Dadurch wird das Skript aufgerufen. Das Eingabefeld erhält somit folgendes Skript:

```
on returninField
   auswerten
end returninField
```

Das Ereignis `returninField` wird in Texteingabefeldern immer dann ausgelöst, wenn die Eingabetaste gedrückt wird. Damit geht es jetzt also zur Auswertung. Und bevor wir das ausprobieren können, brauchen wir ja auch noch das Skript `naechsteAufgabe` – dann das wird ja im Auswertungsskript aufgerufen.

Also wieder ins Card-Skrip wechselnt:

```
on naechsteAufgabe
   add 1 to aufgabeNr
   aufgabeAnzeigen
end naechsteAufgabe
```

Die Nummer der aktuellen Aufgabe wird um eins erhöht, und die Aufgabe wird angezigt.

Wer jetzt mitgedacht hat, weiß, dass das noch nicht so bleiben kann – was denn, wenn die höchste Aufgabennummer erreicht ist bzw. überschritten wird? Na ja, darum kümmern wir uns später. Zum Testen reicht es jetzt erst einmal.

Wir müssen nur noch daran denken, die Farbe des Eingabefeldes bei jeder neuen Aufgabe immer wieder auf Weiß zu setzen, ansonsten bleibt sie rot oder grün. Das erledigen wir im Skript `aufgabeAnzeigen`. Wir fügen einfach irgendwo die folgende Zeile ein:

```
set the backgroundColor of fld "eingabe" to "white"
```

Gehen Sie nun auf die Card »start«, und wählen Sie eine Reihe aus – dann kommen die Aufgaben. Lösen Sie sie so gut Sie können – und das Feld wird entweder rot oder grün. Wenn 15 Aufgaben durch sind, erscheinen auf einmal leere Aufgabenfelder. Mehr Aufgaben gibt es nicht, und somit erscheinen nur leere Werte, weil Zeile 16 der `aufgabenListe` nun einmal leer ist.

Das sollten Sie gleich beheben. Das Programm braucht einen Abschluss. Wir müssen in das Skript `naechsteAufgabe` und vor dem Anzeigen der nächsten Aufgabe überprüfen, ob nicht schon die maximale Anzahl erreicht ist. Wenn alle Aufgaben durch sind, dann geht es direkt ins Skript `abschluss`, ansonsten wird wie gehabt die nächste Aufgabe von der Liste gezeigt. Folgendermaßen erweitert sich das Skript also:

```
on naechsteAufgabe
   add 1 to aufgabeNr
   if aufgabeNr> (the number of lines of aufgabenListe) then
      abschluss
   else
      set the backgroundColor of fld "eingabe" to "white"
      aufgabeAnzeigen
   end if
end naechsteAufgabe
```

Und was fehlt dann noch? Natürlich das Skript abschluss. Wir müssen uns überlegen, was zum Abschluss passieren soll. Wir haben ja eine Card mit dem Namen »ergebnis« angelegt. Sinnvoll wäre es, dahin zu springen. Von da aus kann man dann per Button wieder zur Startseite zurück. Aber was soll die Seite »ergebnis« anzeigen? Es gibt ja noch keine Punktezählung. Die müssen wir auf jeden Fall noch einbauen, sonst gibt es auch kein Ergebnis anzuzeigen.

Wir benötigen eine globale Variable punkte, die wir gleich mal der Liste oberhalb unserer Card-Skripte hinzufügen. Am besten auch noch gesamtPunkte als zweite globale Variable. Die global-Zeile sieht also so aus:

```
global aufgabenListe,aufgabeNr,punkte,gesamtPunkte
```

Zum Spielstart muss der Wert punkte auf 0 gesetzt werden und gesamtpunkte auf die Anzahl der Zeilen in der aufgabenListe. Das kann man am besten erledigen, indem man dem Skript aufgabenErstellen die Zeilen

```
put 0 into punkte
put the number of lines of aufgabenListe into gesamtpunkte
```

hinzufügt. Nun müssen die Punkte natürlich um 1 erhöht werden, sobald eine richtige Antwort eingegeben wird. In welchem Skript geschieht das? Klar, in auswerten. Gleich nachdem die Hintergrundfarbe des Eingabefeldes auf Grün gesetzt wird, werden die Punkte erhöht, also hier:

```
set the backgroundColor of fld "eingabe" to "green"
add 1 to punkte
```

Gut, das ist die Punktezählung. Nun wechseln Sie bitte (zum Beispiel im Project Browser) auf die Card »ergebnis«. Hier sollen die Punkte angezeigt werden. Also brauchen wir hier ein Textfeld und einen Button, um zurückzukommen. Das Textfeld sollte mehrzeilig sein. Dazu können Sie zum Beispiel ein *Scrolling Field* auf die Card ziehen, das Sie groß und breit machen. Anschließend gehen Sie in den PROPERTY INSPECTOR und wählen OPAQUE ab, SHOW BORDER wird ebenfalls abgewählt und VERTICAL SCROLLBAR. LOCK TEXT hingegen wird aktiviert. Danach setzen Sie noch die Schriftgröße auf groß (zum Beispiel 40) – und damit haben Sie ein schönes Textanzeigefeld. Sie nennen es »ergebnisText«. Und der Button darunter sollte auch nicht so klein sein und erhält als Label »Weiter üben« (Abbildung 12.4).

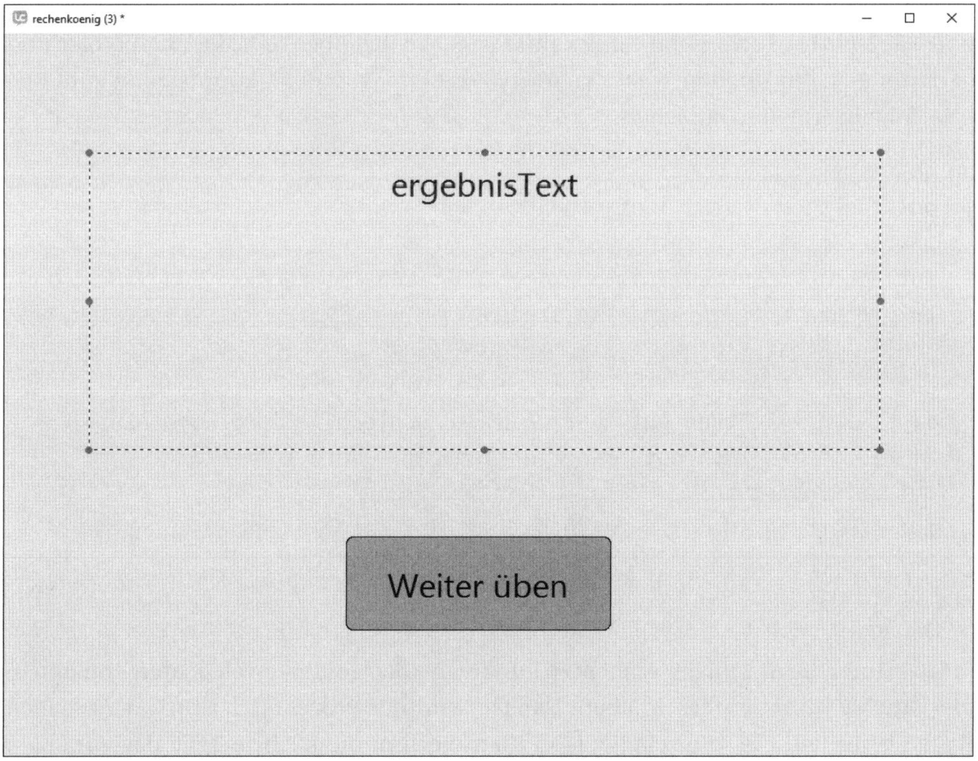

Abbildung 12.4 So könnte die Card »ergebnis« gestaltet werden.

Dem Button geben wir sofort ein kleines Skript mit, denn mit ihm kommen wir wieder auf die Card »start«:

```
on mouseUp
   go card "start"
end mouseUp
```

Als Letztes muss ja noch unser Skript abschluss auf der Card »rechnen« geschrieben werden. Hier wird ein Text generiert, der auf der Card »ergebnis« die Punkte anzeigt und einen kleinen Kommentar hinzufügt, und dann wird zur Card »ergebnis« gewechselt. Die Punkte haben wir ja bereits in der globalen Variablen gespeichert. Die Gesamtpunkte ergeben sich aus der Länge der Aufgabenliste.

> Aber wie wird der Kommentar gemacht?

Es wäre zum Beispiel möglich, zu berechnen, wie viel Prozent richtig gelöst wurden. Bei über 85 % wird ein sehr guter Kommentar gegeben, bei über 50 % ein akzeptabler und darunter eine Ermutigung, weiter zu üben. Das Skript abschluss könnte dann zum Beispiel folgendermaßen aussehen:

```
on abschluss
   put punkte & " von "&gesamtpunkte& ➲
" Punkten erreicht." into bewertung
   put round ((punkte/gesamtpunkte)*100)  into prozent
   put return & "(Das sind "&prozent&" ➲
% richtig gelöste Aufgaben)" after bewertung
   put "Einfach noch weiter üben!" into kommentar
   if prozent >50 then put "Gar nicht so schlecht!" into kommentar
   if prozent>85 then put "Sehr gut gemacht!" into kommentar
   put return&return&kommentar after bewertung
   put bewertung into fld "ergebnisText" of card "ergebnis"
   go card "ergebnis"
end abschluss
```

Erst wird also die Anzahl der erreichten Punkte mit den gesamt erreichbaren Punkten in die Variable bewertung geschrieben. Danach wird der Prozentsatz richtiger Aufgaben daraus ermittelt. Der wird ebenfalls in Klammern in die nächste Zeile der Variablen bewertung geschrieben. Dann wird daraus der Kommentar generiert. Erst wird der schlechteste Kommentar in die Variable kommentar geschrieben, je nach erreichtem Prozentwert wird er eventuell durch einen besseren überschrieben. Der Kommentar wird nach zwei weiteren Leerzeilen der Variablen bewertung hinzugefügt, und anschließend wird diese Variable in das Textfeld der Card »ergebnis« geschrieben. Zum Schluss wird auf diese Card gewechselt, und das war's!

Jetzt haben Sie bereits einen fertigen und funktionierenden Mathe-Trainer! Es darf getestet werden! Wenn Sie alle Skripte richtig eingegeben haben, werden Sie sehen, dass er vollständig funktioniert (Abbildung 12.5)!

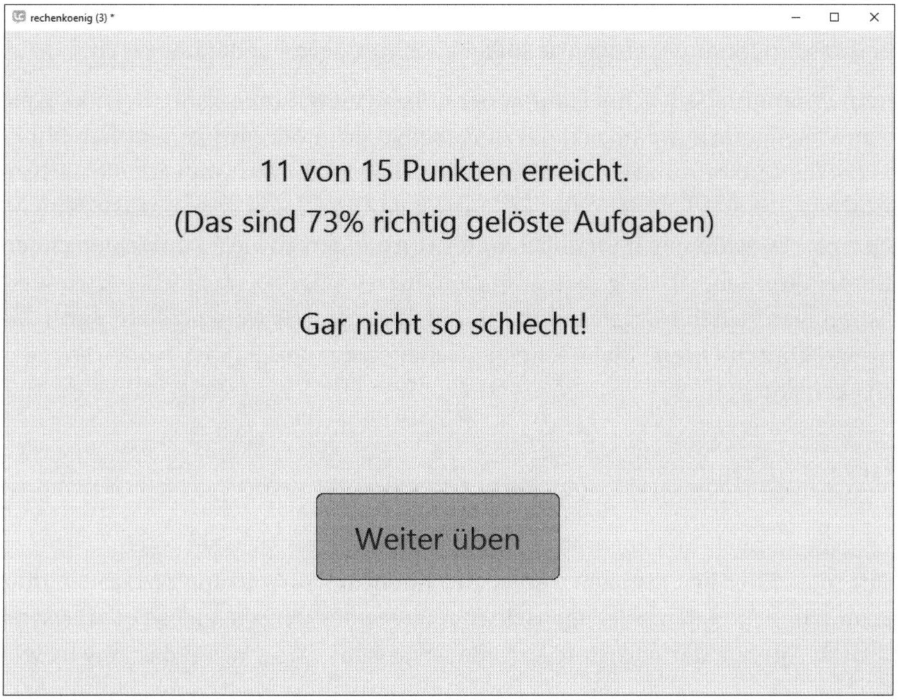

Abbildung 12.5 Schaffen Sie ein besseres Ergebnis?

12.3 Optimieren und erweitern

Sind wir fertig? Wie Sie aus den vorherigen Kapiteln wissen, ist eine App eigentlich nie fertig. Vor allem in so einem frühen Stadium lassen sich enorm viele Erweiterungs- und Optimierungsmöglichkeiten entdecken. Was fällt Ihnen an Verbesserungsmöglichkeiten ein, wenn Sie das Programm durchtesten?

Natürlich zunächst das Übliche: Das Layout ließe sich professionell verbessern und erweitern, damit die App richtig ansprechend wird. Man könnte Sound und besseres Feedback hinzufügen, damit es sich gut anfühlt, damit zu trainieren. Das ist immer wichtig, und es lässt sich je nach Geschmack und Zielgruppe auf ganz verschiedene Weisen gestalten.

Was aber eigentlich noch wichtiger ist: Wenn man ein Programm weitergeben oder sogar in der Öffentlichkeit vertreiben will, muss es unbedingt gegen Fehlbedienung abgesichert werden. Insofern müssen wir das Programm nicht nur so testen wie es gedacht ist, sondern wir müssen ausprobieren, ob man es durch »falsche« Bedienung aushebeln, stören oder gar zum Abbruch zwingen kann. Das darf in einem ausgereiften Programm nicht möglich sein. Probieren Sie die verrücktesten Dinge – Sie können sicher sein, die Benutzer Ihres Programms werden das später auch tun, gewollt oder ungewollt.

In unserem Programm fällt schnell auf, was zu Problemen führen kann. Nach Eingabe des Ergebnisses nämlich, wenn sich das Eingabefeld grün oder rot gefärbt hat, blinkt nach wie vor der Cursor – und es ist während der 3 Sekunden Wartezeit auf die nächste Aufgabe jederzeit möglich, erneut die [↵]-Taste zu drücken, was unerwünschte Folgen nach sich zieht. Es werden dann nämlich unter Umständen zu viele Punkte berechnet, und außerdem werden nachfolgende Aufgaben übersprungen – was nicht verwunderlich ist, wenn man sich die Skripte anschaut und überlegt, was wohl passiert, wenn das Auswertungsskript mehrere Male schnell nacheinander ausgeführt wird. Das geht natürlich gar nicht!

Was kann man dagegen tun?

Natürlich gäbe es auch hier mehrere Möglichkeiten. Die einfachste besteht darin, zu verhindern, dass Eingaben gemacht werden, nachdem die Auswertung gestartet wurde. Indem man nämlich einfach die Eigenschaft `disabled` des Eingabefeldes auf `true` setzt und erst nach Anzeige der nächsten Aufgabe wieder auf `false`. Wenn das Eingabefeld deaktiviert ist, kann es auch keine `returnInField`-Kommandos mehr entgegennehmen.

Sie müssen dazu nur zwei zusätzliche Zeilen in die Skripte der Card »rechnen« einfügen. Die erste Zeile im Skript `auswertung` muss lauten:

```
set the disabled of fld "eingabe" to true
```

Und die erste Zeile im Skript `aufgabeAnzeigen` ist dann dementsprechend:

```
set the disabled of fld "eingabe" to false
```

Das reicht. Jetzt gibt es keine Irritationen mehr durch zu viel gedrückte [↵]-Tasten. Probieren Sie es aus!

Wem das reicht, der kann an dieser Stelle aufhören oder noch ein bisschen Deko hinzufügen – das gibt ein gutes und brauchbares Programm für Desktop-Computer. Aber wir hatten uns eigentlich noch etwas mehr für diese App vorgenommen. Drei Elemente wollen wir gern noch hinzufügen, um die App richtig brauchbar zu machen:

1. einen Timer, der die Zeit für die Eingabe begrenzt
2. die erneute Abfrage aller falsch gelösten Aufgaben in einer zweiten Runde
3. eine große Zahlentastatur auf dem Bildschirm für Mobilbenutzer

Beginnen wir mit Aufgabe 3. Wir erstellen eine Tastatur mit den Zahlen von 0–9 und einer Zurück-Taste, die statt der Tastatur verwendet wird. Am vorhandenen Code müssen wir dazu praktisch nichts ändern, wir fügen nur neue Objekte und Skripte hinzu.

Wir brauchen dazu zehn Buttons mit den Zahlen von 0–9, die wir auf der Card »rechnen« anlegen. Wer es sich einfach machen will, geht auf die Card »start«, markiert alle Buttons von dort, geht zurück auf die Card »rechnen« und fügt sie dort wieder ein. Nun muss nur noch einer der Buttons zweimal vervielfältigt werden, und diese werden mit den Aufschriften »0« und »1« versehen. Wenn diese Buttons zu groß sind, um in eine Reihe zu passen, können Sie sie alle gleichzeitig markieren und deren Größeneinstellungen (`width` und `height`) gleichzeitig im PROPERTY INSPECTOR bearbeiten. So erstellen Sie im Nu zehn Zahlen-Buttons. Umbenennen müssen Sie sie nicht. Ordnen Sie sie sauber in einer Reihe an (die Align-Funktionen im PROPERTY INSPECTOR können dabei helfen). Nun fügen Sie darüber oder darunter noch ein SVG-Widget ein und wählen als Symbol den Pfeil nach links. Das wird unser »Löschen«-Button (Abbildung 12.6).

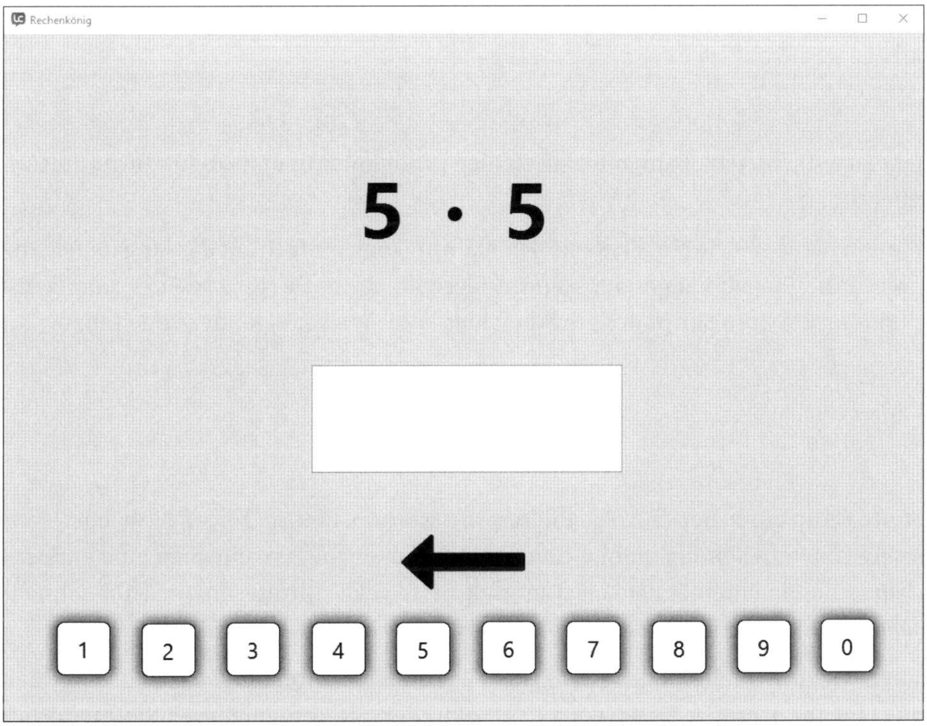

Abbildung 12.6 Fertig ist die Bildschirmtastatur. So könnte sie aussehen.

Das passende Skript, um sie zu verwenden, ist ebenfalls schnell geschrieben. Legen Sie es wieder als Card-Skript an, damit alle Buttons mit nur einem Skript behandelt werden können. Vorher sollten Sie noch das Eingabefeld im PROPERTY INSPECTOR auf LOCK TEXT setzen (warum, das erkläre ich gleich noch).

```
on mouseUp
   if "button" is in the name of the target then
      put the label of the target into zahl
      put zahl after fld "eingabe"
   end if
end mouseUp
```

Das ist schon alles, um unsere Bildschirmtastatur ans Laufen zu bringen. Der Linkspfeil soll als Löschtaste der zuletzt eingegebenen Ziffer fungieren und erhält ein eigenes Skript:

```
on mouseUp
   delete the last char of fld "eingabe"
end mouseUp
```

Ja, mehr ist es nicht. Jetzt kann man alle Zahlen problemlos über die Bildschirm-Buttons eingeben.

Nur eines fehlt noch: Die Eingabetaste. Hier könnte man einfach auf das Eingabefeld tippen, wenn die Eingabe abgeschlossen ist (deshalb muss sie auf `LockText` sein, sonst klappt das nicht). Zum Skript des Eingabefeldes kommt also folgender Code hinzu:

```
on mouseup
   auswerten
end mouseup
```

Es könnte kaum einfacher sein. Die Bildschirmtastatur ist fertig. Testen Sie wieder! Jetzt ist unsere App tauglich für mobile Geräte, denn für solche braucht man eine einfache und bequeme Eingabemöglichkeit. Die integrierte Bildschirmtastatur ist für schnelle Eingaben in einem Lernprogramm eher wenig geeignet.

Kommen wir zum zweiten Punkt der Liste: Ein Timer soll integriert werden, der die Zeit für eine Eingabe begrenzt. Sagen wir auf 20 Sekunden. Sie können diesen Wert natürlich ändern, wenn Sie lieber mehr oder weniger Zeit hätten. Natürlich möchte man den Timer auch »sehen«, dass heißt, es muss eine grafische Anzeige für den Timer geben. Hierzu bietet sich eine *Progress Bar* an – ein Fortschrittsbalken, den Sie einfach am oberen Rand der Card »rechnen« über die volle Breite der Seite platzieren können. Nennen Sie die Progress Bar »zeitAnzeige«, setzen Sie den START VALUE auf 0 und den END VALUE auf 20. Den CURRENT VALUE setzen Sie zu Anfang auf 0.

Die Programmierung des Timers ist jetzt wiederum sehr einfach. Es muss nur einmal pro Sekunde ein Skript aufgerufen werden, das den Fortschritt des Balkens um 1 erhöht – und wenn der Balken bei 20 angekommen ist, wird das Skript `auswerten` aufgerufen. Dazu schreiben wir das Skript `timerAktualisieren` in die Card »rechnen«:

```
on timerAktualisieren
   if not the disabled of scrollBar "zeitAnzeige" then
      put the thumbPosition of scrollbar "zeitAnzeige" into zeitwert
      add 1 to zeitwert
      set the thumbPosition of scrollbar "zeitAnzeige" to zeitwert
      if zeitWert = 20 then
         auswerten
      else
         send timerAktualisieren to me in 1 seconds
      end if
   end if
end timerAktualisieren
```

Die Abfrage, ob die Progress Bar `disabled` ist, erfolgt am Anfang, denn wenn ein Ergebnis vom Benutzer eingegeben wurde, soll die Progress Bar auf `disabled` geschaltet werden und somit nicht weiterzählen. Wenn sie also nicht `disabled` ist, dann wird ihr aktueller Wert genommen (der heißt in der Programmierung `thumbPosition` und nicht »currentValue« wie im PROPERTY INSPECTOR) und um 1 erhöht. Bei 20 wird die Auswertung aufgerufen. Ansonsten wird der Zähler in 1 Sekunde wieder aufgerufen.

Das war jetzt schon das Hauptskript für den Timer. Allerdings muss er noch gestartet werden (immer wenn eine neue Aufgabe angezeigt wird), und er muss auf `disabled` geschaltet werden, sobald der Benutzer eine Eingabe gemacht hat, damit er in dem Fall nicht weiterzählt.

Also setzen Sie ins Skript `ausgabeAnzeigen` ganz ans Ende:

```
set the disabled of scrollbar "zeitAnzeige" to false
set the thumbPosition of scrollbar "zeitAnzeige" to 0
timerAktualisieren
```

Und ganz an den Anfang vom Skript `auswerten` schreiben Sie:

```
set the disabled of scrollbar "zeitAnzeige" to true
```

Damit wird der Timer quasi abgeschaltet, sobald ein Ergebnis eingegeben wurde. Und fertig! Wieder ist es Zeit zum Ausprobieren. Zu Beginn jeder Aufgabe läuft der Timer los und bleibt stehen, wenn Sie eine Antwort eingegeben haben. Wenn die obere Leiste gefüllt ist, muss die Antwort dastehen, sonst wird die Antwort als Fehler gewertet (Abbildung 12.7). Das Spiel macht jetzt spürbar mehr Druck!

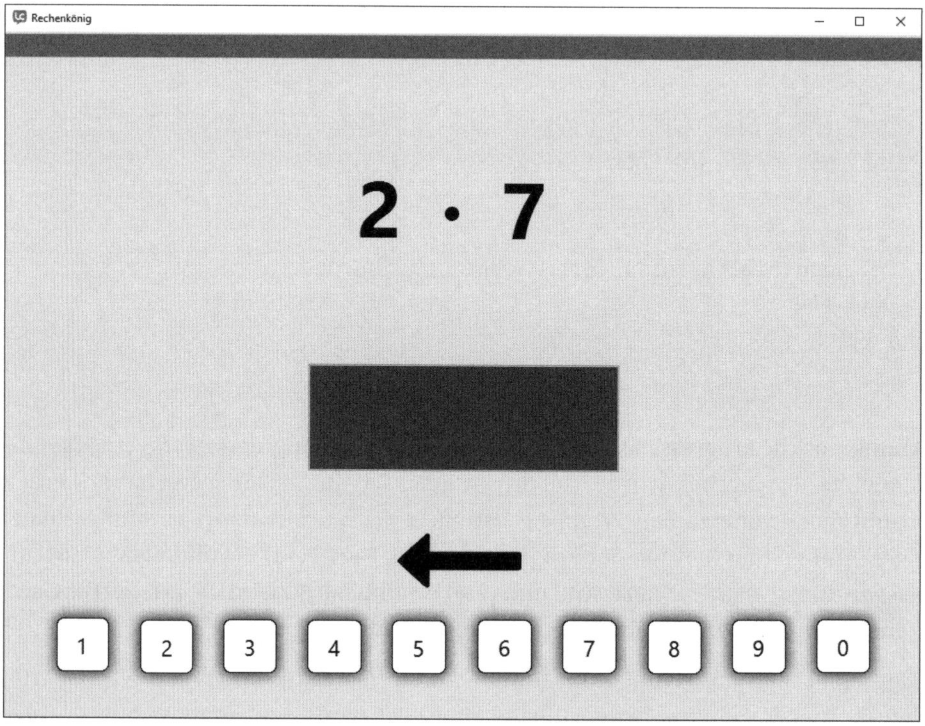

Abbildung 12.7 Wenn der Timer abgelaufen ist, dann gibt es einen Fehler!

Und damit ist nur noch ein Punkt offen in der erweiterten Funktionalität. Das Programm soll die nicht richtig gelösten Aufgaben in einer zweiten Runde wiederholen. Damit auch ein guter Lerneffekt eintritt, wäre es an dieser Stelle auch sinnvoll, bei falscher Eingabe die richtige Lösung anzuzeigen.

Wie gehen wir vor? Als Erstes ziehen Sie am besten ein Labelfeld in die Card »rechnen«. Machen Sie die Schrift mittelgroß, setzen Sie die Farbe auf Grün, und platzieren Sie es mittig über dem Eingabefeld. Nennen Sie es »richtig«. Jetzt muss bei der Auswertung, immer wenn eine falsche Zahl eingegeben wurde, die korrekte Lösung im Feld »richtig« angezeigt werden. Sobald eine neue Aufgabe angezeigt wird, muss der Inhalt dieses Feldes wieder gelöscht werden.

Also schreiben wir in das Skript `auswerten` gleich hinter das Rotsetzen des Eingabefeldes:

```
put fld "z1"*fld "z2" into fld "richtig"
```

Und irgendwo ins Skript `aufgabeAnzeigen` schreiben wir:

```
put empty into fld "richtig"
```

Damit wird das Feld bei der nächsten Aufgabe wieder gelöscht.

Jetzt haben wir die Anzeige der richtigen Lösung integriert, was den Lerneffekt der App deutlich erhöht. Nun fehlt also nur noch der letzte pädagogische Schliff: Die Endrunde mit den zuvor falsch gelösten Aufgaben.

Dazu sind einige Eingriffe erforderlich, denn jetzt arbeiten wir mit zwei Runden. In der ersten Runde werden alle Aufgaben gestellt, in der zweiten nur die, die zuvor falsch beantwortet wurden. Als Erstes führen wir dazu die globale Variable `runde` ein. Die hängen wir ebenfalls, durch Komma getrennt, an unsere obige globale Variablenliste an. Außerdem brauchen wir noch eine Variable `fehlerListe`, in der wir die falsch gelösten Aufgaben speichern. Auch die soll global verwendet werden. Unsere gesamte globale Variablendeklaration erweitert sich also:

```
global aufgabenListe,aufgabeNr,punkte,gesamtPunkte,runde,fehlerListe
```

Zu Beginn des Spiels muss `runde` auf 1 gesetzt werden, und die Fehlerliste muss geleert werden. Das geschieht im Skript `aufgabenErstellen`. Fügen Sie in dieses Skript (gegen Ende) die folgenden Befehle ein:

```
put 1 into runde
put empty into fehlerListe
```

Nun sollen also alle falsch gelösten Aufgaben für die zweite Runde vorgemerkt und in die Variable `fehlerliste` geschrieben werden. Das geschieht im Skript `auswerten` jeweils an der Stelle, wo ein Fehler festgestellt wird. Das geht mit folgendem Befehl:

```
put line aufgabeNr of aufgabenListe & return after fehlerListe
```

Insgesamt sieht das Skript auswerten dann so aus:

```
on auswerten
   set the disabled of scrollbar "zeitAnzeige" to true
   set the disabled of fld "eingabe" to true
   if  fld "z1"*fld "z2" = fld "eingabe" then
      set the backgroundColor of fld "eingabe" to "green"
      if runde =1 then
         add 1 to punkte
      end if
   else
      set the backgroundColor of fld "eingabe" to "red"
      put fld "z1"*fld "z2" into fld "richtig"
      put line aufgabeNr of aufgabenListe & return after fehlerListe
   end if
   send naechsteAufgabe to this card in 3 seconds
end auswerten
```

Und nun kommt das Entscheidende. Wenn Runde 1 vorbei ist, das heißt, wenn die letzte Zeile der Aufgabenliste durch ist, dann wird nicht mehr direkt zum Skript abschluss gesprungen, sondern es wird die nächste Runde begonnen (Runde 2), sofern etwas in der Fehlerliste steht, und dabei wird die Fehlerliste als Aufgabenliste verwendet. (Übrigens werden in der zweiten Runde keine Punkte mehr gezählt – das sieht man auch an der geänderten Zeile im obigen Skript auswerten.) Erst wenn die Liste von Runde 2 abgearbeitet ist, geht es zum Abschluss.

Die Änderungen betreffen das Skript naechsteAufgabe – denn dort wird entschieden, wie es weitergeht, wenn eine Aufgabe abgeschlossen ist.

```
on naechsteAufgabe
   add 1 to aufgabeNr
   if aufgabeNr> (the number of lines of aufgabenListe) then
      if runde=2 or (fehlerListe="") then
         abschluss
      else
         put fehlerliste into aufgabenListe
         delete the last char of aufgabenListe
         put 1 into aufgabeNr
         put 2 into runde
         aufgabeAnzeigen
```

```
        end if
    else
        aufgabeAnzeigen
    end if
end naechsteAufgabe
```

Dieses Skript führt alles aus wie beschrieben. Es prüft, ob die `aufgabenListe` abgearbeitet wurde, und falls ja, ob es schon die zweite Runde ist bzw. alles richtig war. In diesem Fall geht es zur Auswertung, ansonsten wird Runde 2 begonnen, die `fehlerListe` wird als neue `aufgabenListe` übernommen, die aktuelle Aufgabe auf 1 gesetzt, und die Aufgabe wird angezeigt.

Und mit diesem Skript ist das Programm fertiggestellt! Es wird Zeit für den Endtest (ganz schön mühsam, wenn man immer 15 Aufgaben lösen muss, aber das trainiert das Kopfrechnen!).

Wer Lust hat, ergänzt das Programm jetzt noch um eigene Elemente oder Features, zum Beispiel Klänge für richtig und falsch, coole grafische Dekoration, einen Zähler, wie viele Aufgaben abgearbeitet wurden, Extrapunkte für besonders schnelle Antworten, ein ausgefeilteres Kommentarsystem usw. Viel Spaß dabei!

Kapitel 13
App-Projekt: »Great Mind«

Diese Variante des bekannten Spiels »Master Mind« ist nicht nur eine Herausforderung für den Spieler – auch Programmierer müssen hier zahlreiche Register ziehen! Unser großes Finale.

13.1 Das Spiel

Wer das gute, alte Spiel »Master Mind« kennt, das vor allem in den 80er Jahren sehr populär war (und bis heute gespielt wird), der kann sich unter »Great Mind« etwas vorstellen. Wir wollen eine Variante des Spieleklassikers programmieren, bei der es darum geht, dass der Computer sich eine Farbkombination von vier Farben (aus sechs möglichen) »ausdenkt«. Jede Farbe darf dabei in unserer Variante nur einmal verwendet werden. Indem der Spieler nun eine Kombination rät und vom Computer Hinweise in Form von schwarzen Steckern (Farbe ist richtig und an der richtigen Position) und weißen (Farbe ist richtig, aber an falscher Position) erhält, arbeitet er sich durch logisches Überlegen zur richtigen Kombination vor. Das Spiel soll per Drag & Drop gespielt werden – bzw. durch Touchbedienung auf mobilen Geräten. Der Spieler nimmt sich einen farbigen Stein und schiebt ihn auf die gewünschte Position. Wenn er eine Kombination gewählt hat, klickt er auf ein Feld rechts neben den Steinen und bekommt die Auswertung. Die Steine und die Auswertung bleiben stehen, und es geht eine Reihe weiter nach oben.

»Great Mind« ist vielleicht das anspruchsvollste Projekt in diesem Buch. Es ist aber mit klarer Struktur trotzdem gut zu bewältigen. Auch hier gibt es wieder viele mögliche Methoden, um zum Ziel zu kommen. Ich versuche, einen möglichst übersichtlichen und einfachen Weg zu gehen – aber teilweise wird es auch ein bisschen trickreich. Die Techniken, die Sie in diesem Projekt kennenlernen, lassen sich auch auf viele andere Apps anwenden – denn Apps, bei denen man Elemente mit dem Finger verschiebt, um damit etwas auszulösen, sind wichtig und populär auf mobilen Geräten.

13.2 Aufbau des Stacks

Wie immer starten Sie mit einem Projektordner, den Sie am besten *Great Mind* nennen. Anschließend starten Sie LiveCode, erstellen einen neuen Stack im Format IPAD PORTRAIT. Dieses Spiel eignet sich am besten für Tablets – oder als Programm für den Desktop auf Windows oder Mac. Sollte Ihr Bildschirm für diese Stackgröße zu klein sein, können Sie den Stack etwas verkleinern, damit alles bei Ihnen passt – allerdings sollten Sie dann auch die Größen der Elemente etwas kleiner ansetzen. Eine andere Möglichkeit besteht darin, den *Skalierungsfaktor* des Stacks einzustellen und damit den Stack verkleinert anzuzeigen. Gehen Sie dazu auf den PROPERTY INSPECTOR des Stacks, und stellen Sie den SCALE FACTOR auf 0.7 oder gar 0.5 – so können Sie auch auf einem kleineren Bildschirm Elemente in hoher Auflösung verwenden. Für die Entwicklung mobiler Apps, die später auf hochauflösenden Tablets laufen sollen, ist das praktisch. Wenn das Spiel aber später auf Ihrem Desktop laufen soll, wäre es besser, die Größe des Stacks zu verkleinern.

Der grafische Aufbau des Stacks ist ein bisschen umfangreicher als bei den meisten vorhergehenden Projekten. Schließlich ist das Spielbrett relativ komplex. Erstellen Sie als Erstes einen Kreis (Grafikobjekt Oval), der ungefähr die Größe 45 × 45 Pixel hat. Die LINE THICKNESS stellen Sie auf 0 (damit er keinen Rand hat), und als BACKGROUND FILL verwenden Sie zunächst einmal irgendeine Farbe Ihrer Wahl. Wenn Sie fertig sind, kopieren Sie den Kreis und fügen ihn noch neunmal nacheinander ein, so dass Sie zehn Kreise haben. Erstellen Sie ein großes Rechteck (das Spielbrett), und setzen Sie dessen Layer auf 1 (in POSITION). Nun folgt noch ein kleines Quadrat, das den Namen »quadrat« erhält. Das Ganze ordnen Sie jetzt in etwa so an, wie in Abbildung 13.1 dargestellt.

Sechs Kreise (das sind die Farbsteine zum Auswählen) ordnen Sie vertikal links an wie im Bild. Jeder der Kreise erhält eine eigene Füllfarbe. Bei mir sind das Rot, Blau, Grün, Gelb, Orange, Pink. Wenn Sie andere Farben wählen, ist das auch kein Problem. Hauptsache, die verschiedenen Farben lassen sich klar voneinander unterscheiden. Benennen Sie die sechs Kreise jeweils mit »stein1«, »stein2«, »stein3« usw. bis »stein6«.

Anordnungsfunktionen – Align Controls

Beim sauberen Platzieren von Elementen auf dem Stack helfen Ihnen die *Anordnungsfunktionen* des Property Inspectors. Wenn Sie ein Element doppelklicken, um den PROPERTY INSPECTOR zu öffnen, und danach bei gedrückter [⇧]-Taste mehrere Elemente gleichzeitig auswählen, dann können Sie im PROPERTY INSPECTOR den Reiter ALIGN CONTROLS wählen. Dort haben Sie die Möglichkeit, die ausgewählten Elemente vertikal oder horizontal auf eine gemeinsame Linie zu bringen oder sie gleichmäßig nebeneinenander oder untereinander zu verteilen. Sie finden dieselben Icons auch im PROJECT MANAGER unten am Rand. Experimentieren Sie mit diesen Funktionen! Sie sind sehr hilfreich.

Abbildung 13.1 Grundaufbau des Spielplans

Die übrigen vier Kreise werden unten auf dem Spielbrett waagerecht nebeneinander angeordnet – sie erhalten alle die gleiche Farbe, am besten neutral Hellbraun, nur leicht dunkler oder heller als das Spielbrett. Benennen Sie diese Kreise mit »platz1« bis »platz4« (von links nach rechts). Das Quadrat daneben sollte die gleiche Farbe haben. Darin werden anschließend die vier kleinen Wertungsstecker platziert. Dies sind vier weitere kleine Kreise, mit derselben Farbe wie das Quadrat, aber einem schwarzen Rand, die Sie jetzt auch noch erstellen und innerhalb des Quadrats anordnen (Abbildung 13.2).

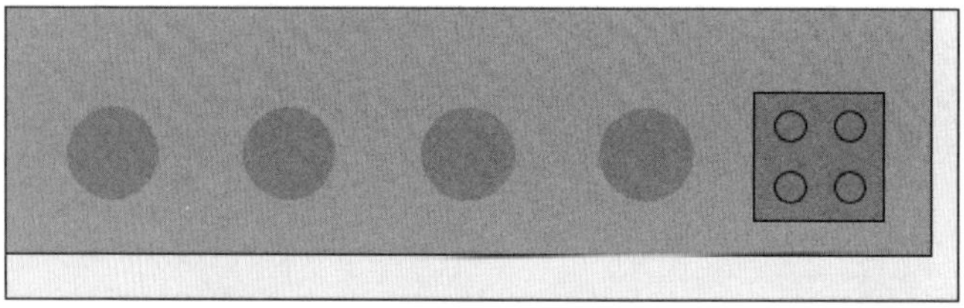

Abbildung 13.2 Vier kleine Kreise kommen noch in das Quadrat.

Die Kreise benennen Sie von links nach rechts und oben nach unten mit »stecker1« bis »stecker4«.

Jetzt ist der größte Teil der Arbeit getan. Markieren Sie die vier nebeneinanderliegenden Kreise unten sowie das Quadrat und die vier Steckplätze darin gleichzeitig (mit ⇧). Erstellen Sie daraus eine Gruppe mit Strg + G (Mac: Cmd + G). Nun sehen Sie die Gruppe im PROPERTY INSPECTOR. Nennen Sie die Gruppe »reihe1«. Diese Gruppe wählen Sie als Ganzes aus (nach der Erstellung ist sie schon ausgewählt) und kopieren sie. Danach fügen Sie sie achtmal nacheinander wieder ein. Die Gruppen platzieren Sie übereinander. Die letzte ist ganz oben, und aus dieser entfernen Sie das Quadrat mit den Steckern. Das Spielbrett sollte nach sorgfältiger Anordnung der Elemente aussehen wie in Abbildung 13.3.

Und da Sie sich so viel Mühe mit der exakten Platzierung der Elemente gemacht haben, wäre es gut, sie gegen versehentliches Verschieben zu sichern. Markieren Sie dazu alle Elemente (einfach im Bearbeitungsmodus Mausrahmen über alles aufziehen, so dass alles markiert ist). Dann gehen Sie im PROPERTY INSPECTOR auf POSITION und aktivieren LOCK SIZE AND POSITION. So sind die Elemente nicht mehr per Maus verschiebbar.

Die Namen der Gruppen nummerieren Sie von unten nach oben durch von »reihe1« bis »reihe8«. (Achten Sie darauf, dass Sie in der Menüleiste SELECT GROUPED so umschalten, dass Sie die Gruppen als Ganzes wählen können). Die Reihe ganz oben (das ist die Kombination, die der Computer generiert und die später abgedeckt sein wird) nennen Sie »vorgabe«. Die Abdeckung werden wir erst ganz am Schluss hinzufügen, damit wir vorher besser testen können.

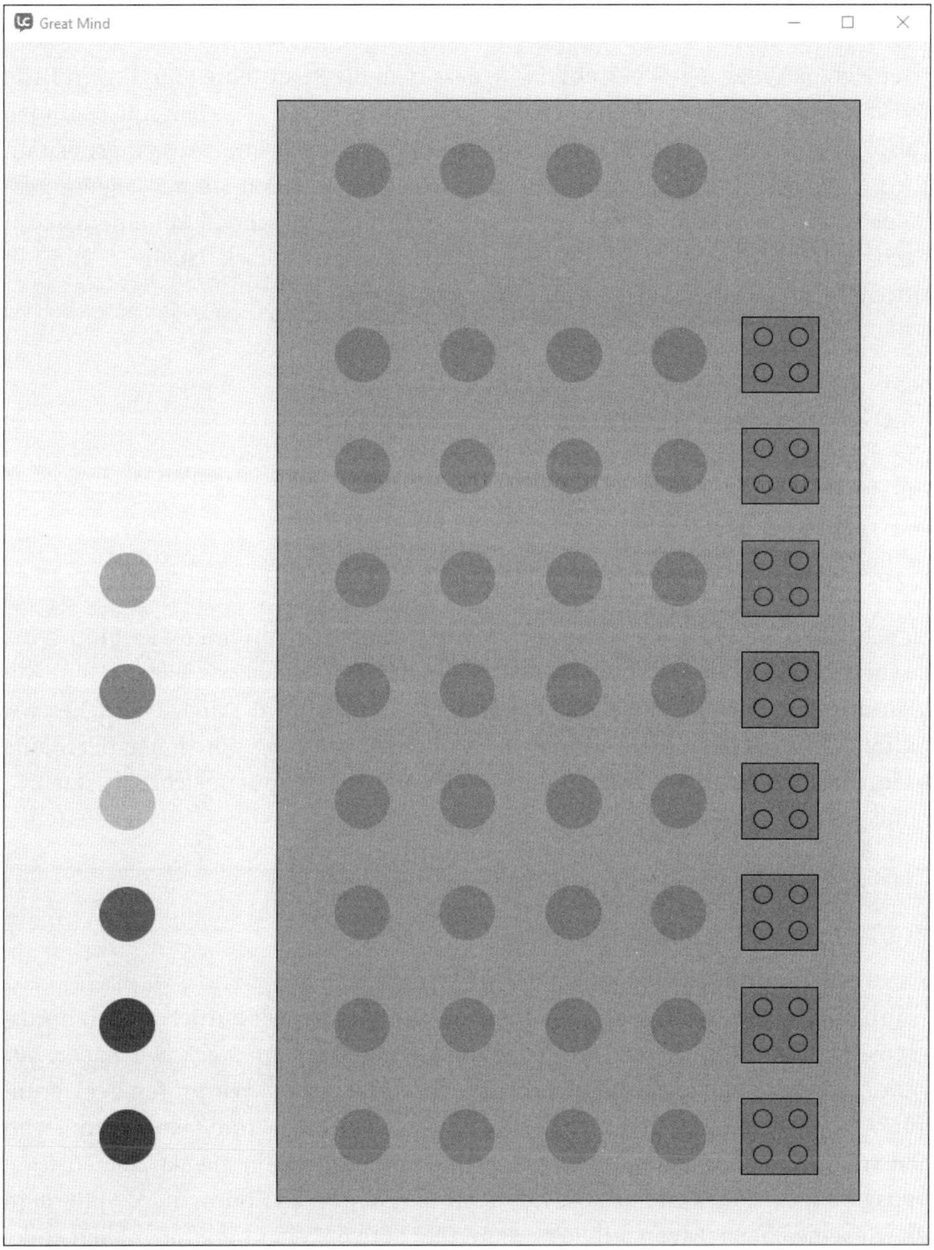

Abbildung 13.3 Das fertige Spielbrett mit allen Plätzen

Das Spielbrett steht, und es kann losgehen mit der Programmierung.

13.3 Jetzt wird programmiert

Eine der Herausforderungen besteht darin, dass man die Spielsteine vom linken Rand greifen können soll und auf einen der Kreise auf dem Spielbrett schieben soll. Beginnen wir also damit: Damit jeder Stein immer wieder an seine Ausgangsposition zurückspringen kann, sollten wir die Ausgangsposition für jeden Stein als eigene Property speichern. Da es sechs Steine sind, bietet es sich an, das schnell mit einem Skript zu machen. Ziehen Sie einen provisorischen Button auf den Stack, labeln Sie ihn mit »Positionen setzen«, und geben Sie ihm folgendes Skript:

```
on mouseUp
 repeat with z = 1 to 6
    set the ausgangsPosition of grc ("stein"&z) ⮐
to the loc of grc ("stein"&z)
    set the nummer of grc ("stein"&z) to z
   end repeat
end mouseUp
```

Damit schreiben Sie die Ursprungsposition von jedem Stein am linken Rand in seine Eigenschaften und dazu auch noch seine Nummer (das brauchen wir später noch). Klicken Sie einmal auf den Button, damit das Skript ausgeführt wird. Danach brauchen wir das Skript eigentlich nicht mehr – außer, Sie wollen die Ausgangspositionen der Steine noch einmal verändern. Jedenfalls können Sie den Button jetzt auf unsichtbar setzen. Er wird im Spiel nicht gebraucht.

Wie realisieren wir jetzt das Drag & Drop?

Als Erstes programmieren wir einfach nur, dass man jeden der Steine über das Feld ziehen kann, und wenn wir ihn wieder loslassen, dann springt er zurück an seine Ausgangsposition am linken Rand. Dazu erstellen Sie ein Skript im Stack (wir haben nur eine Card, also können Sie alle Skripte direkt im Stack anlegen). Wir prüfen bei Herunterdrücken der Maustaste, ob einer der Spielsteine gewählt wurde (»stein« muss im Namen vorkommen). Wenn ja, dann speichern wir im Spielstein die aktuelle Position (als »ausgangsposition«) und greifen den Stein mit dem `grab`-Kommando. Außerdem setzen wir seine Ebene (Layer) auf 999 – damit der aktive Stein immer über allen anderen Elementen liegt. Beim Loslassen der Maus (`on mouseUp`) setzen wir den Stein zurück an die gespeicherte Position. Das sieht dann folgendermaßen aus:

```
on mousedown
   if "stein" is in the name of the target then
      set the layer of the target to 999
      grab the target
   end if
end mousedown

on mouseUp
   if "stein" is in the name of the target then
      set the loc of the target to the ausgangsPosition of the target
   end if
end mouseUp
```

Speichern Sie das Projekt, und testen Sie es schon mal. Das sieht doch schon ganz gut aus! Man kann jeden Spielstein über die Fläche bewegen, und beim Loslassen springt er an seine Ausgangsposition zurück.

Nun folgt der nächste Schritt, und da müssen wir gleich ein bisschen vordenken, damit wir später nicht doppelte Arbeit haben. Der Stein soll auf dem Spielbrett einrasten, wenn er auf einen der Kreise auf dem Brett gezogen wird. Aber nur, wenn er sich in der richtigen Reihe befindet. Wenn man nun später einen dort liegenden Stein vom Spielbrett greift und wegzieht, dann soll er sich beim Loslassen wieder zurück zur Ausgangsposition bewegen.

Um zu wissen, welche Reihe aktuell ist (am Anfang natürlich »reihe1«), brauchen wir eine globale Variable `reihe`. Die setzen wir erst einmal manuell auf 1. Außerdem muss beim Greifen des Steins geprüft werden, ob er sich links am Rand befindet oder auf dem Spielbrett eingerastet ist, denn seine Ausgangsposition wird nur gespeichert, wenn er sich in der linken Reihe befindet. Beim Loslassen des Steins müssen wir checken, ob er einen der relevanten Plätze auf dem Spielbrett berührt (mit `intersect`) – wenn ja, dann wird er auf die Position des Spielbrettes gesetzt und bleibt dort.

```
global reihe

on mousedown
   if "stein" is in the name of the target then
      grab the target
   end if
end mousedown
```

Wenn ein Stein mit der Maus angefasst wird, wird er »gegriffen«.

```
on mouseUp
   put 1 into reihe --- vorläufig!
   if "stein" is in the name of the target then
      put false into platziert
      repeat with p = 1 to 4
         if intersect(the target,grc ("platz"&p) of group ➲
("reihe"&reihe)) then
            put true into platziert
            set the loc of the target to the loc of grc ("platz"&p) ➲
of group ("reihe"&reihe)
         end if
      end repeat
      if not platziert then set the loc of the target to the ➲
ausgangsposition of the target
   end if
end mouseUp
```

Hier wird also beim Loslassen des Steins mit einer `repeat`-Schleife geprüft, ob er einen der vier Plätze aus der aktuellen Reihe (im Moment 1) berührt. Wenn ja, wird er exakt auf diesem Kreis platziert. Die Variable `platziert` wird dann auf `true` gesetzt, um zu markieren, dass der Stein platziert wurde. Wenn er nicht platziert wurde, kehrt er zurück an seine Ausgangsposition.

Wenn Sie das Programm jetzt ausprobieren, dann fühlt es sich schon ganz gut an. Man kann jeden Stein nehmen und ihn an eine Position in der untersten Reihe setzen. Man kann ihn von dort auch wieder entfernen, indem man ihn greift und wieder von dem Platz wegzieht. Wir haben bereits eine gute Basis geschaffen!

Aber beim Testen fällt vor allem eines auf: Es ist ohne Weiteres möglich, zwei Steine übereinander an derselben Position zu platzieren. Das darf natürlich nicht sein. Es muss also für jeden Platz gespeichert werden, ob ein Stein auf ihm liegt – und dementsprechend muss dann beim Loslassen abgefragt werden, ob das Feld besetzt ist, bevor ein Stein dort platziert werden kann.

Es gibt verschiedene Wege, um dieses Problem zu lösen. Mein Vorschlag, weil er für alle Reihen gut funktioniert und auch später die Verarbeitung erleichtert, ist folgender: Eine globale Variable `plaetze` wird eingeführt, die am Anfang auf »0000« steht (jede Null für einen der vier Plätze auf dem Spielbrett) und in die bei Belegung jeweils die Zahlen für die darauf gesetzten Farben geschrieben werden. Die Variable `plaetze` bildet damit immer genau von links nach rechts ab, welche Steine gerade in der aktiven Reihe auf dem Spielbrett liegen. Entfernt man einen Stein wieder von einem Platz, wird an diese Stelle wieder eine 0 geschrieben. Wenn also Stein Nr. 3 (grün) auf Platz 2 gesetzt wird, wird das zweite Zeichen (char 2) der Variablen plaetze auf 3 gesetzt. Die Variable plaetze enthält dann »0300«.

Wir müssen also jedes Mal, wenn ein Stein auf einen Platz auf dem Spielbrett gesetzt wird, die entsprechende Nummer an die richtige Stelle in plaetze schreiben. Und jedes Mal, wenn ein Stein von einem der Plätze wieder entfernt wird, wird wieder eine 0 an die Stelle geschrieben. Wir können damit dann prüfen, ob ein Platz schon besetzt ist, wenn keine 0 an der Position steht, auf die der Stein gesetzt werden soll.

Wir fügen zuerst die Variable plaetze der Liste der globalen Variablen ganz oben hinzu. Als Nächstes ändern wir das mouseDown-Skript:

```
on mousedown
   if "stein" is in the name of the target then
      if the left of the target > 180 then
         put the nummer of the target into steinNr
         put 0 into char offset(steinNr,plaetze) of plaetze
      end if
      set the layer of the target to 999
      grab the target
   end if
end mousedown
```

13

Was ist neu?

Die vierte und fünfte Zeile: Wenn der gegriffene Stein sich auf dem Spielbrett befindet (left >180), dann wird eine 0 an die entsprechende Position in der Variablen plaetze geschrieben – der Platz ist dann wieder leer. Ermittelt wird die Position des gewählten Steins in der Variablen plaetze mit der Funktion offset – mit offset ermittelt man, an welcher Stelle einer Variablen sich ein bestimmtes Zeichen befindet. Wenn also »2351« in der Variablen plaetze steht und der Benutzer zu Stein Nummer 3 greift, dann ergibt offset(steinNr,plaetze) eine 2, weil die »3« an zweiter Stelle in der Variablen plaetze steht. Und an diese Stelle (char 2) wird dann die 0 geschrieben. Dieses Vorgehen ist ein wenig trickreich – aber sehr praktisch, denn die Variable plaetze können wir später auch sehr leicht auswerten, wenn wir prüfen wollen, ob der Code stimmt.

Entsprechend ändern wir dann das mouseUp-Skript:

```
on mouseUp
   if "stein" is in the name of the target then
      put the nummer of the target into steinNr
      put false into platziert
      repeat with p = 1 to 4
         if intersect(the target,grc ("platz"&p) of group ⮐
("reihe"&reihe)) then
            if char p of plaetze = 0 then
               put true into platziert
               put steinNr into char p of plaetze
               set the loc of the target to the loc of grc ("platz"&p) ⮐
of group ("reihe"&reihe)
            end if
         end if
      end repeat
      if not platziert then set the loc of the target to the ⮐
ausgangsposition of the target
   end if
end mouseUp
```

Hier haben sich mehrere Zeilen geändert: Beim Ablegen des Steins wird nach wie vor in einer repeat-Schleife geprüft, ob der Stein auf einem der vier Plätze abgelegt werden soll. Es wird dann aber in einer zusätzlichen if-Abfrage geprüft, ob die gefundene Position überhaupt leer ist (char p of plaetze = 0). Wenn der Platz leer ist, dann wird die Nummer des Steins, der gerade losgelassen wurde, in die entsprechende Position der Variablen plaetze geschrieben, und der Stein wird dort platziert. Ansonsten wandert er zurück zur Ausgangsposition.

Bevor wir das testen, brauchen wir jetzt noch einen Spielstart-Button, der zu Beginn die reihe auf 1 setzt und dafür sorgt, dass alle Steine an ihre Ausgangsposition kommen und die Variable plaetze auf »0000« gesetzt wird, denn sonst wird es nicht funktionieren. Ziehen Sie also einen Button auf den Stack, den Sie mit »Spiel starten« beschriften, und der folgendes Skript erhält:

```
on mouseDown
   global reihe
   put 1 into reihe
   steineZuruecksetzen
end mouseDown
```

An dieser Stelle wird auch die `reihe` auf 1 gesetzt – aus dem `mouseUp`-Skript haben wir den vorläufigen Befehl bereits stillschweigend entfernt.

Und das Skript `steineZuruecksetzen` (im Stack) enthält dann Folgendes:

```
on steineZuruecksetzen
   put "0000" into plaetze
      repeat with z = 1 to 6
      set the loc of grc ("stein"&z) ➲
to the ausgangsposition of grc ("stein"&z)
   end repeat
end steineZuruecksetzen
```

So, jetzt darf getestet werden. Klicken Sie einmal auf SPIEL STARTEN, und beginnen Sie. Sie können in der untersten Reihe des Spielbrettes beliebig Steine anordnen und wieder entfernen, und doppelte Belegungen sind nicht mehr möglich. Außerdem haben wir schon eine Menge Voraussetzungen für die weitere Programmierung geschaffen, so dass der Rest gar nicht mehr so schwierig wird. Das werden Sie bald merken.

Damit das Spiel überhaupt sinnvoll spielbar ist, muss sich der Computer erstmal einen Code »ausdenken«. Eine leichte Übung – schließlich haben wir Ähnliches schon des Öfteren gemacht. 13

Der Code soll auch als vierstellige Ziffernfolge abgebildet werden, wobei jede Ziffer für einen Spielstein (bzw. eine Farbe) steht. Das geht wirklich einfach: Das Programm legt eine Zahlenfolge »1,2,3,4,5,6« in eine Variable. Dann werden die einzelnen Zahlen (die `items`) dieser Variablen mit `random(100)` »sortiert« – also sie werden bunt gemischt. Danach werden die Kommas entfernt (mit dem `replace`-Befehl). Anschließend benutzt das Programm einfach die ersten vier Zeichen der Variablen als geheime Kombination und färbt die oberen vier Felder der Reihe nach entsprechend ein. Fertig! Als Skript sieht das so aus:

```
on kombinationAusdenken
   set the itemDelimiter to comma
   put "1,2,3,4,5,6" into kombination
   sort items of kombination by random(100)
   replace comma with "" in kombination
   put char 1 to 4 of kombination into kombination
   -- Kombination farblich setzen
   repeat with x = 1 to 4
      set the backgroundColor of grc ("platz"&x) of group "vorgabe" ➲
```

```
to the backgroundColor of grc ("stein"&(char x of kombination))
   end repeat
end kombinationAusdenken
```

Der Code wird, wie zuvor beschrieben, zufällig gesetzt. Anschließend wird jedes der vier Felder aus der oberen Reihe mit der Hintergrundfarbe eingefärbt, die der Hintergrundfarbe aus dem Stein mit derselben Nummer entspricht. Wie eingangs schon erwähnt, bleibt das obere Farbfeld natürlich später nicht offen sichtbar, sondern es wird dann mithilfe einer Grafik abgedeckt.

Was fehlt jetzt noch?

Erstaunlich wenig. Jetzt kommt die Auswertung. Wenn eine Reihe abgeschlossen ist, wird sie ausgewertet, und es gibt ein Feedback mit schwarzen und weißen Steckern. Dieses Feedback sollten wir jetzt programmieren. Wie machen wir das? Wir haben ja drei globale Variablen, nämlich `reihe`, `plaetze` und `kombination`. Die erste gibt uns an, in welcher Reihe der Spieler gerade ist. Das ist am Anfang natürlich die erste. Die zweite Variable, `plaetze`, enthält die vier Felder der ersten Reihe, und welche Farben der Spieler hineingezogen hat. Solange sich in `plaetze` noch eine 0 befindet, kann die Auswertung nicht erfolgen, denn dann sind noch nicht alle Felder belegt. Wenn aber keine 0 mehr in `plaetze` ist, dann muss `plaetze` mit `kombination` verglichen werden. Wenn beide gleich sind, dann hat der Spieler genau die vom Computer ausgedachte Kombination gelegt – und damit gewonnen. Wenn aber nicht, dann vergleichen wir die beiden Variablen miteinander – und zwar Zeichen für Zeichen von 1 bis 4. Dabei prüfen wir jedes Mal, ob das jeweilige Zeichen von `plaetze` auch in `kombination` an der gleichen Stelle vorkommt, und wenn nicht, ob es zumindest in `kombination` enthalten ist. Je nachdem gibt es einen schwarzen oder einen weißen Stecker. Die schreiben wir in die Variable `stecker` – und diese Variable wird dann am Ende in den kleinen Steckern in der aktuellen `reihe` abgebildet.

Zur besseren Übersicht behandeln wir jeden Vorgang einmal einzeln. Erst wird also geprüft, ob die Auswertung überhaupt möglich ist, das heißt, ob alle vier Plätze auf dem Spielbrett belegt sind. Das geschieht mit dieser `if`-Abfrage:

```
if  "0" is not in plaetze then
```

Denn, wenn noch eine 0 in `plaetze` steht, gibt es noch leere Stellen, und dann findet auch keine Auswertung statt. Angenommen, alle Plätze sind belegt. Jetzt gehen wir alle vier belegten Plätze durch und prüfen für jeden einzelnen gesetzten Stecker zuerst, ob er an gleicher Stelle auch in der Kombination des Computers zu finden ist, und wenn nicht, ob er dann trotzdem anderswo in der Computerkombination enthalten ist. Wenn also Position und Farbe stimmen, dann wird ein »S« an schwarze angehängt, wenn die Farbe stimmt, aber nicht die Position, dann wird ein »W« an weisse angehängt. Am Schluss werden schwarze und weisse zusammengehängt in der Variablen ergebnis.

```
repeat with p = 1 to 4
      if char p of plaetze = char p of kombination then
         put "S" after schwarze
      else  if char p of plaetze is in kombination then
         put "W" after weisse
      end if
end repeat
put schwarze&weisse into ergebnis
```

Jetzt könnte man sich natürlich fragen, warum so umständlich? Warum erst die beiden getrennten Variablen schwarze und weisse, warum schreibt man »S« und »W« nicht gleich in die Variable ergebnis, wenn sie am Schluss sowieso dort hineinkommen? Die Erklärung liegt darin, dass es in dem Spiel üblich ist (und übersichtlicher), wenn zuerst alle schwarzen, dann alle weißen Stecker nacheinander angezeigt werden. Daher werden sie erst separat angelegt und dann schwarze und weisse aneinandergehängt.

In der nächsten Schleife wird das Ergebnis der Reihe in Form von schwarzen und weißen Steckern in den kleinen Kreisen rechts am Spielbrett angezeigt.

```
repeat with s = 1 to 4
   if char s of ergebnis = "S" then
      set the backgroundColor of grc ("stecker"&s) of grp ➲
("reihe"&reihe)  to "black"
   end if
   if char s of ergebnis = "W" then
      set the backgroundColor of grc ("stecker"&s) of grp ➲
("reihe"&reihe)  to "white"
   end if
end repeat
```

Anschließend wird überprüft, ob das Ergebnis bereits vollständig richtig ist. Es gäbe zwei Möglichkeiten, das abzufragen, entweder man vergleicht plaetze und kombination und prüft, ob sie gleich sind, oder man prüft, ob in ergebnis »SSSS« (also viermal schwarz) steht. Letzteres tun wir hier. In dem Fall geht es zum Skript `geloest` (das noch folgen wird). Ansonsten geht es zum Skript `naechsteReihe` (das ebenfalls noch folgen wird).

```
if ergebnis = "SSSS" then
      geloest
else
      naechsteReihe
end if
```

Im Ganzen sieht das Skript `reiheAuswerten` jetzt also folgendermaßen aus:

```
on reiheAuswerten
   if  "O" is not in plaetze then
      repeat with p = 1 to 4
         if char p of plaetze = char p of kombination then
            put "S" after schwarze
         else  if char p of plaetze is in kombination then
            put "W" after weisse
         end if
      end repeat
      put schwarze&weisse into ergebnis
      repeat with s = 1 to 4
         if char s of ergebnis = "S" then
            set the backgroundColor of grc ("stecker"&s) of grp ➲
("reihe"&reihe)  to "black"
         end if
         if char s of ergebnis = "W" then
            set the backgroundColor of grc ("stecker"&s) of grp ➲
("reihe"&reihe)  to "white"
         end if
      end repeat
      if ergebnis = "SSSS" then
         geloest
      else
         naechsteReihe
      end if
   end if
end reiheAuswerten
```

Das Skript war schon eins der wichtigsten und anspruchsvollsten in diesem Programm. Es muss aber auch noch irgendwo gestartet werden. Wie soll das geschehen? Am besten mit einem Button , der rechts von der aktuellen Reihe platziert wird. Damit es einigermaßen gut aussieht, ziehen Sie einfach ein SVG-Widget in den Stack, und setzen Sie es neben die unterste Reihe. Wählen Sie als Symbol ein Fragezeichen – oder etwas anderes, das Ihnen gefällt, und nennen Sie das Widget »fertig« (Abbildung 13.4).

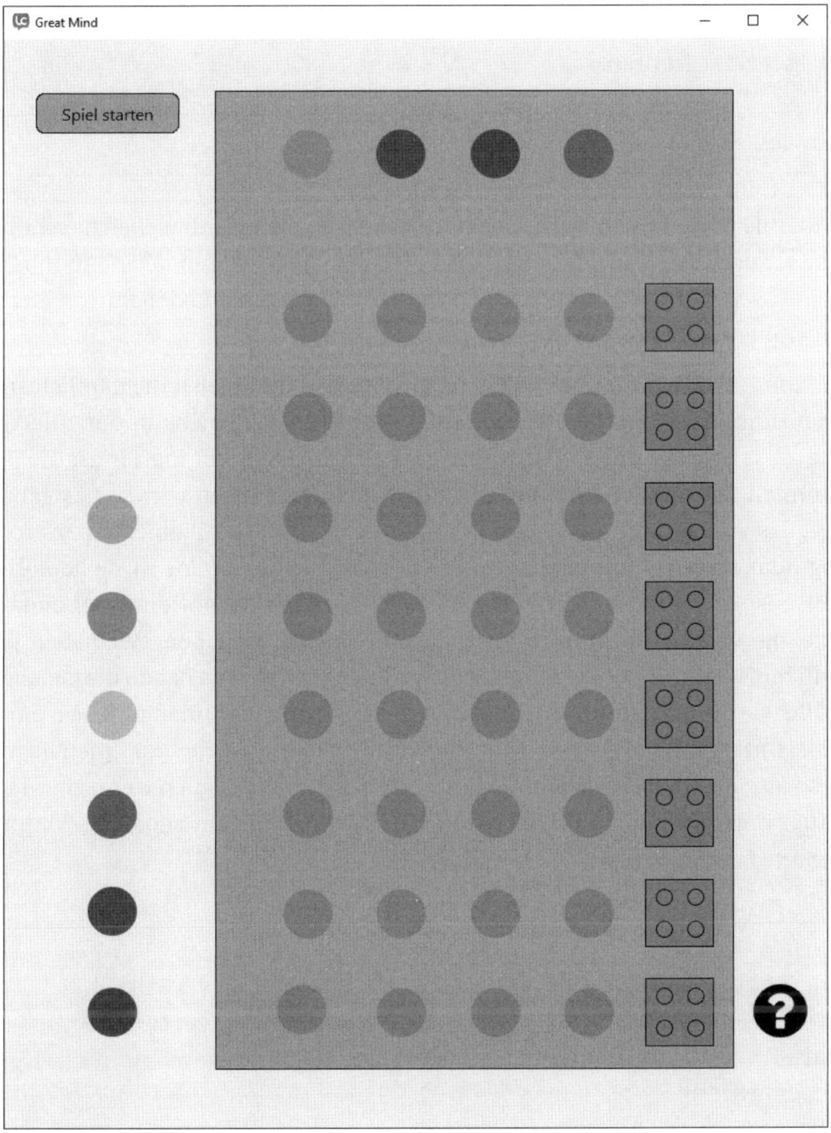

Abbildung 13.4 Der Spielplan mit dem »fertig«-Button

Das Widget erhält logischerweise folgendes Skript:

```
on mouseUp
   reiheAuswerten
end mouseUp
```

Nun gibt es wieder eine etwas trickreiche Sache zu programmieren. Danach kommen dann nur noch ein paar Routinearbeiten. Wir sind schon sehr weit gekommen.

Das Skript naechsteReihe ist dran.

Was muss es alles leisten?

Es muss die Variable reihe um eins erhöhen. Dann muss es prüfen, ob vielleicht schon die letzte Reihe erreicht war und das Spiel damit beendet wird. Wenn nicht, dann muss es die Spielsteine wieder an die Ausgangspositionen zurücksetzen und den Button »fertig« eine Reihe höher schieben.

War das alles? Eine Sache ist dabei noch nicht bedacht. Wenn die Spielsteine nämlich an ihre Ausgangspositionen zurückgesetzt werden, sind sie ja nicht mehr in der zuletzt gelegten Reihe zu sehen. Sie müssen aber dort stehen bleiben, denn man muss sie ja noch sehen können, um logisch kombinieren zu können. Wie lösen wir das? Es gäbe mehrere Wege, das zu tun, zum Beispiel indem man vier neue Grafikobjekte per Programm erzeugt (das ist etwas kompliziert) und die vorhandenen Steine in sie kopiert. Glücklicherweise ist das hier aber gar nicht erforderlich, denn es gibt eine viel einfachere Methode, die wir auch schon im Vorgabecode verwendet haben. Wir haben ja bereits die Grafiken »platz1« bis »platz4« in der jeweiligen Gruppe. Die haben die gleiche Form und Größe wie die Spielsteine (nicht ganz zufällig). Wenn wir ihnen nun also einfach die gleiche Hintergrundfarbe geben, die der jeweilige Stein hat, der auf ihnen liegt, dann sieht es so aus, als würden die Steine dort noch immer liegen, auch wenn sie wieder an ihre Ausgangspositionen zurückkehren. Dazu bauen wir ein separates Skript namens farbenUebertragen:

```
on farbenUebertragen
   repeat with p = 1 to 4
      set the backgroundcolor of grc ("platz"&p)  of grp ("reihe"& ➲
reihe) to the backgroundColor of grc ("stein"&char p of plaetze)
   end repeat
end farbenUebertragen
```

Und den Rest macht das Skript naechsteReihe:

```
on naechsteReihe
   farbenUebertragen
   add 1 to reihe
   if reihe<9 then
      set the top of widget "fertig" to the top of grc "platz1" of grp ⤸
("reihe"&reihe)
      steineZuruecksetzen
   else
      verloren
   end if
end naechsteReihe
```

Wenn alle acht Reihen schon belegt sind, geht es zum Skript verloren (das wird noch geschrieben). Ansonsten werden die Steine zurückgesetzt, und der »fertig«-Button wird eine Reihe höher gesetzt.

Jetzt sind wirklich alle schwierigen Skripte erledigt. Der Rest sind Aufräumarbeiten und Ergebnisanzeigen.

Weil wir im Lauf des Spiels viele kleine und große Kreise umfärben, muss es ein Skript geben, das all diese zum Anfang jedes Spiels wieder auf die Ausgangsfarbe zurücksetzt. Nennen Sie es spielfeldLoeschen.

```
on spielfeldLoeschen
   repeat with r = 1 to 8
      repeat with s = 1 to 4
         set the backgroundColor of grc ("stecker"&s) of grp ⤸
("reihe"&r) to the backgroundColor of grc "quadrat" of grp "reihe1"
         set the backgroundColor of grc ("platz"&s) of grp ⤸
("reihe"&r) to the backgroundColor of grc "quadrat" of grp "reihe1"
      end repeat
   end repeat
   set the top of widget "fertig" to the top of grc "platz1" of grp ⤸
"reihe1"
end spielfeldLoeschen
```

In zwei ineinander verschachtelten repeat-Schleifen werden alle Plätze und Stecker jeder Reihe durchgegangen und auf die Farbe des Quadrats gesetzt, da das Quadrat ja immer die Ausgangsfarbe behalten hat. Zum Schluss wird auch noch der »fertig«-Button nach ganz unten gesetzt. Dieses Skript sollte also immer zum Spielstart ausgeführt werden. Das Skript auf dem Start-Button sieht damit folgendermaßen aus:

```
on mouseDown
   global reihe
   put 1 into reihe
   steineZuruecksetzen
   spielfeldLoeschen
   kombinationAusdenken
end mouseDown
```

Und jetzt fehlen tatsächlich nur noch zwei Skripte und zwei Objekte – dann ist das Spiel vollständig fertig und spielbar.

Welche Objekte brauchen wir noch?

Zum einen brauchen wir eine Abdeckung, die den computergenerierten Code verdeckt, denn den soll man schließlich erst zu sehen bekommen, wenn das Spiel beendet ist.

Also ziehen Sie ein Grafikobjekt Rectangle auf, das die gleiche Hintergrundfarbe wie das Spielbrett erhält, einen Rand in Schwarz und vielleicht einen Schlagschatten bzw. OUTER GLOW. Die Grafik nennen Sie »abdeckung«. Sie soll erst verschwinden, wenn das Spiel erfolgreich oder erfolglos beendet ist. Außerdem soll dann ein Mitteilungsfenster erscheinen, das Sie jetzt auch noch schnell erstellen sollten. Das Fenster ist eine `group`, die aus einem gelben Round Rectangle besteht, auf dem noch ein Textfeld und ein Button liegen. Das Textfeld sollte Schriftgröße 20 haben und zentriert sein, der Button Textgröße 16. Auf dem Button steht »OK« (Abbildung 13.5).

Das Textfenster nennen Sie »mitteilung«. Die drei Elemente des Mitteilungsfensters markieren Sie dann gleichzeitig und erstellen daraus eine Gruppe (`group`). Diese nennen Sie wiederum »meldung«. Sie können die Gruppe auch leicht transparent machen, damit man die Spielsteine später noch durchscheinen sieht. Auf den OK-Button legen Sie das folgende Skript:

```
on mouseDown
   hide grp "meldung"
end mouseDown
```

So kann man das »Fenster« wieder schließen. Nun machen Sie die ganze Gruppe »meldung« unsichtbar, indem Sie `visible` auf `false` setzen.

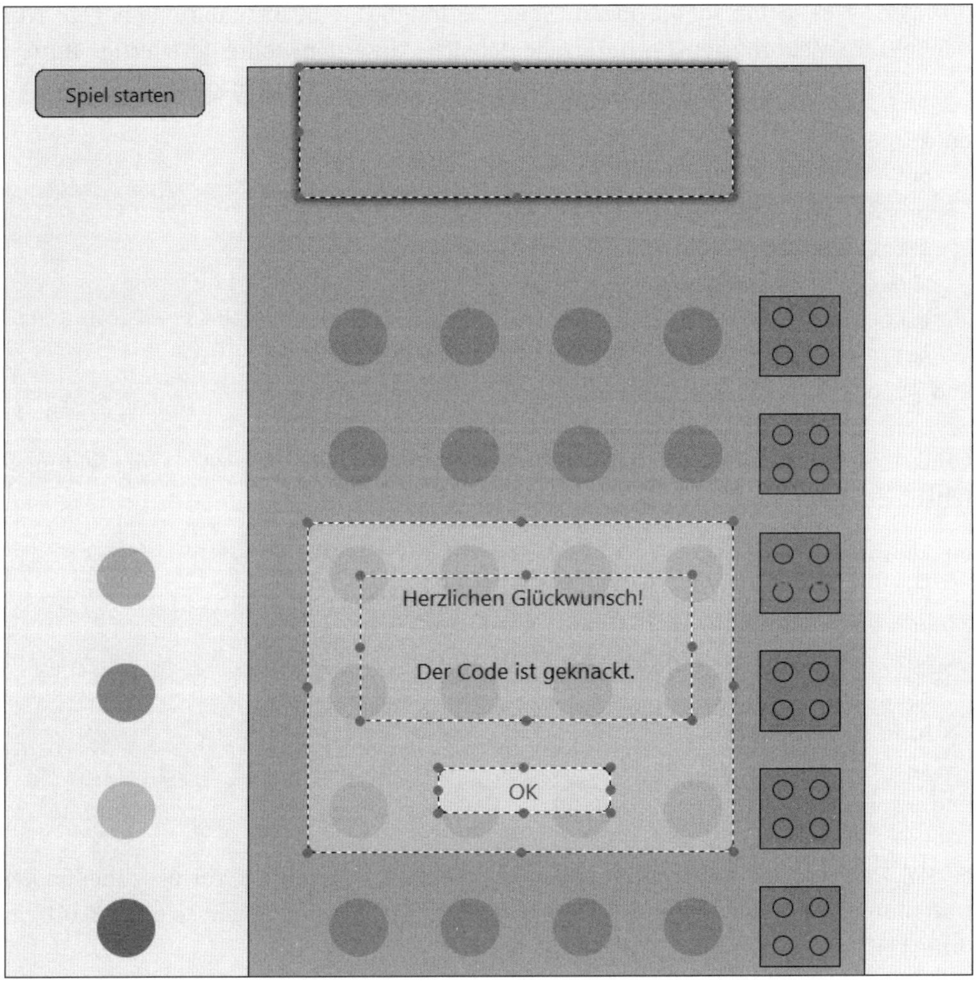

Abbildung 13.5 Die letzten Elemente: Abdeckungsrechteck und Mitteilungsfenster

Die Abdeckungsgrafik hingegen bleibt sichtbar, denn sie soll ja erst am Ende entfernt werden. Wichtig ist nur, dass sie, bevor ein neuer Code vom Computer ausgedacht wird, wieder sichtbar wird, damit der Computercode nicht kurz zu sehen ist. Also erweitern Sie das Skript `kombinationAusdenken` und schreiben dort ganz an den Anfang:

```
show grc "abdeckung"
```

Damit sind wir bereit für die letzten beiden Skripte `geloest` und `verloren`. In beiden Fällen wird die Kombination des Computers freigelegt und das Meldungsfenster angezeigt (bringen Sie es vorher auf die oberste Ebene, damit die Steine nicht darüber liegen). Nur der Text im Meldungsfenster unterscheidet sich. Außerdem sollte der »fertig«-Button aus dem Bild verschwinden, damit er nicht erneut geklickt werden kann.

```
on geloest
   put "Herzlichen Glückwunsch!"&return&return&"Sie haben den Code in ⮐
"&reihe&" Versuchen geknackt!" into fld "mitteilung"
   set the layer of grp "meldung" to 999
   show grp "meldung"
   hide grc "abdeckung"
   set the top of widget "Fertig" to -100
end geloest
```

Und das Skript verloren sieht ganz ähnlich aus, nur dass ein anderer Text im Meldungsfenster erscheint:

```
on verloren
   put "Leider nicht geschafft"&return&return&"Beim nächsten Versuch ⮐
klappt es bestimmt!" into fld "mitteilung"
   set the layer of grp "meldung" to 999
   show grp "meldung"
   hide grc "abdeckung"
   set the top of widget "Fertig" to -100
end verloren
```

Fertig! Das Spiel ist komplett spielbar, vom ersten Versuch bis zur abschließenden Mitteilung! Probieren Sie es aus – aber Konzentration! Es ist gar nicht so einfach (Abbildung 13.6).

Damit haben Sie ein komplettes »Great Mind«-Spiel gebaut. Derartige Spiele rangieren vollkommen in der Liga von AppStore-Spielen und lassen sich verkaufen (mit ein paar kleinen Modifikationen vielleicht noch). Und obwohl hier etwas trickreich gearbeitet werden musste, lässt sich doch sagen, dass hier ein ganz schön komplexes Programm mit erstaunlich wenig Zeilen Code zustande gekommen ist. Insgesamt umfassen die Hauptfunktionen des Programms wieder einmal gerade 100 Zeilen – in anderen Entwicklungssystemen wären möglicherweise weit über 1.000 Zeilen erforderlich gewesen, um dasselbe zu erreichen.

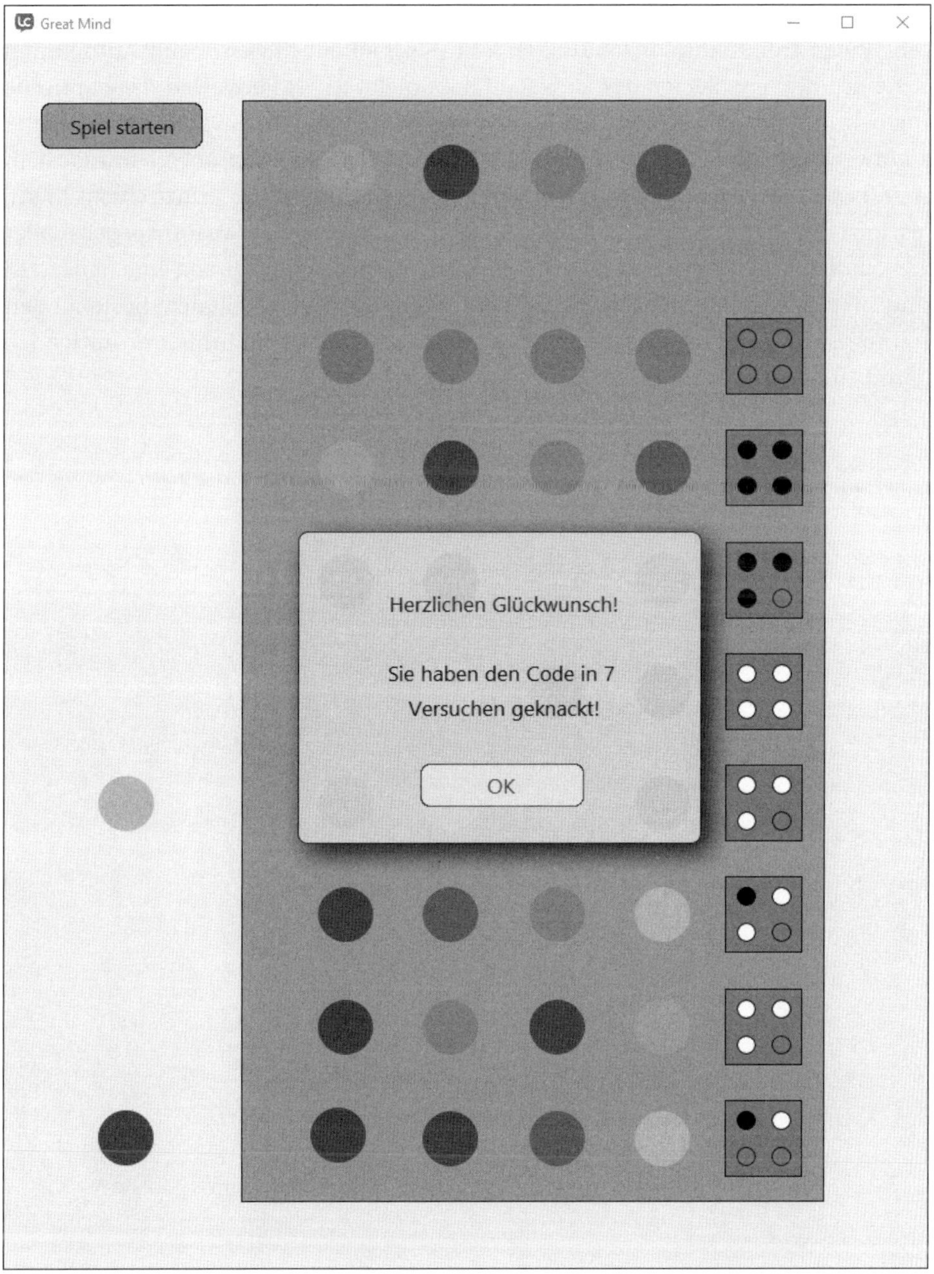

Abbildung 13.6 Wie viele Versuche brauchen Sie, um den Code zu knacken?

Wie immer können Sie das Projekt selbst weiter ausbauen, ganz nach Ihrem Geschmack. Es steht Ihnen frei, Klang hinzuzufügen, zum Beispiel ein Klicken beim Aufnehmen eines Steins und beim Setzen des Steins auf das Spielbrett. Das erweitert das haptische Feeling beim Spielen. Sie können die Farben ändern, vielleicht das Spielbrett auch grafisch aufwendiger gestalten (Achtung: Die Kreisgrafiken müssen aber zumindest in Form und Größenverhältnis gleich bleiben, sonst funktioniert das Prinzip nicht mehr, wie es jetzt ist). Sie können auch das Spiel verändern und etwas anspruchsvoller machen, indem Sie vielleicht noch eine Farbe hinzunehmen. Sie können eine neue Card für eine Titelseite einführen und vielleicht eine zum Abschluss ... mit dem bestehenden Programm ist es leicht, eigene Veränderungen einzubauen. Wie immer ermutige ich Sie, damit zu experimentieren!

Kapitel 14
Ihre eigene App: Multimediales Quiz

In diesem letzten Projekt des Buches sind Sie dran: Bauen Sie Ihre eigene Quiz-App. Alles, was Sie dazu brauchen, haben Sie bereits gelernt. Jetzt wenden Sie es selbst an. Keine Sorge: Damit Sie in Gang kommen, gibt es eine Menge Tipps und Hilfestellungen.

14.1 Ihr eigenes Quiz

Quizspiele sind seit Jahrzehnten beliebt und werden es auch sicher immer bleiben. In diesem Kapitel werden Sie ein multimediales Quiz erstellen. Diesmal nicht durch Abschreiben von Code und Folgen von Anweisungen, sondern wirklich (fast) ganz allein. Ich gebe Ihnen Vorlagen, Tipps und umfangreiche Beschreibungen zur Vorgehensweise, auch ein paar kleine Codebeispiele als Hilfe. Aber das Programm selbst und die vollständigen Skripte werden Sie erstellen – genau so, wie Sie es möchten, mit Mitteln und Methoden, die Sie in den Kapiteln zuvor kennengelernt haben. Nichts trainiert besser als das eigenständige Bauen eines Programms – mit allen Schwierigkeiten, die dabei auftauchen können, und allen Lösungen, die Sie dabei finden. Wie schon oft in diesem Buch erwähnt: Für jedes Problem gibt es meist eine ganze Reihe verschiedener Lösungsansätze. Manche sind einfacher, andere umständlicher – aber letzten Endes können sie alle zum Ziel führen. Sie können den Tipps und den Anweisungen folgen oder den Lösungsweg anhand der anderen Projekte im Buch kopieren, oder Sie können sich mit Hilfe Ihrer jetzigen Kenntnisse eigene, kreative Lösungswege ausdenken und einfach ausprobieren, ob das geht und wie es am besten funktioniert.

14.2 Die Aufgabe

Erstellen Sie ein multimediales Quiz, das heißt, ein Quiz, bei dem es prinzipiell eine Frage und, sagen wir, vier Antwortmöglichkeiten gibt. Die Antworten werden natürlich gemischt, und die richtige muss angeklickt werden. Statt einer geschriebenen Frage kann in einer möglichen Erweiterung des Programms über den Antworten auch ein Bild erscheinen. Oder es kann eine Melodie oder ein Geräusch ertönen – oder eine gesprochene Frage als Audio. Das soll das multimediale Element sein. Gestalten Sie ein brauchbares Layout, überlegen Sie sich, wie das Spiel ablaufen soll, und gehen Sie dann Schritt für Schritt vor, mit viel Testen zwischendurch, genau so wie in den vorherigen Projekten. Sie sollten damit beginnen, erst einmal nur ein klassisches Projekt mit geschriebener Frage und Antwortalternativen zu machen, und es dann, wenn Sie Lust haben, später weiter ausbauen oder umändern in ein Bildquiz oder ein Audioquiz. Oder Sie können auch alles auf einmal anlegen und sehen, ob das funktioniert. Es liegt ganz bei Ihnen. Auch entscheiden Sie, ob Sie das Projekt für Tablet, Phone oder Windows/Mac umsetzen wollen – oder so, dass es für alle Formate funktioniert. Sollten Sie vollkommen feststecken und nicht mehr weiter wissen, können Sie natürlich auch die Beispieldatei von der Webseite zum Buch laden (*www.rheinwerk-verlag.de/4258*, unter MATERIALIEN ZUM BUCH), in der Sie sehen, wie man es möglicherweise umsetzen könnte. Aber das sollte nur der letzte Ausweg sein.

14.3 Das Vorgehen

Überlegen Sie sich vorher, was Sie im ersten Schritt umsetzen wollen. Was soll das Programm können, und wie soll es bedient werden? Welche grundlegenden Elemente zur Anzeige und Bedienung des Programms sollen erst einmal vorhanden sein? (Später können Sie das natürlich erweitern.) Was brauchen Sie neben den Bedienelementen noch, und wo bekommt das Programm die Fragen/Bilder/Audiodateien her?

Über andere Probleme (wie viele Fragen gehören zu einer Runde? Gibt es Punkte dafür usw.) können Sie sich im zweiten Schritt Gedanken machen. Am besten ist es, Sie kommen erstmal mit einer simplen Basisversion in Gang – dann geht alles Weitere Schritt für Schritt.

Welche Bedienelemente brauchen Sie?

Sicherlich ein Fragefeld und vier (oder mehr, oder weniger) Antwortfelder, vielleicht noch einen Start-Button (Abbildung 14.1).

Also fangen Sie erst einmal an wie immer: Erstellen Sie einen Projektordner mit dem Namen *quiz*, starten Sie LiveCode, erstellen Sie einen neuen Stack im gewünschten Format, und ziehen Sie die Grundelemente auf die Fläche, benennen Sie sie sinnvoll, speichern Sie das Projekt unter dem Namen *quiz* im Ordner. Dann haben Sie alles, was Sie erstmal brauchen, um mit dem Programmieren zu beginnen.

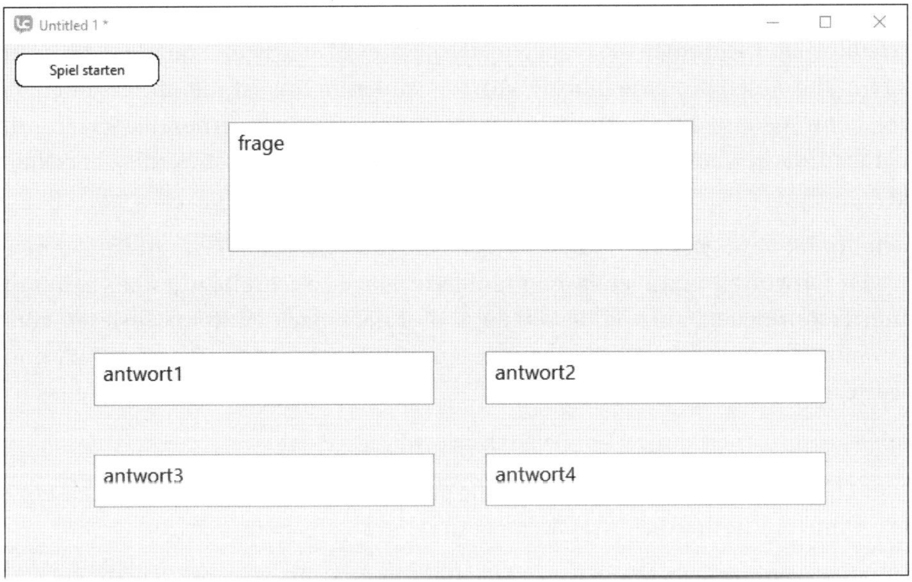

Abbildung 14.1 So vielleicht? Als Basis? Oder anders ...?

Tipp: »Lock Text«

Da die Textfelder später anklickbar sein sollen und es sowieso nicht erwünscht ist, dass Benutzer darin herumschreiben, setzen Sie unbedingt die Eigenschaft LOCK TEXT für alle Textfelder.

Das Programmieren

Eine wichtige Grundvoraussetzung fehlt noch. Es müssen ja auch Fragen her. Die müssen Sie sich natürlich selbst ausdenken, aber zum Testen und in Gang kommen, sollten schon ein paar vorhanden sein – und wenn es erstmal nur drei sind. Wie macht man das? Okay, welche Fragen Sie sich ausdenken, überlasse ich Ihnen. Aber wie bereiten Sie die Fragen zur Verwendung im Spiel auf?

Eine Möglichkeit: Sie erstellen ein mehrzeiliges Textfeld und schreiben die Fragen dort hinein. Dann setzen Sie das Textfeld auf unsichtbar. Sie können trotzdem die Fragen daraus im Programm jederzeit über den Namen des Textfeldes abrufen. Jede Zeile (`line`) ist darin eine Frage. Die Antworten stehen dahinter und werden durch ein Trennzeichen separiert, so dass sie später als `items` ausgelesen werden können.

Andere Möglichkeit: Sie erstellen eine Textdatei (mit dem in Windows/Mac eingebauten Texteditor) und schreiben die Fragen in diese Datei, die Sie beim Start des Spiels per URL-Befehl (mit »file:«) in eine globale Variable einlesen. Das ist die professionellere Variante, denn so kann das Programm universell eingesetzt werden und jederzeit mit neuen Fragen, die einfach in der dazugehörigen Textdatei angepasst werden, versehen werden.

Wie auch immer Sie es machen: Es empfiehlt sich, pro Frage eine Zeile zu verwenden, und die vier Antwortalternativen immer hinter die Frage zu schreiben, jeweils getrennt durch ein Trennzeichen, anhand dessen Sie später die einzelnen Items auslesen können. (Ein mögliches Trennzeichen wäre zum Beispiel das #-Zeichen, da es im Text normalerweise nicht vorkommt).

Beispiel: `Wie viele Bundesländer hat Deutschland?#16#12#18#32`

Item 1 der Fragezeile wäre die Frage, Item 2 die erste (und stets richtige) Antwort, Item 3 die zweite Antwort, Item 4 die dritte Antwort und Item 5 die vierte Antwort.

Warum soll die richtige Antwort immer an erster Stelle stehen? Damit das Programm später weiß, welche Antwort richtig ist und diese richtige Antwort gleich mal in einer globalen Variablen speichern kann, bevor es die Antworten dann durchmischt.

So, die Grundelemente sind da, und ein paar Fragen zum Testen gibt es auch. Welche Vorgänge müssen Sie jetzt umsetzen, damit das Programm in Gang gebracht werden kann?

Sie brauchen zuerst ein Skript `fragenEinlesen`, das die Fragen aus der Datei (oder aus dem verborgenen Textfeld) in eine globale Variable `fragenListe` packt, damit diese Liste später immer verfügbar ist. Dieses Skript sollte beim Start des Spiels ausgeführt werden.

Wenn Sie die Fragen in einer externen Textdatei haben, lesen Sie die Datei mittels des URL-Befehls in eine Variable ein. Am besten erstellen Sie, genauso wie Sie früher einen Ordner *klang* erstellt haben, jetzt auch noch einen Ordner *fragen* im Projektverzeichnis. Den Pfad zum Ordner *fragen* setzen Sie genauso, wie Sie es für den Ordner *klang* gelernt haben (siehe Kapitel 8, »Multimedia, Grafik und Online-Inhalte«), nur dass Sie noch eine zusätzliche globale Variable für den `fragenOrdner` brauchen und erstellen. Wenn Sie das getan haben, können Sie die Datei (*fragen.txt* oder wie immer sie heißt) so einlesen:

```
put url ("file:"&fragenOrdner&"fragen.txt") into fragenListe
```

Dabei sollte fragenListe wie gesagt eine globale Variable sein, da sie immer wieder gebraucht wird.

In der fragenListe finden Sie nun mehrere Zeilen, die jeweils für eine Frage stehen. line 1 steht für die erste Frage, line 2 für die zweite. In jeder Fragerunde wird die entsprechende line ausgelesen und wiederum in eine Variable frage gepackt (die braucht nicht global zu sein).

Der nächste ganz wichtige Vorgang im Programm ist nun das Anzeigen der aktuellen Frage, in welchem zunächst Frage und Antworten auseinandergenommen werden müssen, die richtige Antwort in einer globalen Variablen gespeichert wird (richtigeAntwort), und die Antwortalternativen gemischt werden müssen (sonst wäre die richtige Antwort ja immer Antwort 1). Schreiben Sie also als Nächstes ein Skript frageAnzeigen. Sie brauchen dazu auch noch eine globale Variable frageNr, in der die Nummer der aktuellen Frage steht. Beim Spielstart setzen Sie diese Variable auf 1.

Und wenn Sie die Frage auseinanderdröseln wollen, in Frage und Antworten, dann ginge das prinzipiell zum Beispiel so:

```
put line frageNr of fragenListe into aktuelleFrage
set the itemDelimiter to "#"
put item 1 of aktuelleFrage into frage
put item 2 of aktuelleFrage into antwort1
put item 3 of aktuelleFrage into antwort2
put item 4 of aktuelleFrage into antwort3
put item 5 of aktuelleFrage into antwort4
```

So können Sie die richtige Antwort in einer globalen Variablen speichern:

```
put antwort1 into richtigeAntwort
```

Jetzt könnten Sie die vier Fragen noch zufällig mischen, denn sie sollen ja in einer zufälligen Reihenfolge angezeigt werden. Mischen haben wir ja schon mehrmals gemacht. Sie müssen die zu mischenden Elemente dazu entweder in einer Liste haben, in der die Zeilen gemischt werden oder voneinander mit Trennzeichen getrennt, damit Sie die items sortieren können, also:

```
put antwort1&comma&antwort2&comma&antwort3&comma&antwort4 into antworten
set the itemDelimiter to comma
sort items of antworten by random(100)
```

Und danach können Sie die Antworten, die nun gemischt sind, `item` für `item` in die vier Antwortfelder schreiben. Entweder mit vier einzelnen Befehlen nacheinander oder mit einer `repeat`-Schleife, wie Sie wollen.

Für den Spielstart sollten Sie auch ein eigenes Skript erstellen, `spielStart`, das dann vom Spiel-Starten-Button aufgerufen wird. In diesem Skript sollte die `aktuelleFrage` auf 1 gesetzt werden, dann sollte `fragenEinlesen` und danach `frageAnzeigen` aufgerufen werden.

Damit erscheint dann beim Klicken des Start-Buttons bereits die erste Frage, wenn Sie alle Skripte richtig erstellt haben. (Vergessen Sie nicht, alle globalen Variablen in der obersten Zeile über den Skripten zu deklarieren.)

Nun fehlt noch die Auswertung. Sie können für jedes der Antwortfelder ein eigenes `mouseUp`-Skript schreiben, aber Sie kennen ja bereits eine bessere Methode: Sie schreiben das `mouseUp` direkt in den Stack und überprüfen darin, ob »antwort« im Namen des geklickten Objekts (`the target`) vorkommt:

Also so könnte das Skript beginnen:

```
on mouseUp
   if "antwort" is in the name of the target then
      put the text of the target into antwort
```

Jetzt muss die `antwort` natürlich noch mit der zuvor angelegten globalen Variablen `richtigeAntwort` verglichen werden. Sind die beiden identisch, ist die Frage richtig beantwortet worden. Für `richtig` oder `falsch` können Sie jeweils ein eigenes Skript schreiben, das Sie dann aufrufen. Darin können Sie ein rotes oder grünes Feld erscheinen lassen oder eine Textmitteilung (in einem Textfeld, das Sie anlegen müssen) oder ein Geräusch ertönen lassen oder alles gleichzeitig. (Denken Sie daran, dass diese Anzeigefelder bei der nächsten Frage wieder geleert oder versteckt werden müssen). Wichtig ist auch, dass nach dem Feedback ein paar Sekunden gewartet werden muss, bevor es zum Skript `naechsteFrage` geht. Das können Sie ganz simpel mit einem `wait`-Befehl machen oder (besser) einen `send`-Befehl verwenden (weil das Programm dann nicht zwischendrin »einfriert«).

```
send naechsteFrage to this stack in 3 seconds
```

Wenn Sie das alles erledigt haben, geht es jetzt an das Skript `naechsteFrage`. Hier wird der globale Zähler (`aktuelleFrage`) um 1 erhöht, es muss geprüft werden, ob bereits alle Fragen durch sind (ob der Zähler größer ist als `the number of lines in fragenListe`). Wenn ja, dann geht es zum Skript `abschluss`, wenn nein, dann geht es zu `frageAnzeigen`.

Damit fehlt dann nur noch das Skript `abschluss`. Darin wird mitgeteilt, dass das Quiz beendet ist. Entweder auf einer neuen Card oder in einem Textfenster. Sinnvoll wäre es sicher anzuzeigen, wie viele Punkte der Spieler erhalten hat. Dazu brauchen Sie noch eine globale Variable `punkte`, die bei Spielstart auf 0 gesetzt wird und im Skript `richtig` jeweils um 1 erhöht wird. Anschließend kann das Abschlussskript die Anzahl der Punkte und die möglichen Gesamtpunkte anzeigen (also die Anzahl der Fragen).

Das war die komplette Beschreibung für die Programmierung der Grundvariante Ihrem Quiz. Viel Erfolg! Gehen Sie Schritt für Schritt vor, und testen Sie, so viel es geht. Schauen Sie auch in den vorherigen Kapiteln nach, wie es dort gelöst wurde, wenn Sie irgendwo nicht weiterkommen.

Wenn Sie alle diese Skripte geschrieben haben, können Sie das gesamt Spiel ausprobieren. Wo etwas nicht funktioniert, muss der Fehler gefunden und behoben werden. Gerade am Anfang kann dies der langwierigste Prozess sein – aber mit jedem gefundenen und behobenen Fehler steigen der Lerneffekt und die Erfahrung enorm!

Zum Schluss verschönern Sie die App noch und sichern Sie sie ab gegen Fehlbedienung. (So könnten Sie zum Beispiel im `mouseUp`-Skript bei der Auswertung alle vier Antwortfelder auf `disabled` setzen, das muss aber im Skript `naechsteFrage` wieder aufgehoben werden, ähnlich wie wir es im »Rechenkönig« gemacht haben, damit eine Antwort nicht erneut geklickt werden kann, um nochmal einen Punkt zu bekommen).

Multimediale Erweiterung

Wie eingangs erwähnt, lässt sich das Quiz auch multimedial erweitern. Übrigens ohne allzu großen Zusatzaufwand. Wenn Sie statt Fragen auch Bilder anzeigen wollen, dann brauchen Sie natürlich entsprechende Bilder in der richtigen Größe (im Zweifelsfall mit Bildeditor bearbeiten), die Sie in einen Ordner *bilder* legen. Der Pfad zu diesem Ordner muss natürlich wie der zum Ordner *fragen* auch am Anfang ermittelt werden und in eine globale Variable `bildOrdner` geschrieben werden. Und Sie brauchen eine *Image-Fläche*, dort, wo die Frage steht. Die nennen Sie einfach »bild«. Diese Fläche kann bei Anzeige einer Textfrage auf unsichtbar gesetzt werden (mit `hide`) und wenn ein Bild angezeigt wird, sichtbar geschaltet werden (mit `show`). Statt der Frage schreiben Sie dann dort, wo kein Text, sondern ein Bild anzeigt werden soll, einfach den Namen der Bilddatei in die Fragenliste.

Nun müsste das Skript `frageAnzeigen` noch herausfinden, ob die Frage ein Text ist, der angezeigt werden soll, oder eine Bilddatei. Verwenden Sie zum Beispiel für die Bilder JPG-Dateien und anstelle der Frage den Namen der JPG-Datei, dann können Sie das ganz einfach abfragen:

```
if ".jpg" is in frage then
   set the fileName of img "bild" to bildOrdner&frage
   show img "frage"

else

   put frage into fld "frage"
   hide img "frage"
end if
```

Und genau dasselbe können Sie prinzipiell auch mit Klangdateien machen. Dazu brauchen Sie ganz entsprechend den Ordner *klang*, den Sie ja bereits kennen, und programmieren ganz entsprechend analog:

```
if ".wav" is in frage then
   play klangOrdner&frage
 else
   put frage into fld "frage"
end if
```

Wenn das Programm auf mobilen Plattformen läuft, können Sie statt WAV-Dateien auch MP3 verwenden. Falls Sie Klang und Bild (und Textfragen) im selben Programm verwenden möchten, müssen Sie die `if`-Abfrage entsprechend verschachteln.

Soweit die Anleitung und Beschreibung, wie Sie ein eigenes Quiz auf die Beine stellen können. Wenn Sie unsicher sind, folgen Sie der Beschreibung ganz genau, und schlagen Sie hin und wieder in den vorherigen Projekten nach, wie es früher gelöst wurde. Wenn Sie sich schon sicher fühlen, dann dürfen Sie auch gerne andere Vorgehensweisen erproben und eigene Erweiterungen verwenden.

Wichtig ist, dass Sie Ihren Code immer übersichtlich halten, am besten auch mit erklärenden Kommentaren versehen, und jeden neuen Vorgang, den das Programm ausführen soll, mit einem eigenen Skript umsetzen, das einen treffenden Namen hat. Das erleichtert nicht nur die Fehlersuche erheblich, es macht auch spätere Erweiterungen oder Anpassungen wesentlich einfacher.

Haben Sie es geschafft? Dann HERZLICHEN GLÜCKWUNSCH! Sie sind jetzt eigenständiger Programmierer.

Sollten Sie an irgendeiner Stelle feststecken und partout nicht weiterkommen, dann machen Sie sich keine Sorgen. Auch die besten Programmierer haben so begonnen. Am Anfang ist einem die exakte Verwendung der richtigen Formate und Befehle noch nicht in Fleisch und Blut übergegangen. Oft ist es ein kleines Komma, das fehlt, eine Klammer oder Anführungsstriche – und wenn man das noch nicht hundertmal gemacht hat, dann fällt einem oft einfach nicht auf, was da nicht stimmt. Laden Sie im Zweifelsfall das Beispielprogramm von unserer Webseite (*www.rheinwerk-verlag.de/4258*, unter MATERIALIEN ZUM BUCH) und vergleichen Sie – dann werden Sie den Fehler sicher finden und sich merken, wie Sie ihn das nächste Mal auf Anhieb vermeiden. Jedes Mal wächst die Erfahrung ein Stück, und nach gar nicht langer Zeit ist Ihnen LiveCode so vertraut wie Ihre eigene Sprache. Und dann werden Sie die erstaunliche Erfahrung machen, wie schnell sich eine Idee mit LiveCode in ein funktionierendes Programm umsetzen lässt!

Erweiterung zum Vokabeltrainer

Wie wäre es denn mit dem Umbau der App in einen *Vokabeltrainer*? Hier können Sie entweder inhaltlich genau so vorgehen wie beim Quiz und statt Fragen und Antwortalternativen einfach die fremdsprachige und vier deutschsprachige Vokabeln (oder umgekehrt) anbieten. Dadurch müssten Sie im Programm nichts ändern (außer, Sie möchten vielleicht noch die Aussprache jeden Wortes als Audiodatei hinzufügen). Sie könnten aber auch die Anzahl von vier Alternativen erweitern, zum Beispiel auf 8, um es schwieriger zu machen. Sie könnten auch in die Vorgabeliste der Vokabeln immer nur eine Vokabel und die passende Übersetzung schreiben und dann per Skript intern eine Liste aller Antwortalternativen der Wörter insgesamt erstellen und beim Abfragen zufällig dann immer eine richtige und drei (bzw. sieben) von den falschen mischen. Sie können Vokabeln lektionsweise organisieren und am Anfang die gewünschte Lektion laden. Sie können nach gleichem Schema wie der »Rechenkönig« auch alle falsch beantworteten Aufgaben in eine separate Liste schreiben und anschließend die falschen erneut abfragen. Wenn Sie also Lust haben: Schreiben Sie auf Basis des Quiz einen coolen Vokabeltrainer, und lernen Sie damit anschließend Ihre Spanisch-, Polnisch- oder Türkisch-Vokabeln!

Kapitel 15
Standalone: Die eigenständige App

Wenn Ihr Projekt in LiveCode komplett abgeschlossen ist und fehlerfrei funktioniert, dann kommt der entscheidende Schritt: Machen Sie eine App daraus, die eigenständig läuft und die Sie weitergeben können!

Alle Programme, die Sie in diesem Buch erstellt haben, sind zunächst einmal LiveCode-Programme – das heißt, sie laufen nur innerhalb der Entwicklungsumgebung von LiveCode. Um sie zu starten, müssen wir erst LiveCode starten, danach unser Projekt laden, und dann im Runtime-Modus verwenden.

15.1 Vom LiveCode-Projekt zur App

Was wir am Ende aber natürlich haben wollen, sind eigenständige Apps, die man weitergeben kann und die ohne LiveCode auf verschiedensten Geräten selbstständig laufen. Das bezeichnet man als *Standalone-Version*. Wenn Sie eine Standalone-Fassung Ihres Projekts für Windows oder Mac erstellen (je nachdem, auf welchem System Sie entwickeln), dann ist das ziemlich einfach, und das Endprodukt unterscheidet sich am Ende praktisch nicht von der Version, die Sie innerhalb von LiveCode die ganze Zeit getestet haben. Nur dass eben kein LiveCode mehr im Hintergrund läuft, dass die Programme ein eigenes Icon haben, keine Fehlermeldungen oder Hinweise mehr erscheinen und das Programm auch etwas schneller reagiert. Sie verwandeln damit quasi eine LiveCode-Datei (mit Endung *.livecode*) in eine echte EXE für Windows oder ein App-Bundle für Mac.

Dieses selbst erstellte Programm können Sie so an andere weitergeben und auch auf Webseiten zum Download bereitstellen. Beachten Sie aber, dass Sie verpflichtet sind, den Sourcecode, also die *.livecode*-Datei, öffentlich zu machen bzw. beizufügen, sofern Sie das Programm mit der Community-Version von LiveCode erstellt haben. Alle damit erstellten Programme sind *Open-Source-Programme* und müssen sich dementsprechend an die *Gnu Public License (GPL)* halten. So dürfen Sie auch kein Geld für Open-Source-Programme verlangen. (Mit den kommerziellen Versionen von LiveCode können Sie hingegen kostenpflichtige Programme verbreiten, deren Code nicht mit veröffentlicht wird.)

Prinzipiell geschieht das Erstellen einer Standalone-Version durch eine einzige Funktion im Menü, nämlich über FILE • SAVE AS STANDALONE APPLICATION. Aber halt: Bevor Sie diese Funktion aufrufen können, sind doch noch ein paar Voreinstellungen nötig, denn LiveCode muss schließlich einiges wissen zu Ihrem Vorhaben, bevor es Ihnen eine eigenständige Datei erstellen kann. LiveCode muss wissen, wie die App in der endgültigen Fassung heißen soll, für welches Betriebssystem sie erstellt werden soll, welche Copyright-Informationen gespeichert werden, ob Sie der App ein Icon hinzufügen wollen, das als Dateisymbol erscheint (das haben professionelle Programme schließlich immer), welche Dateien außer der *.livecode*-Datei noch zum Projekt gehören (zum Beispiel *klang*-Ordner usw.), welche speziellen Funktionen das Programm nutzt (das kann auch automatisch ermittelt werden), wo die Standalone-Datei gespeichert werden soll usw. Die Einstellungen nehmen Sie über FILE • STANDALONE APPLICATION SETTINGS vor.

15.2 Allgemeine Standalone-Einstellungen

Zuerst gehen wir die allgemeinen Einstellungen durch, die für alle Plattformen gleich ausgefüllt werden müssen (das sind die ersten drei Seiten GENERAL, STACKS und COPY FILES. Als Beispiel verwenden wir das Projekt »Rechenkönig«. Nehmen wir zunächst an, wir wollen daraus eine Desktop-App machen, also ein Programm für Mac oder Windows. Wir öffnen das Projekt in LiveCode, setzen alle Einstellungen im Projekt so, wie das Programm ganz am Anfang aussehen soll (richtige Card wird angezeigt, alles ist auf 0 bzw. leer), speichern das Projekt und gehen dann auf STANDALONE APPLICATION SETTINGS. Dann öffnet sich folgendes Fenster:

Sie sehen die erste Seite der Standalone-Optionen, GENERAL – allgemeine Einstellungen (Abbildung 15.1). Hier müssen Sie eigentlich nur zwei Dinge anpassen: Erstens den STANDALONE NAME. Als Vorgabe steht da der Name der *.livecode*-Datei, und wenn Sie möchten, können Sie das so lassen. Sie können es aber auch, wenn nötig, mit Umlauten und Großschreibung so schreiben, wie es am Ende als Programmname erscheinen soll. Das ist der Name der Datei, mit der man das Programm später startet. Wir schreiben also »Rechenkönig« oder »Der Rechenkönig« hinein. (Die Endung *.exe* oder *.app* lassen Sie weg – die wird später automatisch hinzugefügt.)

Als Nächstes müssen die INCLUSIONS ausgewählt werden. Das sollten Sie einfach auf SEARCH FOR REQUIRED INCLUSIONS WHEN SAVING THE STANDALONE APPLICATION stehen lassen. Es bedeutet, dass LiveCode beim Erstellen automatisch prüft, welche internen Erweiterungen für das Programm erforderlich sind, und sie selbst einbindet. In Version 8.1 von LiveCode funktioniert das so zuverlässig, dass man nichts mehr anpassen muss.

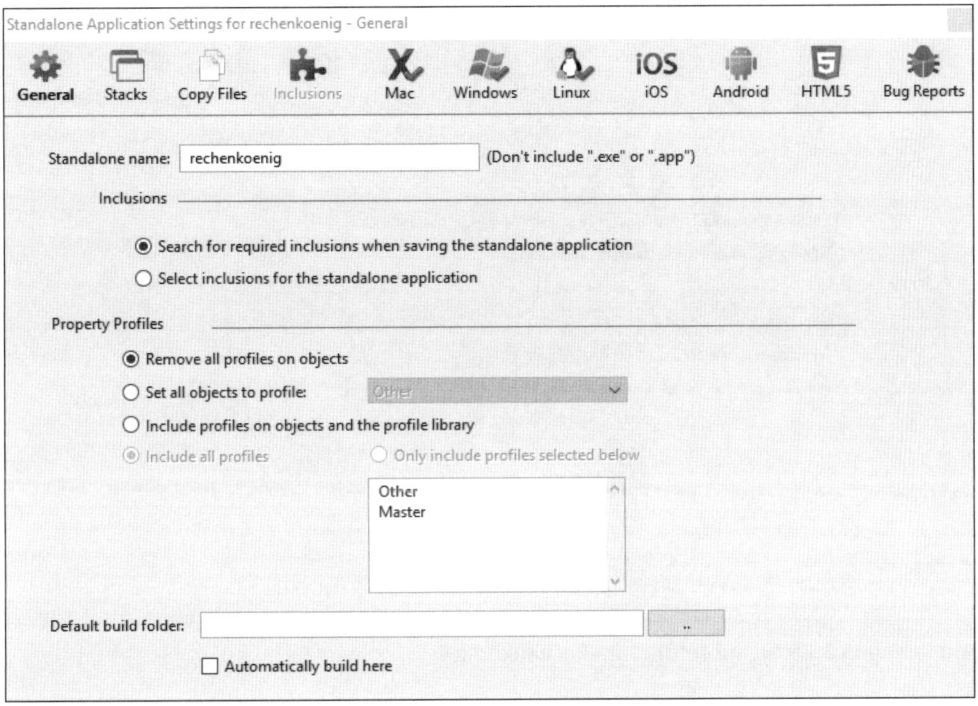

Abbildung 15.1 Die allgemeinen Optionen für ein Standalone-Projekt

Unter PROPERTY PROFILES brauchen Sie auch nichts zu verändern. Das benötigen Sie für Ihre Version nicht.

Ganz unten steht DEFAULT BUILD FOLDER. Das ist wichtig: Hier wählen Sie, in welchem Verzeichnis LiveCode Ihre Standalone-Version speichern soll. Sie können da natürlich jeden beliebigen Speicherort wählen, aber ich empfehle, innerhalb des Projektordners für die App, um die es geht, einen Ordner *Standalone* zu erstellen, in dem alle Standalone-Versionen des Programms grundsätzlich gespeichert werden. Auf die Weise finden Sie die fertigen Fassungen der Programme immer in demselben Ordner, in dem sich das gesamte Projekt befindet. LiveCode legt innerhalb dieses Ordners für jede Standalone-Version, die Sie erstellen, automatisch ein nach Version nummeriertes Verzeichnis an.

AUTOMATICALLY BUILD HERE dürfen Sie gerne ankreuzen, dann wird die Standalone-Fassung immer automatisch hier gespeichert ohne weitere Nachfrage.

Insgesamt sehen die Allgemeinen Einstellungen dann zum Beispiel so aus wie in Abbildung 15.2.

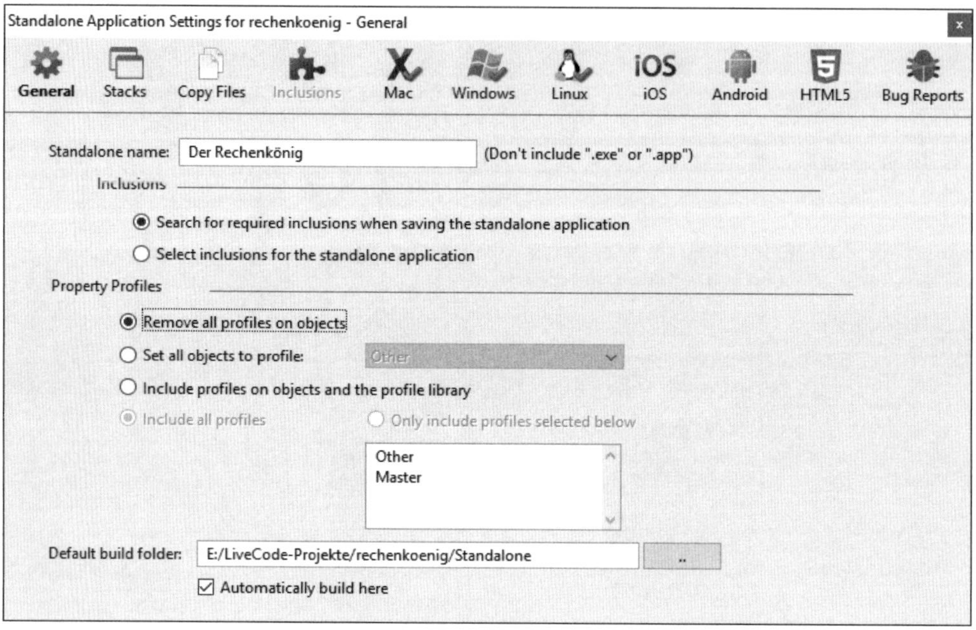

Abbildung 15.2 Fertig ausgefüllt für »Rechenkönig«

Nun geht es weiter zum nächsten Punkt: STACKS (Abbildung 15.3).

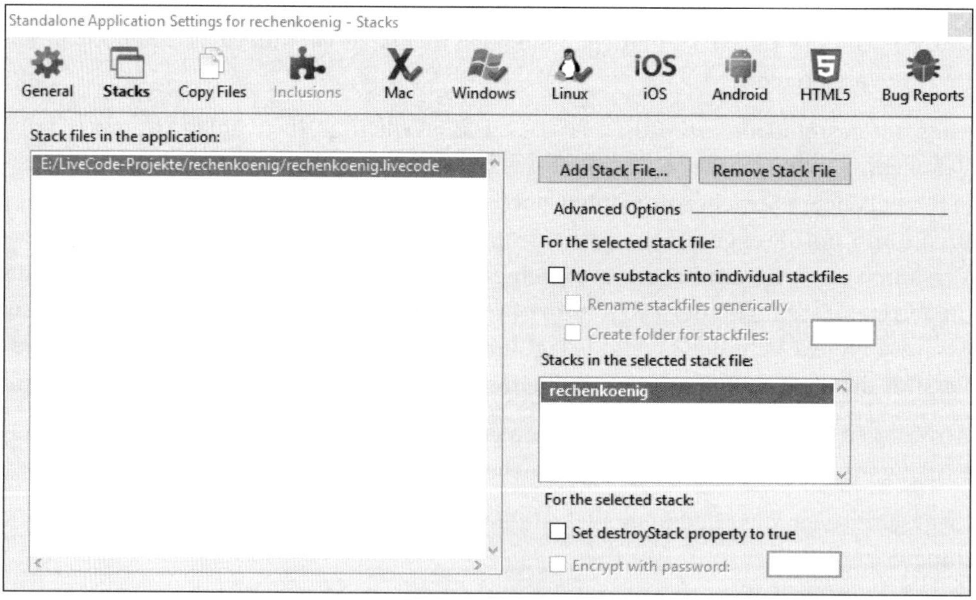

Abbildung 15.3 Das Stacks-Menü

Auf dieser Seite brauchen Sie für den »Rechenkönig« (und auch für alle anderen Projekte in diesem Buch) keine Einstellungen vorzunehmen. Sie lassen einfach alles, wie es ist. Der Hauptstack (und einzige Stack) des Programms ist bereits eingetragen. Nur wenn Sie spezielle Projekte haben, für die Sie mehrere unabhängige Stacks benötigen, die miteinander kommunizieren, würden Sie hier wählen, welche weiteren Stacks, die jetzt nicht offen sind, mit in das Projekt eingebunden werden sollen. Das macht mitunter Sinn, wenn Sie ein Desktop-Programm bauen, das zusätzliche Stacks verwendet, zum Beispiel um die Funktionen darin zu nutzen, aber für die meisten Projekte ist es nicht erforderlich. Auch Substacks (untergeordnete Stacks) brauchen Sie hier nicht auszuwählen, wenn Sie welche haben, die sind im Hauptstack enthalten.

Also weiter zur dritten Seite: COPY FILES (Abbildung 15.4).

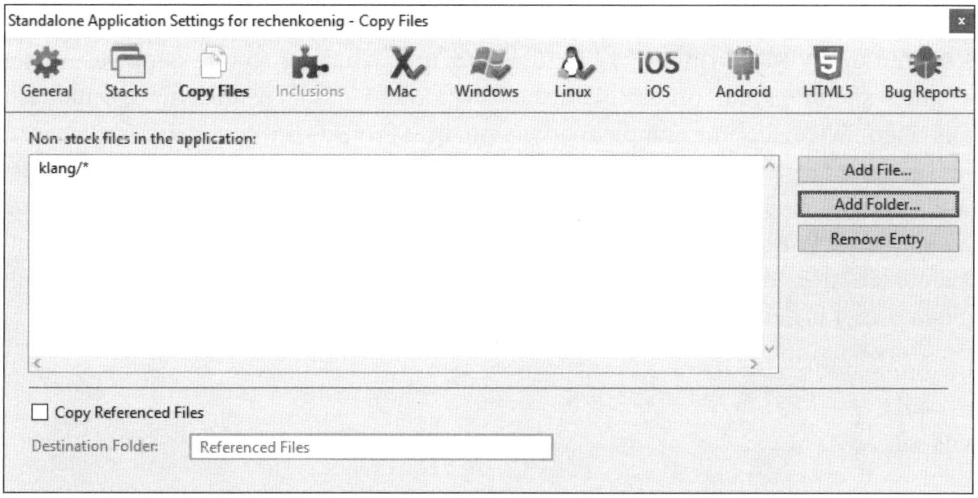

Abbildung 15.4 Der Ordner »klang« samt Inhalt wird hier mit eingebunden.

Auf dieser Seite werden alle zusätzlichen Ressourcen, die unsere App verwendet, mit eingebunden. Das heißt, wenn Sie den »Rechenkönig« mit Klang versehen haben und die Klangdateien, die das Programm verwendet, so wie hier im Buch empfohlen, in einen Ordner *klang* gelegt haben, dann sollten Sie an dieser Stelle mit ADD FOLDER diesen Ordner *klang* auswählen. Er wird dann samt Inhalt mit in das Programmverzeichnis auf dieselbe Ebene wie das Hauptprogramm kopiert und steht damit dann an der richtigen Stelle zur Verfügung. Beim Mac wird der Ordner im Programm-Bundle platziert. Bei mobilen Geräten landet der Ordner in dem Verzeichnis, das wir mit `specialFolderpath("engine")` abrufen können. So kommt das Programm auch in der Standalone-Version an seine erforderlichen Daten. Wenn Sie mehr Ordner verwenden als nur *klang* (zum Beispiel im Quiz, wo es je einen Ordner *fragen*, *klang* und *bilder* gibt), dann müssen

Sie diese weiteren Ordner natürlich auch noch per ADD FOLDER hinzufügen. Sollten Sie einzelne Dateien benötigen, die sich auf der Programmebene befinden (ich empfehle, externe Daten immer in Ordnern anzulegen), dann können Sie diese mit ADD FILE hinzufügen. COPY REFERENCED FILES lassen Sie grundsätzlich inaktiv.

Mit diesen drei Seiten (eigentlich nur mit der ersten und der dritten) haben Sie die allgemeinen Einstellungen für das Projekt gesetzt. Jetzt können Sie noch die spezifischen Einstellungen für die Plattform setzen, auf der die App laufen soll. Beginnen wir mit Windows.

15.3 Standalone für Windows erstellen

Standalone-Programme für Windows laufen in der Regel problemlos unter Windows XP, Windows VISTA, Windows 7, Windows 8.x und Windows 10 (die Bedienelemente können allerdings auf unterschiedlichen Windows-Versionen auch unterschiedlich aussehen). Wenn Sie eine Standalone-Version Ihres Projekts für Windows erstellen wollen, können Sie Ihr LiveCode-Projekt in der Regel so übernehmen, wie es ist. Spezielle Anpassungen sind nicht nötig, zumal Sie das Programm ja innerhalb von LiveCode bereits unter Windows laufen lassen. Das Einzige, was ich empfehlen würde, wäre ein kleines zusätzliches Skript, um das Programm sauber zu beenden. Schreiben Sie das folgende Skript in den Stack, und speichern Sie das Projekt danach noch einmal:

```
on closeStack
   quit
end closeStack
```

Das sorgt nämlich dafür, dass das Programm beim Schließen des Hauptfensters (also beim Beenden) automatisch aus dem Speicher von Windows entfernt wird. In der Entwicklungsphase spielt das keine Rolle. Im Standalone-Programm hingegen ist das wichtig, denn sonst werden Programme möglicherweise nicht vollständig beendet und »fressen« Speicher. Gewöhnen Sie sich also an, für Windows-Programme immer den `quit`-Befehl in das `closeStack`-Skript zu schreiben. Sollte es in Ihrem Projekt bereits ein `closeStack`-Skript geben, dann fügen Sie einfach dort `quit` ganz an den Schluss mit ein.

Nun aber wieder zurück zu den STANDALONE APPLICATION SETTINGS.

Windows-Grundeinstellungen

In der Voreinstellung von LiveCode ist (eigentlich unsinnigerweise) aktiviert, dass die Standalone-Version automatisch gleichzeitig für Windows, macOS X und Linux erstellt wird. Das ist aber nicht sinnvoll. Es ist eher zu empfehlen, eine Version zurzeit zu erzeugen – und zwar am besten die, auf deren Betriebssystem Sie sich gerade befinden. Also wenn Sie auf einem Windows-PC arbeiten, dann erstellen Sie darauf die Windows-Fassung (oder Android, aber dazu später), und auf einem Mac können Sie die macOS-Fassung erstellen oder Android oder iOS. Wenn Sie eine Linux-Version erstellen wollen, wird dazu auch dringend empfohlen, dies auf einem Linux-System durchzuführen.

Wir erstellen jetzt eine Windows-Fassung (wenn Sie auf einem Mac arbeiten, können Sie diesen Abschnitt auch überspringen und gleich weitergehen zur Anleitung für macOS X).

Gehen Sie auf die Seite MAC, und deaktivieren Sie links oben BUILD FOR: MACOS X 32-BIT. Danach gehen Sie auf die LINUX-Seite und deaktivieren dort BUILD FOR: LINUX. Sollte ANDROID aktiviert sein, deaktivieren Sie es ebenfalls. Anschließend geht es auf die WINDOWS-Seite. Dort bleibt BUILD FOR: WINDOWS natürlich aktiviert, denn das wollen wir jetzt machen.

Auf dieser Seite setzen Sie alle spezifischen Einstellungen für Ihr endgültiges Windows-Programm. Es wird ein Programm-Icon gewählt, es werden Beschreibungen des Programms und Copyright-Informationen eingetragen, die in die EXE-Datei eingelinkt werden, usw.

Icon

15

Beginnen wir mit dem Icon. Jede Programmdatei unter Windows hat ein Icon. Das ist das bunte Bild, das im Startmenü, auf dem Desktop oder im Explorer neben dem Programm steht und an dem Sie das Programm leicht erkennen können. Hier ist unter APPLICATION ICON und DOCUMENT ICON bereits etwas eingetragen. Wenn Sie also kein eigenes Icon erstellen und auswählen, wird ein Standard-Icon verwendet. Das geht selbstverständlich auch, und zum Testen oder für kleine Hilfsprogramme reicht das aus. Aber wenn Sie das Programm weitergeben wollen, wäre es schon schön, wenn Sie ein schönes und passendes Icon hätten.

> Woher bekomme ich ein Icon?

Zum einen gibt es die Möglichkeit, kostenlose Icons aus dem Internet zu laden. Googeln Sie »free icons Windows«, es gibt eine Menge Seiten, die Gratis-Icons zum Download anbietet. Wenn Sie da etwas finden, das zu Ihrer App passt, können Sie es gern verwenden. Wichtig: Das Icon muss das Dateiformat ICO haben – nur solche werden von Windows akzeptiert.

Oder Sie erstellen Ihr Icon selbst. Es gibt spezielle Icon-Designer-Programme wie IcoFX, das in einer kostenlosen Freeware-Version erhältlich ist. Dieses Programm bietet viele Funktionen – Sie können Bilder oder Symbolgrafiken in allen Formaten importieren und das Ganze danach bearbeiten und als Icon-Datei für Windows, Mac usw. speichern.

Eine weitere Möglichkeit, Icons selbst zu erstellen, besteht darin, ein Bild in einem kommerziellen oder kostenlosen Grafikprogramm (wie Photoshop, GIMP, Fireworks, Inkscape usw.) zu erstellen. (Sie können prinzipiell sogar Fotos verwenden, wenn sie klar und prägnant sind.) Die Größe sollte mindestens 128 × 128 Pixel betragen, das Bild muss quadratisch sein. Speichern Sie es als PNG. Danach verwenden Sie einen kostenlosen Online-Service, der Ihre Bilddatei in eine Icon-Datei für Windows umwandelt. Ein Beispiel ist: *https://iconverticons.com/online/*

Hier ziehen Sie Ihre PNG-Datei einfach in den Browser und laden sie damit hoch. Danach klicken Sie einfach auf ICO und laden die umgewandelte Icon-Datei herunter. Fertig!

Benennen Sie Ihre Icon-Datei sinnvoll, zum Beispiel *rechenkoenig.ico*, und legen Sie sie in den Projektordner des dazugehörigen Programms. Jetzt können Sie die Icon-Datei in den STANDALONE APPLICATION SETTINGS als APPLICATION ICON auswählen. Sie wird dann später automatisch in mehreren Größen in die EXE-Datei eingelinkt. Das DOCUMENT ICON brauchen Sie in der Regel nicht zu setzen, außer Sie haben eine App erstellt, mit der man spezifische Dokumente im eigenen Format verarbeitet, die auch ein eigenes Icon haben sollen. In diesem Buch kommt das nicht vor.

Version Information

In diesem Abschnitt tragen Sie alles ein, was an Informationen in Ihr aktuelles Programm eingelinkt werden soll. Es ist Ihnen überlassen, was Sie hier hineinschreiben. Sie müssen auch nicht alle Felder ausfüllen. Die Texte, die Sie hier eintragen, können in der fertigen EXE-Datei später als Eigenschaften ausgelesen werden. Eine kurze Beschreibung des Programms (nur wenige Wörter sind möglich) und ein Copyright-Hinweis sind sinnvoll. Unter PRODUCT NAME sollte der komplette Name des Programms noch einmal stehen. Auf der rechten Seite sind noch FILE VERSION und PRODUCT VERSION interessant. Auch hier können Sie eintragen, was Sie wollen, aber wenn Sie Ihre App kontinuierlich weiterentwickeln, sollten Sie die Versionsnummern bei jeder neuen Standalone entsprechend erhöhen. Wenn Sie das nicht möchten oder brauchen, dann lassen Sie es einfach immer auf 1.0.0.0 (Abbildung 15.5).

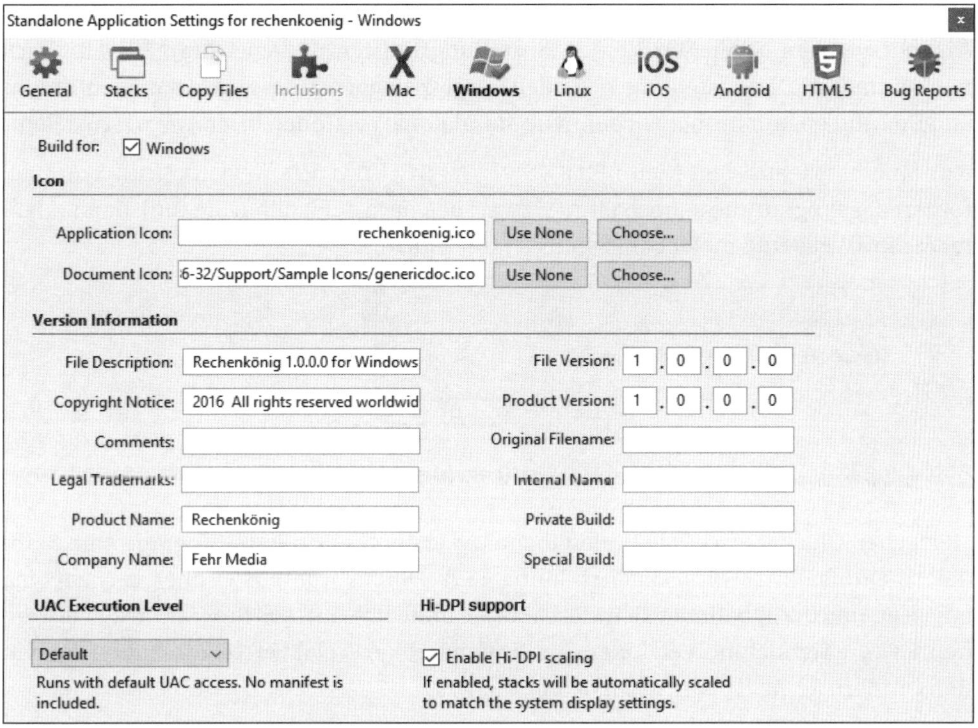

Abbildung 15.5 Windows-Einstellungen für den »Rechenkönig«

15

Unten auf der Seite finden Sie noch die Einstellung zum UAC EXECUTION LEVEL. Das kann wichtig sein. Bei den Programmen aus diesem Buch können Sie die Einstellung einfach auf DEFAULT lassen. Wenn Ihr Programm aber auf Systeminhalte zugreift oder aber Dateien auf der Festplatte speichert, kann es je nach Windows-Version erforderlich sein, dem Programm höhere Rechte einzuräumen. Das macht sich dann in einer Sicherheitsabfrage beim Start des Programms bemerkbar. Wenn Sie nicht sicher sind, ob Ihr Programm das benötigt oder nicht, dann probieren Sie es einfach aus.

Als Letztes haben wir den HI-DPI-SUPPORT. Heutzutage haben Bildschirme oft eine sehr hohe Auflösung. In Windows lässt sich die Skalierung der Inhalte einstellen. Wenn Sie das Häkchen hier gesetzt haben, wird das Programm automatisch gemäß der Windows-Einstellung skaliert. Meistens geht das gut – wenn die Inhalte dadurch aber irgendwo abgeschnitten oder verzerrt erscheinen, dann lassen Sie dieses Häkchen besser weg. Auch hier gilt: Probieren Sie es aus!

Mit diesen Einstellungen ist alles gesetzt, was erforderlich ist, um eine richtige Windows-App herzustellen. Schließen Sie das Einstellungsfenster, und speichern Sie den Stack noch einmal ab. Die Einstellungen werden mitgespeichert, so dass Sie fortan nichts mehr ändern müssen, um immer wieder neue Standalone-Versionen Ihrer App herzustellen.

Nun wählen Sie aus dem Menü File • Save as Standalone Application. Eventuell fordert das Programm Sie noch einmal zum Speichern auf (sollten Sie tun), dann arbeitet es eine Weile und meldet am Schluss (hoffentlich):

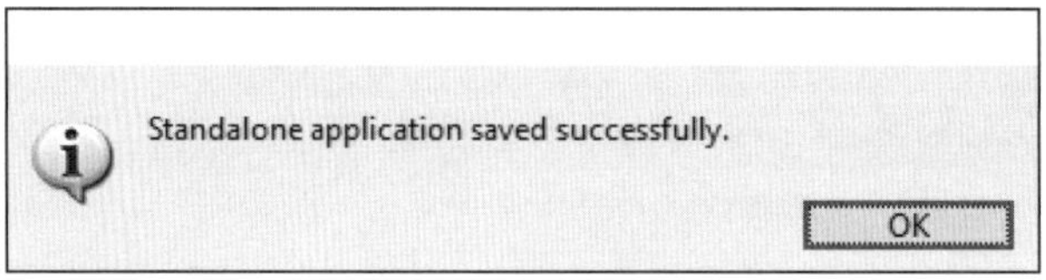

Abbildung 15.6 Meldung nach dem Speichern der Standalone-Version

Herzlichen Glückwunsch! Sie finden Ihr selbst erstelltes Windows-Programm im Standalone-Ordner Ihres Projekts (Abbildung 15.7). Dort wurde ein Ordner *Rechenkönig* angelegt, und darin befindet sich alles, was Sie brauchen, um das Programm zu verwenden. Spätere Standalone-Versionen, die Sie vom selben Projekt erstellen, landen dann in den Ordnern *Rechenkönig1*, *Rechenkönig2* usw.

Abbildung 15.7 Das fertige Windows-Programm »Rechenkönig«

Der Ordner *Externals* wird von LiveCode automatisch angelegt und enthält eventuell benötigte Bibliotheken für Funktionen wie Datenbankoperationen, Webzugriff usw. Für dieses Programm (und die meisten Programme aus diesem Buch) werden keine Externals benötigt, so dass der Ordner leer ist. Sie können ihn ohne Bedenken löschen.

Starten Sie die EXE-Datei, und bewundern Sie Ihr erstes eigenes richtiges Windows-Programm! Erstellt mit LiveCode.

Verbreiten von Windows-Programmen

Dieses selbst erstellte Programm können Sie so an andere weitergeben und auch auf Webseiten zum Download bereitstellen, solange Sie die eingangs erwähnten Open-Source-Regeln beachten.

Sie können den Ordner *Rechenkönig* zum Beispiel ganz einfach samt Inhalt in eine ZIP-Datei komprimieren (das geht mit Windows oder mit kostenlosen Tools wie 7-zip) und diese dann weitergeben. Oder Sie bauen einen professionellen *Installer* – das ist ein Programm, mit dem Ihre App richtig in Windows installiert wird (samt Deinstallationsmöglichkeit). Ich empfehle dazu die kostenlose Software Inno Setup. Leider reicht der Umfang dieses Buches nicht, um die Bedienung und die Möglichkeiten dieses Programms zu erläutern, aber es ist nach etwas Einarbeitung mit diesem Programm möglich, einen vollständigen Installer für Windows-Programme samt allen Inhalten zu bauen, der allen professionellen Ansprüchen genügt.

15.4 Standalone für macOS erstellen

Das Erstellen eines Standalone-Programms (genauer gesagt eines App-Bundles) für den Mac ist einfach und schnell erledigt. Die Apps laufen unter macOS 10.6 bis macOS 10.11 (oder neuer). Allerdings müssen ein paar andere Dinge beachtet werden als bei Windows.

Wenn Sie eine App haben, die zusätzliche Ordner und Dateien benötigt (wie zum Beispiel *klang* oder *fragen* usw.), dann nehmen Sie diese, wie am Anfang des Kapitels beschrieben, unter COPY FILES in die Liste der zu kopierenden Ordner auf.

Grundeinstellungen für Mac

Die Voreinstellung, dass die Standalone-Version für alle Systeme gebaut werden soll, müssen Sie auch hier deaktivieren. Gehen Sie in den STANDALONE APPLICATION SETTINGS nacheinander auf die Seiten WINDOWS und LINUX, und deaktivieren Sie jeweils die oberste Checkbox, denn für diese Systeme wollen wir *nicht* gleichzeitig eine Standalone-Version erstellen. Nun geht es auf die MAC-Seite. Dort lassen Sie das Kästchen stehen bei BUILD FOR: MACOS X 32-BIT. Hier gilt es, die spezifischen Einstellungen für den Mac zu setzen. Wie in Abbildung 15.8 kann das für den »Rechenkönig« aussehen.

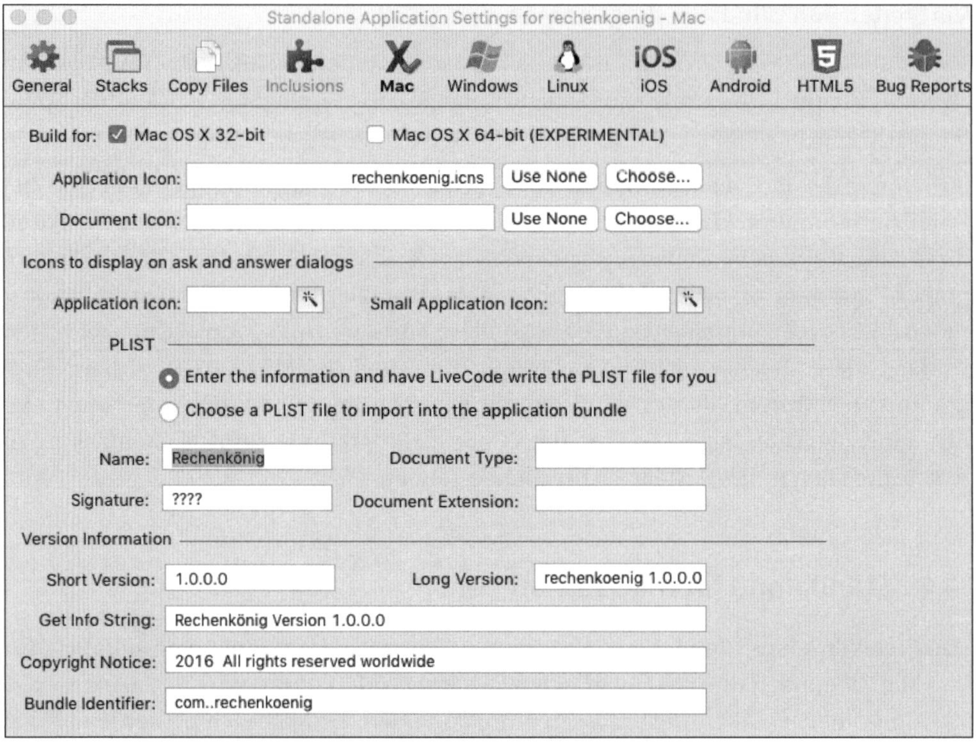

Abbildung 15.8 Mac-Standalone-Einstellungen für den »Rechenkönig«

Icon

Ganz wichtig ist oben die Zeile Application Icon. Jede Programmdatei auf dem Mac hat ein Icon. Das ist das bunte Bild, das im Dock, auf dem Desktop oder im Finder neben dem Programm steht und an dem Sie das Programm leicht erkennen können. Hier sind Application Icon und Document Icon zunächst leer. Wenn Sie also kein eigenes Icon erstellen und auswählen, wird ein Standard-Icon verwendet. Das geht selbstverständlich auch, und zum Testen oder für kleine Hilfsprogramme reicht das aus. Aber wenn Sie das Programm weitergeben wollen, wäre es schon schön, wenn Sie ein schönes und passendes Icon hätten.

Woher bekomme ich ein Icon?

Zum einen gibt es die Möglichkeit, kostenlose Icons aus dem Internet zu laden. Googeln Sie »free icons Mac«, es gibt eine Menge Seiten, die Gratis-Icons zum Download anbietet. Wenn Sie da etwas finden, das zu Ihrer App passt, können Sie es gern verwenden. Wichtig: Das Icon muss das Dateiformat ICNS haben – nur solche werden vom Mac akzeptiert.

Oder Sie erstellen Ihr Icon selbst. Es gibt spezielle Icon-Designer-Programme, wie zum Beispiel Icon Slate, das im Mac AppStore in einer günstigen Version erhältlich ist. Dieses Programm bietet viele Funktionen – Sie können Bilder oder Symbolgrafiken in allen Formaten importieren und das Ganze danach bearbeiten und als Icon-Datei für Mac, Windows, Mobil usw. speichern.

Eine weitere Möglichkeit, Icons selbst zu erstellen, besteht darin, ein Bild in einem kommerziellen oder kostenlosen Grafikprogramm (wie Photoshop, GIMP, Fireworks, Inkscape usw.) zu erstellen. (Sie können prinzipiell sogar Fotos verwenden, wenn sie klar und prägnant sind.) Die Größe sollte mindestens 512 × 512 Pixel betragen, das Bild muss quadratisch sein. Speichern Sie es als PNG. Danach verwenden Sie einen kostenlosen Online-Service, der Ihre Bilddatei in eine Icon-Datei für den Mac umwandelt. Ein Beispiel ist: *https://iconverticons.com/online/*

Hier ziehen Sie Ihre PNG-Datei einfach in den Browser und laden sie damit hoch. Danach klicken Sie auf ICNS (wählen Sie dort den kleinen Pfeil und die erste Variante), und laden Sie die umgewandelte Icon-Datei herunter. Fertig!

Benennen Sie Ihre Icon-Datei sinnvoll, zum Beispiel *rechenkoenig.icns*, und legen Sie sie in den Projektordner des dazugehörigen Programms.

Jetzt können Sie die Icon-Datei in den STANDALONE APPLICATION SETTINGS als APPLICATION ICON auswählen. Sie wird dann später automatisch in mehreren Größen in die App eingelinkt. Das DOCUMENT ICON brauchen Sie in der Regel nicht zu setzen, außer Sie haben eine App erstellt, mit der man spezifische Dokumente im eigenen Format verarbeitet, die auch ein eigenes Icon haben sollen. In diesem Buch kommt das nicht vor.

Version Information

Nach der Auswahl des Icons brauchen Sie nur noch ein paar Informationen zur App einzutragen, und dann sind Sie auch schon fertig. Wenn Ihr Programm LiveCode-Ask oder Answer-Dialoge verwendet, können Sie auswählen, welches der internen Symbole dafür verwendet wird (ist in unseren Programm nicht wichtig, können Sie also auch leer lassen). Unter PLIST wählen Sie die obere Option aus, wie in Abbildung 15.8 zu sehen. Tragen Sie dann »Rechenkönig« unter NAME ein. SIGNATURE kann »????« bleiben (außer Sie haben eine bei Apple registrierte Signatur des Programms). Die unteren Felder füllen Sie aus, wie Sie möchten (Copyright-Information und Versionsnummer des Programms), und den Bundle-Identifier (ein einmaliger Name des Bundles) können Sie am besten so lassen, wie LiveCode es vorschlägt, hier also COM..RECHENKOENIG. Sie können auch den Namen Ihrer Firma mit einbauen, in der Mitte zwischen den zwei Punkten: »com.meineFirma.rechenkoenig«.

Damit haben Sie alles eingegeben, was wichtig war. Speichern Sie den Stack, und schließen Sie das Einstellungsfenster. Jetzt gehen Sie im Menü auf FILE • SAVE AS STANDALONE APPLICATION – und damit wird nach einigen Vorgängen Ihr eigenständiges App-Bundle erstellt. Sie finden es, wenn Sie alles so eingestellt haben, wie in diesem Kapitel empfohlen, in Ihrem Ordner *rechenkoenig* unter *Standalone* • *rechenkoenig* (Abbildung 15.9).

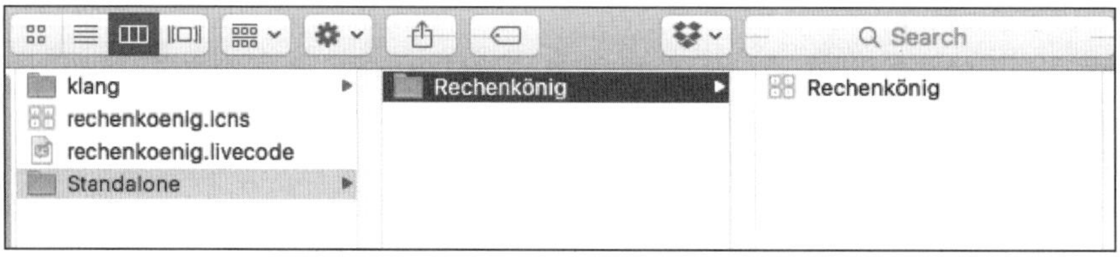

Abbildung 15.9 Die App ist fertig im Standalone-Ordner.

Sie können die App jetzt starten und sehen, wie sie ohne LiveCode als eigenständige Mac-App funktioniert.

Eigentlich handelt es sich bei der App auf dem Mac ja um ein ganzes App-Bundle, in dem nicht nur das ausführbare Programm, sondern auch alle weiteren Inhalte wie Klangdateien, Datenbanken usw. enthalten sind. Wenn Sie die einzelnen Inhalte des Bundles sehen wollen, können Sie mit `Ctrl`-Klick auf die App klicken und SHOW PACKAGE CONTENTS wählen. Dann sehen Sie, welche Verzeichnisse und Dateien sich darin befinden. Eines ist dabei wichtig. Aufgrund einer neuen Apple-Richtlinie dürfen sich Ordner mit zusätzlichen Dateien (so wie unser *klang*-Ordner) nicht im selben Verzeichnis wie die ausführbare Programmdatei befinden. Sie sind stattdessen in einem Parallelordner mit dem Pfad *Ressources/_MacOS*. Dort finden Sie den Ordner *klang* sowie eventuelle weitere Zusatzdateien, die Sie Ihrer App mitgegeben haben und die automatisch über COPY FILES in das Bundle integriert wurden. Wenn Ihr Programm solche Dateien verwendet, ist es ganz wichtig, dass es sie auch finden kann, denn sie sind in der Standalone-Version in einem anderen Verzeichnis als in der Entwicklungsversion. Dazu haben wir den speziellen Mac-Standalone-Eintrag im Skript `klangPfadSetzen`, der nicht weggelassen werden darf. In Kapitel 8, »Multimedia, Grafik und Online-Inhalte«, sehen Sie noch einmal genau, wie das Verzeichnis des Klangpfades ermittelt werden muss, damit dieser auf allen Geräten am Ende gefunden wird – insbesondere auf dem Mac.

Verwenden Sie auch für Ihre eigenen Projekte immer das hier im Buch vorgeschlagene Skript, um das genaue Verzeichnis externer Ordner zu ermitteln, auch wenn es etwas kompliziert aussieht.

Verbreiten von Mac-Apps

Diese selbst erstellte App können Sie so an andere weitergeben und auch auf Webseiten zum Download bereitstellen, solange Sie die eingangs erwähnten Open-Source-Regeln beachten.

Sie können die Bundle-Datei *Rechenkönig* ganz einfach samt Inhalt in eine ZIP-Datei komprimieren (`Ctrl`-Klick und KOMPRIMIEREN wählen) und diese dann weitergeben. Der Benutzer muss sie nur noch entpacken und in seinen *Anwendungen*-Ordner ziehen. Alle Inhalte, die zu der App gehören, sind in dem Bundle enthalten. Mehr ist auf dem Mac nicht erforderlich.

Kapitel 16
Apps auf mobile Geräte bringen

Eine selbst programmierte App auf dem eigenen Handy oder Tablet vorführen – das ist cool! Hier zeigen wir, wie man es macht und welche Schritte notwendig sind, damit es erfolgreich wird.

Das Programmieren von Apps macht Spaß! Ich denke, Sie haben schon festgestellt, wie schnell sich Ideen und kreative Vorstellungen mit LiveCode in Programme umsetzen lassen. Viel mehr als mit den meisten anderen Entwicklungssystemen kann man sich wirklich mit der Programmidee und dem Erscheinungsbild der App selbst beschäftigen, als sich dauernd nur mit technischen Formaten und Details herumschlagen zu müssen. Am Schluss aber – wenn das Projekt in die Welt von *Android* oder *iOS* integriert werden soll, kommt noch einmal etwas vom »Ernst der Welt« der großen mobilen Systeme zu LiveCode hinzu.

Google möchte am liebsten, dass Android-Apps nur mit dem Android Studio und dem Android SDK entwickelt werden. Nur mit diesen Werkzeugen lassen sich die Apps auch kompilieren. Apple hingegen möchte, dass iOS-Apps für iPhone und iPad mit Apples eigenem Werkzeug Xcode erstellt werden. Nur darin ist der Compiler für iOS-Apps enthalten. Mit Xcode oder Android Studio Apps zu entwickeln ist aber wesentlich schwieriger und langwieriger als sie mit LiveCode zu entwickeln. Dazu kommt, dass die Apps dann nur auf der jeweiligen Plattform funktionieren und nicht auf der anderen. Und schon gar nicht auf Desktop-Rechnern.

16.1 Mobile Apps mit LiveCode

LiveCode erleichtert uns die Entwicklungsarbeit in ganz extremem Maß und bietet mit seinem Cross-Platform-Ansatz einen herausragenden Vorteil. Schätzungen sagen, dass Anwendungen, insbesondere von Nicht-Profi-Programmierern, mit LiveCode bis zu 80 % schneller erstellt werden können als mit den nativen Entwicklungssystemen, bei denen auch die Lernphase und Einarbeitungszeit um ein Vielfaches höher liegt als bei LiveCode. So mancher Hobbyprogrammierer hat schon verzweifelt aufgegeben bei dem Versuch, eine eigene App für Android oder iOS umzusetzen – auf der anderen Seite steigen weltweit auch Profis um auf Systeme wie LiveCode, um schneller und kreativer entwickeln zu können.

LiveCode nimmt uns also eine Menge Schwierigkeiten bei der Entwicklung von Programmen ab. Die letzte Hürde für mobile Apps aber liegt unvermeidbar nach wie vor bei Google und Apple, denn an deren Werkzeugen und strengen Bestimmungen kommen letztendlich auch wir nicht vorbei, wenn wir unsere LiveCode-Projekte für deren Systeme umsetzen wollen. Und wenn wir irgendwann als Unternehmer unsere eigene App im AppStore oder im Google Play Store anbieten und verbreiten wollen (anders lassen sich diese Apps nämlich nicht kommerziell verbreiten), unterliegen wir den gleichen Restriktionen wie alle Programmierer, die Apps für diese Systeme entwickeln. Wir brauchen Sicherheitszertifikate und müssen genaue Vorgabestandards einhalten, damit die Apps akzeptiert werden. Bei Android ist es weniger streng als bei Apple – aber der Weg in den Store ist immer auch mit Aufwand und zusätzlichen Kosten verbunden. Haben Sie aber erst einmal eine geniale App mit LiveCode entwickelt, die perfekt läuft und Aussichten hat, gut verkauft zu werden, und sind Sie erst einmal kommerzieller Softwareentwickler, dann wird das alles zur Nebensache, denn Investitionen gehören natürlich zum erfolgreichen Geschäft.

Unser Ziel als angehende Profis soll es hier aber erst einmal sein, eine eigene App auf dem eigenen Gerät laufen zu lassen. Das geht ohne große Investitionen. Es ist schließlich cool, eine selbst programmierte App auf dem eigenen Handy ausprobieren und vorführen zu können. Wenn Sie Ihr Entwicklungssystem erst einmal nach der Anleitung hier im Buch darauf eingerichtet haben, geht das am Ende fast genauso einfach wie das Erstellen einer Standalone-Version für den Desktop-PC. Aber etwas Vorarbeit und ein gewisser Einrichtungsaufwand lassen sich nicht vermeiden. Folgen Sie Schritt für Schritt den hier geschilderten Anweisungen, und laden Sie auch das zusätzliche, ausführlichere Dokument von der Webseite herunter, aus den MATERIALIEN ZUM BUCH unter *www.rheinwerk-verlag.de/4258* (das ist immer am aktuellsten), wenn nicht gleich alles klappt. Ich verspreche Ihnen, einmal eingerichtet, wird alles die Mühe wert sein.

16.2 Apps für mobile Geräte optimieren

Der eigentliche Programmcode in Ihrem LiveCode-Projekt ist völlig unabhängig vom Gerät, auf dem die App nachher laufen soll. Er wird auf Handys ebenso funktionieren wie auf dem Mac oder PC. Die Programmlogik muss für mobile Geräte nicht geändert werden – allenfalls gibt es einige spezielle Befehle, die nur auf mobilen Geräten einsetzbar sind, wie die Ermittlung von GPS-Koordinaten, die Benutzung der Kamera usw.

Was aber besonders für mobile Programme entscheidend ist, sind das Layout und die Größe des Bildschirms, die Größe der Bedienelemente (für Touch) und die Lesbarkeit von Ausgaben auf dem kleinen Screen. Wenn Sie eine App programmiert haben, die am Ende auf einem Phone oder Tablet laufen soll, haben Sie sich sicher schon vorher darüber Gedanken gemacht. Das heißt, Sie haben sich ein Format überlegt, in dem das Programm läuft (Phone oder Tablet-Abmessungen, hochkant oder quer). Das Format muss natürlich möglichst gut dem des Geräts entsprechen, auf dem die App nachher laufen soll. Nun haben die mobilen Geräte allerdings die Eigenschaft, sich erheblich voneinander zu unterscheiden, was Auflösung,und Längen und Breiten der Bildschirme angeht. Wenn Sie eine App wirklich nur für exakt ein Gerät (Ihre eigene Handy-App) erstellen wollen, dann können Sie es natürlich gleich in den entsprechend passenden exakten Maßen anlegen. Aber selbst das kann ein Problem sein, denn heutzutage haben Handys oft höhere Auflösungen als der Bildschirm an Ihrem Entwicklungsgerät.

> Und wenn die App ebenfalls an einem niedriger auflösenden Gerät laufen soll – wie lässt sich das lösen?

Es gibt verschiedene Ansätze. So könnte eine App beim Start den Stack grundsätzlich auf `fullscreen` setzen und dann prüfen, wie hoch die aktuelle Bildschirmauflösung ist (Höhe und Breite), und seine Elemente, Schriftgrößen, Objektgrößen, Positionen daraufhin anpassen und ausgewogen platzieren. Das ist ein professioneller Ansatz, der, mit entsprechendem Aufwand, gut kontrollierbare und ansprechende Ergebnisse erzielt. Sie können die Bildschirmhöhe und -breite mit folgenden Befehlen abfragen: 16

```
set the fullscreen of this stack to true
put the screenRect into bildschirm
set the itemDelimiter to comma
put item 3 of bildschirm into breite
put item 4 of bildschirm into hoehe
```

Anschließend müssten Berechnungen folgen: Wenn ein Objekt wie ein Textfeld 10 % der Bildschirmbreite haben soll, berechnen Sie 10 % von der ermittelten Breite, setzen Sie das Element auf diese berechnete Breite, entsprechend verfahren Sie mit der Höhe und der Position. Ebenso berechnen Sie die Fontgrößen durch Abfragen. Der Weg ist zunächst etwas mühsam, aber er funktioniert und gibt Ihnen am Ende genau das Ergebnis, das Sie wollen auf allen Geräten – der Weg dahin ist meist mit etwas *Trial and Error* verbunden.

Es gibt aber auch einen einfacheren Weg, den ich Ihnen insbesondere am Anfang empfehlen möchte und der in vielen Projekten völlig ausreicht. Sie können den Stack von LiveCode nämlich automatisch so skalieren lassen, dass er den Bildschirm Ihres mobilen Gerätes nach bestimmten Kriterien ausfüllt. Entweder wird die Höhe, die Breite oder beides an den Bildschirm angepasst. Letzteres kann eine Verzerrung mit sich bringen, die aber in gewissem Umfang noch kaum auffällt. Folgendes Skript schreiben Sie dazu in Ihren Stack:

```
on preOpenStack
   set the fullscreenmode of me to "exactFit"
end preOpenStack
```

Wenn Sie keine Verzerrung riskieren möchten, sondern lieber einen Rand in Kauf nehmen, dann ersetzen Sie »exactFit« durch »letterbox« – oder, wenn Sie lieber im Zweifel etwas von der Seite Ihres Stacks abschneiden aber dafür keinen schwarzen Rand haben wollen, wählen Sie »noBorder«. Probieren Sie es aus! Sie brauchen sich bei dieser Lösung keine Sorgen über die genaue Pixelgröße Ihres Stacks zu machen – es sollte nur mit Augenmaß ein Höhen-Breiten-Verhältnis gewählt werden, das von der Passform her etwa dem mobilen Bildschirm entspricht. Den Rest erledigt LiveCode.

16.3 Standalone-Apps für Android erstellen

Bevor Sie mobile Apps für Android umsetzen können, ist es erforderlich, dass Sie die entsprechenden Compiler und Entwicklungskits herunterladen, damit die Erstellung von Android-APK-Dateien möglich wird. LiveCode darf diese Tools schon aus rechtlichen Gründen nicht selbst integrieren, sondern sie müssen von den jeweiligen Quellen geladen werden. Sie müssen also das aktuelle AndroidSDK herunterladen und installieren, und als Voraussetzung dafür das aktuelle Java-SDK (JDK) installieren.

Vorbereitungen in Ihrem System

Beginnen Sie mit dem *JDK* (Java-SDK). Sie finden es durch Googeln von »JAVA SDK« oder mit Hilfe dieses Links:

http://www.oracle.com/technetwork/java/javase/downloads/index.html

Laden Sie die passende Fassung des JDK für Ihr Betriebssystem herunter (Windows x86 oder Windows x64 oder macOS X). Nach dem Download starten Sie das Programm, und führen Sie eine vollständige Installation des JDK durch. Damit haben Sie die Entwicklungsversion von Java auf Ihrem System installiert.

Als Nächstes brauchen Sie das *Android SDK*. Googeln Sie dafür »Android SDK«, oder gehen Sie auf folgende Seite:

https://developer.android.com/studio/index.html

Laden Sie bitte nicht das komplette Android Studio, das oben auf der Seite angeboten wird, sondern nur das aktuelle SDK, das Sie ganz unten auf der Seite finden unter GET JUST THE COMMAND LINE TOOLS (Abbildung 16.1).

Get just the command line tools

If you do not need Android Studio, you can download the basic Android command line tools below.

Platform	SDK tools package	Size	SHA-1 checksum
Windows	installer_r24.4.1-windows.exe	144 MB (151659917 bytes)	f9b59d72413649d31e633207e31f456443e7ea0b
	android-sdk_r24.4.1-windows.zip No installer	190 MB (199701062 bytes)	66b6a6433053c152b22bf8cab19c0f3fef4eba49
Mac OS X	android-sdk_r24.4.1-macosx.zip	98 MB (102781947 bytes)	85a9cccb0b1f9e6f1f616335c5f07107553840cd
Linux	android-sdk_r24.4.1-linux.tgz	311 MB (326412652 bytes)	725bb360f0f7d04eaccff5a2d57abdd49061326d

See the SDK tools release notes.

Abbildung 16.1 So oder ähnlich sieht die Download-Sektion für das Android SDK (ohne Android Studio) unten auf der Webseite aus.

Hier wählen Sie unter WINDOWS die aktuelle EXE-Datei (also die obere mit Installer) oder für MAC OS X die entsprechende ZIP-Datei (Abbildung 16.2).

- **Windows:**
  Nach dem Download starten Sie die EXE-Datei. Folgen Sie den Anweisungen des Installers. Am Schluss starten Sie den SDK-Manager.
- **Mac:**
  Entpacken Sie nach dem Download die ZIP-Datei, und kopieren Sie die Inhalte in ein dafür angelegtes Verzeichnis. Gehen Sie mit dem Finder in das Package bis zum Verzeichnis *android-sdk-mac/tools/*. Führen Sie darin die Datei *android* aus, und der SDK-Manager sollte erscheinen.
- **Für beide Systeme:**
  Wählen Sie im Manager die zu installierenden Pakete aus. Sowohl die, die schon vorangekreuzt sind, als auch ANDROID SDK TOOLS, ANDROID SDK PLATFORM TOOLS und folgende APIs: ANDROID 2.2 (API 8), ANDROID 4.03 (API 15) und ANDROID 4.2.2 (API 17). Das reicht.

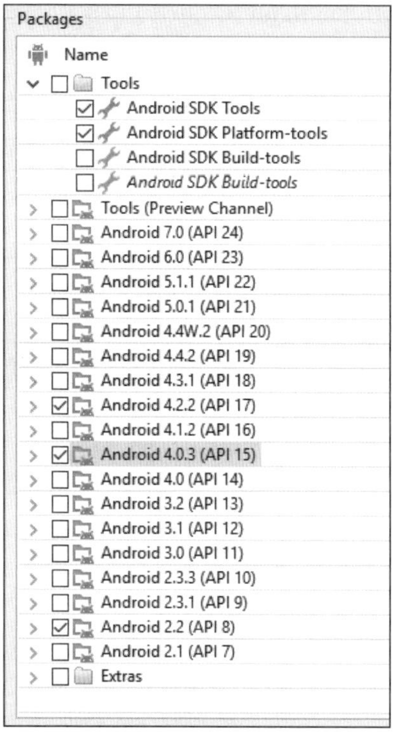

Abbildung 16.2 Diese Packages müssen mindestens installiert werden.

Klicken Sie auf INSTALL PACKAGES, dann wählen Sie ACCEPT LICENSE und klicken auf INSTALL. Der Installationsprozess dauert eine Weile.

Jetzt ist Ihr System für die Android-Entwicklung vorbereitet. Sie müssen LiveCode nur noch sagen, wo es das Android SDK findet. Starten Sie dazu LiveCode, und gehen Sie im oberen Menü auf EDIT • PREFERENCES. Im Fenster, das nun aufgeht, wählen Sie in der linken Spalte MOBILE SUPPORT. Nun sehen Sie im rechten Teil des Fensters unten den Abschnitt ANDROID SDK. Wählen Sie das Verzeichnis Ihres Android SDK unter LOCATION OF ANDROID DEVELOPMENT SDK ROOT (Abbildung 16.3). Beim Mac ist das einfach, weil Sie dieses Verzeichnis selbst erstellt und das SDK hineinkopiert haben. Bei Windows müssen Sie dieses SDK suchen. In der Regel finden Sie es unter:

C:/Users/IhrName/AppData/Local/Android/android-sdk

Wählen Sie den Ordner aus, der *android-sdk* heißt, und bestätigen Sie mit ORDER AUSWÄHLEN. Wenn Sie zuvor das JDK (Java) fehlerfrei installiert haben, sollte der JDK-Path (Pfad zum Java-SDK) automatisch erscheinen.

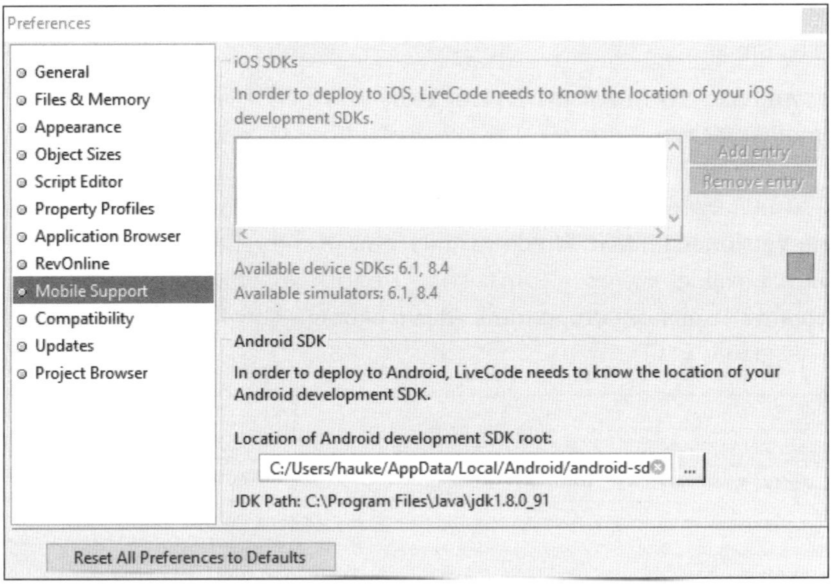

Abbildung 16.3 Hier wird in LiveCode der Pfad zum Android SDK gewählt.

Wenn Sie LiveCode auf diese Weise mitgeteilt haben, wo sich das SDK befindet, und LiveCode alles ohne Fehlermeldung akzeptiert hat, sind Sie *ready to go*. Jetzt kann LiveCode aus einem Projekt eine *APK-Datei* erstellen, die Sie über verschiedene Wege auf Ihr mobiles Android-Gerät bringen können.

Hat bei Ihnen alles geklappt, oder gibt es Probleme bei den oben geschilderten Vorgängen? Wenn bei Ihnen noch nicht alles funktioniert hat, wie es sollte, oder die Webseiten anders aussehen, als hier abgebildet, dann liegt das vielleicht daran, dass sich die Android- und Java-Entwicklungssysteme stetig weiterentwickeln und verändern. Dieses Buch bildet den Stand Ende 2016 ab – was genau danach kommt, kann ich auch nicht vorhersehen. Deshalb gibt es eine noch ausführlichere Anleitung, die immer dem aktuellsten Stand entspricht und Ihnen ganz sicher weiterhelfen wird, online in den MATERIALIEN ZUM BUCH (unter *www.rheinwerk-verlag.de/4258*). Dort finden Sie auch weiterführende Links und Hinweise auf mehr Anleitungen, zum Beispiel für den Google Play Store.

Erstellen einer Android-apk Datei aus LiveCode

Nun ist es soweit. Sie haben ein LiveCode-Projekt, das Sie auf Ihr Android-Handy oder Tablet bringen wollen. Laden Sie das Projekt, bringen Sie es in einen Anfangszustand, in dem alles so aussieht, wie es beim Start des Programms aussehen soll, und speichern Sie Ihr Projekt noch einmal.

Nun gehen Sie auf FILE • STANDALONE APPLICATION SETTINGS. Hier haben Sie die ersten drei allgemeinen Seiten (GENERAL, STACKS, COPY FILES) bereits ausgefüllt (wenn nicht, dann lesen Sie noch einmal den Anfang von Kapitel 15, »Standalone: Die eigenständige App«, und nehmen Sie die Einstellungen vor). Nun wählen Sie die Erstellung von Standalone-Versionen für Mac, Windows und Linux ab und gehen anschließend auf die Seite ANDROID. Wählen Sie oben BUILD FOR ANDROID an. Wir zeigen die Schritte beim Ausfüllen am Beispiel des Programms »Rechenkönig«. So wie in Abbildung 16.4 sieht die Seite ausgefüllt aus.

Abbildung 16.4 Die »Standalone Application Settings« für Android

Für ein Programm wie den »Rechenkönig« (oder die anderen Programme in diesem Buch) müssen Sie gar nicht allzu viel ausfüllen. Unter LABEL tragen Sie den Namen des Programms ein, der unter dem Icon in Android angezeigt wird. Ein Wort genügt. Der IDENTIFIER sollte eindeutig sein, Normalerweise schreiben Sie »com.Ihr(Firmen-) Name.appName« – ohne Umlaute oder Sonderzeichen. Die Versionsnummer können Sie frei bestimmen, den VERSIONSCODE sollten Sie bei jeder neuen Version des Programms um 1 erhöhen, er ist also am Anfang 1.

Unter ICON sollten Sie ein Programmsymbol hochladen. Das ist das bunte Bild, das Ihre App im Launcher anzeigt und an dem Sie die App erkennen. Sie können ein Symbol von einer der unzähligen Webseiten herunterladen, auf denen es kostenlose Icons für Android gibt, oder mit einem Grafikprogramm (wie Photoshop oder GIMP) selbst ein Icon erstellen. Es muss quadratisch sein, sollte mindestens die Größe 48 × 48 Pixel haben (96 × 96 geht auch oder 192 × 192 bis 512 × 512) und im Grafikformat PNG vorliegen. Wenn Sie kein Icon definieren, wird Ihre App mit einem eher hässlichen Standard-Icon auf dem Gerät präsentiert. Das reicht zum Testen natürlich erst einmal auch aus.

Ein SPLASH-ICON benötigen wir nicht, da es unter Android nicht wirklich verwendet wird.

Ganz wichtig ist, dass Sie unter SIGNING auswählen: SIGN FOR DEVELOPMENT ONLY. So erstellen Sie eine Version der App, die zwar so nicht in den Google Play Store kann, die Sie aber problemlos auf Ihr Handy oder Tablet spielen können.

Das Einzige, was Sie jetzt noch einstellen müssen, ist die ORIENTATION, also LANDSCAPE (quer) oder PORTRAIT (hochkant), und ob die STATUS BAR (die Statuszeile im Android-Gerät) sichtbar (VISIBLE) oder unsichtbar (HIDDEN) sein soll. 16

Für einfache Programme wie die in diesem Buch haben Sie jetzt alles gesetzt. Nur wenn Ihre App spezielle Fähigkeiten des Mobilgeräts verwendet (wie die Kamera, den Beschleunigungsmesser, das Telefon, Multitouchgesten, Geokoordinaten usw.), dann müssen Sie die entsprechenden erforderlichen Elemente auf der rechten Seite des Fensters auswählen.

Fertig. Speichern Sie Ihr LiveCode-Projekt erneut, und schließen Sie das Einstellungsfenster. Gehen Sie im Menü auf FILE • SAVE AS STANDALONE APPLICATION – und wenn Sie vorher alles richtig gemacht haben, wird Ihnen LiveCode nach kurzer Zeit eine fertige APK-Datei ins Standalone-Verzeichnis liefern. Sie haben eine Android-App hergestellt!

> Wie bringe ich die APK-Datei jetzt auf mein Android-Gerät?

Android-Gerät vorbereiten

Da Android bei Weitem nicht so restriktiv ist wie Apple mit iOS, haben Sie mehrere Möglichkeiten, Ihre APK auf Ihrem Handy oder Tablet zu installieren. Was dazu notwendig ist: Auf Ihrem Android-Gerät müssen die DEVELOPER OPTIONS (Entwickleroptionen) freigeschaltet werden. Das geht auf jedem Android-Gerät ohne großen Aufwand. Gehen Sie auf Ihrem Handy oder Tablet auf EINSTELLUNGEN. Wählen Sie dort GERÄTEINFORMATIONEN oder ähnlich (ÜBER DIESES GERÄT usw.). Finden Sie dort die Modellnummer Ihres Geräts heraus. Auf diese Modellnummer tippen Sie siebenmal nacheinander. Das war alles. Danach erhalten Sie eine Mitteilung, dass Sie die Entwickleroptionen freigeschaltet haben. Ebenfalls sollten Sie in Ihrem Android-Gerät noch einstellen, dass Anwendungen, die nicht aus dem Google Play Store kommen, installiert werden dürfen. Sie finden dies in den EINSTELLUNGEN unter ANWENDUNGEN oder unter SICHERHEIT – je nach Modell kann das an unterschiedlichen Stellen sein. Nun ist Ihr Android-Gerät bereit, Ihre eigene App zu installieren.

Ihre eigene App auf dem Android-Gerät

Ein einfacher Weg, den ich empfehle: Installieren Sie über den Google Play Store auf Ihrem Android-Gerät einen kostenlosen Dateimanager – zum Beispiel den beliebten *Total Commander*. Das geht in wenigen Sekunden.

Schließen Sie Ihr Android-Gerät über USB an Ihren Entwicklungscomputer an. Ich gehe davon aus, dass Sie die Treiber für Ihr Android-Gerät installiert haben, so dass Sie vom Computer aus auf die Verzeichnisse im Gerät zugreifen können. Kopieren Sie die APK-Datei auf Ihr Gerät – wo, das ist egal, solange Sie sie wiederfinden, zum Beispiel in den Ordner *Downloads* oder auf die SD-Karte (wenn Ihr Gerät eine hat).

Starten Sie jetzt auf dem mobilen Gerät den *Total Commander*, und finden Sie damit den Ordner, in den Sie zuvor die APK-Datei kopiert haben. Wählen Sie die APK-Datei aus, und drücken Sie auf INSTALLIEREN. Nun wird Ihre Datei installiert! Das war's. Sie ist auf Ihrem Gerät. Sie dürfen bewundern und testen!

Ein anderer Weg wäre, falls Sie aus irgendeinem Grund die Datei nicht auf das Gerät kopieren können, die APK-Datei per E-Mail an sich selbst zu senden und sie mit dem Mobilgerät abzurufen. So erhalten Sie die Datei auch auf das Gerät und können sie installieren – sogar Freunden können Sie die Datei so senden (vorausgesetzt, diese haben es auf ihren Geräten auch ermöglicht, »fremde« Apps zu installieren).

Herzlichen Glückwunsch! Sie haben eine eigene Android-App hergestellt. Die Mühen sind schnell vergessen, denn mit dem Setup, das Sie jetzt auf Ihrem Computer haben, können Sie fortan ohne weitere Probleme immer neue Apps für Android erstellen und auf Ihr Gerät bringen!

Weitere Möglichkeiten, zum Beispiel die, Ihre Apps in verschiedenen Android-Emulatoren auf dem PC zu testen oder sie letztendlich im Google Play Store zu veröffentlichen, werden im Zusatzdokument »LiveCode-Apps für Android umsetzen« ausführlich beschrieben. Sie finden das Dokument auf der Webseite zu diesem Buch (*www.rheinwerk-verlag.de/4258*).

16.4 Standalone-Apps für iOS erstellen

Während es nicht schwer ist, eine IPA-Datei (App für *iOS*) mit LiveCode herzustellen und sie auch im *iOS-Simulator* zu testen, ist es um einiges aufwendiger, diese App dann auch wirklich auf Ihr iPhone oder iPad zu bringen. Dafür kann LiveCode nichts, das liegt an der Sicherheitspolitik von Apple. iPhones und iPads sind extrem gut abgesicherte Geräte. Das heißt, sie erlauben es nicht, dass man einfach mal eine App draufspielt und installiert – außer über den von Apple kontrollierten AppStore. Nun müssen aber Entwickler (wie Sie es sind) eine Möglichkeit haben, ihre Apps auf ihrem eigenen Gerät zu testen. Das haben sie natürlich auch, aber auch hier führt der Weg durch einige Kontrollinstanzen von Apple. Wir werden hier eine Möglichkeit beschreiben, wie der Weg zur App im eigenen iOS-Gerät funktioniert – und zwar ohne Kosten. Noch bis 2015 war es grundsätzlich nicht möglich, eine eigene App auf ein iOS-Gerät zu bringen, ohne eine kostenpflichtige Mitgliedschaft als Apple Developer (99 US$ im Jahr). Das wurde jetzt zum Glück gelockert. Professionelle Entwickler, die im AppStore veröffentlichen wollen, benötigen diese Mitgliedschaft zwar nach wie vor, aber Einsteiger können jetzt auch ihre Apps auf den eigenen Apple-Geräten installieren und testen, ohne dafür eine Gebühr zu zahlen.

Erforderlich für die Erstellung von iOS-Apps ist es natürlich immer, auf einem Mac zu arbeiten. Unter Windows ist es prinzipiell nicht möglich, Software für Apple-Geräte zu erstellen.

Vorbereiten Ihres Mac-Systems

Das Folgende müssen Sie vorbereiten, damit LiveCode iOS-Apps erstellen kann. Sie benötigen eine gültige *Apple-ID*, und Sie müssen die passende Version von *Xcode* auf Ihr System laden. Sollten Sie noch keine Apple-ID haben oder eine zusätzliche zum Entwickeln anlegen wollen, dann können Sie das hier tun: *https://appleid.apple.com/account*

Mit dieser ID loggen Sie sich auf *https://developer.apple.com* ein und gehen zu den DOWNLOADS (möglicherweise müssen Sie etwas nach unten scrollen). Sie müssen hier Xcode herunterladen, aber nicht die allerneueste Version.

Welche Version von Xcode brauche ich?

Das hängt von Ihrer macOS-X-Version ab. Ausgehend von der Annahme, dass Sie LiveCode 8.1 verwenden, benötigen Sie die folgende Xcode-Version:

- macOS X 10.7: Xcode 4.6
- macOS X 10.8: Xcode 5.1
- macOS X 10.9: Xcode 6.2
- macOS X 10.10: Xcode 7.2
- macOS X 10.11: Xcode 7.3

Gehen Sie auf der Seite nach unten auf MORE DOWNLOADS, haken Sie DEVELOPER TOOLS an, suchen Sie die passende Xcode-Version aus der Liste heraus, und laden Sie sie herunter (das wird eine Weile dauern). Installieren Sie Xcode anschließend, indem Sie die DMG-Datei »mounten« und Xcode in Ihren Anwendungsordner ziehen.

Starten Sie nun LiveCode, gehen Sie im Menü auf EDIT • PREFERENCES, und wählen Sie aus der linken Spalte MOBILE SUPPORT. Rechts oben wählen Sie nun mit dem Button ADD ENTRY die Xcode-App, die Sie zuvor installiert haben. Fertig. Jetzt kann LiveCode Ihre Apps prinzipiell bereits im iPhone- oder iPad-Simulator abspielen und testen.

iOS-Apps im Simulator testen

Das sollten Sie auch tun, wenn Sie Apps für iOS entwickeln wollen. Auf dem iPhone- oder iPad-Simulator können Sie bis ins Detail genau sehen, wie Ihre App später auf den endgültigen Geräten aussehen wird. Oft erlebt man dabei die eine oder andere Überraschung: Farben sehen anders aus, Textfelder haben Rahmen, die nicht schön sind, Schriften sind zu klein oder zu groß. All das können Sie mit Hilfe des Simulators bequem aus LiveCode heraus anpassen und so lange testen, bis alles gut aussieht.

Laden Sie dazu Ihre App in LiveCode, zum Beispiel den »Rechenkönig«. Gehen Sie jetzt im Menü von LiveCode auf FILE • STANDALONE APPLICATION SETTINGS. Dort wählen Sie die Erstellung einer Standalone-Fassung für MAC, WINDOWS und LINUX ab und für IOS an. Auf dieser Seite nehmen Sie jetzt ein paar grundlegende Einstellungen vor (Abbildung 16.5).

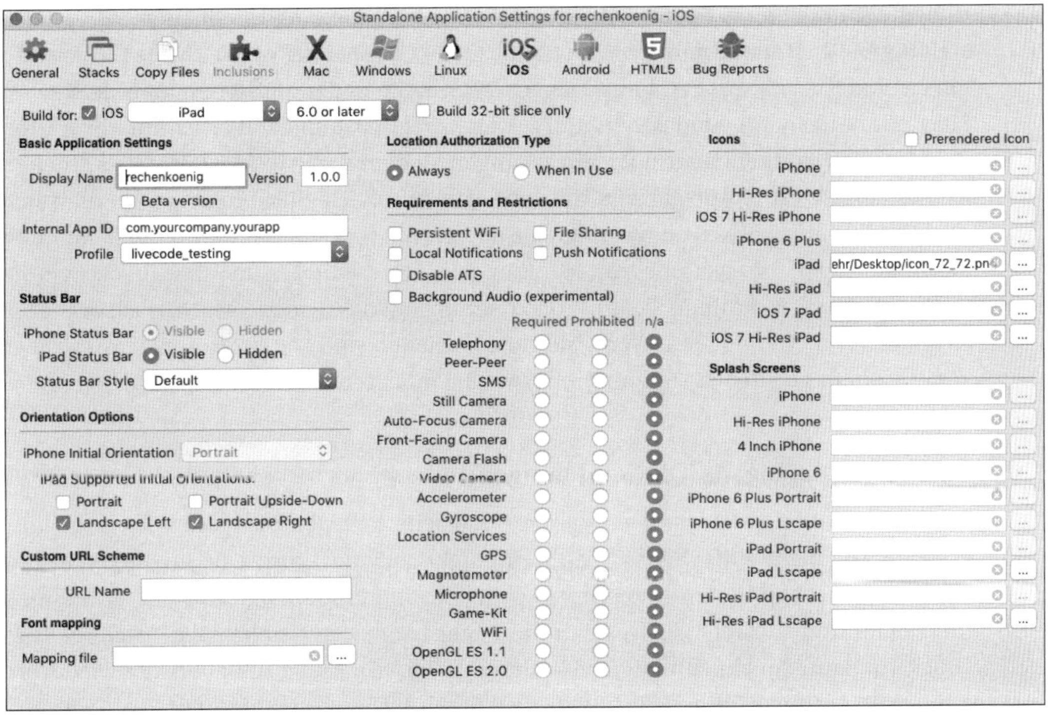

Abbildung 16.5 Die Einstellungen für iOS-Apps

Tragen Sie als DISPLAY NAME den Namen der App ein (der erscheint unter dem Icon). INTERNAL APP ID und PROFILE können Sie für den Test auf dem Simulator erst einmal leer lassen. Das kommt später, wenn wir die App auf das Gerät bringen wollen. Wählen Sie ganz oben, für welches Gerät die App erstellt werden soll (IPHONE oder IPAD, wir wollen es hier auf IPAD testen) sowie die Betriebssystemversion (6.0 OR LATER ist ein guter Wert). Unter STATUS BAR wählen Sie, ob die Statusleiste im Gerät sichtbar oder unsichtbar sein soll. Nun wählen Sie unter ORIENTATION OPTIONS noch, ob die App hochkant (PORTRAIT) läuft oder quer (LANDSCAPE).

Was jetzt noch fehlt, sind ICON und SPLASHSCREEN. Das Icon ist das bunte Bild, mit dem die App im Gerät repräsentiert wird, der Splashscreen ist das Bild, das beim Laden der App sofort angezeigt wird, quasi das Titelbild. Wenn Sie die App auf das Gerät bringen, auch nur zum Testen, wäre es schon sehr sinnvoll, zumindest ein Icon zu erstellen. Sie können dies für jede mögliche Auflösung tun oder auch nur für die Standardgröße des weniger hochauflösenden iPads. Das Icon-Bild muss im Format PNG gespeichert und in der Standardgröße 72 × 72 Pixel groß sein. Für die höher auflösenden Geräte ist eine entsprechend höher aufgelöste PNG-Datei erforderlich. Zum Testen ist das alles noch nicht unbedingt notwendig. Speichern Sie das LiveCode-Projekt jetzt, schließen Sie das Einstellungen Fenster und gehen Sie im Menü auf DEVELOPMENT • TEST TARGET. Hier wählen Sie den IPAD-SIMULATOR aus. Danach klicken Sie in der grafischen Menüleiste von LiveCode einfach nur auf das Symbol TEST (ganz rechts), und der iPad-Simulator startet. Beim ersten Mal braucht er noch etwas länger, ab dem nächsten Mal geht es schneller. Sie können jetzt Ihre App ganz in Ruhe auf dem simulierten iPad testen. Es verhält sich genauso wie ein echtes iPad. Beenden Sie den Simulator über das Menü oben, nehmen Sie Änderungen in LiveCode vor (Größen, Schriften, Rahmen usw.), und klicken Sie erneut auf TEST. So können Sie Ihr Projekt perfekt auf das iPad anpassen, noch bevor Sie es auf das reale Gerät laden. Wenn Sie ganz zufrieden sind mit Ihrer App, dann wird es Zeit, sie auf das echte iPad (oder iPhone, wie Sie möchten oder können) zu bringen.

Die App auf das eigene iOS-Gerät bringen

Das iPhone und das iPad sind wie gesagt Hochsicherheitsgeräte. Apple lässt eine selbst erstellte App nicht einfach ins Gerät, wenn nicht ganz bestimmte Bedingungen erfüllt sind. Um eine App in den AppStore zu bringen, sind eine Menge Hürden zu nehmen (und Gebühren zu zahlen). Um sie nur auf das eigene Gerät zu bringen, reicht es zum Glück, für jede App ein gültiges *Provisioning Profile* von Apple zu haben, das wiederum auf der Basis eines gültigen *Zertifikats* erstellt wird. Dieses erforderliche Zertifikat und das Provisioning Profile erstellt uns neuerdings Apples Software Xcode auch ohne kostenpflichtige Anmeldung als Entwickler. Das sollten wir jetzt auch nutzen. Folgen Sie der Anleitung Schritt für Schritt – dann ist es bald geschafft. Die folgende Anleitung basiert auf einem Blogbeitrag von LiveCode (verwendet mit freundlicher Genehmigung von LiveCode), den Sie in voller Länge auf Englisch hier finden:

https://livecode.com/how-to-create-a-free-ios-development-provisioning-profile/

Starten Sie Xcode. Xcode öffnet kein Fenster, sondern es ist nur im oberen Menü zu sehen, wenn es gestartet ist. Wählen Sie aus dem Menü XCODE • PREFERENCES. Sie sehen jetzt links die Apple-IDs, die registriert sind (anfangs vermutlich noch keine). Klicken Sie auf das Pluszeichen, und registrieren Sie Ihre eigene Apple-ID. Wählen Sie danach Ihre ID links an, und klicken Sie dann rechts unten auf VIEW DETAILS.

Jetzt klappt sich ein weiteres Fenster auf mit SIGNING IDENTITIES und PROVISIONING PROFILES. Im oberen Teil klicken Sie jetzt hinter IOS DEVELOPMENT auf CREATE. Wenn der Prozess abgeschlossen ist, klicken Sie auf DONE.

Als Nächstes schließen Sie Ihr iOS-Gerät (also Ihr iPhone oder iPad) an den Computer an und warten, bis es erkannt wird.

Nun gehen Sie im oberen Menü von Xcode auf File • New • Project, im Fenster, das sich daraufhin öffnet, wählen Sie Game. Jetzt erscheint das in Abbildung 16.6 dargestellte Fenster.

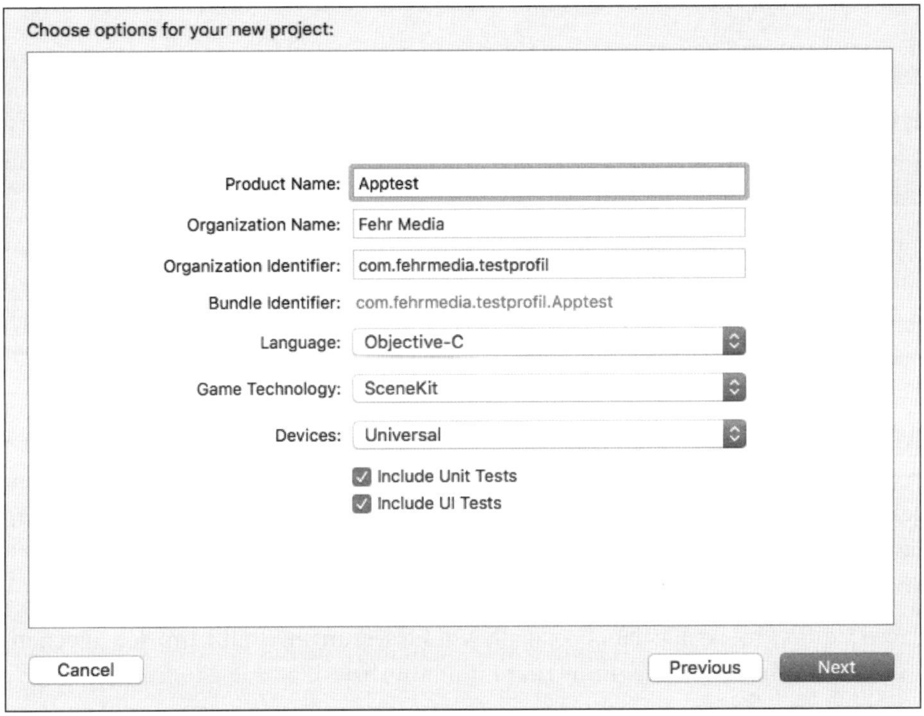

Abbildung 16.6 Hier beginnen Sie, Ihr App-Profil zu erstellen.

Keine Sorge – Sie werden jetzt kein echtes Xcode-Projekt starten, sondern Xcode lediglich dazu verwenden, ein gültiges Profil für Ihre App zu erstellen. Füllen Sie das Formular ähnlich aus, wie abgebildet. Schreiben Sie ruhig »Apptest« oder auch »rechenkoenig« in den Product Name, Ihren Namen oder Ihre Firma in den Organization Name, und als Organization Identifier tragen Sie zum Beispiel ein: »com.IhrName.testprofil« (statt *testprofil* können Sie auch den Namen Ihrer App ohne Umlaute und Sonderzeichen eintragen.

Den Rest lassen Sie so, wie er voreingestellt war. Klicken Sie auf Next. Darauf öffnet sich ein Dialog, in welchem Ordner Sie das Projekt speichern wollen. Es spielt keine Rolle, welchen Sie wählen, weil wir das Projekt als solches nicht verwenden werden, sondern nur das Profil, das angelegt wird.

Als Nächstes öffnet sich die Hauptseite des neuen Projekts. In der Leiste ganz oben wählen Sie bitte Ihr angeschlossenes Gerät aus. Dann kopieren Sie den Namen des BUNDLE IDENTIFIER, der automatisch erstellt wurde, in die Zwischenablage (Cmd + C). Am besten notieren Sie ihn sicherheitshalber auch exakt, denn wir brauchen ihn später.

Unter DEPLOYMENT TARGET wählen Sie das Betriebssystem Ihres angeschlossenen Geräts aus oder ein niedrigeres. Und jetzt wird das PROVISIONING PROFILE erstellt: Sie sehen im oberen Teil eine Warnmeldung mit der Überschrift NO MATCHING PROVISIONING PROFILES FOUND. Darunter ist ein Button FIX ISSUE. Den klicken Sie bitte! Damit ist Ihr Provisioning Profile erstellt worden.

Sie können Xcode jetzt beenden. Kehren Sie zurück zu LiveCode. Laden Sie das Projekt (hier als Demo den *rechenkoenig*), wenn es nicht sowieso noch offen ist. Gehen Sie auf die STANDALONE APPLICATION SETTINGS für iOS. Spätestens jetzt sollten Sie hier noch ein ICON hinzufügen. Mindestens das für Standard-iPad (72 × 72). Ein SPLASHSCREEN für IPAD LANDSCAPE wäre auch noch schön. Er muss 1024 × 768 Pixel groß sein.

Das Wichtigste kommt aber jetzt: Sie setzen jetzt die INTERNAL APP ID und schreiben dort exakt den Namen des Bundle-Identifiers rein (oder nehmen ihn aus der Zwischenablage), den Sie vorher in Xcode notiert haben. Er muss exakt stimmen. In PROFILE wählen Sie aus dem Dropdown-Menü das Provisioning Profile, das Sie zuvor automatisch mit Xcode erstellt haben.

Speichern Sie das Projekt. Sie haben jetzt alle Voraussetzungen erfüllt, um den »Rechenkönig« (oder welche App auch immer) auf Ihr iPhone bzw. iPad zu bekommen!

Wählen Sie im Menü FILE • SAVE AS STANDALONE APPLICATION – und schon erstellt LiveCode Ihnen die App für iOS.

Could not find valid profile

Falls Sie bei der Erstellung die Fehlermeldung »Could not find valid profile« erhalten, benötigen Sie noch ein weiteres Zertifikat. Sie können das von Apple hier laden:

https://developer.apple.com/certificationauthority/AppleWWDRCA.cer

Laden Sie es herunter, doppelklicken Sie es, und nehmen Sie es in den Schlüsselbund auf. Fertig.

Jetzt nur noch ein Schritt:

Öffnen Sie wieder Xcode. Gehen Sie im oberen Menü auf WINDOW • DEVICES. Wählen Sie links Ihr angeschlossenes Gerät aus. Öffnen Sie den Standalone-Ordner Ihrer App, die Sie gerade für iOS erstellt haben, und ziehen Sie die erstellte App-Datei in das Fenster

INSTALLED APPS Ihres Geräts in Xcode. Ihre App wird dadurch automatisch installiert. Sie erscheint mit ihrem Icon jetzt auf Ihrem Gerät. Sie können das Gerät abkoppeln, in die Hand nehmen, auf das Icon tippen und Ihre eigene App auf Ihrem iOS-Gerät bewundern und ausprobieren!

Herzlichen Glückwunsch! Der Weg dahin, die eigene App auf iPhone oder iPad zu bringen, ist beim ersten Mal mit etwas Arbeit verbunden. Aber einmal eingerichtet, geht es anschließend bei jeder weiteren App viel schneller, denn die meisten Schritte müssen Sie schließlich nur einmal machen. Wenn Xcode bereits installiert und eingerichtet ist, erstellen Sie für jede weitere App, die Sie auf Ihr Gerät bringen wollen, einfach nur ein neues Projekt und gehen vor, wie in der Anleitung beschrieben, um jeweils ein neues Provisioning Profile zu erstellen. Wenn Sie neue Fassungen Ihrer bereits zuvor kompilierten App erstellen wollen, brauchen Sie natürlich kein neues Profile, sondern Sie gehen einfach nur erneut auf FILE • SAVE AS STANDALONE APPLICATION.

Weitere aktualisierte Informationen und Links, wie Sie Ihre App für iOS-Geräte fitmachen und sie dort als Tester oder auch als professioneller Entwickler installieren, bis hin zu der Frage, wie Sie Apps für den AppStore aufbereiten und einreichen, finden Sie in den MATERIALIEN ZUM BUCH auf der Webseite (*www.rheinwerk-verlag.de/4258*). Schauen Sie dort auf jeden Fall hinein, denn die Verfahren und Möglichkeiten ändern sich ständig, und die hier vorgestellten Methoden können in einiger Zeit schon nicht mehr ganz aktuell sein – es gibt eine gute Chance, dass diese Vorgänge in der Zukunft auch noch um einiges einfacher und schneller zu bewerkstelligen sind.

Kapitel 17
Ausblick: Wie geht es weiter?

Wer einmal der Faszination des Programmierens erlegen ist, hat eine Welt der endlosen Möglichkeiten vor sich. Was kann man noch alles mit LiveCode machen? Wollen Sie das Programmieren als faszinierendes Hobby betreiben oder in die Liga der Profis aufsteigen und damit Geld verdienen?

17.1 Das war jetzt erst der Anfang

Wenn Sie dieses Buch durchgearbeitet haben und sich hier selbst kreativ versucht haben, dann haben Sie einen guten Einblick in die Möglichkeiten des Programmierens mit LiveCode bekommen. Die Ergebnisse, die man in einem solchen Kurs wie diesem schon in relativ kurzer Zeit erzielen kann, sind beachtlich. Angefangen beim automatischen Würfel, Lottozahlengenerator und Memory-Spiel ging es über Mathetrainer, Quiz und Reaktionsspiele bis hin zum kompletten »Great-Mind«-Spiel.

Trotzdem ist das natürlich alles erst der Anfang. LiveCode kann noch viel mehr als das, was Sie an Basiswissen in diesem Buch erproben konnten. Die Möglichkeiten gehen auch noch viel weiter in den professionellen Bereich hinein. LiveCode eignet sich beispielsweise perfekt für E-Learning-Anwendungen aller Art. So lassen sich damit spielerische oder hocheffiziente Trainer bauen, wie wir es mit dem »Rechenkönig« und dem Quiz erprobt haben, sie lassen sich aber auch noch erheblich erweitern mit Verwendung von Drag-&-Drop-Modulen, Online-Medien-Einbindung und Video. LiveCode spielt alle gängigen Formate über das Player-Objekt ab.

Richtig professionell wird es auch, wenn wir Datenbanken mit ins Spiel bringen. LiveCode kann sich problemlos mit allen wichtigen Datenbankformaten verbinden, darunter auch mySQL (online) und SQlite (online oder offline). So lassen sich bequem Apps zu datenbankgestützten Webseiten erstellen, die auf alles zugreifen können, oder man kann umfangreiche Kundenverwaltungen, Lagerbestandsprogramme, Nachschlagewerke, Videodatenbanken und anderes anlegen. Auch mit Netzwerken und Protokollen für Online-Zugriffe kommt LiveCode zurecht. So lassen sich Mehrbenutzer-Programme für Netzwerke bzw. über Internet entwickeln, Chat und interaktives Online-Learning sind möglich oder Analyseprogramme, die komplexe Webseiteninhalte nach Bedarf parsen und auswerten.

LiveCode kann sogar E-Mails erstellen und senden, ebenso wie selbst erstellte Seiten präzise ausdrucken oder PDF-Dateien konstruieren. Darüber hinaus kann LiveCode Dateien komprimieren oder dekomprimieren. Für mobile Geräte stehen natürlich eine Menge Sonderfunktionen zur Verfügung, angefangen beim Zugriff auf die geräteinternen Daten (GPS, Lagesensor, SMS-Senden, Systemklänge aktivieren, Mehrkanalton) bis hin zu Multitouchgesten, Kamerabedienung und In-App-Käufen. Auch kann LiveCode über sogenannte Externals (in Zukunft wird es dafür auch immer mehr Widgets geben) mit speziellen Bibliotheken verschiedener Programme kommunizieren – Sie könnten beispielsweise Microsoft-Office-Programme oder andere externe Software damit steuern und kontrollieren. Dazu kommt, dass man seit einiger Zeit mit LiveCode nicht nur Apps für Desktop-Computer und mobile Geräte bauen kann, sondern sogar *HTML5*-Versionen, die ohne weitere Plug-ins in jedem aktuellen Webbrowser gestartet und verwendet werden können. Dieses Feature ist derzeit noch experimentell und funktioniert nur mit Einschränkungen. Das sollte sich aber in naher Zukunft ändern.

Mit den Kenntnissen aus diesem Buch haben Sie das umfassende Grundwissen, das genügt, um sich selbst weitere neue Techniken in LiveCode anzueignen. Sie kennen das Bedienkonzept von LiveCode, Sie kennen alle wichtigen Programmierstrukturen und das zugrunde liegende System. Sie wissen, wie man mit Properties, globalen und lokalen Variablen hantiert, wie man Messages verwendet, wie und wo Skripte erstellt werden – vor allem wissen Sie auch, wo Sie nachschlagen können, wenn Sie mehr Informationen brauchen.

Eine ausführliche Beschreibung der Möglichkeiten und Befehle von LiveCode ist als englischsprachiges Handbuch in LiveCode integriert (HELP • USER GUIDE). Da gibt es Einführungen und Anleitungen zu fast allen Bereichen der Programmierung. Mit grundlegenden Englischkenntnissen kann man seine Kenntnisse hier deutlich erweitern und vertiefen. Darüber hinaus gibt es auf den Webseiten von LiveCode zahlreiche übersichtliche und klar strukturierte *Tutorials* und Schritt-für-Schritt-Anleitungen zu vielen typischen Themen, die für Einsteiger wichtig sind, seien es Datenbanken, Audio und Video, Online-Zugriffe oder das Umgehen mit komplexen Tabellen. Sie können die Tutorials auch direkt aus LiveCode heraus aufrufen. Im Menü finden Sie in der HELP-Sektion zahlreiche Punkte, die Sie direkt zu den Online-Anleitungen von LiveCode führen. Englischkenntnisse sind erforderlich, dann lässt sich hier enorm viel Material in allen Schwierigkeitsgraden finden.

Nicht zuletzt sind auch die *Online-Foren* von LiveCode sehr hilfreich. Hier können Sie in zigtausend Beiträgen Fragen und Antworten zu allen erdenklichen Themen rund um das Programmieren mit LiveCode finden. Auch zu den Foren kommen Sie über das Menü: HELP • FORUMS. Sehr viele Fragen, die Sie vielleicht am Anfang haben, sind hier schon gestellt worden. Suchen Sie nach dem Thema im Forum oder googeln Sie einfach mal nach Ihrer Frage mit dem zusätzlichen Suchwort »LiveCode« – das führt Sie auch oft direkt ins Forum. Wenn Sie glauben, dass Ihre Frage noch nie beantwortet wurde, können Sie natürlich auch selbst eine Frage im Forum posten. Es gibt dort viele hilfreiche Personen, manchmal auch Mitarbeiter von LiveCode selbst, die sich bemühen, Fragen von Anfängern (oder Fortgeschrittenen) zu beantworten. Oft finden Sie hier auch Codebeispiele, die Sie, mit etwas Glück, direkt in Ihre Projekte übernehmen können.

Nutzen Sie diese verschiedenen Möglichkeiten. Geben Sie nicht auf, wenn eine Idee, die Sie haben, nicht gleich in LiveCode so funktioniert, wie Sie es sich erhofft hatten. Glauben Sie mir: LiveCode ist sehr mächtig, und die meisten Probleme lassen sich lösen – oft sogar auf ganz unterschiedliche und unerwartete Weisen. Wenn Sie dranbleiben und Ihre Kenntnisse dabei stetig erweitern, haben Sie bald die Erfahrung eines LiveCode-Profis.

17.2 Programmieren mit LiveCode – Hobby oder Beruf?

Da stellt sich natürlich irgendwann die Frage, ob LiveCode nur ein System ist, mit dem Einsteiger und Hobby-Entwickler hervorragend Programmieren lernen können und schnell kreative Ideen in funktionierende Programme umsetzen können – oder ob man basierend auf LiveCode auch beruflich professionelle Apps entwickeln kann, die man entweder im Auftrag für Firmen erstellt oder als eigene Produkte verkauft.

Die Erfahrung in zahlreichen Ländern zeigt: LiveCode ist eindeutig beides. Die kostenlose Community-Edition wird speziell für Einsteiger, Umsteiger und Lernende angeboten. Mit ihr kann man, von wenigen Spezialfunktionen abgesehen, die ganze Bandbreite der Fähigkeiten von LiveCode nutzen und kennenlernen. In Großbritannien und Australien wird LiveCode bereits an zahlreichen Schulen im Informatikunterricht genutzt. Durch sein anschauliches Modell und das sehr einfache Platzieren von Objekten, die man mit leicht verständlichem Code bestücken kann, eignet sich LiveCode hervorragend dazu, die Konzepte der objektorientierten Programmierung zu lernen. Nirgendwo ist der Weg vom Verstehen des Prinzips bis hin zum funktionierenden Programm so schnell, klar und übersichtlich – von der Idee zur App verläuft ein logischer, einfacher Weg.

Das heißt aber überhaupt nicht, dass LiveCode sich nicht als professionelles Entwicklersystem eignet. Im Gegenteil: Kommerzielle Programmierer, die mit Apps ihr Geld verdienen, bleiben für einen Großteil ihrer Projekte bei LiveCode, wenn sie es einmal kennengelernt haben. LiveCode eignet sich für fast alle Projekte, die Firmen sich heutzutage wünschen. Sei es eine Kundenverwaltung mit Online-Anbindung, sei es ein Trainingsprogramm für Angestellte, sei es ein Reservierungssystem, das mit der Website korrespondiert, oder eine universelle App für interne Nachrichten. Besonders mobile Apps für repräsentative Zwecke und spezielle Informationsangebote sind in letzter Zeit gefragt.

Und wenn eine Firma eine App für iOS und Android gleichzeitig haben möchte – am liebsten auch noch eine Fassung für PC und Mac, dann gibt es kaum ein System, das für die Entwicklung geeigneter wäre als LiveCode. Allein die Zeitersparnis gegenüber anderen Entwicklern ist ein geldwerter Konkurrenzvorteil. Zum einen geht das Entwickeln vom Prototyp zur fertigen App mit LiveCode ohnehin erheblich schneller als mit Xcode oder Android Studio, zum anderen können Sie dem Kunden den Stand der Entwicklung jederzeit anhand einer Windows-Version der mobilen App präsentieren – ohne Aufpreis. Und danach fertigen Sie daraus gleich eine Fassung für beide mobile Systeme, was bei anderen Entwicklern mit jeweils separatem Entwicklungsaufwand sehr hoch veranschlagt wird. Immer mehr Apps, die man heutzutage im AppStore oder im Google Play Store findet, sind mit LiveCode gemacht. In Deutschland beginnt diese Entwicklung erst, in anderen Ländern ist LiveCode schon etablierter. Mit den neuesten Features ist LiveCode aber dabei, die Entwicklerszene weltweit zu beeindrucken. Klar, ein paar Einschränkungen gibt es: Sie können mit LiveCode keine 3D-Anwendungen entwickeln, also 3D-Spiele oder Simulationen. Dafür gibt es eigene spezielle Systeme für Experten, die sich darauf spezialisiert haben (allerdings kann man mit LiveCode durchaus Oberflächen dafür entwickeln, die das Spiel und die Benutzer verwalten und es mit Parametern in Gang setzen). Und LiveCode ist sicherlich nicht ideal für extrem zeitkritische Anwendungen wie Maschinensteuerungsprogramme oder grafische Betriebssysteme. Aber das ist ohnehin nur etwas für sehr erfahrene Systementwickler. Dafür ist LiveCode natürlich nicht gemacht.

Dennoch: LiveCode eignet sich für 90 % aller Anforderungen, die Firmen heutzutage an Apps haben können – vom interaktiven Online-Tool über die Verwaltung bis hin zum multimedialen Lernspiel oder zur animierten repräsentativen Show. Kaum eine App wäre damit nicht schnell und effizient machbar. Und die Nachfrage nach Apps, insbesondere mobilen Apps, ist zurzeit groß. Entwickler dafür gelten als teuer und schwer zu bekommen – Ihre Chance?

Welche Voraussetzungen sollten Sie erfüllen, um mit der Programmierung von Apps Ihren Lebensunterhalt zu verdienen? Zum einen müssen Sie mit dem Programmieren in LiveCode natürlich richtig sicher und vertraut sein, Sie sollten schon einige größere Apps gebaut und perfektioniert haben, bevor Sie Apps für Firmen oder für die Verbreitung entwickeln. Professionelle Apps müssen beispielweise viel umfangreicher geprüft und abgesichert werden als Apps für den eigenen privaten Gebrauch. Sie müssen nicht nur gegen

Fehlbedienungen aller Art komplett gesichert werden, sie müssen auch auf zahlreichen unterschiedlichen Systemen getestet werden und überall so optimiert werden, dass die Bedienung intuitiv und reibungslos funktioniert. Darüber hinaus müssen sie sehr genau auf Sicherheitslücken geprüft werden, vor allem, wenn sie auf Online-Systeme zugreifen. Layout und Benutzerschnittstelle müssen natürlich bei kommerziellen Programmen top sein – sie sollten den modernen Standards entsprechen und dürfen nicht aussehen wie »selbst gemacht«. Bedienelemente müssen klar und übersichtlich sein, sie dürfen für Handys nicht zu klein sein – die App muss sich ohne Hakeln und Ruckeln einfach bedienen lassen usw. Es gibt eine Menge Kleinigkeiten, die wichtig werden. Auch über die Vertriebswege, die Zusammenarbeit mit Online-Servern usw. müssen Sie sich Gedanken machen oder einen externen Experten zurate ziehen. Aber all diese Dinge können Sie natürlich lernen und den für Sie besten Weg dahin finden. Möglicherweise arbeiten Sie auch mit jemandem zusammen, der sich auf grafische Gestaltung, Audioaufnahmen, Serverprogrammierung usw. spezialisiert und Ihr Programm ergänzt. Ganz nach Ihren Möglichkeiten.

Es macht großen Spaß, in die Liga der Profis aufzusteigen. Wenn Sie sich dazu entschieden haben, liegt eine spannende Karriere vor Ihnen. Starten Sie Ihre eigene Firma, und kalkulieren Sie Kosten und Risiken für die App-Erstellung. Wenn Sie mit Ihren Apps Geld verdienen wollen, benötigen Sie eine kommerzielle Lizenz von LiveCode (»Indy Edition«) – das ist eine der Investitionen am Anfang. Auch benötigen Sie einen kostenpflichtigen Apple-Developer-Account, wenn Sie Ihre Apps im AppStore anbieten wollen bzw. eine (vergleichsweise günstige) Google-Developer-Lizenz für den Google Play Store. Sie müssen sich überlegen, ob Sie Apps für Firmen im Auftrag entwickeln wollen und in dem Fall gezielte Werbung machen und Ihre vorhandenen Kontakte nutzen, um Kunden zu finden, die Ihnen Aufträge geben. Außerdem können Sie natürlich auch Ihre selbst entwickelten Apps im AppStore (oder über Webseiten/Portale) anbieten und damit bei allen Endkunden, die Ihr Programm entdecken und herunterladen, Geld verdienen. Aber auch hier werden Sie ohne eigene Werbung nicht bekannt – das darf man nie vernachlässigen, und dafür sollte man sich eine Strategie überlegen.

Beide Wege des Geldverdienens mit Apps sind möglich: Ich (der Autor dieses Buches) habe sowohl zahlreiche Firmenaufträge (Lern-CD zum Buch bei Schulverlagen, interaktive Nachschlagewerke, Buchungs- und Reservierungssystem für Vermietungen und vieles mehr) erfolgreich umgesetzt, und zwar ausschließlich mit LiveCode! Daneben vertreibe ich eigene Produkte, wie zum Beispiel ein umfangreiches Sprachlernprogramm für Windows und Mac mit unzähligen Lernmodulen, Sprachlabor, Audio/Video usw. – auch das ist komplett und ausschließlich in LiveCode programmiert. Es geht also – und es macht richtig Spaß, neue Projekte mit LiveCode anzugehen und damit seinen Lebensunterhalt zu verdienen. Ich kann es nur empfehlen!

Wer aber beruflich ganz zufrieden ist und das Programmieren lieber als ein spannendes Hobby nebenbei betreiben möchte, für den ist LiveCode ebenfalls perfekt! Nirgendwo stellt sich das Erfolgserlebnis schneller ein. Die monatelange Einarbeitung in Editoren, Compiler, Builder, Testumgebungen usw. bleibt Ihnen erspart, und Sie können sich direkt auf Ihre Idee, Ihr Layout und Ihre eigenen kreativen Methoden in den Skripten konzentrieren. Machen Sie dort weiter, wo dieses Buch aufhört, und fangen Sie an, Ihre eigenen Projekte zu bauen! Bauen Sie sich Tools für Ihren Computer, die Sie immer schon mal haben wollten. Erstellen Sie sich ganz persönliche Apps für Ihre ganz eigenen Bedürfnisse auf dem Handy oder Tablet. Mit jedem neuen geglückten Projekt verdoppelt sich die Erfahrung – und langfristig überwiegt der Spaß immer mehr! Am Ende wird LiveCode für Sie wie Ihre zweite Heimat am Computer. Dann antworten Sie auf die Frage »Gibt's dafür ne App?« ganz gelassen mit »Wenn nicht, dann bau ich mir eben schnell eine!«

Index

F

G

H

I

J

K

L

M

N

O

P

Q

R

S

T

U

V

W

X

Z